高等院校计算机教育系列教材

SPSS 22.0 统计分析应用教程

冯岩松　编著

清华大学出版社
北　京

内 容 简 介

本书系统、全面地介绍了最新的 SPSS 22.0 中文版的基本功能和使用方法，并利用各行各业的真实案例对各种常用统计方法进行了深入浅出的细致剖析和步骤演示，对于指导读者如何利用 SPSS 22.0 中文版软件进行数据统计与分析大有裨益。

本书共 13 章，内容有 SPSS 22.0 概述、问卷的制作编码与数据的录入与整理、统计报表、描述统计、两总体均值比较、方差分析、非参数检验、相关分析、回归分析、聚类分析和判别分析、因子分析、信度分析和统计图的制作。本书从读者的角度出发，从数据的采集与整理到问卷的制作、编码与信度检验，从数据的统计分析到常用统计图的制作均有详实的解释与演练。

本书可以作为高等院校相关专业的教材使用，对于一些非统计专业的读者也是一本相当难得的自学读物。

本书封面贴有清华大学出版社防伪标签，无标签者不得销售。
版权所有，侵权必究。举报：010-62782989，beiqinquan@tup.tsinghua.edu.cn。

图书在版编目(CIP)数据

SPSS 22.0 统计分析应用教程/冯岩松编著．--北京：清华大学出版社，2015(2024.8重印)
(高等院校计算机教育系列教材)
ISBN 978-7-302-39328-3

Ⅰ．①S… Ⅱ．①冯… Ⅲ．①统计分析—软件包—高等学校—教材 Ⅳ．①C819

中国版本图书馆 CIP 数据核字(2015)第 024951 号

责任编辑：杨作梅
装帧设计：杨玉兰
责任校对：周剑云
责任印制：刘海龙

出版发行：清华大学出版社
网　　址：https://www.tup.com.cn，https://www.wqxuetang.com
地　　址：北京清华大学学研大厦 A 座　　邮　编：100084
社 总 机：010-83470000　　邮　购：010-62786544
投稿与读者服务：010-62776969，c-service@tup.tsinghua.edu.cn
质量反馈：010-62772015，zhiliang@tup.tsinghua.edu.cn
课件下载：https://www.tup.com.cn，010-62791865

印 装 者：三河市人民印务有限公司
经　　销：全国新华书店
开　　本：185mm×260mm　　印　张：28　　字　数：681 千字
版　　次：2015 年 6 月第 1 版　　印　次：2024 年 8 月第 8 次印刷
定　　价：78.00 元

产品编号：059870-03

前　言

Statistical Product and Service Solutions(统计产品与服务解决方案，简称SPSS)，历经四十余年的发展和演变，无论从界面、功能还是语言版本上都已经非常成熟，因此越来越成为各行各业的统计人员和科研工作者不可或缺的统计工具。如今，SPSS多国语言版已经发展到22.0版。SPSS 22.0中文版以其友好的中文操作系统、完备的分析功能、简洁的运行程序和完美的中文帮助成为教育、通信、医疗、银行、证券、商业等领域最受欢迎的统计软件。

本书作者有着多年的SPSS应用经验，同时也从事相关研究多年，清楚了解读者的需求重点所在，并借此对本书内容具体安排如下。

首先，作为社会科学领域的工作人员，进行问卷调查是统计分析的先决条件。然而，多数统计学应用教程很少涉及这一点，更鲜有指导。鉴于此，本书专门对问卷的设计、数据的采集和编码、数据的整理和录入进行了连贯的较为详细的介绍，特别是第11章的因子分析和第12章的问卷信度分析更是问卷设计过程中不可或缺的理论和实践指导。

其次，从初学者和对SPSS的使用了解不够深入的人士的角度出发，本书对每一章的功能介绍都会做到步骤清晰、案例翔实、图表丰富，理论和实践有机结合，重在实践，略涉理论。

再次，对于一些非统计学专业人士，能够读懂统计分析的结果以应用于自己的工作实践才是学习SPSS应用的真正目的。然而，笔者翻阅大量SPSS应用教材发现，许多作者要么只是简单罗列大量图表，没有任何解释；要么解释过于简单，只言片语。这使得非专业人员无法真正从中受益，也使得这些SPSS教材的价值大打折扣。针对于此，本书对每个案例分析的结果都进行详细的解读，力求使读者能够明白SPSS输出的统计图和统计表的真实含义。

另外，除了数据分析之外，制作生动活泼的统计图也是SPSS 22.0的重要功能之一。而且随着版本的完善，统计图的绘制功能越来越全面、程序也越来越简单。这一切都使得学习者快速学会各种统计图的制作成为可能。针对其他类似教材对统计图或忽略不提或介绍不全的缺憾，本书对各种常用统计图的制作步骤都予以详细介绍，而且是以SPSS最新版本增加的"图形构建器"为依托，使学习者能够快速掌握这种先进的制图方法。这是本书的一大特色。这一点弥补了多数SPSS教材只介绍"旧对话框"制图的不足。同时，本书对另一种先进的制图方法"图形画板模板选择程序"也做了详细说明并配有案例。

最后，本书附送所有案例及分析结果，并且每章都配备相关数据供读者练习使用，读者可以从清华大学出版社网站下载。

总之，作者尽量使书中的内容浅显易懂，重在实用，以更加贴近读者需求。当然由于作者水平所限，加之时间紧迫，故本书在编写过程中难免有疏漏甚至错误之处，敬请各位读者给予指正。

本书由徐州工程学院冯岩松老师编著，参与本书编写工作的还有王国胜、贺金玲、张丽、王亚坤、马陈、尼春雨、伏银恋、胡文华、孙蕊、陈梅梅、蒋燕燕、徐明华、薛峰、蔡大庆、张悦、尼朋等老师，在此表示感谢！本书在编写过程中，作者参阅了大量前辈和同仁的相关专著，同时本书所用案例的部分数据来自网络资源。在此，本书作者对相关专著的作者和网络数据的提供者表示衷心感谢。

最后，作者还要特别感谢自己的妻子和母亲，正是由于她们的默默支持才使得本书能够顺利完成。

编　者

目 录

第1章 SPSS 22.0 概述 1
1.1 SPSS 的发展与特点 1
1.2 SPSS 22.0 的新增功能 3
1.3 SPSS 22.0 的运行环境与安装 4
   1.3.1 SPSS 22.0 运行的硬件环境 ... 5
   1.3.2 SPSS 22.0 运行的软件环境 ... 5
   1.3.3 SPSS 22.0 的安装 5
1.4 SPSS 的帮助系统 7
   1.4.1 "帮助"菜单 7
   1.4.2 上下文相关的帮助 8
   1.4.3 在线帮助 9
1.5 利用 SPSS 进行数据分析的基本步骤 .. 9
   1.5.1 数据分析的一般步骤 9
   1.5.2 利用 SPSS 进行数据分析的一般步骤 10

第2章 问卷的制作编码与数据的录入整理 12
2.1 问卷的制作与编码 12
   2.1.1 问卷的制作 12
   2.1.2 问卷制作的注意事项 20
   2.1.3 问卷的编码 21
2.2 数据的录入 25
   2.2.1 操作术语 25
   2.2.2 定义变量属性 29
   2.2.3 数据的录入 32
   2.2.4 数据的导入 35
2.3 数据的整理 39
   2.3.1 数据的重新编码 39
   2.3.2 数据的计算 42
   2.3.3 个案等级排序(排秩) 44
   2.3.4 缺失值的替换 46
   2.3.5 数据加权 47
   2.3.6 数据的行列互换 47
   2.3.7 数据的分类汇总 48
   2.3.8 数据文件的拆分与合并 50
2.4 思考题 53

第3章 统计报表 54
3.1 在线分析处理报告 54
   3.1.1 在线分析处理报告概述 54
   3.1.2 SPSS 在线分析处理报告案例应用 54
3.2 个案摘要报告 59
   3.2.1 个案摘要报告概述 59
   3.2.2 SPSS 个案摘要报告案例应用 59
3.3 行形式摘要报告 62
   3.3.1 行形式摘要报告概述 62
   3.3.2 SPSS 行形式摘要报告案例应用 63
3.4 列形式摘要报告 65
   3.4.1 列形式摘要报告的操作概述 65
   3.4.2 SPSS 列形式摘要报告案例应用 66
3.5 思考题 68

第4章 描述统计 69
4.1 描述统计概述 69
4.2 频数分布 69
   4.2.1 频数分布概述 70
   4.2.2 SPSS 频数分布的案例应用 70
4.3 描述统计量 77
   4.3.1 描述统计量概述 77
   4.3.2 SPSS 描述统计量的案例应用 ... 77
4.4 探索性分析 79

4.4.1 探索性统计概述 79
4.4.2 SPSS 探索性分析案例应用 82
4.5 列联表分析 89
4.5.1 列联表分析概述 89
4.5.2 SPSS 列联表分析案例应用 90
4.6 比率分析 96
4.6.1 比率分析概述 96
4.6.2 SPSS 比率分析案例应用 96
4.7 多选项分析 99
4.7.1 多选项分析概述 99
4.7.2 SPSS 案例应用 99
4.8 思考题 109

第 5 章 两总体均值比较 111

5.1 参数检验的统计学原理 111
5.1.1 均值比较的假设检验类型 111
5.1.2 假设检验的基本内涵 111
5.1.3 假设检验的基本步骤 112
5.2 单样本 T 检验 113
5.2.1 单样本 T 检验统计学
原理概述 113
5.2.2 SPSS 单样本 T 检验的
案例应用 113
5.3 独立样本 T 检验 117
5.3.1 独立样本 T 检验统计学
原理概述 117
5.3.2 SPSS 独立样本 T 检验的
案例应用 118
5.4 配对样本 T 检验 121
5.4.1 统计学原理概述 122
5.4.2 SPSS 配对样本 T 检验的
案例应用 122
5.5 思考题 124

第 6 章 方差分析 125

6.1 方差分析基本原理概述 125
6.1.1 方差分析的基本思想 125
6.1.2 方差分析的假设条件 129
6.1.3 方差分析的一般步骤 129

6.2 单因素方差分析 129
6.2.1 单因素方差分析的
统计学原理 129
6.2.2 SPSS 单因素方差分析的
案例应用 131
6.3 单因变量多因素方差分析 138
6.3.1 单因变量多因素方差分析的
统计学原理 138
6.3.2 SPSS 单因变量多因素方差
分析的案例应用 139
6.4 协方差分析 148
6.4.1 协方差分析的统计学原理 149
6.4.2 SPSS 协方差分析的
案例应用 149
6.5 多元方差分析 152
6.5.1 多元方差分析的
统计学原理 152
6.5.2 SPSS 多元方差分析的
案例应用 152
6.6 重复测量方差分析 160
6.6.1 重复测量方差分析的
统计学原理 160
6.6.2 SPSS 重复测量方差分析的
案例应用 161
6.7 方差成分分析 166
6.7.1 方差成分分析的统计学
原理 166
6.7.2 SPSS 方差成分分析的
案例应用 167
6.8 思考题 170

第 7 章 非参数检验 174

7.1 非参数检验概述 174
7.2 卡方检验 176
7.2.1 卡方检验的统计学原理 176
7.2.2 SPSS 卡方检验的案例应用 ... 177
7.3 二项分布检验 180
7.3.1 统计学原理 180

7.3.2　SPSS 二项分布检验的案例应用 181
7.4　游程检验 183
　7.4.1　游程检验统计学原理 183
　7.4.2　SPSS 游程检验的案例应用 ... 184
7.5　单样本 K-S 检验 187
　7.5.1　单样本 K-S 检验统计学原理 187
　7.5.2　SPSS 单样本 K-S 检验的案例应用 188
7.6　两独立样本的非参数检验 194
　7.6.1　两独立样本的非参数检验统计学原理 194
　7.6.2　SPSS 两独立样本非参数检验的案例应用 196
7.7　多独立样本的非参数检验 201
　7.7.1　多独立样本的非参数检验的统计学原理 201
　7.7.2　SPSS 多独立样本非参数检验的案例应用 203
7.8　两相关样本的非参数检验 209
　7.8.1　两相关样本的非参数检验统计学原理 209
　7.8.2　SPSS 两相关样本非参数检验的案例应用 210
7.9　多相关样本的非参数检验 213
　7.9.1　多相关样本的非参数检验统计学原理 213
　7.9.2　SPSS 多相关样本非参数检验的案例应用 215
7.10　思考题 219

第 8 章　相关分析 221

8.1　相关分析应用概述 221
　8.1.1　相关关系的分类 221
　8.1.2　散点图 222
　8.1.3　相关系数 228
8.2　二元变量相关分析 229
　8.2.1　统计学原理 229

8.2.2　SPSS 二元变量相关分析案例应用 231
8.3　偏相关分析 234
　8.3.1　偏相关分析的统计学原理 234
　8.3.2　SPSS 偏相关分析案例应用 ... 235
8.4　距离相关分析 237
　8.4.1　距离相关分析统计学原理 237
　8.4.2　SPSS 距离相关分析的案例应用 237
8.5　思考题 243

第 9 章　回归分析 245

9.1　线性回归分析 245
　9.1.1　线性回归分析的统计学原理 246
　9.1.2　SPSS 线性回归分析的案例应用 251
9.2　曲线估计 269
　9.2.1　曲线估计的统计学原理 270
　9.2.2　SPSS 曲线回归的案例应用 ... 271
9.3　非线性回归分析 275
　9.3.1　非线性回归分析的统计学原理 275
　9.3.2　SPSS 非线性回归分析的案例应用 277
9.4　思考题 282

第 10 章　聚类分析和判别分析 283

10.1　聚类分析的统计学原理 283
　10.1.1　定距数据的聚类分析 283
　10.1.2　定序或定类数据的聚类分析 286
　10.1.3　二值变量的聚类分析 286
10.2　系统聚类 287
　10.2.1　系统聚类的统计学原理 287
　10.2.2　SPSS 系统聚类案例应用 288
10.3　K 平均值聚类 299
　10.3.1　K 平均值聚类的统计学原理 299

10.3.2 SPSS K 平均值聚类案例应用 300
10.4 二阶聚类 305
    10.4.1 二阶聚类的统计学原理 305
    10.4.2 SPSS 二阶聚类案例应用 306
10.5 判别分析 319
    10.5.1 判别分析的统计学原理 319
    10.5.2 SPSS 判别分析案例应用 321
10.6 思考题 339

第 11 章 主成分分析与因子分析 340

11.1 主成分分析 340
    11.1.1 统计学原理 340
    11.1.2 SPSS 主成分分析案例应用 343
11.2 因子分析 351
    11.2.1 因子分析的统计学原理 351
    11.2.2 SPSS 因子分析案例应用 355
11.3 思考题 369

第 12 章 信度分析 370

12.1 信度分析的统计学原理 370
    12.1.1 信度分析的基本统计学概念 370
    12.1.2 信度分析的方法 371
12.2 SPSS 信度分析案例应用 374
    12.2.1 量表的信度分析 374
    12.2.2 评分者信度分析 385
12.3 思考题 387

第 13 章 统计图的制作 388

13.1 SPSS 制图功能简介 388
    13.1.1 图表构建器 389
    13.1.2 图形画板模板选择程序 392
13.2 条形图 395
    13.2.1 简单条形图 395
    13.2.2 集群条形图 401
    13.2.3 堆积 3D 条形图 404
13.3 线图 405
    13.3.1 简单线图 405
    13.3.2 多重线图 406
13.4 面积图 408
13.5 饼图 409
13.6 散点图/点图 410
    13.6.1 分组散点图 410
    13.6.2 简单 3D 散点图和组 3D 散点图 412
    13.6.3 散点图矩阵 413
    13.6.4 摘要点图和垂线图 414
13.7 直方图 416
    13.7.1 简单直方图、堆积直方图和频率多边形图 416
    13.7.2 总体锥形图(人口金字塔) 418
13.8 高-低图 419
    13.8.1 高-低收盘图 419
    13.8.2 简单全距条形图 420
    13.8.3 差异面积图 421
13.9 箱图 422
    13.9.1 简单箱图 423
    13.9.2 集群箱图 423
    13.9.3 1-D 箱图 424
13.10 双 Y 轴图 425
    13.10.1 包含分类 X 轴的双 Y 轴图 425
    13.10.2 包含刻度 X 轴的双 Y 轴图 426
13.11 P-P 图和 Q-Q 图 427
    13.11.1 P-P 概率图 427
    13.11.2 Q-Q 概率图 429
13.12 时间序列图 430
13.13 帕累托图 431
13.14 "旧对话框"统计图的制作 433
    13.14.1 简单误差条形图 433
    13.14.2 集群误差条形图 435
13.15 "图形画板模板选择程序"统计图的制作 437
13.16 思考题 439

参考文献 440

第 1 章　SPSS 22.0 概述

随着社会科学的发展，量化研究在学术界越来越受到重视。作为最常用的数据分析工具之一的 IBM SPSS Statistics 也随之不断地更新。最新的 IBM SPSS Statistics 22.0 多国语言版已经发展得非常成熟，在程序界面的友好性、分析程序的全面性以及程序运用的便捷性方面都有了很大的提高。这在一定程度上吸引了更多的研究者和高校教师越发重视学习使用该软件。但同时，该软件强大而复杂的功能又给初学者增加了不少学习难度。有鉴于此，本书将通过丰富而翔实的实例从问卷的制作与编码、数据的统计与分析到分析结果的解释与应用对 SPSS 22.0 中文版进行系统的介绍。

1.1　SPSS 的发展与特点

SPSS Statistics 最早于 1968 年由美国斯坦福大学的三位研究生研制成功。1984 年 SPSS 公司首次推出了世界上第一个统计分析软件微机版本 SPSS/PC+，并且很快被自然科学、技术科学、社会科学等各个领域所接受。目前，SPSS Statistics 是世界上应用最广、功能最全的统计分析软件，被广泛用于社会调查、市场研究、医学统计、政府和企业的数据分析等领域。

SPSS 22.0 中文版的基本功能包括数据整理、统计分析、图表制作、输出管理等。其应用程序包括描述统计、样本 T 检验、方差分析、非参数检验、相关分析、回归分析、聚类分析和判别分析、因子分析及问卷信度分析等很多类型，每类程序又包含多种分析功能。如回归分析中包括线性回归分析、曲线估计、Logistic 回归等几种统计功能，并且每种功能又允许用户选择不同的方法及参数。SPSS 中还有专门的绘图系统，可以根据数据绘制各种图形并输出为各种格式的文件。

SPSS 产生之初，其全称为"社会学统计软件包"(Statistical Package for the Social Sciences)，以强调其社会科学应用的一面(因为社会科学研究中的许多现象都要使用统计学和概率论来进行研究)。随着该分析软件的发展，其功能也变得越来越强大而全面，其应用范围从社会科学走向了自然科学并发挥了巨大的作用，从而成为最新流行的"数据仓库"和"数据挖掘"领域最前沿的软件之一。随着 SPSS 产品服务领域的扩大和服务深度的增加，SPSS 的全称更名为"统计产品与服务解决方案"(Statistical Product and Service Solutions)。

迄今 SPSS 软件已有 40 余年的成长历史，全球约有 28 万家产品用户，他们广泛分布于通讯、医疗、银行、证券、保险、制造、商业、市场研究、科研教育等多个领域和行业。2009 年，SPSS 公司被 IBM 公司收购之后，其各子产品统一标注 IBM SPSS 字样，现在国内市场上推出的最新产品，是 IBM SPSS Statistics 22.0 多国语言版。

经过多年的发展完善，目前的 SPSS 最新版本具有以下显著特点。

1. 多国语言即时切换

国内很多用户都会遇到英文统计专业名词难以理解的尴尬，非常希望 SPSS 软件有中文版。多国语言版 SPSS Statistics 22.0 可以自行切换软件语言界面，很好地满足了很多国内用户的需求。其中文版界面清新、友好；全新中文帮助文档使用户更加轻松；简洁、清晰的中文输出使结果一目了然，更易利用。

2. 统计分析功能完善

SPSS Statistics 22.0 非常全面地涵盖了数据分析的整个流程，提供了数据获取、数据管理、数据分析直至结果输出的完整流程，功能非常强大而全面，特别适合设计调查方案、统计分析数据，以及制作研究报告中的相关图表。

3. 数据准备简单快捷

数据分析之前，研究者需要根据分析目的及分析技术，对数据进行准备和整理工作。SPSS Statistics 内含的众多技术使数据准备变得非常简单，一旦建立了数据词典，用户就可以使用"拷贝数据属性"工具，快速为分析作数据准备。

SPSS Statistics 可以同时打开多个数据集，方便研究时对不同数据库进行比较分析和进行数据库转换处理。SPSS Statistics 软件提供了强大的数据管理功能以帮助用户使用其他的应用程序和数据库。该软件支持 Excel、文本、dBase、Access、SAS 等格式的数据文件，通过使用 ODBC(Open Database Capture)数据接口，可以直接访问以结构化查询语言(SQL)为数据访问标准的数据库管理系统，通过数据库导出向导功能可以方便地将数据写入数据库中。

SPSS Statistics 支持超长变量名称(64 位字符)，这不但方便了中文研究需要，也实现了对当今各种复杂数据仓库更好的兼容性，用户可以直接使用数据库或者数据表中的变量名。

4. 分析技术系统全面

除了一般常见的摘要统计和行列计算外，SPSS Statistics 还提供了广泛的基本统计分析功能，如数据汇总、计数、交叉分析、分类、描述性统计分析、因子分析、回归及聚类分析等。并且，SPSS 软件还加入了针对直销的各种模块，方便市场分析人员针对具体问题的直接应用。SPSS Statistics 22.0 新增的广义线性模型(GZLMs)和广义估计方程(GEEs)可用于处理类型广泛的统计模型问题，使用多项 Logistic 回归统计分析功能在分类表中可以获得更多的诊断功能。

5. 结果表达清晰多样

SPSS Statistics 不仅提供了高分辨率、色彩丰富的饼图、条形图、直方图、散点图、三维图等标准功能，而且还提供了一个全新的演示图形系统，能够产生更加专业的图表。最新版 SPSS Statistics 22.0 不仅包括了以前版本软件中提供的所有图形，并且提供了新功能。

图形定制化生成更为容易，产生的图表结果更具可读性；进一步增强了高度可视化的图形构建器的功能，可使用户更容易控制创建和编辑图表的时间；PDF 格式输出功能，能够让用户更好地同其他研究者进行信息共享；多维枢轴表使统计结果更生动，用户可以在一个重叠图中基于不同的数值范围建立两个独立的 Y 轴；通过对行、列和层进行重新排列，浏览表格，用户可以找到在标准报表中可能会丢失的重要结果；通过对数据统计表进行拆分，一次只显示一组统计表，用户可以更容易地对各组进行比较，等等。

1.2　SPSS 22.0 的新增功能

与之前的各版本相比较，SPSS 22.0 的功能变得更加完善，使用更加方便。SPSS 22.0 版本增加了以下新功能。

1．自动输出修改

"自动输出修改"功能可将格式编排和其他更改应用到活动"查看器"窗口。
可应用的更改包括：
- 所有或选定的"查看器"对象。
- 选定的输出对象类型(例如图表、日志、透视表)。
- 基于条件表达式的透视表内容。
- 概要(导航)窗格内容。

可以更改的类型包括：
- 删除对象。
- 为对象建立索引(添加顺序编号方案)。
- 更改对象的可视属性。
- 更改概要标签文本。
- 变换透视表中的行和列。
- 更改透视表的选定层。
- 根据条件表达式更改透视表中选定区域或特定单元格的格式编排。例如，将所有小于 0.05 的显著性值设为粗体。

2．Web 报告

Web 报告是与大部分浏览器兼容的交互式文档。"查看器"中可用的许多透视表交互功能在 Web 报告中也可用。可以将结果放在一个可在大多数移动设备上查看和管理的 HTML 文件中分发。

3．模拟增强功能

- 不需要预测模型就可以模拟数据。
- 可从历史数据中捕获分类字段之间的关联，并在模拟这些字段的数据时使用。
- 全面支持模拟分类字符串字段。

4．非参数检验(NPTESTS)增强功能

- 可以创建非参数检验的透视表和图表输出，作为"模型查看器"输出的替代方法。
- 可以在非参数检验中使用有序字段。

5. Essentials for Python

新版 IBM SPSS Statistics-Essentials for Python 在默认情况下随 IBM SPSS Statistics 一起安装，其中包括 Python 2.7。默认情况下，IBM SPSS Statistics-Integration Plug-in for Python 使用 IBM SPSS Statistics 安装的 Python 2.7 版本，但用户可以配置该插件，以便使用计算机上不同版本的 Python 程序。

6. 下载扩展束

可以从 SPSS Statistics 内部搜索和下载位于 http://www.ibm.com/developerworks/spssdevcentral 上的 SPSS 社区提供的扩展束。

7. 其他增强功能

- 供广义线性混合模型(GLMM)设置收敛条件的新构建选项。
- 透视表的屏幕朗读器辅助功能选项。屏幕朗读器除了可以朗读单元格内容外，还可以朗读行和列标签。用户可以控制每个单元格朗读的标签信息量(即标签的内容的多少)。
- 数据库向导增强功能。在分布式模式下(连接到 IBM SPSS Statistics Server)，用户可以先加入数据库中执行的新字段并进行计算，再将数据库表读取到 IBM SPSS Statistics 中。
- 改进了连接 IBM SPSS Statistics Server 的弹性。在分布式模式下(连接到 IBM SPSS Statistics Server)，如果连接中断(例如网络短时间停运)，会话状态会暂停。当连接复原时，系统会自动恢复连接，不会损失任何工作。
- Unicode 增强功能。用户可以以更多的 Unicode 格式保存文本数据或指定特定代码页；用户保存 Unicode 文本数据时可附带或不附带字节顺序标记。
- 增强的双向文本支持。
- AGGREGATE 命令包含计数的汇总函数。
- 语法文件的密码保护和加密。
- 对读取加密数据文件的扩展支持。这些命令支持使用 PASSWORD 关键字读取加密的数据文件：

```
ADD FILES
APPLY DICTIONARY
COMPARE DATASETS
INCLUDE
INSERT
MATCH FILES
STAR JOIN
SYSFILE INFO
UPDATE
```

1.3 SPSS 22.0 的运行环境与安装

由于 IBM SPSS Statistics 22.0 的功能和数据处理能力有了很大增强，因而对计算机的硬件设备和软件环境的要求也有了新的变化。

1.3.1　SPSS 22.0 运行的硬件环境

SPSS 22.0 对计算机的硬件配置的基本要求如下：
- 1GHz 或以上的 Intel 或 AMD 处理器。
- 最低 1GB RAM。
- 至少 800MB 内存。若要安装一种以上的帮助语言，每多一种语言需要增加磁盘空间 150MB～170MB。
- DCD/CD 光驱驱动器，用于安装 SPSS 22.0 软件。如果用户通过网络安装该软件，则无此配置要求。
- XGA(1024×768 像素)或更高分辨率的显示器。
- 运行 TCP/IP 网络协议的网络适配器。用于访问 IBM SPSS 网站以获取相应技术支持、帮助服务或软件升级。

另外，对有条件的用户，还可增设一些外部辅助设备，比如打印机、扫描仪等以方便使用。

1.3.2　SPSS 22.0 运行的软件环境

SPSS 22.0 对操作系统的最低要求为 Microsoft Windows XP(32 位)及以上版本。

SPSS 22.0 可以直接将 SPSS 文件保存为 Excel 表格，也可以直接打开 Excel 表格。因此，为方便数据录入，应在操作系统环境下安装一个 Excel 软件。另外，在用 SPSS 进行数据处理之前，可以将许多数据保存在某个数据库中，比如 Oracle、SQL Server、Sybase 等，如需从数据库中获取数据分析，还应安装相应的数据管理系统。

1.3.3　SPSS 22.0 的安装

作为 Windows 操作系统下的应用软件，SPSS 软件的安装与一般 Windows 应用软件的安装步骤大体相同。其步骤如下：

（1）从 IBM 官网下载 SPSS 22.0(含 32 位及 64 位)安装包或 SPSS 22.0 安装光盘，并选取适合用户系统的版本。双击运行 SPSS_Statistics_22_TR_win32_.exe 或 SPSS_Statistics_22_TR_win64_.exe，按默认安装程序安装软件(见图 1-1)。

（2）在"帮助语言"界面中选择希望安装的语言类型，SPSS 22.0 中文版默认安装简体中文，单击"下一步"按钮(见图 1-2)。

（3）在"目的地文件夹"界面中单击"更改"按钮可修改默认的安装路径，也可直接单击"下一步"按钮，继续安装程序(见图 1-3)。

（4）在"产品授权"界面选中"立即授予产品许可证"单选按钮，单击"下一步"按钮启动授权。然后输入代码，获取产品授权，单击"下一步"按钮直至安装结束(见图 1-4 和图 1-5)。

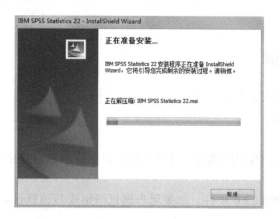

图 1-1 启动安装程序

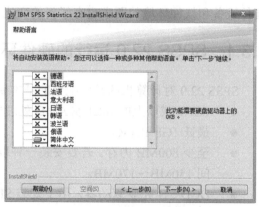

图 1-2 选择安装语言类型

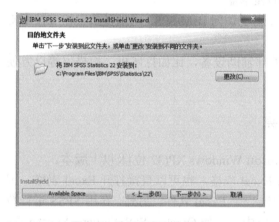

图 1-3 选择目的地文件夹

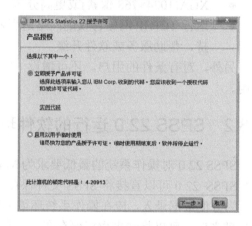

图 1-4 选择产品授权

(5) 在"安装程序信息"提示对话框中单击"是"按钮，重启计算机完成安装(见图 1-6)。

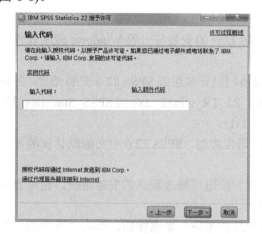

图 1-5 输入授权代码

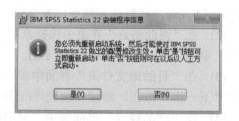

图 1-6 SPSS"安装程序信息"对话框

1.4 SPSS 的帮助系统

SPSS 22.0 为用户提供了多种不同形式的帮助。通过"帮助"菜单可以访问主题帮助系统、教程和技术参考材料。

1.4.1 "帮助"菜单

"帮助"菜单提供了"主题帮助"、"教程帮助"等六个帮助项目。点击左栏所需帮助主题即可在右栏查看相应的帮助详解(见图 1-7)。

- 主题帮助：可以访问"目录"、"索引"和"搜索"选项卡，查找特定帮助主题；或者在帮助目录栏查找要帮助的项目。"主题帮助"提供了多种帮助选项。
- 教程帮助：教程帮助提供了众多基本功能的分步图解说明。用户可以点击教程帮助目录栏目选择任何需要的图解说明。例如，点击"读取数据"栏"IBM SPSS Statistics 数据文件的基本结构"，可以获得图文并茂的图解说明。
- 个案研究：该帮助提供了创建各种类型的统计分析以及如何解释结果的实践示例，同时还提供了示例所使用的样本数据文件。
- 统计指导：该帮助类似于向导，指导用于完成查找要使用的过程。进行一系列选择后，"统计指导"将打开符合所选标准的统计、报告或绘图过程的对话框。
- 命令语法参考：详细命令语法参考信息以两种形式提供，集成到整体"帮助"系统中；在"帮助"菜单中，作为命令语法参考的 PDF 格式的单独文档提供。
- 统计算法：用于大多数统计过程的算法以两种形式提供，集成到整体"帮助"系统中；作为手册 CD 上的 PDF 格式的单独文档提供。有关指向帮助系统中的特定算法的链接，请在"帮助"菜单中选择"算法"来打开。

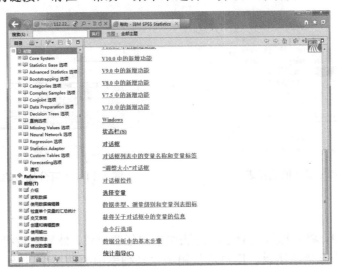

图 1-7 "帮助"菜单

1.4.2 上下文相关的帮助

在用户界面中的许多地方都可以获得上下文相关的帮助。

1. 对话框"帮助"按钮

大多数对话框都有"帮助"按钮,单击该按钮可直接进入该对话框的"帮助"主题。"帮助"主题提供一般信息和相关主题的链接。如打开"频率"对话框,单击"帮助"按钮可获得关于"频率"的相关帮助(见图1-8和图1-9)。

图1-8 "频率"对话框

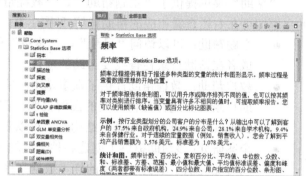

图1-9 "频率"主题帮助

2. 透视表弹出菜单帮助

右击查看器中激活的透视表内的项,在弹出的快捷菜单中选择"这是什么?"命令可以显示这些项的定义。图1-10和图1-11显示的是网络使用年限分析结果中对"百分比"的定义。

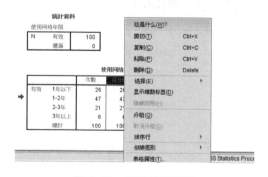

图1-10 激活的透视表

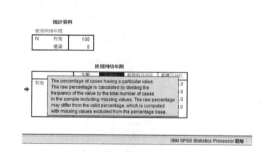

图1-11 "百分比"的定义显示图

3. 语法窗口

在语法窗口中,将光标放在命令的语法块中的任意位置,然后按键盘上的F1键,将显示该命令的完整命令语法图表。用户可从相关主题列表中的链接中以及"帮助目录"选项卡中获得完整的命令语法文档。

1.4.3 在线帮助

除了软件本身提供的帮助之外，还可以通过在线网站得到一些帮助，如通过 http://www.ibm.com/support 可以找到许多常见问题的解答。在 SPSS 社区包含适合所有级别的用户和应用程序开发者的资源，如实用程序、图形示例、新统计模块和文章，网址为 http://www.ibm.com/developerworks/spssdevcentral。

1.5 利用 SPSS 进行数据分析的基本步骤

研究者的研究数据必须经过合适的程序分析并得到合理的分析结果，才能获得科学的研究结论。因此掌握 SPSS 数据分析的一般步骤对于顺利进行数据分析非常必要。

1.5.1 数据分析的一般步骤

数据分析是进行问卷调查和数据整理必不可少的环节。统计学的数据分析一般包括收集数据、加工和整理数据、分析数据三个主要阶段，一般可分为以下五个步骤。

1．确定数据分析目标

确定数据分析目标是数据分析的出发点。确定数据分析目标就是要明确本次数据分析要研究的主要问题和预期的分析目标。只有确定了数据分析的目标，才能正确地制定数据收集方案，即收集哪些数据，采用怎样的方式收集等，为数据收集做好准备。

2．正确收集数据

正确收集数据是指依据分析目标，排除干扰因素，正确收集服务于既定分析目标的数据。正确的数据对于实现数据分析目的将起到关键性的作用。

排除数据中那些与目标不关联的干扰因素是数据收集中的重要环节。收集的数据是否真正符合数据分析的目标，其中是否包含其他因素的影响，影响程度怎样，应如何剔除这些影响等问题都是数据分析过程中必须注意的重要问题。

3．数据的加工整理

在明确数据分析目标基础上收集到的数据，还需要进行必要的加工整理。数据的加工整理通常包括数据缺失值处理、数据的分组、基本描述统计量的计算、基本统计图形的绘制、数据取值的转换、数据的正态化处理等，它能够帮助研究者掌握数据的分布特征，是使数据分析具有有效性的基础。

4．数据分析处理

数据加工整理完成后一般就可以进行数据分析了。分析时应切忌滥用和误用统计分析方法。这主要是由于对方法能解决哪类问题、方法适用的前提、方法对数据的要求不清等原因造成的。另外，统计软件的不断普及和应用中的不求甚解也会加重这种趋势。因此，在数据分析中应首先确定适合的分析程序，否则，得到的分析结论可能会偏差较大甚至产生错误。

5. 正确解释分析结果

数据分析的直接结果是统计量和统计参数。正确理解它们的统计含义是一切分析结论的基础，它不仅能帮助研究者有效避免毫无根据地随意引用统计数字的错误，同时也是证实分析结论正确性和可信性的依据，而这一切都取决于研究者能否正确地把握统计分析方法的核心思想。只有将各学科的专业知识与统计量和统计参数相结合，才能得出令人满意的分析结论。

综上所述，可以总结出数据统计分析的流程，如图 1-12 所示。

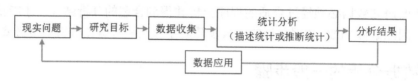

图 1-12　数据统计分析的流程

1.5.2　利用 SPSS 进行数据分析的一般步骤

SPSS 22.0 为用户提供了从数据录入到数据处理直至结果输出等一系列的流水线式的完备功能。利用该软件进行社会科学领域数据分析处理的一般步骤如下。

1. 收集定量数据并制作科学的 SPSS 数据文件

社会科学领域的数据收集一般通过调查问卷获得，所以这一步的关键是制定科学的问卷以便获得有效数据，在此要特别注意识别变量的个数和性质。数据收集完毕之后，启动 SPSS 22.0，将定量数据输入 SPSS 数据编辑器的"数据视图"窗口，并在"变量视图"窗口定义变量属性，最后保存为*.sav 文件。另外，定量数据也可以输入 Excel 表格并保存为*.xls 文件或一般的文本文件如*txt 或*dat 等。因为 SPSS 22.0 的兼容性非常好，可以直接读取很多常用格式的文件及常用数据库文件。

2. 选取程序，分析数据

启动步骤 1 保存的*.sav 文件或用 SPSS 打开*.xls 文件，根据数据分析目的在 SPSS 22.0 的菜单栏选取相应的程序，打开其对话框，并进行相应设定，以获取想要的分析结果。

3. 执行程序，获取分析结果

对程序对话框进行相应的设定之后，单击"确定"按钮，程序自动输出分析结果到 IBM SPSS 的"数据查看器"窗口。

4. 解读并输出分析结果

针对问卷调查的目的和具体变量的性质对"查看器"窗口的分析结果进行科学的统计

学解释说明，已获得数据分析结论。结论可另存为所需文件格式，也可直接打印。

下面我们以一次大学生网络使用情况的调查问卷为例来说明 SPSS 22.0 的一般分析步骤，本次分析的目的是要比较大学生上网方式的不同。

(1) 启动 SPSS 22.0，打开要分析的数据文件，如图 1-13 所示。

(2) 选择"分析"|"描述统计量"|"频率"命令，打开"频率"对话框，将"最常上网方式[方式]"选入"变量"列表框，单击"确定"按钮，如图 1-14 所示。

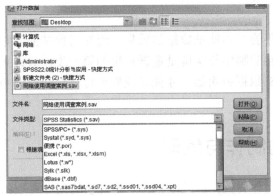
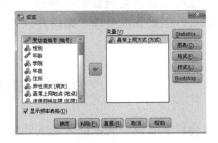

图 1-13 打开选定文件　　　　　　　　　图 1-14 "频率"对话框

(3) 获取分析结果。单击"频率"对话框中的"确定"按钮后，程序自动将分析结果输入"SPSS Statistics 查看器"窗口。分析结果可复制、可保存，表 1-1 和表 1-2 就是本次数据分析的结果。

(4) 分析结果解读。根据分析结果统计量表可知，所有 100 项统计数字均有效，没有任何遗漏。上网方式频率表表明，大学生上网的方式主要为手机，占到全部上网方式的 45%，这也说明了学生手机，尤其是智能手机的普及率非常高。

表 1-1　最常上网方式统计资料表

N	有效	100
	缺失	0

表 1-2　最常上网方式频率表

		频　率	百分比	有效百分比	累积百分比
有效	手机	45	45.0	45.0	45.0
	局域网	24	24.0	24.0	69.0
	宽度	23	23.0	23.0	92.0
	其他	8	8.0	8.0	100.0
	总计	100	100.0	100.0	

第2章 问卷的制作编码与数据的录入整理

在进行数据统计与分析之前,一项很重要的工作就是数据的采集。而社科领域的数据采集一般都是从问卷调查中获得的,因此问卷的制作与实施是数据采集的第一步。数据采集完成后,还要加以整理、编码并录入 SPSS 数据编辑器,才能对数据进行科学的统计与分析。

2.1 问卷的制作与编码

社会科学领域中的数据采集主要来自于问卷调查。因此,制作一份优质的问卷是取得问卷调查成功的先决条件。研究者在制作问卷时要关注一些必要考量。在完成数据的采集之后,还要对问卷数据进行编码才能录入 SPSS 进行分析。所谓编码就是对每一份问卷的调查项目的答案进行量化处理,即为它们赋予一定的数值,以达到使分析软件能够识别的目的。

2.1.1 问卷的制作

制作高质量的问卷是保证获取有效数据的前提条件,问卷制作要符合研究者的研究要求与研究目标,一份高质量的问卷要包含一些必需的要素。同时,问卷的制作者还要关注受访者的心理需求,因此,问卷制作要注意一些相关事项。

1. 问卷制作的要素

首先,我们给问卷(questionnaire)下一个简单的定义:问卷就是社会调查中用来收集数据资料的一种工具。它的形式是一份预先精心设计好的问题表格,它的用途在于测量人们的行为、态度和特征。在现代的哲学社会科学研究中,问卷调查越来越受到广泛的应用和重视。国外许多社会学家对于问卷在社会调查中所起的作用给予了非常高的评价。美国社会学家艾尔·巴比在《社会研究实践》一书中声称:"问卷是调查研究的支柱。"英国社会学家、伦敦经济学院社会统计学教授莫泽也在其名著《社会研究中的调查方法》中指出:"十项社会调查中有九项都是采用问卷进行的。"的确,问卷方法越来越受到社会学、政治学、教育学、传播学、人口学、心理学、管理学等学科的研究人员以及政府决策部门的调研人员的青睐。可以说,问卷为社会科学研究从定性走向定量、从思辨走向实证提供了十分关键的物质手段。通过问卷可以快速搜集整理调查者想要获取的信息。问卷内容可多可少,可采用单项选择,也可采用多项选择甚至问答,灵活多样,用途广泛;调查群体可大可小，可远可近，非常便捷。通过问卷调查和数据分析，可以快速进行定量或定性研究。

但是，面对千姿百态的社会现象，面对目的、范围、对象各不相同的社会研究课题，在问卷调查之前，首先要在形式和内容上设计出一份高质量的问卷，才能在最大程度上保证研究结论的科学性、合理性。问卷的整体质量取决于每个问题及其答案的设计质量。比如，这些问题是否最大程度涵盖所要调查的话题，问卷是否有较高的信度和效度，以及是否适合所调查的对象。问卷的格式也是不可忽略的重要环节，在某种程度上它决定或影响着受访者的态度和接受程度。一份完整的问卷，其格式一般应该包括如问卷标题、问卷说明、受访者个人信息、答题方法说明、问卷项目和答案选项及结束语等七大要素。

1) 问卷标题

问卷标题是对整个问卷的高度概括，所以标题要简明扼要，使受访者一目了然。标题不能太过专业或晦涩，要做到概括性强、通俗易懂，并且要与调查内容有良好的相关性，即标题和问卷内容高度统一。比如，"大学生学习中的自我概念和自我效能调查"不如"大学生学习心理调查"更易被理解和接受。

2) 问卷说明

问卷标题明确之后，调查者还要对问卷做一些介绍性说明。概括起来，问卷说明应该包含以下几个方面：

- 调查者自我介绍；
- 调查内容介绍；
- 调查目的和意义介绍；
- 调查程序；
- 调查与受访者关系；
- 保密承诺；
- 致谢。

问卷说明没有固定格式，因调查对象、调查目的、实施方法而有所不同。因此，有的问卷可能要求包括上述 7 项说明，而有的可能只需要其中几项。一般来说，大型的正式调查问卷最好能对以上七项都进行说明，以建立调查者和受访者的互信，同时也显得问卷十分正规。而如果调查者和受访者关系亲近或熟悉，比如同事关系、同学关系或师生关系等，调查者的自我介绍就可以省去。比如：

问卷 1：《教育信息化视域下高校英语教师专业化发展行动研究》问卷说明

尊敬的老师，您好！

非常感谢您在百忙之中垂阅本问卷！

我们是徐州工程学院教育信息化视域下高校英语教师专业化发展行动研究课题组的成员。下面的问卷完全属于调研性质，旨在研究目前网络环境下高校英语教师专业素质发展现状。请根据您的看法或教学经历客观回答每一问题，所有题目的答案无对错之分。本调查所收集的数据只作本项研究之用，绝不用作其他目的。因此，本问卷为匿名调查，您无需填写姓名等个人信息。您的客观回答将为我们提供富有建设性的信息，衷心感谢您的合作。

徐州工程学院教育信息化视域下高校英语教师专业化发展行动研究课题组
2013 年 12 月

问卷 2: 《大学生课余时间安排》问卷说明

亲爱的同学们，为了对大学生课余时间安排有所了解，通过透析课余时间安排，加强课余时间利用效率，特作此问卷调查，感谢大家支持与合作！

显然，问卷 1 和问卷 2 相比，调查者和受访者之间的社会距离更远，因而问卷说明的编写也更加正式，问卷说明中的七个方面均包含其中。而问卷 2 明显是教师对学生的调查，不仅调查者的自我介绍被省略，而且问卷说明相比较而言也编写得更为简单。

3) 答题方法说明

答题方法说明就是对受访者如何回答问卷做出的说明，即对回答范围、回答方法、回答过程及概念理解等方面做出限定和解释。答题方法说明和问卷说明的不同之处在于，前者只是对具体问题的回答方式提出要求，而后者则是对受访者如何接受问卷做出总的要求。所以，答题方法说明一般出现在问卷主要量表之前。一个问卷可能有多个量表，如果所有量表的答题方法相同，那么只需一个答题方法说明即可。如果每个量表的测量方法不同，则需要多个不同的答题方法说明。为了便于答题者顺利答题，答题方法说明要清楚、明了，具体而细致，最好有示例。另外答题方法说明的字体要和问卷项目有所区别，要更加醒目。如下例：

下面是关于大学生体育锻炼的调查，请在五个选项中选择最适合自己的一项填在相应的题号里，每题只能选一个数字作答。再次感谢你的合作。

1=完全不符合我的情况
2=通常不符合我的情况
3=有时符合我的情况
4=通常符合我的情况
5=完全符合我的情况

示例： 当你回答"课外我有自己的锻炼计划"是否符合自己的情况时，如果你觉得自己的锻炼很有计划，请选择 5，如果你觉得自己平时根本不锻炼，请选择 1。

4) 问卷项目设计

问卷项目是问卷的主体部分，即问卷中的问题。问卷中的标题、问卷说明、个人信息、答题说明及结束语都是为问卷项目服务的。问卷项目毫无疑问占据整个问卷的最大篇幅。根据答题方式，问卷可分为封闭式问卷和开放式问卷以及半封闭式问卷。这几种问卷方式又统称为结构性问卷或标准化问卷。其特点是每个问题(指标)的提问方式及可能答案都是固定的，提问方式在调查时不能改动，所有答卷人全部回答同一结构的问题，因而称结构性问卷。结构性问卷适用于大规模调查，便于资料处理和数据分析。

- 封闭式问卷是指对提出的问题规定了答案，调查对象只能从已给定的答案中进行选择的问卷。例如：

请问你每周课外大约花多少时间来学习英语呢？
①1 小时或以下 ②2～4 小时 ③5～8 小时 ④9～12 小时 ⑤12 小时以上

封闭式问卷的优点是：

◆ 标准化答案，便于归类整理、比较分析；

- 可事先编码，处理方便；
- 问题清楚，有助于提高问卷回复率；
- 回答者仅需选择，可节省时间；
- 对文化程度较低者也能适用。

其缺点是：
- 答案有限，回答者只能在规定的答案中选择，准确性可能受限；
- 不知道如何回答或没有任何看法的回答者可能乱猜乱答，其真实性得不到充分反映；
- 不同的人对同一问题的理解可能不同甚至相反，封闭性问卷对问题的不正确理解难以检验。

● 开放式问卷是指只提出问题，不提供任何可能答案，由调查对象自由作答的问卷。
例如：
请问你对你所学的专业有什么看法？
_____。

开放式问卷的优点是：
- 没有固定答案，回答者可以充分发表自己的看法；
- 从回答中可以发现回答者是否误解了原提问，有利于误差检验；
- 适用于答案过多的情况。

其缺点是：
- 答案不规范，资料分散，难以统计；
- 容易掺杂不相关信息；
- 主观性强，降低了编码的可信度；
- 问题思考和回答时间较长，容易引起受访者的不快甚至拒绝回答，使问卷回复率降低；
- 开放型问卷要求较高，不适用于文化水平较低者。

● 半封闭式问卷是指封闭式与开放式相结合的问卷，也就是除了给出一定的标准答案以供选择外，还提供若干开放型问题以备回答。例如：
请问你最喜欢哪种运动？ （选择一种）
①篮球
②排球
③足球
④网球
⑤如果不喜欢上述运动项目，请问为什么？另外，请给出自己喜欢的另一项运动。
_____。

一份具体问卷，是采用开放式还是封闭式，要看具体情况而定。如果条件许可，可以采用封闭和开放相结合的问卷形式，以封闭式问题为主，在重要问题上添加几个开放式问题，以供受访者自由表达自己的想法。题目既可以单项选择也可以多项选择，既可以填空也可以简答，灵活多样，形式不拘一格。

另外，除上述几种结构型问卷外，还有非结构型问卷。非结构型问卷是指事先不制作标准表格、提问方式和标准化答题形式，而只是限定调查方向和询问内容的问卷，由调查者和受访者就调查内容自由交谈。严格地说，非结构型问卷并非真正完全没有结构，而是问卷的结构较松散。调整对象可以自由回答，不受标准答案的限制。非结构型问卷耗时耗力，适用于小样本调查。其优点是便于发现新情况，可用于探索性研究，或用来检验结构型问卷的精确度等。一般调查以结构型问卷为主，非结构型问卷为辅或只有结构型问卷。因为结构型问卷易于操作，便于进行数据的整理和分析。

5) 问卷答案选项设计

问卷答案选项的设计可以有多种形式：明确性答案、选择性答案、排序性答案和等级性答案等。问卷所获得的数据有定性和定量之分。定量数据又分为定类、定序、定距和定比四种。

(1) 明确性答案就是问卷设计者只提出问题，不给予备选答案而由受访者自由回答，如问卷项目设计中开放式问卷所示例子。

(2) 选择性答案是指问卷设计者给定多个选项，供受访者从中选择一项或多项，如4) 中封闭式问卷所示例子。

(3) 排序性答案是指问卷设计者要求受访者按照一定标准对所给选项进行由高到低的顺序排列。如：

你上大学的目的是什么？请根据你理解的重要程度给以下目的排序。最重要的填1，次之填2，以此类推，最不重要填5。

□ 学习专业知识。
□ 找个更好的工作。
□ 为将来出国做准备。
□ 丰富人生阅历。
□ 认识更多朋友。

(4) 等级性答案实际就是问卷设计者要求受访者根据量表的尺度所表示的等级含义进行选择，它是一种标准化的答案。社会调查常用的利克特量表和语义区分量表所提供的就是等级性答案。

6) 受访者的个人信息

问卷调查的另一部分是关于受访者的个人信息的调查。受访者的个人信息调查要置于问卷结尾部分的结束语之前进行。因为在问卷之初，受访者对被调查有一定的思想顾虑，不愿透露个人信息。随着问卷的结束和受访者对问卷内容的了解，就会建立起调查者和受访者的互信，此时受访者更愿意填写个人背景信息。虽然个人背景信息不是问卷的重点，但却对调查者深入探讨主要变量之间的关系意义重大。受访者的个人信息很多，问卷设计者希望选择哪些个人信息作为了解对象取决于其研究目的和个人意愿。

7) 结束语

结束语即问卷结尾处的致谢部分。这样做不仅是出于对受访者的礼貌，也是对受访者花费时间配合调查的真挚谢意。有的学者甚至主张在问卷后面附上笑脸以示友好。较为复杂的结束语除了致谢外，还可能会包括调查者的联系方式、受访者对问卷的评价、受访者接受反馈的方式，甚至邀请受访者进一步参与研究等内容。

2. 问卷制作的常用量表

问卷调查除了上述例子中常用的选择题、填空题和简单问答之外，利克特量表或语义区分量表是最常使用的制作问卷的手段。

1) 利克特量表

利克特量表最初是由美国社会心理学家伦西斯·利克特(Rensis Likert)在 1932 年首先使用并由此得名的。该量表是评分加总式量表最常用的一种，单独或个别项目无意义。它被广泛用于测量受访者对一些问题的看法、态度和观点，也可以用来探索受访者的行为模式。利克特量表通常采用 5 个等级，也有人采用 7 个等级或 3 个等级。利克特量表的等级就是问卷项目答案的个数，受访者只要按量表的等级说明加以选择即可，非常便于操作。其使用方法是，调查者设计的问卷项目均为陈述句，受访者根据利克特等级量表进行选择，以确定自己对所列做法或看法的认可程度或同意程度。用利克特量表收集的数据是定距数据，一般采用等级标示(见表 2-1)。

表 2-1　认可程度等级量表

完全不同意(SD)	不同意(D)	不确定(U)	同意(A)	非常同意(SA)
1	2	3	4	5

上述答题方法说明 3)中所示例子就是典型的利克特量表测量方法。

除了上述常用的 5 级量表外，还有一些利克特量表的变体形式用于测量某种事项的重要程度，如对写作方法的重要性的调查(见表 2-2)。

表 2-2　写作方法调查表

事　项	不重要			重　要			
在写作中我会尝试不同的表达方式	1	2	3	4	5	6	7
在写作中我会注意句型变化，使行文灵活多样	1	2	3	4	5	6	7
在写作过程中我会尽量避免汉语思维	1	2	3	4	5	6	7
在写作过程中我会模仿自己读过的好文章	1	2	3	4	5	6	7
在谋篇布局时我会考虑中西方思维的差别	1	2	3	4	5	6	7
在作文中我会尝试运用多种修辞手法	1	2	3	4	5	6	7

利克特量表是一种标准化的问卷测量方式，在社会科学调查研究中很受欢迎。因为用该量表收集的数据易于整理和分析，调查者将全部问卷项目的得分相加即可获得该项目的总分，求其平均值也非常容易。总之，利克特量表具有容易设计、使用广泛、信度较高和回答方便等优点。

不过，利克特量表也有天然的缺陷：受访者容易产生"顺序效应"、"默认效应"和"趋中"倾向，或因感到乏味、不确定而全部同意或全部不同意。为此，调查者一般采用正向题和反向题相结合的做法，来抵消受访者的思维定势。

2) 语义区分量表

语义区分量表又叫语义分化量表，这是美国心理学家奥斯古德(Osgood)等人在 1957 年发展的一种态度测量技术,是一次性集中测量受访者对某个词或概念含义的认可程度的测量手段。设计者针对这个词或概念设计出一系列双向形容词量表,最佳语义区分量表为 7 个等级,并要求受访者根据自己的认可程度选择介于两个极端之间的等级,受访者只需根据对该词或概念的感受、理解,在量表上选定相应的位置。在社会学、社会心理学和心理学研究中,语义区分量表被广泛用于文化的比较研究,个人及群体间差异的比较研究,以及人们对周围环境或事物的态度、看法的研究等等。

我们以 Gardner(加特纳,1985)制作的外语教师评价语义区分量表为例(见表 2-3),来说明语义区分量表的用法。Gardner 的量表由总体评价(10 项)、师生关系(5 项)、教师能力(5 项)和教学生动程度(5 项)构成。比如对教师总体评价共 10 个项目,满分 70 分,高于 28 分表明学生对该教师总体持肯定态度,分数越高表明对教师评价越高,低于 28 分表明对教师持否定态度。其余 3 项分别用 5 个项目给予测量,满分均为 35 分,20 为分界线,分数越高,则教师受欢迎程度越高。

表 2-3 外语教师评价语义区分量表

efficient	___ :	___ :	___ :	___ :	___ :	___ :	inefficient
insensitive	___ :	___ :	___ :	___ :	___ :	___ :	sensitive
cheerful	___ :	___ :	___ :	___ :	___ :	___ :	cheerless
competent	___ :	___ :	___ :	___ :	___ :	___ :	incompetent
insincere	___ :	___ :	___ :	___ :	___ :	___ :	sincere
unapproachable	___ :	___ :	___ :	___ :	___ :	___ :	approachable
pleasant	___ :	___ :	___ :	___ :	___ :	___ :	unpleasant
trusting	___ :	___ :	___ :	___ :	___ :	___ :	suspicious
incapable	___ :	___ :	___ :	___ :	___ :	___ :	capable
tedious	___ :	___ :	___ :	___ :	___ :	___ :	fascinating
friendly	___ :	___ :	___ :	___ :	___ :	___ :	unfriendly
exciting	___ :	___ :	___ :	___ :	___ :	___ :	dull
organized	___ :	___ :	___ :	___ :	___ :	___ :	disorganized
unreliable	___ :	___ :	___ :	___ :	___ :	___ :	reliable
unimaginative	___ :	___ :	___ :	___ :	___ :	___ :	imaginative
impatient	___ :	___ :	___ :	___ :	___ :	___ :	patient
polite	___ :	___ :	___ :	___ :	___ :	___ :	impolite
colorful	___ :	___ :	___ :	___ :	___ :	___ :	colorless
unintelligent	___ :	___ :	___ :	___ :	___ :	___ :	intelligent
good	___ :	___ :	___ :	___ :	___ :	___ :	bad
industrious	___ :	___ :	___ :	___ :	___ :	___ :	unindustrious
boring	___ :	___ :	___ :	___ :	___ :	___ :	interesting
dependable	___ :	___ :	___ :	___ :	___ :	___ :	undependable
disinterested	___ :	___ :	___ :	___ :	___ :	___ :	interested
inconsiderate	___ :	___ :	___ :	___ :	___ :	___ :	considerate

从上表可以看出，量表制作者为了避免受访者的思维定势或光环效应，而将肯定和否定两个极端词汇不时进行调换。为确保调查的准确性，这一点是问卷制作时要特别注意的。大量研究表明，语义区分量表可以获得 3 个维度：评价(evaluation)、潜力(potency)和活力(activity)的数据，即 EPA 结构。这 3 个维度可以解释该量表的大多数方差。该量表尤其适用于情感反应测量，如态度的形成或态度的变化等。

3．问卷答案数据类型的确定

问卷调查获取的数据类型分为定性数据和定量数据。定量数据就是对社会现象的数量特征、数量关系与数量变化进行的分析所获得的数据。定量数据可分为定类(nominal)数据、定序(ordinal)数据、定距(interval)数据和定比(ratio)数据。定性数据是受访者以文字形式回答问卷时获得的数据。定性数据经过量化处理后就可以变成定量数据。只有定量数据才能输入 SPSS 程序加以分析，并获得结论。

1) 定类数据

在将问卷获得的数据输入 SPSS 后，一个问卷项目就是一个变量，变量名称可以由研究者自定，如"性别"。"性别"这个变量共有两个答案，分别表示不同的性别类别，如用 1 表示"男"，2 表示"女"；或者用 0 表示"男"，1 表示"女"。这些数字没有数学意义上的大小之分，而只是一种编码，代表研究对象分属不同的类别或范畴。这类数据称为定类数据。与之相对应的变量称为定类变量。区分定类数据很重要，因为在 SPSS 数据处理时要求对每个变量的种类进行定义，否则就无法进行分析。因为定类变量代表对象的类别或范畴，因而数据分析时它们往往被当作分组变量(grouping variable)或因素变量(factorial variable)来处理。定类数据之间的关系是"是"和"否"或者"等于(=)"或"不等于(≠)"的关系。

2) 定序数据

定序数据就是对变量从高到低或从大到小进行排列的次序。所以，定序数据不仅具有分类的作用，还有大小之分，存在量的关系。也就是说，定序数据之间不仅有"="和"≠"的关系，还有">"和"<"的关系。比如，受教育程度就是一个定序变量，可以分为小学、初中、高中、大学、研究生五个等级，分别用 1～5 五个数值表示。这些编码不仅表示受教育程度的不同，还表示受教育程度的高低。同样，学习成绩也可以分"好、中、差"三个等级，分别用 3、2、1 表示而构成定序数据。

3) 定距数据

当我们使用每个等级之间的数值距离相等的量表来评价问卷项目时所获得的数据就是定距数据。如，利克特量表和语义区分量表所取得的都是典型的定距数据。定距数据不仅像定类数据一样可以表示类别，也可以像定序数据一样表示大小高低，还可以表示类别之间的距离。因而，除了具有"="和"≠"或">"和"<"的关系外，定距数据还具有"+，-"的特质。所以，可以对定距数据进行大小比较，或求其总和、平均值和标准差。又如，实际考试分数(如 60、74、86 等)也是典型的定距数据，但如果我们按照某种标准将考试成绩分为"好、中、差"三个等级，那它就变成了定序数据，而此时的考试分数则变成了定序变量。可见，定序数据可以用来简化分布水平较多的定距数据。

4) 定比数据

定比数据实际是一种特别的定距数据，是最高级别的测量数据。不同的是，定比数据除了定距数据的三种特质外，还具有"×，÷"的数学特质。定比数据还有零值，而且有意义，表示一个固定的起点。距离之间的差距测量总是从零开始的。比如，甲同学的英语成绩为40分，而乙同学的英语成绩为80分，那么后者就是前者的两倍。在SPSS数据分析中，常常将高级数据类型转换为低级数据进行处理。

总之，在数据处理之前首先要区分变量的层次，进而确定数据的层次，它决定着统计分析方法的选择，如参数检验方法要求变量为连续变量(定距或定比)，非参数检验方法要求变量为范畴变量(定类或定序)。四种数据的数学特质如表2-4所示。

表2-4 数据的数学特质

数据层次		数学特质			
		异同(=, ≠)	次序(>,<)	距离(+, −)	比率(×, ÷)
范畴 (非参数检验)	定类	√			
	定序	√	√		
连续 (参数检验)	定距	√	√	√	
	定比	√	√	√	√

2.1.2 问卷制作的注意事项

问卷的制作目的是为了对受试者进行调查访问，以获取有效统计数据。在制作问卷的过程中，要特别关注受试者被试时的感受和接受程度，因此问卷的制作要注意以下几项说明。

(1) 避免使用受访者可能不明白的缩写、俗语或生僻用语。比如：

你对"SOHO"有什么看法？

很可能不是每个人都知道SOHO是small office 和home office 的缩写(单独办公、家里办公的意思)。如果这一问题以一般公众为调查对象，调查者可能会遇到麻烦。

(2) 提问方式要具体，切勿含糊不清。例如：

你作为大学生，经常关注国际国内的重大事件吗？

这样的问卷同样不好回答，何为经常？何为不经常？没有一个具体标准。"经常"是个概念模糊的时间用语，因此要将其具体化，比如改为"每天"或"每周"，效果更佳。

(3) 避免问题没有区分度。例如：

学生的学习动机很大程度上决定学习成绩的好坏。

A. 非常不同意　　B. 不同意　　C. 不确定　　D.同意　　E. 完全同意

这样的常识学生都是知道的，可能会有八成以上的人选择同意或完全同意。该问题没有太大的区分度。

(4) 对一些敏感问题进行调查时，问卷的措辞要委婉含蓄。例如：

你是否在四六级考试中作弊过？

对这样的问题进行调查，调查者要使用委婉措辞打消对方的顾虑，才能获得真实数据。

(5) 确保问题易于回答，要求不宜过高。例如：

请您列举出大学生厌学的10条原因。

这样的问题太费脑筋，受访者可能会拒绝回答。

（6）问卷不要带有诱导性或掺杂调查者的主观看法。例如：

请问你认为某校不具备开设影视欣赏课的条件吗？

这样的问题容易诱使受访者认同该观点。又如：

为了提高学生学习的自主性，您认为是否应该给予学生更多的自由？

这个问题显然掺杂了问卷设计者的主观看法，而使问题带有倾向性，诱导受访者选择肯定的答案。其实，"为了提高学生学习的自主性"这一句话纯属多余，应该删去。

（7）避免制作过长、过复杂的问卷项目。问卷问题越短小越精炼越好，否则受访者容易失去耐心。

（8）问卷项目的正向反向选项要交替使用。正向题和反向题交替使用可以避免受访者出现思维定势倾向。

2.1.3 问卷的编码

量化研究的本质，是针对研究者所获取的数据，以符号或数学模式来进行处理与统计分析。问卷调查结束之后，就要将原始数据输入 SPSS 22.0 以备分析之用，但是在原始数据输入之前还要对问卷进行最后的整理和编码。问卷的整理就是要将回收的全部问卷重新检查，以排查无效问卷。对问卷中的那些有缺陷而完全没有可用价值的废卷应该剔除，但可以保留那些虽有一定缺陷但对于数据分析还有用的问卷。

问卷整理工作结束之后就要对问卷项目进行编码。所谓编码就是将问卷项目的答案进行量化处理，即对其赋予一定数值，以便于进行数据分析。如，表 2-1 就是将五级量表分别用 1～5 来表示；又如是非题的答案"是"和"否"，我们可以用 0 和 1 或 1 和 2 来代替，这样计算机就可以识别并进行分析了。

在数据统计中，我们将问卷项目，也就是问卷问题称为变量(variable)。变量指的是个人或事物可以变化的特性，而非个人或事物本体。变量一般具有离散性、变异性和规律性。与之相对应，如果一个事物或属性不因人因时因地而发生变化，称为常数(constant)。人们可以根据变量的功能以及测量单位将其分为自变量和因变量(自变量是因，因变量是果)、外生变量和内生变量(外生变量是因，内生变量是果)、范畴变量(定类变量及定序变量)和连续变量(定距变量及定比变量)等。

对问卷的变量进行数据化转化有两个步骤，首先要对其进行分类和计量，然后以虚拟变量的方式进行数据整理。任何文字性数据进行量化处理后的计量性数据就是虚拟变量。如用 1、2、3 分别表示小学、中学和大学学历，那么 1、2、3 就是虚拟变量。

对变量进行量化，即编码，首先要建立一套完整的编码表(codebook)，用于记录数据量化的所有格式和内容，并配合 SPSS 数据处理的要求，详述数据处理的步骤。编码表的内容通常包括：变量名称及变量标签、变量值及其含义、变量测量类型与变量在数据文件中的位置。变量名就是对问卷项目进行命名，变量标签用来描述变量名的具体含义；变量值用于对各个问卷项目的答案进行赋值，即对项目答案进行量化。

我们以某大学对大学生网络使用情况的调查为例来说明如何对一份完整的调查问卷进行编码(见表 2-5 和表 2-6)。表 2-5 是一份按照问卷必备要素制作的完整的大学生网络使用情况问卷，而表 2-6 则是对该调查问卷表的完整编码表。制作编码表的目的在于：首先为了研究方便,尤其是帮助研究者记住自己对问卷的编码内容以及编码过程,以防时间过长发生遗忘。其次,便于课题组其他成员或其他参考者理解问卷的编码,也方便数据录入人员的工作,以免发生输入错误而无从核对,造成研究结果的失误。

一份完整的问卷调查,就结构而言,一般应该包括两个部分:对受访者个人信息的采集和问卷的具体内容。而就内容而言,问卷调查又分为选择题和问答题。其中选择题又是最常用的一种问卷形式,其构成也是多样化的,如单项选择(只能选择一个答案)、多项选择(可以选择多个答案,又称复选题)、等级排序及利克特量表或语义区分量表等。

以表2-5为例,该问卷的第一部分(不含第2题)及第二部分的第1、2、3题均为单项选择;而第二部分的第5题为排序题;第6题为多项选择题;而第三部分则是利克特量表的形式。此外,该问卷还包括两个填空题,即第一部分的第2题和第二部分的第4题。我们就以该问卷为例来说明其编码过程。

首先,单项选择题目由于选项和答案是一一对应关系,即每个单项选择题只能对应一个答案,所以可以直接赋予每个题目一个变量名并定义其变量标签和变量值及其含义。如,第一部分第6题,我们将其变量名定义为"朋友",标签为"异性朋友",变量值定义为:1=有;2=无;9=缺失值。其他单项选择的编码过程也是如此。(关于如何定义变量名,请看2.2.2节的介绍。)

其次,多项选择题的编码。多项选择题的最大特点是答案可能不是唯一的,即题目和选项不是一一对应的关系。因为多项选择题的每个选项都有被选中的可能,都要赋予一个变量名,这样,多项选择题的每个选项就变成了一个或有或无的二分变量。通常我们用变量值"1"表示"选中","0"表示"未选中"。于是,一个多项选择题就变成了多个二分变量的单项选择(选项为1或0)。这样,一个多项选择题会衍生出多个单项选择。比如,第二部分的第6题,共有10个选项,每个选项都要被重新编码为新的二分变量。由于该问题是对大学生网络使用项目的调查,因此我们分别将10个选项命名为"项目1"到"项目10",并定义其变量值为:"1"表示"选中","0"表示"未选中"。当然,只要符合变量命名的要求,我们还可以将它们定义为其他形式的变量名,比如按题号将其命名为"题5_1"到"题5_10"也是可以的。该问卷的第三部分的6级利克特量表的编码也是类似。该部分共有10个陈述句,构成对学生上网感受的调查,每一个句子所表达的观点都有可能被给予从"非常同意"到"非常不同意"共6种级别中的任何一个作为回答。因此,每个句子都可以被看作是有6个选项的单选题而予以编码。根据问卷第三部分调查的内容,我们将这10个句子分别编码为"感受1"到"感受10",并定义变量值为:1=非常不同意;2=不同意;3=不太同意;4=有点同意;5=同意;6=非常同意;9=缺失值。

再者,等级排序题的编码。等级排序题的每个项目都有可能被排到第1或最后。有几个项目就有几个等级。如本问卷的第二部分的第5题,共4个项目,4个等级。每个项目被选择的数字最小为1,最大为4。这样,每个项目就变成了有4个选项的单选题。我们分别将第5题的4个排序项目命名为"时段1"到"时段4"以突显该题的主旨,并将其变量值均定义为:1=第一顺序;2=第二顺序;3=第三顺序;4=第四顺序;9=缺失值。

最后,填空题的编码。该问卷第二部分的第4题为填空题,调查内容是"每周大约上网__次,平均每次上网时长__小时"。为了方便数据输入,我们将其编码为两个变量"次数"和"时长",标签分别为"每周上网次数"和"每次上网时长",变量值及其含义分别定义为:0~99;999=缺失值和 0~24;999=缺失值。"0~99;999=缺失值"是"每周上网次数"的标签。"0～24；999=缺失值"是"每周上网时长"的标签。

至此，一份完整的问卷的编码工作结束(见表2-6)。制作好编码表之后，就可以据此进行数据的输入工作了。

表 2-5　大学生网络使用调查问卷表

各位同学，你们好：

　　我们正在进行一项关于大学生网络习惯的研究，您对本次问卷调查的配合将对我们的研究提供重大帮助。本研究采用匿名方式进行，请诚实作答，问卷结果仅供研究之用，个人信息不对外公开。谢谢您的合作！

XX 大学网络习惯研究课题组

第一部分：个人信息

1. 性别　　　□1. 男　　　□2. 女
2. 年龄　　　_____岁
3. 学院　　　□1. 经济学院　□2. 管理学院　□3. 外语学院　□4. 人文学院　□5. 其他_____
4. 年级　　　□1. 大一　　□2. 大二　　□3. 大三　　□4. 大四
5. 住所　　　□1. 家里　　□2. 学校宿舍　□3. 出租房　□4. 亲友家　□5. 其他_____
6. 有无男/女朋友　　　□1. 有　　□2. 无

第二部分：网络使用习惯

1. 最常上网地点　　□1. 家里　□2. 学校图书馆　□3. 学校宿舍　□4. 网吧　□5. 其他_____
2. 最常上网方式　　□1. 手机　□2. 局域网　□3. 宽带　□4. 其他_____
3. 使用网络年限　　□1. 1年以下　□2. 1～2年　□3. 2～3年　□4. 3年以上
4. 每周大约上网_____次，平均每次上网时长_____小时
5. 最可能登录网络的时段(请排序，1为第一顺序，依次类推，4为第四顺序)
   □1. 上午　□2. 下午　□3. 晚上　□4. 十二点后的凌晨
6. 最常进行的网络活动(可复选)
   □1. 论坛　□2. QQ　□3. E-mail　□4. 微信　□5. 观看视频
   □6. 阅读　□7. 网游　□8. 购物　□9. 数据搜索　□10. 其他_____

第三部分：请按照您的认同程度和自我感受，在 **1～6** 中圈选出一个适合你的数字，数字越大表示同意程度越高。

	非常同意	同意	有点同意	不太同意	不同意	非常不同意
1. 我在网络世界中比现实生活中更有自信	1	2	3	4	5	6
2. 网络交友的神秘感和匿名性很吸引我	1	2	3	4	5	6
3. 网络交友不安全	1	2	3	4	5	6
4. 我会在网络世界中寻找感情慰藉	1	2	3	4	5	6
5. 我会在网络上展示自拍的影像、影音	1	2	3	4	5	6
6. 我会在意网络上的人对我的任何回应(例如：人气、留言)	1	2	3	4	5	6
7. 我上网是用来打发时间	1	2	3	4	5	6
8. 在网络上我可以讲平常不敢讲的话	1	2	3	4	5	6
9. 我在网络上以截然不同的身份出现	1	2	3	4	5	6
10. 我会期待网络上有人主动联系我	1	2	3	4	5	6

表 2-6 大学生网络使用调查问卷编码表

原始题号	变量名	变量标签	变量值及其代表的意义	测量类型	变量位置
	编号	受访者编号	0～999	定类	第 1 列
一、个人信息					
1	性别		1=男生；2=女生；9=缺失值	定类	第 2 列
2	年龄		0～99；999=缺失值	定类	第 3 列
3	学院		1=经济学院；2=管理学院；3=外语学院；4=人文学院；5=其他；9=缺失值	定类	第 4 列
4	年级		1=大一；2=大二；3=大三；4=大四；9=缺失值	定类	第 5 列
5	住所		1=家里；2=学校宿舍；3=出租房；4=亲友家；5=其他；9=缺失值	定类	第 6 列
6	朋友	异性朋友	1=有；2=无；9=缺失值	定类	第 7 列
二、网络使用习惯					
1	地点	最常上网地点	1=家里；2=学校图书馆；3=学校宿舍；4=网吧；5=其他；9=缺失值	定类	第 8 列
2	方式	最常上网方式	1=手机；2=局域网；3=宽带；4=其他；9=缺失值	定类	第 9 列
3	年限	使用网络年限	1=1 年以下；2=1～2 年；3=2～3 年；4=3 年以上；9=缺失值	定序	第 10 列
4	次数	每周上网次数(次)	0～99；999=缺失值	定距	第 11 列
	时长	每次上网时长(小时)	0～24；999=缺失值	定距	第 12 列
5 (排序)	时段 1	上午	1=第一顺序；	定序	第 13 列
	时段 2	下午	2=第二顺序；	定序	第 14 列
	时段 3	晚上	3=第三顺序；	定序	第 15 列
	时段 4	凌晨	4=第四顺序；9=缺失值	定序	第 16 列
6 (复选)	项目 1	论坛	0=未选；1=选中	定类	第 17 列
	项目 2	QQ		定类	第 18 列
	项目 3	E-mail		定类	第 19 列
	项目 4	微信		定类	第 20 列

续表

原始题号	变量名	变量标签	变量值及其代表的意义	测量类型	变量位置
6 (复选)	项目5	视频	0=未选； 1=选中	定类	第21列
	项目6	阅读		定类	第22列
	项目7	网游		定类	第23列
	项目8	购物		定类	第24列
	项目9	搜索		定类	第25列
	项目10	其他		定类	第26列
三、网络感受					
1	感受1	我在网络世界中比现实生活中更有自信	1=非常不同意； 2=不同意； 3=不太同意； 4=有点同意； 5=同意； 6=非常同意； 9=缺失值	定距	第27列
2	感受2	网络交友的神秘感和匿名性很吸引我		定距	第28列
3	感受3	网络交友不安全		定距	第29列
4	感受4	我会在网络世界中寻找感情慰藉		定距	第30列
5	感受5	我会在网络上展示自拍的影像、影音		定距	第31列
6	感受6	我会在意网络上的人对我的任何回应（例如：人气、留言）		定距	第32列
7	感受7	我上网是用来打发时间		定距	第33列
8	感受8	在网络上我可以讲平常不敢讲的话		定距	第34列
9	感受9	我在网络上以截然不同的身份出现		定距	第35列
10	感受10	我会期待网络上有人主动联系我		定距	第36列

2.2 数据的录入

完成对问卷的编码后，接下来的工作就是将所有编码的数据录入 SPSS 以备统计与分析之用。

2.2.1 操作术语

在数据输入前，我们首先要了解一下 SPSS 22.0 各个操作窗口的一些基本名称、设置和功能。

1. 数据编辑器窗口

启动 IBM SPSS Statistics 22.0 中文版软件，显示为数据编辑器窗口(见图 2-1)，该窗口包含两部分，即"数据视图"和"变量视图"。我们首先要了解数据编辑器窗口各个构成元素的名称及功能。

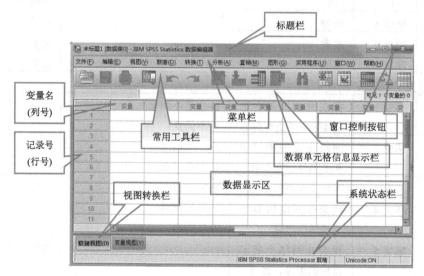

图 2-1 数据编辑器窗口

如图 2-1 所示，数据编辑器的菜单栏包括 11 种菜单："文件(F)"、"编辑(E)"、"视图(V)"、"数据(D)"、"转换(T)"、"分析(A)"、"直销(M)"、"图形(G)"、"实用程序(U)"、"窗口(W)"和"帮助(H)"，这些菜单的功能如表 2-7 所示。

表 2-7 SPSS 数据编辑器菜单功能一览表

菜 单	功 能
文件(F)	主要用于开启、建立或保存新的数据、语法、输出或脚本窗口；打开读取数据库文件；设置查看器及打印等功能
编辑(E)	用于对数据复制与粘贴、剪切与撤销、查找与替换；插入变量或个案；转至变量或个案；SPSS 程序设置选项等
视图(V)	用于窗口画面的呈现设置及工具栏的定制等
数据(D)	用于对数据文件的编辑整理与检核，如定义变量属性和日期、标识排序个案与变量、对数据的合并与拆分等
转换(T)	主要用于对数据的算术处理与编码、准备建模数据、个案等级排序等
分析(A)	用于数据统计分析，包括报告、描述统计、比较平均值、模型、相关、回归、分类、降维、度量、非参数检验、生存函数、复杂抽样及质量控制等功能。这是 SPSS 的核心部分

续表

菜 单	功 能
直销(M)	专门用于市场营销相关数据的分析整理的方法选择
图形(G)	主要用于各种统计图的绘制，如条形图、折线图、饼图、直方图、三维图、箱图、散点图和回归变量图等
实用程序(U)	查看变量信息、运行脚本、SPSS环境设置以及扩展束等
窗口(W)	切换窗口，改变窗口显示方式
帮助(H)	查看主题帮助、教程帮助、个案研究、统计指导、算法、指令语法参考及链接官网等功能

数据编辑器窗口除了有以上11大类的菜单外，还有20个常用工具栏图标，可用于数据统计分析过程中快速启动需要的程序。只需将鼠标移动到这些图标上，它们的下边就会出现该工具图标的简要功能说明(见图2-2)。这些常用工具的快捷方式为数据统计与分析提供了很大的便利。

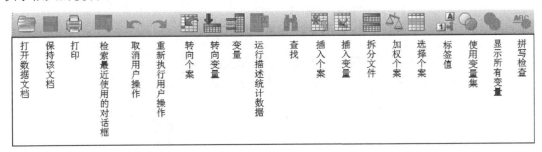

图 2-2　数据编辑器常用工具栏

2. 查看器窗口

当研究者执行"分析"菜单栏中的各项程序时，SPSS会将分析结果直接显示在查看器窗口（见图2-3）。该窗口分为左右两栏，分别是导航窗口和显示窗口。查看器窗口中的数据可以打印、编辑、修改或储存。如图2-3所示，该窗口菜单与数据编辑窗口的菜单大同小异，区别在于该窗口新增了"插入"和"格式"两项功能。"插入"菜单用于在结果显示窗口插入新建的标题、文本、文件或图像；"格式"菜单则用于调整对齐方式。

同样，在查看器窗口的菜单栏下方也有类似于数据编辑窗口的常用工具栏，不过要多出一些，以适应结果输出操作的需要(见图2-4)。

查看器的导航窗口呈现树状结构(见图2-3)，其功能类似于Windows系统的注册表，显示窗口则显示树状结构项目的内容。这些内容可以通过导出功能根据用户的需要转换为很多格式的文件。具体操作如下：选择"文件"|"导出"命令，打开"导出输出"对话框(见图2-5)，在"类型"下拉列表框中选择所需的文件类型，并单击"文件名"文本框右侧"浏览"按钮可以选择存储位置并对所输出的文件命名，最后单击"确定"按钮，完成分析结果的导出。

SPSS 22.0 统计分析应用教程

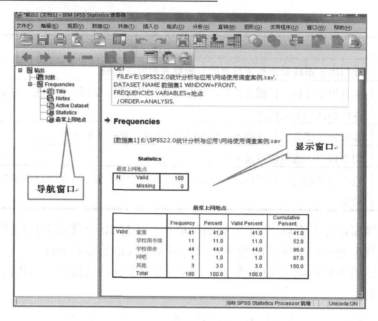

图 2-3 结果输出窗口

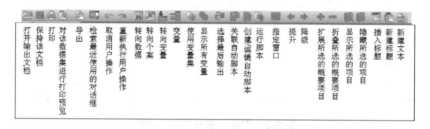

图 2-4 查看器窗口常用工具栏

图 2-5 "导出输出"对话框

3. 语法编辑器窗口

语法编辑器窗口的打开方式有两种：启动 SPSS 22.0 中文版，选择"文件"|"新建"|"语法"命令，新建一个语法编辑窗口；或选择"打开"|"语法"命令，打开一个已有的语法文件(*.sps)(见图 2-6)。语法编辑器窗口的菜单栏、常用工具栏与数据编辑器窗口类似。在此不再一一介绍。当执行各种程序时，单击"粘贴"按钮会直接将语法程序呈现为语法编辑程序，我们可以在语法编辑器窗口中输入 SPSS 的某种命令或者完整的程序语句，也可以将多个程序编辑成一个完整的程序，以便一次性运行。

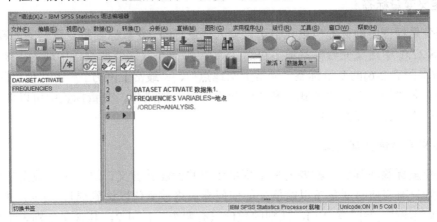

图 2-6　语法编辑器窗口

2.2.2　定义变量属性

在将编码过的问卷数据输入 SPSS 22.0 的数据视图之前，首先要依据问卷编码表(见表 2-6)在变量视图窗口中对变量的各种属性进行定义，否则 SPSS 将无法按照研究者的要求进行分析。下面我们将以表 2-6 所示的编码表为例说明如何对变量的各个属性进行定义。

1. 定义变量名

启动 SPSS 22.0 数据编辑器，双击变量视图中的名称栏单元格可以添加或编辑变量名。每个变量名必须是唯一的，不允许重复。变量名最多可包含 64 个字节，在双字节语言如中文中则为 32 个字符，并且第一个字符必须是字母、字符@、#或$之一。后续字符可以是字母、数字、非标点字符如下划线和句点(.)的任意组合。变量名不能包含空格，并且应避免用句点结束变量名称，因为句点可能被解释为命令终止符，还要避免使用下划线结束变量名，因为这样的名称可能与命令和过程自动创建的变量名冲突。还有，不能将保留关键字用作变量名称。保留关键字包括 All，AND，BY，EQ，GE，GT，LE，NE，LT，NOT，OR，TO 和 WITH。可以用任意混合的大小写字符来定义变量名称，为了有效显示所定义的变量名，大小写将予以保留。比如，对本例中(参照表 2-6)的变量"编号"的定义，可以用汉字"编号"来命名，也可以用 id 或 ID 表示，甚至用符合变量名命名要求的任何字符；又如，变量名"项目 1"，我们还可以使用诸如"项目 a"、"项目 A""项目_1"、"item_a"

或"ITEM_A"等很多方式加以命名。图 2-11 就是一份变量名定义完毕的 SPSS 数据文件。

由于以前的 SPSS 版本的汉语兼容性不强，因此定义变量名通常是使用英文字符或单词，但最新版的 IBM SPSS Statistics 22.0 的汉语兼容性已非常出色，研究者无须担心汉语变量名出现乱码的问题。所以现在完全可以放心地全部使用汉字来定义变量名，这样会使查看者更易弄清变量名的含义所在。

注意：定义变量名的字母包括书写日常文字所用的任何非标点字符，但这些文字要属于平台字符集所支持的语言，在汉语中即指汉字。

2. 定义变量标签

双击变量视图中的标签栏单元格可以输入变量标签。变量标签是变量名的注释或说明，新版 SPSS 22.0 中定义变量标签最多可达 256 个字符(在双字节如汉语中即为 128 个字符)。如本例中(参照表 2-6)的变量标签"最常上网地点"、"最常上网方式"和"使用网络年限"分别是变量名"地点"、"方式"和"年限"的说明或注释。变量标签中可以含有空格和变量名中所不允许的保留字符。

3. 定义变量值及其含义

完成变量标签注解后，就要为每个变量赋值并标注其含义。这一步在数据分析中极为重要，因为只有将所有变量予以赋值才能使问卷最终被量化以达到通过 SPSS 进行分析的目的。比如本例中(参照表 2-6)，性别的数值只有两个：1 和 2，其含义分别表示男生和女生；而学院则有 1～5 共计五个数值，分别表示经济学院、管理学院、外语学院、人文学院和其他学院。变量值输入方法：单击"值"列的单元格，会出现…标签值符号，单击进入"值标签"对话框，在"值(L)"文本框中输入 1，在"标签(L)"文本框中输入"男生"，单击"添加"按钮，其右侧栏目就会出现 1="男生"的数值注解。重复以上程序，就可完成对女生的数值注解(见图 2-7)。最后单击"确定"按钮完成操作。

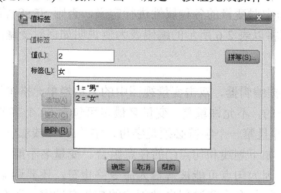

图 2-7 "值标签"对话框

4. 定义测量类型

变量的测量类型有三个选项，分别为度量、有序和名义。SPSS 程序默认为度量，不影响分析结果。

5. 缺失值的处理

所谓缺失值就是在问卷过程中，受访者没有给予回答，由研究者自行键入的数值。一般在缺失值的设定上，要根据需定义缺失值的题目的答案数值来确定。如果该类问题的答案只有一位数且小于 9，则常以 9 作为该类问题的缺失值；如果题目的答案为两位数且不超过 99，则常以 99 为该题目变量的缺失值；以此类推。如大学生网络使用调查问卷编码表中就采用了 9 和 999 两个数值作为变量缺失值。缺失值的输入操作：单击"缺失"单元格，会出现...符号，单击进入"缺失值"对话框，根据各个变量的情况予以恰当设置。如，本例中，性别变量有"1=男生"和"2=女生"两个水平，如果受访者没有作答，则以 9 代替，那其缺失值 9 就输入"离散缺失值"下的方框中，此处最多可以添加 3 个分别间断的或叫离散的缺失值，如图 2-8 所示。而本例的第三部分每题有 6 个选项"非常不同意、不同意、不太同意、有点同意、同意、非常同意"，分别由"1、2、3、4、5、6"表示，如果未作答以 0 代替，水平值大于 7 则表示是输入错误的数值，因而缺失值范围可以设定为最低为 7，最高为 999(见图 2-9)。

图 2-8 "缺失值"对话框(1)

图 2-9 "缺失值"对话框(2)

6. 其他属性的定义

除上述几个变量属性需要定义之外，变量视图窗口还有几个其他变量属性需要定义。如变量的类型的定义，最常见的是"数值"和"字符串"。要更改类型，只需在单元格右侧单击一下，就会出现...符号，点此按钮进入"变量类型"对话框(见图 2-10)。虽然常见的类型有"数值"和"字符串"，但"字符串"类型的变量不能进行统计分析，所以研究者最好以"数值"来设定变量类型。"宽度"和"小数"分别定义变量名的可用长度和变量值小数点后的位数，程序分别默认为 8 个字节和 2 位小数。研究者可以根据实际需要予以调节。而"列"和"对齐"分别规定数据视图中每个变量列的宽度及其对齐方式，程序分别默认为 8 个字节和右对齐，研究者也可根据需要予以调节。某些对话框支持可用于预先选择分析变量的预定义"角色"。当打开其中一个对话框时，满足角色要求的变量会自动显示在目标列表中。

可用角色包括以下几项：
- "输入"：变量将用于输入，如预测变量、自变量。
- "目标"：变量将用于输出或目标，如因变量。

- "两者"：变量将同时用作输入和输出。
- "无"：变量没有角色分配。
- "分区"：变量将用于把数据划分为单独的训练、检验和验证样本。
- "拆分"：用于与 IBM SPSS Modeler 相互兼容，具有此角色的变量不会在 IBM SPSS Statistics 中用于拆分文件变量。

默认状态下，所有变量被分配为"输入"角色。

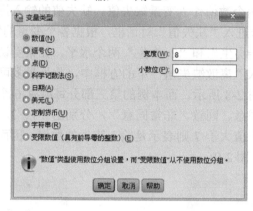

图 2-10 "变量类型"对话框

至此，对一份完整问卷的变量属性定义工作结束(见图 2-11)，接下来便是将问卷所获得的答题数据输入数据视图了。

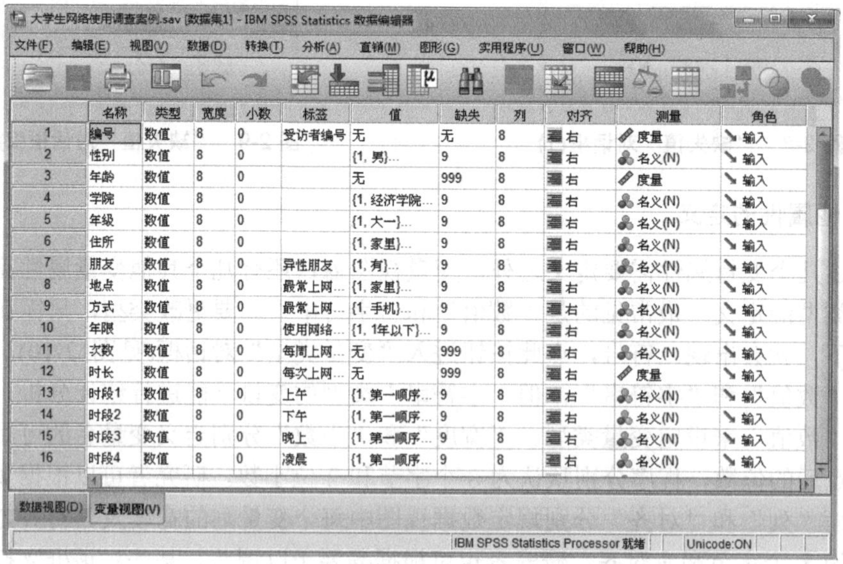

图 2-11 变量属性全部定义完毕的变量视图窗口

2.2.3 数据的录入

数据的编码和变量属性的定义等一切准备工作完毕之后，接下来就要在数据编辑器的数据视图窗口中进行数据的输入与编辑了。可以按个案(行)或变量(列)进行数据输入。在输入数据前,如果没有在变量视图窗口中定义变量的各种属性,那么,当选中一个单元格并输入数据后,程序会自动创建一个新变量并赋予其一个变量名,程序默认自动命名变量名为 VAR00001、VAR00002、…以此类推(见图 2-12)。

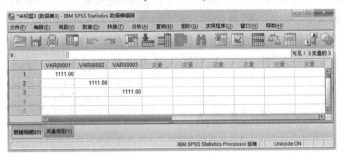

图 2-12 变量的自动命名

在此,我们以完成变量编码并定义过变量属性的问卷调查(见表 2-5)为例来说明数据视图中的数据输入步骤。

启动 SPSS 22.0 中文版,选择"文件"|"打开"|"数据"命令,打开如图 2-11 所示的已完成变量视图定义的文件"大学生网络使用调查案例.sav"并切换到"数据视图"。单击单元格,按行或列逐一输入数据。全部数据输入完毕,选择"文件"|"保存"命令,此时数据视图窗口如图 2-13 所示。

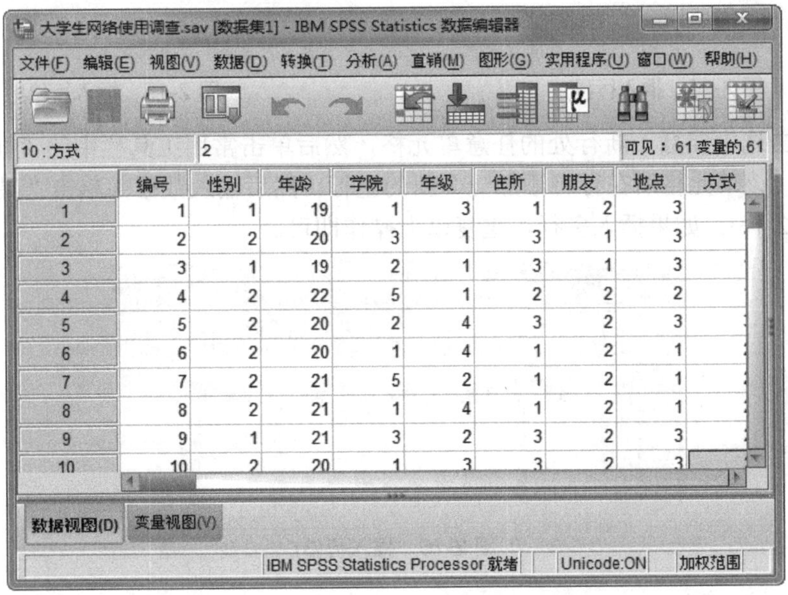

图 2-13 完成数据输入的数据视图窗口

在数据的输入过程中,当数据庞大繁杂时,难免会出现疏漏或错误。这时我们需要对数据视图进行修改,除了修改个别数据外,有时我们还要在整个视图中插入一行或多行(观察值),一列或多列(变量);或者删除一行或多行(观察值),一列或多列(变量)。

1. 插入行

插入行的操作有如下几种。

- 单击选中要插入新行处的任意单元格,选择"编辑"|"插入个案"命令。选中的单元格所在的行会变成一个新的空行,然后输入数据,并单击"保存"按钮,如图 2-14 所示。
- 确定要插入行的位置,在左侧行号处右击并在弹出的快捷菜单中选择"插入个案"命令,该行号处新增一行,然后输入数据并单击"保存"按钮(见图 2-15)。

图 2-14 插入行(1)　　　　　　图 2-15 插入行(2)

- 单击选中要插入新行处的任意单元格,然后单击常用工具栏中的"插入个案"图标,该单元格所在行将添加一个新的空行,然后输入数据并单击"保存"按钮(见图 2-16)。如果插入多行,重复以上操作即可。

图 2-16 插入行(3)

2. 插入列

插入列的操作与插入行的操作类似,也有如下三种方法。

- 单击选中要插入新列处的任意单元格,选择"编辑"|"插入变量"命令。选中的单元格处会增加一个新列,并且程序将自动为该列定义变量名,然后输入数据,最后单击"保存"按钮。

- 确定要插入列的位置，在该列变量名处右击并在弹出的快捷菜单中选择"插入变量"命令，该处将新增一列，并且程序将自动为该列定义变量名，然后输入数据并单击"保存"按钮。
- 确定要插入列的位置，单击该列的任意单元格，然后单击常用工具栏中的"插入变量"图标，该单元格所在列将添加一个新列，并且程序将自动为该列定义变量名，然后输入数据并单击"保存"按钮。

如果插入多列，重复以上操作即可。要想对程序自动定义的变量名进行修改，可以切换至变量视图窗口的"名称"栏，进行相应修改操作。最后单击"保存"按钮，完成修改。

反之，如果想要删除数据视图窗口中的行或者列，则要选中该行或该列(整行或整列)，选择"编辑"|"清除"命令，或在该行或该列右击并在弹出的快捷菜单中选择"清除"命令。

2.2.4 数据的导入

以上介绍的数据输入方法是直接将数据输入 SPSS 数据编辑器中保存。我们还可以将数据预先输入像 Excel 表格之类的常用数据软件中，然后在需要的时候导入 SPSS 22.0。

1. 从电子表格中导入数据

选择"文件"|"打开"|"数据"命令，选择想要打开的*.xls 文件，单击"打开"按钮可将预先保存的 Excel 电子表格直接导入 SPSS 的数据视图窗口(见图 2-17)。要注意在"打开 Excel 数据源"对话框中选择"从第一行数据读取变量名"，选择此选项可将列标题作为变量名进行读取(见图 2-18)。如果列标题不符合 IBM SPSS Statistics 的变量命名规则，则这些列标题将会转换成有效的变量名，原始的列标题将另存为变量标签。如果只想导入电子表格的一部分内容，请在"范围"文本框中指定要导入的单元格范围。如果原始数据*.xls 文件没有列标题，而全部是数据，那么数据导入后，程序将自动生成变量名(见图 2-19)，研究者可自行在变量视图中修改变量名及其属性。

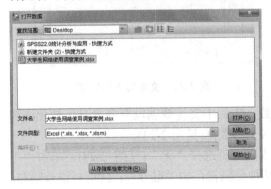

图 2-17　"打开数据"对话框

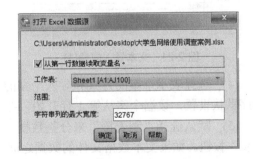

图 2-18　"打开 Excel 数据源"对话框

2. 从文本文件导入数据

(1) 选择"文件"|"读取文本数据"命令，选择要导入的文本数据，单击"打开"按

钮(见图 2-20),打开文本导入向导。

图 2-19　自动生成变量名示例　　　　　图 2-20　选择文本文件

(2) 在"文本导入向导"对话框的第一步中可以选择"预定义的格式"或"在向导中创建新格式",本例选择"否"指示应该创建新格式(见图 2-21)。

(3) 选择"分隔"单选按钮指示数据使用分隔格式结构,选中"是"单选按钮指示变量名包含在文本数据的顶部,选中"否"单选按钮表示数据文本没有变量名。本例选中"否"单选按钮(见图 2-22)。

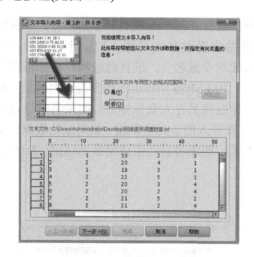 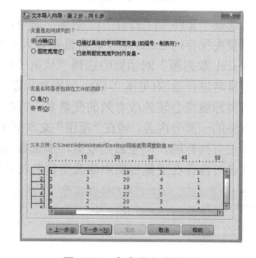

图 2-21　文本导入向导(1)　　　　　　图 2-22　文本导入向导(2)

(4) 选择表示个案的方式和导入个案的个数。本例中文件数据没有变量名,故此选择程序默认设置,数据个案从第 1 行开始,并导入全部数据(见图 2-23)。

(5) 默认选择"制表符"来分割数据,文本限定符选择"无"(见图 2-24),单击"下一步"按钮。如果文本数据文件的数据之间有某种分隔符,如"逗号",就选择该分隔符。

(6) 为数据定义变量名。为了符合命名规则,预存的文本数据文件的变量名称可以在此修改。在"数据预览"列表框中,选择要更改的变量,然后在"变量名称"文本框中修改。本例文件数据没有变量名,因此可以在此处依据变量编码表一一定义变量名,并选择数据格式。程序自动命名的变量名"V1"、"V2"、"V3"分别被修改为"编号"、"性别"和"年龄"(见图 2-25)。如果在这一步不定义变量名,也可在数据导入完成之后,在变量视图中进行定义。

(7) 选择程序默认设置,单击"完成"按钮,文本数据导入成功(见图 2-26)。

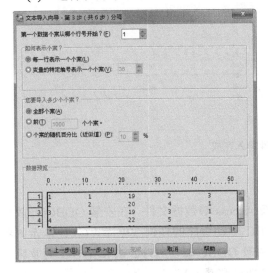

图 2-23　文本导入向导(3)

图 2-24　文本导入向导(4)

图 2-25　文本导入向导(5)

图 2-26　文本导入向导(6)

图 2-27 所示为文本数据"大学生网络使用调查.txt"导入 SPSS 数据编辑器后的结果。在导入过程中定义的变量名"编号"、"性别"和"年龄"已经显示,其余尚未修改的变量名仍然显示程序自动命名的变量名 "V4"、"V5"等。读者可在变量视图中继续定义变量名。

图 2-27 文件导入完成

3. 从数据库中导入数据

SPSS 22.0 还可以读取 dBase、DeluxeCD 及 Access 等数据文件。在安装 ODBC(开放数据库链接)驱动程序之后，可直接读取使用 ODBC 驱动程序的任何数据库。(注：本示例特定于使用 Microsoft Windows，且 Access 需要安装 ODBC 驱动程序。其他平台上的步骤与此类似，不过可能需要 Access 的第三方 ODBC 驱动程序。)

具体步骤如下：

(1) 选择"文件"|"打开数据库"|"新建查询"命令，打开"数据库向导"对话框。从"数据源"列表中选择"MS Access Database"，然后单击"下一步"按钮，再单击"浏览"按钮指定要导入的表和变量(见图 2-28)，最后单击"确定"按钮。

(2) 选择要检索的字段，单击"下一步"按钮(见图 2-29)。

图 2-28 "数据库向导"对话框

图 2-29 "选择数据"界面

(3) 限制检索个案选项。如果不想导入所有个案，则可以导入一个个案子集，或从数据源中导入一个随机的个案样本。对于大数据源，可能需要将个案数限制为小的、具有代表性的样本，以减少处理时间，如图 2-30 所示。单击"下一步"按钮，定义变量名。

(4) 在"定义变量"界面中，可以使用字段名称来创建变量名。如有必要，可将这些名称转换为有效的变量名，原始字段名称将保留为变量标签。也可以在导入数据库之前更改变量名，单击"重新编码数值"单元格，可将字符串变量转换成数值变量，并将原始值保留为新变量的值标签，如图 2-31 所示。单击"下一步"按钮，根据在数据库向导中的选择所创建的 SQL 语句将在"结果"步骤中出现。可以立即执行此语句，或将其保存到一个文件中供将来使用。单击"完成"按钮即可导入数据，如图 2-32 所示。

图 2-30 "限制检索的个案"界面　　　　　　图 2-31 "定义变量"界面

图 2-32 文件导入完成

2.3 数据的整理

在对数据进行有效的统计分析之前，常常需要先对数据加以整理，如将调查问卷中的反向题的分值转换编码，进行数据的各种计算以及根据研究目的对数据进行个案等级排序、缺失值的替代、数据加权、行列互换、分类汇总、文件的拆分与合并等。

本节将以"大学生网络使用调查.sav"为例，介绍数据整理的各种方法与步骤。

2.3.1 数据的重新编码

在统计分析时，很多时候我们需要对数据的分值进行转换才能实现所需要的分析目的。各种数据分值的转换功能包含在 SPSS 的"转换"菜单中。数据分值的转换有两种模式：

"重新编码为相同变量"和"重新编码为不同变量"。

1. 重新编码为相同变量

在进行问卷量表设计时,为避免受访者产生思维定势,设计者往往将正向题和反向题相互穿插。这样,在数据分析之前,我们要将反向题的量表得分转换成正向题的得分方式才能使这些得分的标准统一化。也就是说,我们要用正向题的得分标准来替换反向题的得分标准。

比如,"大学生网络使用调查"问卷的第三部分"网络感受"中的"感受 2"、"感受 7"和"感受 10"三个题就是反向题,其分值转换步骤如下:

(1) 打开"大学生网络使用调查.sav",选择"转换"|"重新编码为相同变量"命令,打开"重新编码到相同的变量中"对话框,将"感受 2"、"感受 7"和"感受 10"三个变量选至"数字变量"列表框(见图 2-33)。

(2) 单击"旧值和新值"按钮进行旧值和新值的转换设置。在"旧值"选项组中选择需要转换的旧值类型或范围,本例选择"值"并输入要转换的旧值,在"新值"选项组中也选择"值"并在其文本框中输入新值。单击"添加"按钮,完成一个值的转换。重复以上操作,旧值和新值转换设置完成(见图 2-34)。单击"确定"按钮完成操作,旧值和新值转换成功。

 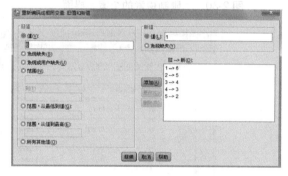

图 2-33　"重新编码到相同的变量中"对话框　　图 2-34　旧值和新值转换设置

2. 重新编码为不同变量

为了便于分析,有时我们需要将很多变量予以分组,这样可以大大简化所分析的数据。尤其在数据庞大或繁多时,分组分析可以得到更加直观的结论。我们仍然以上述"网络感受"调查量表为例来演示操作步骤。在该问卷中,"网络感受"量表分为 6 个级别,即"非常不同意"、"不同意"、"不太同意"、"有点同意"、"同意"和"非常同意",分别用 1~6 来表示。我们可以将它们进一步分为两组态度,即"消极感受"(用 1 表示)和"积极感受"(用 2 表示),然后进行比较。其操作步骤如下:

(1) 打开"大学生网络使用调查.sav",选择"转换"|"重新编码为不同变量"命令,打开"重新编码为其他变量"对话框,将"感受 1"至"感受 10"依次选入"数字变量→输出变量"列表框中,并依次为各输出变量命名新的变量名。比如,选中"数字变量→输出变量"列表框内的"感受1→?",在"输出变量"选项组的"名称"文本框内输入新的

变量名"感受_1"并定义"标签"为"态度分组"。单击"更改"按钮,"感受1→?"变成"感受1→感受_1",完成"感受1"的输出变量的命名。依此步骤分别为其他输出变量命名(见图2-35)。

(2) 单击"旧值和新值"按钮打开"重新编码到其他变量：旧值和新值"对话框，进行旧值到新值的转换设置。在"旧值"选项组中选中"范围"单选按钮，激活其下面的文本框，两个文本框中分别输入"1"和"3"，并在"新值"的"值"文本框中输入"1"(表示消极)，然后单击"添加"按钮，完成一次值转换；重复上述操作，将4～6转换为"2"(表示积极)(见图2-36)。设置完成单击"继续"按钮返回图2-35所示对话框，然后单击"确定"按钮完成所有数据分值的转换操作。图2-37所示为新变量生成后的数据视图，图2-38所示为新变量生成后的变量视图。

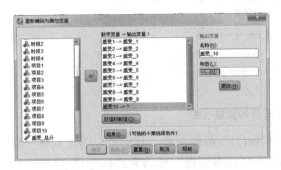

图2-35　命名新输出变量对话框

图2-36　"重新编码到其他变量：旧值和新值"对话框

感受_1	感受_2	感受_3	感受_4	感受_5	感受_6	感受_7	感受_8	感受_9	感受_10
1	1	1	2	1	1	1	1	2	1
1	1	2	2	2	1	1	1	1	1
1	1	1	1	1	1	1	1	1	1
2	1	2	1	1	1	1	1	1	1
2	2	2	2	2	1	1	1	1	1
2	1	1	2	1	1	1	1	2	2
2	1	1	1	2	1	2	1	1	1
1	2	1	1	1	1	1	1	1	1
2	2	2	1	2	1	1	1	1	2
2	1	1	1	1	1	1	1	1	1
1	1	1	2	2	1	1	2	1	1
1	1	1	1	1	1	1	2	2	1
2	1	1	1	1	1	1	1	1	1
2	2	2	1	2	1	2	1	1	1
2	2	2	2	2	1	1	1	1	1
2	1	1	1	1	1	1	1	1	1
1	2	1	1	1	2	1	1	1	1
2	1	1	1	1	1	1	1	1	2

图2-37　新变量生成后的数据视图

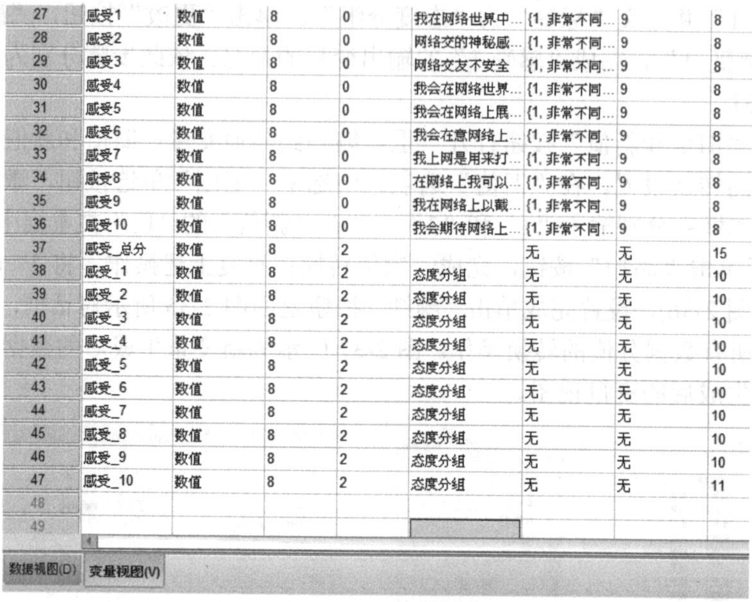

27	感受1	数值	8	0	我在网络世界中…	{1, 非常不同…	9	8
28	感受2	数值	8	0	网络交的神秘感…	{1, 非常不同…	9	8
29	感受3	数值	8	0	网络交友不安全	{1, 非常不同…	9	8
30	感受4	数值	8	0	我会在网络世界…	{1, 非常不同…	9	8
31	感受5	数值	8	0	我会在网络上展…	{1, 非常不同…	9	8
32	感受6	数值	8	0	我会在意网络上…	{1, 非常不同…	9	8
33	感受7	数值	8	0	我上网是用来打…	{1, 非常不同…	9	8
34	感受8	数值	8	0	在网络上我可以…	{1, 非常不同…	9	8
35	感受9	数值	8	0	我在网络上以截…	{1, 非常不同…	9	8
36	感受10	数值	8	0	我会期待网络上…	{1, 非常不同…	9	8
37	感受_总分	数值	8	2		无	无	15
38	感受_1	数值	8	2	态度分组	无	无	10
39	感受_2	数值	8	2	态度分组	无	无	10
40	感受_3	数值	8	2	态度分组	无	无	10
41	感受_4	数值	8	2	态度分组	无	无	10
42	感受_5	数值	8	2	态度分组	无	无	10
43	感受_6	数值	8	2	态度分组	无	无	10
44	感受_7	数值	8	2	态度分组	无	无	10
45	感受_8	数值	8	2	态度分组	无	无	10
46	感受_9	数值	8	2	态度分组	无	无	10
47	感受_10	数值	8	2	态度分组	无	无	11
48								
49								

图 2-38　新变量生成后的变量视图

这样，每种感受就被分为“消极(1)”和“积极(2)”两种态度。我们可以通过观察“感受_1”到“感受_10”的数据分布情况，可以很清楚地看到每个受访者对问卷调查中的 10 种网络使用感受积极与否。数值“1”表示态度从“非常不同意”到“不太同意”的变化，属于“消极感受”；而数值“2”表示态度从“有点同意”到“非常同意”的变化，属于“积极感受”。由此，我们还可以进一步分别统计两种态度的人数以进行深入比较。

同样，我们也可以通过数据分值的转换将学生考试成绩的等距变量按照一定标准分组为“优、中、差”的定序变量，以便于进行组间分析。

2.3.2　数据的计算

SPSS 数据的计算是指在原有数据的基础之上，根据研究目的按照 SPSS 算术表达式或函数对所有个案或满足条件的个案进行数据处理，以产生新变量的过程。在进行数据计算之前，我们需要了解常用的 SPSS 计算表达式。

1. 数据计算表达式

1)　SPSS 算术表达式

SPSS 算术表达式是由常量、变量、算术运算符、圆括号和函数等组成的式子，用于对个案数据的算数计算。利用 SPSS 算术表达式进行计算，必须注意以下事项：

- 字符型常量要用“ ”引起来。
- 变量是指位于“计算变量”对话框中的现有变量。
- 算术运算符包括+(加)、-(减)、*(乘)、\(除)和**(乘方)等。数据类型为数值，运算顺序为先乘方、后乘除，再加减。
- 同一算术表达式内的常量和变量，数据类型必须一致。

2) 条件表达式

在数据计算中,常常要求对不同分组(类)的个案分别按照不同的方法进行计算,这就要求通过某种方式来选择个案。该方式就是条件表达式。条件表达式分为以下两种。

- 简单条件表达式。简单条件表达式是由关系运算符、常量、变量和算术表达式组成的式子。关系运算符包括>(大于)、<(小于)、=(等于)、~=(不等于)、>=(大于等于)和 <=(小于等于)。
- 逻辑表达式。逻辑表达式是由逻辑运算符、圆括号和简单条件表达式组成的式子。逻辑运算符包括&或 AND(并且)、\或 OR(或者)、~或 NOT(非)。运算次序为先 NOT,再 AND,最后 OR,可以通过()来改变这种运算次序。

3) 函数

函数是指事先编好并存储于 SPSS 软件中的能够实现某种特定计算任务的计算机程序。SPSS 内置有多种函数,如算术函数、统计函数、分布函数、逻辑函数、字符串函数、缺失值函数、日期函数等。

2. 数据计算的操作

在问卷调查中,我们常常需要对采集的数据进行加总或求平均等计算以对不同分组进行比较分析。比如,通过大学生网络使用调查来了解每个大学生网络使用的整体感受。数据计算的操作步骤如下:

(1) 选择"转换"|"计算变量"命令,打开"计算变量"对话框。

(2) 在"目标变量"文本框中输入目标变量名"总体感受",在"函数组"列表框中选择"统计"并在"函数和特殊变量"列表框中选择"Mean",单击 将该函数选入"数字表达式"文本框中,显示为 MEAN(?,?)(见图 2-39)。

(3) 选中"类型与标签"列表框中的变量"感受 1",单击 将其选入"数字表达式"文本框,此时 MEAN(?,?)中的第一个"?"变成"感受 1";再单击 将"感受 2"选入表达式代替第二个"?",然后在表达式中的"感受 2"后添加西文的",";继续选入"感受 3",以此类推,直到"感受 10"也被选入(见图 2-40)。最后单击"确定"按钮。

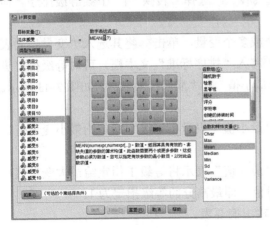

图 2-39 "计算变量"对话框(1)

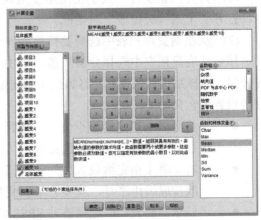

图 2-40 "计算变量"对话框(2)

注意：双击所选变量也能快速将其选入"数字表达式"文本框。"数字表达式"文本框中的每个变量之间要用西文逗号分开。数字表达式还可以手工输入如下：(感受1＋感受2＋感受3＋感受4＋感受5＋感受6＋感受7＋感受8＋感受9＋感受10) \ 10(见图2-41)。其中的运算符也可以通过单击对话框内的按钮获得。另外，如果要对个案的选择设定条件，可以单击"如果"按钮进行设置。

图2-42所示就是执行数据转换后获得的每个受访者对网络使用的总体感受平均值。如果将"总体感受"的数值进一步转换成等级观察值(R值和P值)，就可以很直观地看出每个受访者网络使用总体感受的程度，并依此判断其感受是否积极。

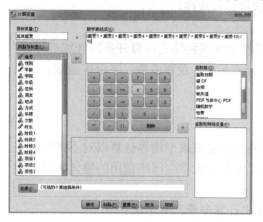

感受9	感受10	总体感受	R总体	P总体
2	3	3.30	52.000	52.53
4	4	3.00	35.000	35.35
4	3	3.60	72.000	72.73
2	1	2.90	30.000	30.30
4	2	2.70	20.000	20.20
2	4	2.80	24.500	24.75
4	3	3.70	80.500	81.31
2	2	2.70	20.000	20.20
3	2	2.80	24.500	24.75
4	3	3.30	52.000	52.53
3	1	2.30	6.500	6.57

图 2-41 "计算变量"对话框(3)   图 2-42 总体感受平均值

2.3.3 个案等级排序(排秩)

个案等级排序用于对变量值进行排序，即变量值求秩。在个案等级排序中重复出现的数值叫作"结"。个案等级排序的具体步骤如下：

(1) 打开数据文件"大学生网络使用调查.sav"，选择"转换"|"个案等级排序"命令，打开"个案等级排序"对话框。

(2) 从左侧变量列表中选择要排序的一个或多个变量，单击 将其选入"变量"列表框。然后从变量列表中选择分组变量，单击 移入"排序标准"文本框，可对等级排序进行分组。选择系统默认设置"将等级1指定给最小值"和"显示摘要表"，如图2-43所示。这些设置的含义如下。

- "将等级1指定给最小值"：选择"最小值"表示将等级1指定给最小变量值，求百分等级时，一般勾选此项。
- "将等级1指定给最大值"：选择"最大值"表示将等级1指定给最大变量值，一般按成绩排序时，就要将最大变量值，即最高分的等级指定为1。
- "显示摘要表"：选择该项SPSS将输出摘要表。

(3) 单击"等级的类型"按钮，打开"个案等级排序：类型"对话框，选中"等级(R)"复选框(见图2-44)，单击"继续"按钮返回。单击"结"按钮，选择系统默认"平均值"(见

图 2-45)，单击"继续"按钮返回。

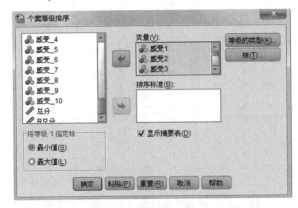

图 2-43 "个案等级排序"对话框

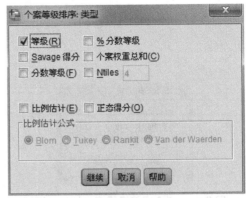

图 2-44 "个案等级排序：类型"对话框

"个案等级排序：类型"对话框中显示八种不同形式的等级化选项，含义分别如下。

- "等级(R)"：根据变量值的高低排序。可将等级 1 指定给最小值或最大值。
- "%分数等级"：将分数等级以%形式表示，即百分等级。
- "Savage 得分"：将变量值按高低转换为指数等级分数。
- "个案权重总和"：有效个案的权重之和。
- "分数等级"：变量数值转换后的等级数值除以有效个案数所得分数值，由四位小数表示由 0 到 1 的百分比。
- Ntiles：Ntiles 变量值为按其百分位分组的序号，取值为大于 1 的正整数。
- "比例估计"：根据某种特殊等级化比例估计公式来估计数据的正态化累积百分比。SPSS 程序内置四种比例估计公式：Blom, Tukey, Rankit 和 Van der Waerden。
- "正态得分"：由"比例估计"公式求得的正态化累积百分比转换来的 Z 分数(标准分的一种计算方法)。

"个案等级排序：结"对话框显示四个选项，用于处理相同的观察值的等级问题，含义分别如下。

- "平均值"：节点取排序后相同观察值在总等级分中的平均数。后续等级分按总排序赋值。该项为系统默认选项。
- "低"：节点取排序后相同观察值在总等级分中的最小值。后续等级分按总排序赋值。
- "高"：节点取排序后相同观察值在总等级分中的最大值。后续等级分按总排序赋值。
- "顺序等级到唯一值"：节点取等级分最小值。后续等级分按前一等级分赋值。

(4) 单击"确定"按钮，操作结束。程序生成新的变量及变量值(见图 2-46)。

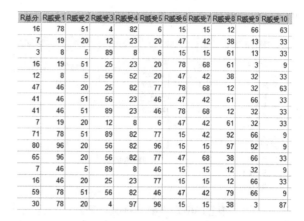

图 2-45　"个案等级排序：结"对话框　　　　图 2-46　个案等级排序"R 感受"变量值

2.3.4　缺失值的替换

在整理数据的过程中，会面临数据缺失的问题。为了不影响后续的数据分析，需要对缺失值进行预处理。其操作步骤如下：

(1) 打开数据文件"大学生网络使用调查.sav"，选择"转换"|"替换缺失值"命令，打开"替换缺失值"对话框(见图 2-47)。

(2) 从变量列表中选择有缺失值的变量，单击 按钮，将其选入"新变量"列表框中。

(3) 在"名称"文本框中输入新的变量名，单击"更改"按钮即可。在"方法"下拉列表中，SPSS 22.0 提供了 5 种缺失值替换方法。

- "序列平均值"：用所有变量值的均值替换缺失值。
- "临近点的平均值"：由缺失值附近的数据的均值替换缺失值。
- "临近点的中位数"：由缺失值附近的数据的中位数替换缺失值。
- "线性插值"：用缺失值前后相邻的非缺失值的中点值作为插值替换缺失值。
- "临近点的线性趋势"：用线性拟合方法确定缺失值的替换值。

(4) 单击"确定"按钮，完成缺失值的替换操作。

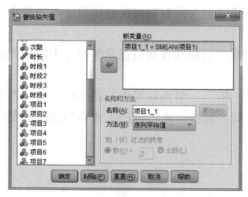

图 2-47　"替换缺失值"对话框

2.3.5 数据加权

在数据统计分析中,常常会对数据进行加权处理。在统计中计算平均数等指标时,对各个变量值具有权衡轻重作用的数值就称为权数。对数据加权的操作步骤如下:

(1) 打开数据文件"大学生网络使用调查.sav",选择"数据"|"加权个案"命令,打开"加权个案"对话框。选中"加权个案"单选按钮。

(2) 从变量列表中选择要加权的变量,单击 按钮,将其选入"频率变量"列表框中(见图2-48)。

(3) 单击"确定"按钮,完成加权处理。

图 2-48 "加权个案"对话框

2.3.6 数据的行列互换

在某些情况下,为了方便数据的分析,我们可以将"数据视图"的行和列互换。具体操作步骤如下:

(1) 打开数据文件"大学生网络使用调查.sav",选择"数据"|"变换"命令,打开"变换"对话框。

(2) 选择变量列表中需要行列互换的变量,单击 按钮,将其选入"变量"列表框中(见图2-49)。

(3) 单击"确定"按钮,完成操作。

注意:没有被选中进行互换的变量在行列互换后将丢失。

经过行列互换之后,原始的数据文件将由图2-50所示形式变换为图2-51所示形式。

图 2-49 "变换"对话框

SPSS 22.0 统计分析应用教程

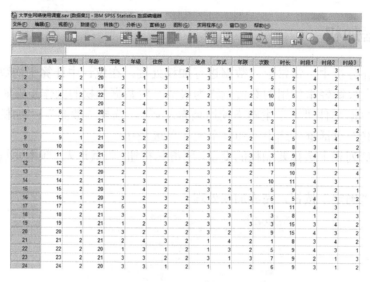

图 2-50　行列互换前的数据文件

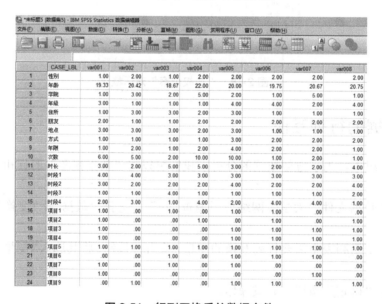

图 2-51　行列互换后的数据文件

2.3.7　数据的分类汇总

数据的分类汇总就是按照指定的分组变量对个案进行分类整理，然后对每组个案变量进行汇总分析。具体操作如下：

(1) 打开数据文件"大学生网络使用调查.sav"，选择"数据"|"汇总"命令，打开"汇总数据"对话框。

(2) 在左边变量列表中选择变量"性别"作为汇总依据，单击 按钮，将其选入"分组变量"列表框。可选择一项或多项变量进行分类汇总。然后选择变量"时长"和"感受_总分"，单击 按钮，将其选入"变量摘要"列表框(见图 2-52)。

"汇总数据"对话框中的选项介绍如下。

- "个案数":选中该复选框,系统将各分类的个案数保存为一个变量,可在"名称"文本框中输入变量名,系统默认为"N_BREAK"。
- "保存"选项组:选择保存方式。
  - ◆ "将汇总变量添加到活动数据集":数据文件本身不汇总,而是给相同类别的个案赋予相同的新汇总变量值。
  - ◆ "创建只包含汇总变量的新数据集":将汇总数据存储到当前数据集中,该数据集包括定义汇总个案的分组变量和所有被汇总函数定义过的汇总变量。
  - ◆ "写入只包含汇总变量的新数据文件":将汇总数据存储到一个外部文件中,该文件包括定义汇总个案的分组变量和所有被汇总函数定义过的汇总变量。
- "适用于大型数据集的选项"选项组:该项用于对大型数据集进行排序。
  - ◆ "文件已经按分组变量排序":选择该项会使程序运行更快,内存占用更少。
  - ◆ "在汇总之前排序文件":在处理大型数据时,对数据排序是必要的,但不建议这样做。

(3) 单击"变量摘要"下的"函数"按钮,打开"汇总数据:汇总函数"对话框,选择各种描述统计量,这些统计量包括:"汇总统计"、"特定值"、"个案数"和"百分比、分数、计数"。本例中"时长"的汇总统计选择"合计","感受_总分"的汇总统计选择"平均值"。选择完毕,单击"继续"按钮返回(见图2-53)。

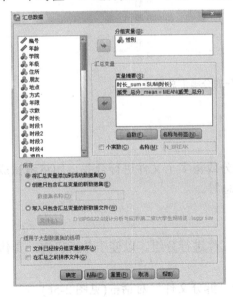

图 2-52 "汇总数据"对话框

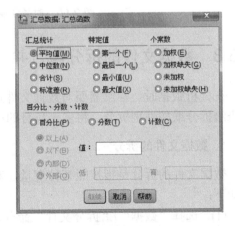

图 2-53 "汇总数据:汇总函数"对话框

(4) 单击"名称与标签"按钮,打开"汇总数据:变量名称和标签"对话框,定义变量名和标签,也可以选择程序自动定义的变量名,本例选择系统默认变量名(见图2-54)。

(5) 在"保存"选项组选择保存方式"将汇总变量添加到活动数据集"。

(6) 单击"确定"按钮,完成操作,活动数据集生成汇总变量,如图2-55所示。可以看出,"时长_sum_1"和"感受_总分_mean_1"都按性别分为了两类。

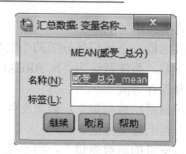

图 2-54 "汇总数据：变量名称和标签"对话框

R感受10	性别分组	时长_sum_1	感受_总分_mean_1	变量
63	1	7072.48	33.10	
33	2	4528.15	31.80	
33	1	7072.48	33.10	
9	2	4528.15	31.80	
33	2	4528.15	31.80	
63	2	4528.15	31.80	
33	2	4528.15	31.80	
33	2	4528.15	31.80	
33	1	7072.48	33.10	
9	2	4528.15	31.80	
9	2	4528.15	31.80	
33	2	4528.15	31.80	
9	2	4528.15	31.80	
33	2	4528.15	31.80	
9	2	4528.15	31.80	
87	1	7072.48	33.10	
33	2	4528.15	31.80	
33	2	4528.15	31.80	

图 2-55 时长和感受_总分的分类汇总变量

2.3.8 数据文件的拆分与合并

在分析数据时，常常需要对数据文件进行拆分或将多个文件进行合并。如将考试成绩按班级拆分或按性别拆分，将多个科目的成绩加总等。

1. 数据文件的拆分

数据文件的拆分是指按照某种变量，对数据文件进行分组，以便于分析研究。具体操作如下：

(1) 选择"数据"|"拆分文件"命令，打开"拆分文件"对话框(见图2-56)。
(2) 在变量列表中选择用于分组的变量，单击 按钮，将其选入"分组方式"列表框。研究者可按研究要求对各种选项进行选择：

- "分析所有个案，不创建组"：不对数据进行分组，这是程序默认选项。
- "比较组"：以某个变量为依据对个案进行分组。
- "按组织输出"：以某个变量为依据对个案进行分组，不同之处是，每个分割文件组在各程序分析结果中都独立显示。
- "按分组变量排序文件"和"文件已排序"：定义文件排序方式。

(3) 单击"确定"按钮，完成文件拆分。

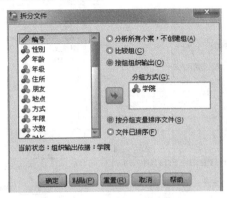

图 2-56　"拆分文件"对话框

2. 数据文件的合并

数据文件的合并分为两种情况：添加个案和添加变量。"添加个案"是将活动数据集与另外一个数据集或包含相同变量(列)但不同个案(行)的外部 SPSS 数据文件合并在一起。另外的数据集可以是外部 SPSS 数据文件，也可以是当前会话中可用的数据集。"添加变量"是将活动数据集与另一个打开的数据集或包含相同个案(行)但不同变量(列)的 SPSS 数据文件合并在一起。

1) 添加个案

选择"数据"|"合并文件"|"添加个案"命令，打开"将个案添加到……"对话框；单击"浏览"按钮，打开外部 SPSS 数据文件(见图 2-57)；单击"继续"按钮打开"添加个案，来源……"对话框，如图 2-58 所示。用户可以根据所合并的个案进行设置，设置完成后单击"确定"按钮，完成个案添加，生成新的数据文件。这些设置包括以下 3 项。

- "非成对变量"列表：该列表是指要从新合并的数据文件中排除的变量。活动数据集中的变量用星号(*)标识。外部数据文件中的变量用加号(+)标识。默认情况下，此列表包含：
  - 两个数据文件中的变量名称互不匹配的变量。可以在不成对的变量中创建对，并将其包含在新合并的文件中。
  - 在一个文件中定义为数值数据而在另一个文件中被定义为字符串数据的变量。数值变量不能与字符串变量合并。
  - 宽度不相等的字符串变量。两个数据文件中的字符串变量的定义宽度必须相同。
- "新的活动数据集中的变量"列表：该列表是指要包含在新合并的数据文件中的变量。默认情况下，列表中包含所有名称和数据类型(数字或字符串)都匹配的变量。
- "将个案源表示为变量"：该项指示每个个案的源数据文件。选择该项，将在合并后的数据文件中自动生成一个名为"源01"的新变量。对于来自活动数据集的个案，此变量的取值为 0；对于来自外部数据文件的个案，此变量的取值为 1。

图 2-57 "将个案添加到……"对话框　　　图 2-58 "添加个案，来源……"对话框

2) 添加变量

选择"数据"|"合并文件"|"添加变量"命令，打开"将变量添加到……"对话框，单击"浏览"按钮，打开外部 SPSS 数据文件(见图 2-59)，单击"继续"按钮，打开"添加变量从……"对话框进行设置以完成变量的添加(见图 2-60)。该对话框包括以下设置。

- "已排除的变量"列表：该列表为要从新合并的数据文件中排除的变量。默认情况下，此列表包含在其他数据集中与活动数据集有重复变量名称的所有变量名称。活动数据集中的变量用星号(*)标识，外部数据文件中的变量用加号(+)标识。如果想在合并文件中包含具有重复名称的已排除变量，可将其重命名并添加到要包含的变量列表中。

- "新的活动数据集"列表：该列表为要包含在新合并的数据集中的变量。默认情况下，列表中包含这两个数据集中的所有唯一变量名称。

- "关键变量"：可以从"已排除的变量"列表中选择使用关键变量来正确匹配两个文件中的个案。如果不是基于关键变量值匹配个案，将按文件顺序来匹配个案。
    ◆ 如果其中一个文件是表查找文件，则必须使用关键变量来匹配两个文件中的个案。表查找文件中的关键字值必须是唯一的。如果有多个关键字，关键字值的组合必须是唯一的。
    ◆ 关键变量在两个数据集中的名称必须相同。如果关键变量名称不相同，使用"重命名"以更改名称。

- "匹配关键变量的个案"：当要合并的两个数据文件的变量数目不同时选择该项，以激活下边的复选框。该复选框包含以下三个选项。
    ◆ "非活动数据集为基于关键字的表"：如果选择该项，则将外部数据文件中的个案写入当前活动数据集的"关键变量"列表中。
    ◆ "活动数据集为基于关键字的表"：如果选择该项，则将当前活动数据集中的个案写入外部数据文件的"关键变量"列表中。
    ◆ "两个文件都提供个案"：只有勾选"两个数据集中的个案都是按关键变量的顺序进行排序"才能激活该选项，同时"将个案源表示为变量"选项也被激活。如果选择该项，则两个数据文件的全部个案都将显示在合并后的数据文件中。
- "将个案源表示为变量"：该项指示每个个案的源数据文件。选择该项，将在合并后的数据文件中自动生成一个名为"源 01"的新变量。对于来自活动数据集的个案，此变量的取值为 0；对于来自外部数据文件的个案，此变量的取值为 1。

图 2-59 "将变量添加到……"对话框

图 2-60 "添加变量从……"对话框

至此，问卷调查的编码和数据的输入与整理基本完成，接下来就是对这些经过加工处理的数据进行分析了。关于调查问卷的数据分析请参阅第 4 章 4.6.1 节的内容。

2.4 思 考 题

1. 问卷制作的 7 个要素是什么？文件编码有什么用处？
2. 数据输入 SPSS 后的整理工作有哪些？
3. 将文本文件"习题 3.txt"导入 SPSS，定义变量属性，然后任选分类变量进行个案排序并练习行列互换。
4. 将数据文件"习题 4.xls"导入 SPSS，定义变量属性，然后选择分组变量练习文件拆分。

第 3 章 统 计 报 表

在进行数据的统计分析时,我们常常以各种报表的形式呈现统计结果,以获得变量的相关信息,为进一步深入分析奠定基础。SPSS 统计报表可以按照研究者的研究需要以各种列表的形式输出数据的统计量。常用的统计报表包括在线分析处理报告、个案摘要报告、行形式摘要报告和列形式摘要报告。

3.1 在线分析处理报告

在线分析处理(On-Line Analytical Processing,OLAP),是一套以多维度方式进行资料分析,并能呈现整合性决策资讯的方法,多用于决策支持系统、商务智能或数据仓库。其主要的功能在于方便大规模数据分析及统计计算,为决策提供参考和支持。

3.1.1 在线分析处理报告概述

20 世纪 60 年代,关系数据库之父 E.F.Codd 提出了关系模型,促进了在线事务处理(OLTP)的发展(数据以表格的形式而非文件方式存储)。然而,随着数据库技术的发展和应用,数据库存储的数据量也成几何倍数迅猛增长,OLTP 已不能满足终端用户对数据库查询分析的需要,于是 E. F. Codd 便在 1993 年提出了多维数据库和多维分析的概念,即在线分析处理(On-Line Analytical Processing,OLAP)。OLAP 这类软件技术能够使分析人员、管理人员或执行人员从多种角度对源自原始数据、能够真正为用户所理解并真实反映变量特性的信息进行快速、一致、交互地存取,从而获得对数据更深入的了解。它的目标是满足决策支持或多维环境特定的查询和报表需求,其技术核心是"维"(即人们观察数据的特定角度,考虑问题时的一类属性,如时间维、空间维等),因此 OLAP 也可以说是多维数据分析工具的集合。同时,它还具有分析功能灵活、数据操作直观和分析结果可视化等优点,从而使基于大规模复杂数据的分析变得轻松而高效,有利于决策者迅速做出正确判断。

OLAP 多维数据分析可以计算一个或多个分组变量中连续摘要变量的总和、平均值和其他单变量统计,并在表格中为每个分组变量的每个类别创建单独的层。它的优势在于能够生成多层表格,研究者可以按照需要对分组变量的某个特定水平组合进行结果输出。而它的最大特点是交互性强,研究者可自行选择报告的内容和形式。打开要分析的数据文件,可以在 SPSS Statistics 的数据编辑器窗口进行在线分析处理报告的生成操作。

3.1.2 SPSS 在线分析处理报告案例应用

我们以数据文件"成绩统计.sav"为例说明生成在线分析处理报告的操作步骤。本次数据分析的目的是要进行"性别"和"系别"的英语成绩对比。

1. 启动程序

打开数据文件"成绩统计.sav",选择"分析"|"报告"|"OLAP 多维数据集"命令,打开"OLAP 多维数据集"对话框,选择左侧列表框中的"数学"、"英语"和"计算机",分别单击图标将其选入"摘要变量"列表框;选择"性别"和"系别",单击图标将其依次选入"分组变量"列表框(见图 3-1)。"摘要变量"要求为数值型变量,"分组变量"可以是字符变量或数值型变量。摘要变量和分组变量均可选择一个或多个。

2. 统计量设置

单击 Statistics 按钮,打开"OLAP 多维数据集:统计"对话框,分别选择 Statistics 列表框中的"合计"、"个案数"、"平均值"、"标准差"、"最小值"和"最大值",单击图标将其依次选入"单元格统计"列表框(见图 3-2),单击"继续"按钮返回"OLAP 多维数据集"对话框。

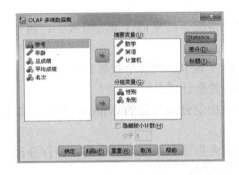

图 3-1 "OLAP 多维数据集"对话框

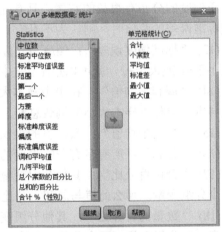

图 3-2 "OLAP 多维数据集:统计"对话框

statistics 列表框列举 SPSS 在线处理分析报告可以计算的各种统计量,选入"单元格统计"列表框中的统计量将显示在最后的输出表格内。statistics 列表框中的统计量的含义如下。

(1) "中位数":第 50 个百分位,大于该值和小于该值的个案数各占一半。如果个案个数为偶数,则中位数是个案在以升序或降序排列的情况下最中间的两个个案的平均值。中位数是集中趋势的测量,但对于远离中心的值不敏感(这与平均值不同,平均值容易受到少数多个非常大或非常小的值的影响)。

(2) "组内中位数":针对编码到组中的数据计算的中位数。组内中位数是由已编码的数据计算得出的。

(3) "标准平均值误差":对取自同一分布的样本与样本之间的平均值的差值的一种测量方法,可以用来粗略地将观察到的平均值与假设值进行比较(即,如果平均值之差与标准误差的比值小于−2 或大于+2,则可以断定两个值不同)。

(4) "最小值":数值变量的最小值。

(5) "最大值":数值变量的最大值。

(6) "范围"：数值变量最大值和最小值之间的差；最大值减去最小值。

(7) "第一个"：显示在数据文件中遇到的第一个数据值。

(8) "最后一个"：显示在数据文件中遇到的最后一个数据值。

(9) "方差"：对围绕平均值的离差的测量，其测量值等于各变量值与平均值的差的平方和除以个案数减一。度量方差的单位是变量本身的单位的平方。

(10) "峰度"：对观察值聚集在众数周围的程度的测量。对于标准正态分布，峰度系数值为 0。峰度系数大于 0 为高峰度，高峰度值表示相对于标准正态分布，观察值聚集于众数周围的更多；峰度系数小于 0 为低峰度，低峰度值表示相对于标准正态分布，观察值聚集于众数周围的更少。

(11) "标准峰度误差"：峰度与其标准误差(0.662)的比值可用于正态性检验(即，如果比值小于-2 或大于+2，就可以拒绝正态性)。

(12) "偏度"：用于分布的不对称性测量。正态分布是对称的，偏度值为 0。具有显著的正偏度的分布有很长的右尾；具有显著的负偏度的分布有很长的左尾。当偏度值超过偏度标准误差的两倍时，则认为不具有对称性。

(13) "标准偏度误差"：偏度与其标准误差(0.337)的比值可用作正态性检验(即，如果比值小于-2 或大于+2，就可以拒绝正态性)。

(14) "调和平均值"：在组中样本大小不等的情况下用来估计平均组大小。调和平均值是样本总数除以样本大小的倒数总和。

(15) "几何平均值"：数据值的乘积的 n 次根，其中 n 代表个案数目。

(16) "总和"：所有带有非缺失值的个案的值的合计或总计。

(17) "合计百分比"：其他分组变量的类别内指定分组变量的总和的百分比。如果只有一个分组变量，那么此值与总和百分比相同。

(18) "数量的百分比"：其他分组变量的类别内指定分组变量的个案数的百分比。如果只有一个分组变量，那么此值与总个案数百分比相同。

(19) "标准差"：对围绕平均值的离差的测量。在正态分布中，68%的个案在平均值的一倍标准差范围内，95%的个案在平均值的两倍标准差范围内。

(20) "平均值"：对集中趋势的测量。算术平均，总和除以个案个数。

(21) "总和的百分比"：表示每个类别中的总和百分比。

(22) "个案数"：个案(观察值或记录)的数目。

(23) "总个案数的百分比"：每个类别中的个案总数的百分比。

3. 差分设置

单击"差分"按钮，打开"OLAP 多维数据集：差分"对话框进行差值设置，本例选择默认设置(见图 3-3)，单击"继续"按钮返回。

"OLAP 多维数据集：差分"对话框中的四个选项组介绍如下。

(1) "汇总统计的差值"：该组包括"无"、"变量之间的差值"和"组之间的差值"三个选项，分别表示不进行差值计算、计算变量之间的差值和计算分组之间的差值。如果选择后两项，将分别激活"变量之间移动的差值"和"个案组之间移动的差值"选项组。

(2)"差值类型":该选项组包括"百分比差值"和"算术差值"两个复选框,用于选择要计算的差值统计量的类型。

(3)"变量之间移动的差值":该项用于计算变量对之间的差值,即每一对中第一个变量的汇总统计值减去第二个变量(减去的变量)的汇总统计值。因此计算变量对之间的差值至少需要两个摘要变量。该选项组包括"变量"、"减法变量"两个下拉列表框和"百分比标签"、"算术标签"两个文本框,分别用于设置对比的变量和差异形式。设置完毕,单击 图标将其选入"对"列表框即可用于多种变量之间的对比。也可以单击"删除对"按钮取消变量对的比较。

(4)"个案组之间移动的差值":该选项组用于计算由分组变量定义的组对间的差,即每一对中第一个类别的汇总统计值减去第二个类别(减去的类别)的汇总统计值。个案组之间移动的差值至少需要一个分组变量。该选项组中包括一个"分组变量"下拉列表框和"类别"、"负类别"、"百分比标签"和"算术标签"四个文本框,分别用于设置分组变量、比较的各类别取值和差异方式。

4. 标题设置

单击"标题"按钮,打开"OLAP 多维数据集:标题"对话框。该对话框包括"标题"和"文字说明"两个列表框,分别用于定义输出表格的标题和对表格的说明。此处,我们设置标题为"成绩对比"(见图 3-4),单击"继续"按钮返回。

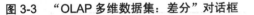

图 3-3 "OLAP 多维数据集:差分"对话框　　图 3-4 "OLAP 多维数据集:标题"对话框

5. 输出报告

单击"确定"按钮,完成操作。SPSS 查看器窗口将生成在线分析处理报告(见图 3-5 和图 3-6)。表 3-1 是本次分析的个案摘要处理报告,表 3-2 是本次成绩对比在线处理分析报告表。成绩对比分析报告表是可以进行编辑的交互式表格。比如,在"查看器"窗口的"成绩对比"在线处理分析报告的"性别"下拉列表中可选择查看"男生"或"女生"的成绩对比(见图 3-5),也可选择"系别"下拉列表中的"总计"查看各系部之间的成绩对比(见图 3-6)。

表 3-1 个案摘要处理报告

	个案					
	已包括		除外		总计	
	数字	百分比	数字	百分比	数字	百分比
英语 * 性别 * 系别	27	100.0%	0	0.0%	27	100.0%
数学 * 性别 * 系别	27	100.0%	0	0.0%	27	100.0%
计算机 * 性别 * 系别	27	100.0%	0	0.0%	27	100.0%

表 3-2 成绩对比分析报告表

性别：   总计
系别：   总计

	数字	平均值	标准偏差	最小值	最大值(X)	范围
英语	27	77.63	16.366	32	98	66
数学	27	81.78	12.043	45	99	54
计算机	27	76.78	14.257	45	95	50

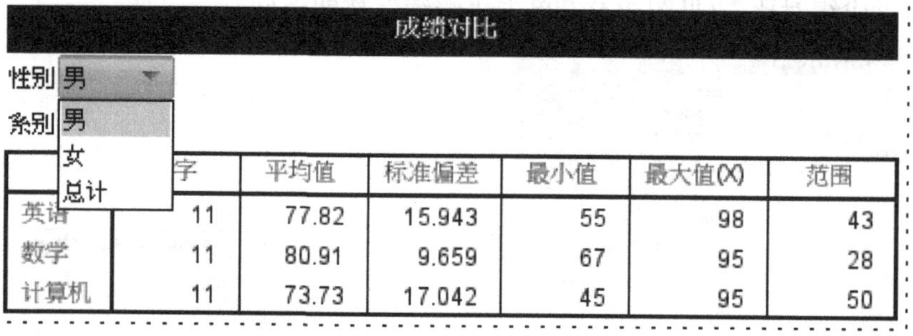

成绩对比

性别 男 ▼
系别
  男
  女
  总计

	数字	平均值	标准偏差	最小值	最大值(X)	范围
英语	11	77.82	15.943	55	98	43
数学	11	80.91	9.659	67	95	28
计算机	11	73.73	17.042	45	95	50

图 3-5 成绩对比交互式数据表-1

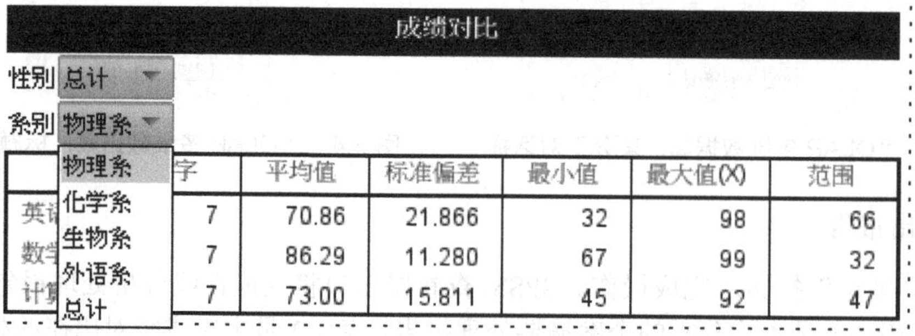

成绩对比

性别 总计 ▼
系别 物理系 ▼
  物理系
  化学系
  生物系
  外语系
  总计

	数字	平均值	标准偏差	最小值	最大值(X)	范围
英语	7	70.86	21.866	32	98	66
数学	7	86.29	11.280	67	99	32
计算机	7	73.00	15.811	45	92	47

图 3-6 成绩对比交互式数据表-2

3.2 个案摘要报告

个案摘要报告可以将数据按研究者的要求进行整理和分析,既可以计算一个或者多个分组类别中的变量的直属统计量,也可以分别计算这些变量的子组统计量。

3.2.1 个案摘要报告概述

SPSS 的个案摘要报告功能可以将数据按要求进行整理和报告,也就是说,程序可以为一个或多个分组变量类别中的变量计算子组统计量并将各级别的统计量进行列表以形成个案摘要报告。所有级别的分组变量要进行交叉制表,因此研究者可以选择显示统计的顺序。个案摘要报告将显示跨所有类别的每个变量的汇总统计。每个类别中的数据值可以列出也可以不列出,大型数据的个案摘要报告可以只列出部分个案的分析结果。个案摘要报告可在查看器窗口生成,以方便研究者浏览或打印,或者对数据进行简单的描述统计。打开要分析的数据文件,可以在 SPSS 的数据编辑器窗口进行个案摘要报告的生成操作。

3.2.2 SPSS 个案摘要报告案例应用

下面仍然以"成绩统计.sav"文件为例说明个案摘要报告的生成步骤。在此,我们要考察不同系别和不同性别在这三科考试成绩上的不同之处。具体操作步骤如下。

1. 启动程序

打开数据文件"成绩统计.sav",选择"分析"|"报告"|"个案汇总"命令,打开"摘要个案"对话框。

2. 选择变量

单击图标将"英语"、"数学"、"计算机"依次选入"变量"列表框,单击图标将"系别"和"性别"依次选入"分组变量"列表框(见图 3-7)。"变量"列表框中的变量要求为数值型变量,"分组变量"列表框中的变量可以是字符变量或数值型变量。摘要变量和分组变量均可以选择一个或多个。

3. 统计量设置

单击 Statistics 按钮,打开"摘要报告:统计"对话框。将"个案数"、"平均值"、"标准差"选入"单元格统计"列表框(见图 3-8)。单击"继续"按钮返回。

4. 标题设置

单击"选项"按钮,打开"选项"对话框,定义标题为"成绩个案汇总表",并选中"总计副标题"复选框(见图 3-9)。单击"继续"按钮返回。

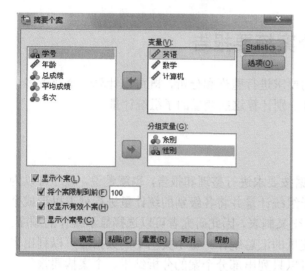
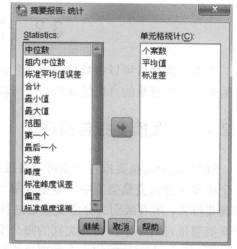

图 3-7 "摘要个案"对话框　　　　图 3-8 "摘要报告：统计"对话框

图 3-9 "选项"对话框

5. 输出报告

单击"确定"按钮，完成操作。SPSS 的查看器窗口生成个案摘要报告(见表 3-3 和表 3-4)。

表 3-3　个案处理摘要 [a]

	个　案					
	已包括		除　外		总　计	
	数字	百分比/%	数字	百分比/%	数字	百分比/%
英语 * 性别 * 系别	27	100.0	0	0.0	27	100.0
数学 * 性别 * 系别	27	100.0	0	0.0	27	100.0
计算机 * 性别 * 系别	27	100.0	0	0.0	27	100.0

注：a. 限于前 100 个个案。

表 3-4　成绩个案汇总表 [a]

性别					英　语	数　学	计算机
性别	男	系别	物理系	1	68	76	45
				2	56	67	64
				总计　数字	2	2	2
				平均值	62.00	71.50	54.50
				标准偏差	8.485	6.364	13.435
			化学系	1	55	95	76
				2	73	86	95
				3	98	80	89
				4	68	73	78
				总计　数字	4	4	4
				平均值	73.50	83.50	84.50
				标准偏差	18.009	9.327	9.037
			生物系	1	92	67	45
				2	70	89	68
				3	88	92	90
				4	90	87	86
				总计　数字	4	4	4
				平均值	85.00	83.75	72.25
				标准偏差	10.132	11.354	20.532
			外语系	1	98	78	75
				总计　数字	1	1	1
				平均值	98.00	78.00	75.00
				标准偏差	.	.	.
			总计	数字	11	11	11
				平均值	77.82	80.91	73.73
				标准偏差	15.943	9.659	17.042
	女	系别	物理系	1	98	85	87
				2	32	95	68
				3	89	92	92
				4	76	99	75
				5	77	90	80
				总计　数字	5	5	5
				平均值	74.40	92.20	80.40
				标准偏差	25.383	5.263	9.503

续表

性别	女	系别	化学系	1		英语	数学	计算机
						65	77	76
				2		85	45	91
				3		79	85	80
				总计	数字	3	3	3
					平均值	76.33	69.00	82.33
					标准偏差	10.263	21.166	7.767
			生物系	1		85	76	95
				2		92	95	87
				3		76	87	95
				4		85	78	56
				总计	数字	4	4	4
					平均值	84.50	84.00	83.25
					标准偏差	6.557	8.756	18.554
			外语系	1		87	90	68
				2		45	65	75
				3		87	70	58
				4		82	89	79
				总计	数字	4	4	4
					平均值	75.25	78.50	70.00
					标准偏差	20.304	12.871	9.201
			总计	数字		16	16	16
				平均值		77.50	82.38	78.88
				标准偏差		17.170	13.720	12.132
	总计	数字				27	27	27
		平均值				77.63	81.78	76.78
		标准偏差				16.366	12.043	14.257

注：a. 限于前 100 个个案。

3.3 行形式摘要报告

行形式摘要报告的生成操作和个案摘要报告的生成操作类似，不同之处在于行形式摘要报告可以生成更为复杂的摘要形式。

3.3.1 行形式摘要报告概述

行形式摘要报告的分析过程就是要把数据进行重新组合，按照研究者指定的要求显示在SPSS的查看器窗口,以方便研究者浏览、打印。此外,它还可以进行相关数据的统计分析并给出相应的统计量报告,以方便研究者对数据进行简单的描述统计。行形式摘要报告的分析生成过程与个案摘要报告类似,只是更为复杂,输出的格式设置也更为详细。打开要分析的数据文件,可以在SPSS的数据编辑器窗口进行行形式摘要报告的生成操作。

3.3.2 SPSS行形式摘要报告案例应用

本节我们仍以"成绩统计.sav"为例来说明行形式摘要报告的生成操作步骤,我们要输出三门考试科目成绩在系别和性别上的差异的行形式摘要报告。

1. 启动程序

打开数据文件"成绩统计.sav",选择"分析"|"报告"|"按行汇总"命令,打开"报告:行摘要"对话框。

2. 选择变量

选择"英语"、"数学"、"计算机"三个变量,并单击 图标将其依次选入"数据列变量"列表框;选择"系别"和"性别",并单击 图标将其依次选入"终止列变量"列表框(见图3-10)。

3. 数据列格式设置

单击"格式"按钮,打开"报告:列格式"对话框,分别输入各变量的列标题并调整列的属性。比如,选中"英语",单击"格式"按钮,打开"报告:用于英语的数据列格式"对话框,定义列标题为"英语成绩"(见图3-11)。依此操作分别将"数学"和"计算机"两个变量的列标题定义为"数学成绩"和"计算机成绩"。定义完毕,单击"继续"按钮返回。

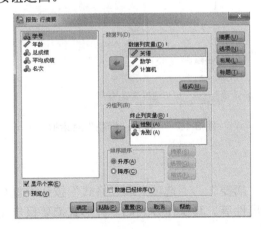

图3-10 "报告:行摘要"对话框

图3-11 "报告:列格式"对话框

4. 行形式摘要报告属性设置

(1) 单击"摘要"按钮,打开"报告:最终摘要行"对话框,选择"值的平均值"、

"标准差"和"个案数"复选框(见图3-12)。单击"继续"按钮返回。

(2) 单击"选项"按钮,打开"报告:选项"对话框,选择"按列表排除含有缺失值的个案"复选框(见图3-13)。单击"继续"按钮返回。

图3-12 "报告:最终摘要行"对话框

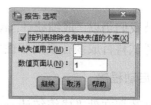

图3-13 "报告:选项"对话框

(3) 单击"布局"按钮,打开"报告:布局"对话框,设置输出报告的整体布局。我们选择系统默认设置(见图3-14)。单击"继续"按钮返回。

(4) 单击"标题"按钮,打开"报告:标题"对话框,为报告设置标题行和脚注(见图3-15)。可以自行输入或从源变量列表中选择变量作为标题或脚注。我们这里选择系统默认设置。单击"继续"按钮返回。

图3-14 "报告:布局"对话框

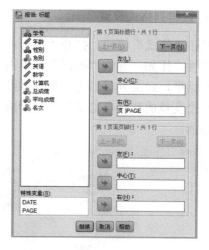

图3-15 "报告:标题"对话框

5. 分组列设置

(1) "终止列变量"属性设置。分别单击"摘要"、"选项"和"格式"按钮设置终止列变量的统计量、页面参数、列标题和列的属性等。其操作方式如"行形式摘要报告属性设置",不再赘述。

(2) "排序顺序"设置。选择"升序"或"降序"排列方式。本例选择程序默认的"升序"。

6. 输出报告

单击"确定"按钮，完成操作。SPSS 的查看器窗口生成行形式摘要报告(见图 3-16)。

```
                    页    1

              英语成  数学成  计算机
性别  系别     绩      绩     成绩
------ -------- ------ ------ ------

男    物理系
                68     76      45
                56     67      64
       平均值   62     72      55
       N         2      2       2
       标准偏    8      6      13

       化学系
                55     95      76
                73     86      95
                98     80      89
                68     73      78
       平均值   74     84      85
       N         4      4       4
       标准偏   18      9       9

       生物系
                92     67      45
                70     89      68
                88     92      90
                90     87      86
       平均值   85     84      72
       N         4      4       4
       标准偏   10     11      21
```

图 3-16 "成绩对比"的行形式摘要报告(部分)

3.4 列形式摘要报告

列形式摘要报告的生成步骤和行形式摘要报告的生成步骤类似，基本功能也比较接近，只是所输出的报告形式有所差异。

3.4.1 列形式摘要报告的操作概述

和行形式摘要报告一样，列形式摘要报告的分析过程也是要把数据进行重新组合，按照研究者指定的要求罗列在 SPSS 的查看器窗口，以方便研究者浏览、打印，同样，列形式摘要报告也可以进行相关数据的统计分析并给出相应的统计量报告，以便于研究者对数据进行简单的描述统计。列形式摘要报告的分析生成过程与行形式摘要报告类似，只是所输出的报告形式有所差异。

3.4.2 SPSS 列形式摘要报告案例应用

本节我们对"成绩统计.sav"数据文件进行列形式摘要报告输出的操作,以观察不同系别的男生和女生的三门学科的平均分的不同之处。

1. 启动程序

打开数据文件"成绩.sav",选择"分析"|"报告"|"按列汇总"命令,打开"报告:列摘要"对话框。

2. 选择变量

单击 图标将"英语"、"数学"、"计算机"三个变量依次选入"数据列变量"列表框,三个变量将分别显示为"英语:合计"、"数学:合计"和"计算机:合计",因为系统默认"数据列变量"列表框内的变量显示为"变量:合计"。单击 图标将"系别"和"性别"依次选入"终止列变量"列表框(见图3-17)。

3. 数据列属性设置

(1) 选中变量"英语:合计",单击"摘要"按钮,打开"报告:摘要行 英语"对话框,选择"值的平均值"统计量(见图 3-18),单击"继续"按钮,"英语:合计"将变为"英语:平均值"。重复以上操作完成对"数学:平均值"和"计算机:平均值"的统计量设置。此时的"报告:列摘要"对话框将显示为图 3-19 所示的样式。

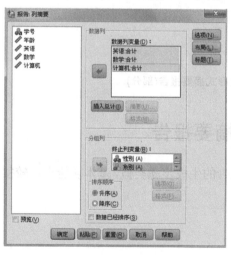

图 3-17 "报告:列摘要"对话框

图 3-18 "报告:摘要行 英语"对话框

(2) 选中变量"英语:平均值",单击"格式"按钮,打开"报告:用于英语的数据列格式"对话框,定义列标题为"英语平均值"(见图3-20)。重复上述操作,分别定义"数学:平均值"和"计算机:平均值"的列标题为"数学平均值"和"计算机平均值"。单击"继续"按钮返回。

(3) 单击"插入总计"按钮,在"数据列变量"列表框插入新变量"总计"。选中"总计",单击"摘要"按钮,打开"报告:列摘要"对话框,将"数据列"列表框中的三个变量依次选入"摘要列"列表框,并在"汇总函数"下拉列表框中选择"列的平均值"(见图 3-21)。单击"继续"按钮返回。此时,"报告:列摘要"对话框的"数据列变量"列表框中的"总计"变为"总计:平均值"(见图 3-22)。

图 3-19 "报告:列摘要"对话框

图 3-20 "报告:用于英语的数据列格式"对话框

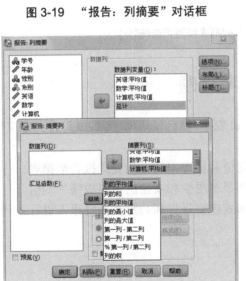

图 3-21 "插入总计"的设置(1)

图 3-22 "插入总计"的设置(2)

4. 列形式摘要报告属性设置

设置方法参见 3.3.2 节的内容。

5. 分组列属性设置

该项设置方法参见 3.3.2 节的内容。

6. 输出报告

单击"确定"按钮完成设置，SPSS 的查看器窗口输出"成绩对比"的列形式摘要报告(见图 3-23)。

```
                                  页    1

              英语平  数学平  计算机
  性别   系别  均值    均值    平均值    总计
  --------  --------  --------  --------  --------

  男    物理系   62      72      55      63
        化学系   74      84      85      81
        生物系   85      84      72      80
        外语系   98      78      75      84
  女    物理系   74      92      80      82
        化学系   76      69      82      76
        生物系   85      84      83      84
        外语系   75      79      70      75
        总计     78      82      77      79
```

图 3-23 "成绩平均值对比"列形式摘要报告(部分)

3.5 思 考 题

请将你们班期末考试各学科的成绩输入 Excel 表格，然后使用 SPSS 22.0 打开并定义"性别"变量属性。然后进行以下操作：

(1) 分别制作男生和女生的各科成绩的平均值和标准差的在线处理报告数据表。
(2) 按性别制作所有同学的成绩单，并分别显示男生和女生的各科成绩平均值。
(3) 将各学科的平均值按性别分别通过行形式摘要报告和列形式摘要报告进行统计。

第4章 描述统计

统计学是通过样本数据来研究总体数据的一门学科。统计方法可分为描述性统计分析和推断性统计分析。所谓描述性统计分析是指用分类、制表、制图以及概括性数据指标(如均值、方差等)来描述数据分布特征的分析方法。而推断性统计分析是指通过随机抽样,应用统计方法将从样本数据中得出的结论推广到总体的一种数据分析方法。一般来说,对数据的统计分析通常从基本的描述性统计分析入手,以把握数据的总体分布形态。本章将介绍常用的描述统计分析方法在 SPSS 中的应用。

4.1 描述统计概述

描述统计可以将研究者所采集的原始数据进行整理使之变成有意义的信息或统计量,为进一步的深层次研究提供参考和数据支持。描述数据特征的统计量可分为两类:一类用于指示数据的中心位置,如均值、中位数、众数等;另一类用于指示数据的离散程度,如方差、标准差、极差等。通常,两类数据指示形式要相互补充,共同反映数据的分布趋势。

1. 描述统计的基本方法

- 单个变量的频数分布分析。
- 一组数据的集中或离散程度的描述性统计分析。
- 多变量交叉频数分布分析。
- 数据的探索性分析。
- 两变量间的比率分析。
- 问卷调查数据的多选项分析。

2. 描述统计的常用统计量

- 集中量数:包括均值、众数、中数、几何均数、调和均数、加权平均数及总和。
- 差异量数:包括最小值、最大值、全距、方差、标准差等。
- 分布指标:包括偏度系数和峰度系数,用于反映数据偏离正态分布的程度。
- 百分位及标准分数:包括百分等级、百分位数及 Z 分数等,用于描述某一数值在一组数值中的相对位置。

4.2 频数分布

对数据的描述统计往往是从最基本的频数分析开始的。通过频数分析可以了解变量的取值状况,以进一步把握数据的分布特征。

4.2.1 频数分布概述

频数是指某一观察值在一组数据中出现的次数,把各个观察值及其相应的频数全部罗列出来就是"频数分布",SPSS 中有专门用于生成频数分布表的分析模块——"频率"过程。通过频数分布表可以对数据进行分组归类整理。该分析模块还可以生成条形图、饼图和直方图等统计图,以直观地展现频数的分布形态。

1. 频数分布表

生成频数分布表是进行频数分析的第一个基本任务。它的主要组成部分如下。

- 频数:指示变量值位于某个区间(或类别)的次数。
- 百分比:指示各频数占总样本数的百分比。
- 有效百分比:指示各频数占总有效样本的百分比。
- 累计百分比:指示百分比逐级累加的结果,最终取值为 100%。

2. 频数分析的常用统计图

频数分析的另一任务就是绘制统计图。统计图是一种最为直观的数据指示方法,能清晰地展示变量的取值分布状况(参见第 13 章)。

- 条形图:条形图是用相同宽度的条形的高度或长短来指示频数分布变化的图形,适用于定序和定类变量的统计分析。条形图的 Y 轴可以使用频数或百分比,X 轴通常为定类变量。条形图包括简单条形图和集群条形图。
- 饼图:饼图就是用圆形及扇形的面积来指示频数百分比变化的图形。圆内扇形面积可以表示频数,也可以表示百分比。一般来说,条形图与饼图适用于类别变量。
- 直方图:直方图是用矩形的面积来表示频数分布变化的图形,适用于连续变量的分析研究。研究者还可以在直方图上附加正态分布曲线,便于将频数分布与正态分布进行比较。

3. 频数分布的特征

频数分布具有两个特征:集中趋势和离散。集中趋势是用于描述频数分布位置的统计量,包括平均值、中位数、众数和所有值的总和。离散是用于测量数据中变异和扩散的统计量,包括标准差、方差、范围、最小值、最大值和平均值标准误差。

4.2.2 SPSS 频数分布的案例应用

案例:对一次社会调查的受访者的个人收入情况进行频数分析,以了解他们收入的整体现状。

1. 启动程序

打开数据文件"社会调查样本.sav",选择"分析"|"描述统计"|"频率"命令,打开"频率"对话框。

2. 变量选择

在对话框左侧的变量列表框中选择"个人收入"并单击图标将其选入"变量"列表框(见图 4-1)。

3. 统计量设置

单击 Statistics 按钮,打开"频率:统计"对话框,选择需要输出的统计量。该对话框包含四个统计量选项组,分别是"百分位值"、"集中趋势"、"离散"和"分布"(见图 4-2)。各统计量的含义如下。

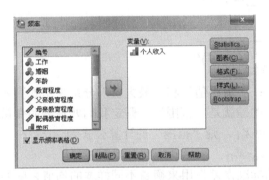

图 4-1 "频率"对话框

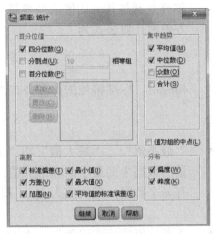

图 4-2 "频率:统计"对话框

(1) "百分位值"选项组:该选项组包括"四分位数"、"分割点"和"百分位数"三个复选框。

- "四分位数":将输出频数分析结果的四分位数。
- "分割点":可将数据分为任意几个等组(系统默认值为 10)。
- "百分位数":可以选取任意百分位数并通过"添加"按钮输入列表框,也可以通过单击"更改"按钮和"删除"按钮进行相应修改。

(2) "集中趋势"选项组:指示数据趋向中心位置的统计量,反映数据的集中程度。该选项组包括"平均值"、"中位数"、"众数"和"合计" 4 个复选框。

- "平均值":指的是一个变量的数值的算术平均值,用于分析定距变量的集中趋势。
- "中位数":指的是将一个变量的数值由高到低按顺序排列后位于中间的那个数值。也就是,"中位数"是把所有数据分为二等份的数值。当样本数为奇数时,中位数=第$(N+1)/2$个数据;当样本数为偶数时,中位数为第 $N/2$ 个数据与第 $N/2+1$ 个数据的算术平均值。
- "众数":指的是一个变量中出现次数最多的数值。它能很好地表现定类变量的集中趋势。
- "合计":指各个统计量的总和。

(3) "离散"选项组:用于指示变量的数据的离散程度或变异程度。它是与"集中趋势"相反的一个统计量,包括"标准偏差"、"方差"、"范围"、"最小值"、"最大值"和"平均值的标准误差"6个选项。

- "方差"和"标准偏差":"方差"和"标准偏差"是用于指示变量数据的离散程度的最重要和最常用的指标。方差 S^2 是各个数据与全体数据的算术平均值的差值的平方和除以个案数减一。方差越小,说明数据的离散程度越小,也就是越接近平均值。标准差 S 则是方差的算术平方根。由于方差的计量单位和量纲使用不便,因此实际的统计分析中多用标准差来衡量数据离散或变异的程度。标准偏差相当于平均偏差,可以直接描述数据偏离平均值的程度。标准偏差越大,说明大部分数据与其平均值的差异越大,观察值之间的差异也越大,反之亦然。
方差的计算公式为

$$S^2 = \frac{1}{n-1}\sum_{i=1}^{n}(x_i - \bar{x})^2$$

相应地,标准偏差的计算公式为

$$S = \sqrt{\frac{1}{n-1}\sum_{i=1}^{n}(x_i - \bar{x})^2}$$

- "最小值"、"最大值"和"范围":"最小值"和"最大值"分别表示观测变量的数据中的最小值和最大值。二者的差就是"范围"。假定我们要观测的变量有 n 个数据,最大值为 $X_{(n)}$,最小值为 $X_{(1)}$,则"范围"的计算公式为

$$R = X_{(n)} - X_{(1)}$$

- "平均值的标准误差":"平均值的标准误差"用来衡量不同样本的均值之间的差异。它可以粗略地对均值和假设值进行比较。假设样本的标准差为 S,样本大小为 n,那么样本平均值的标准误差计算公式为

$$SE.of.Mean = S/\sqrt{n}$$

(4) "分布"选项组:用于标示数据的分布形态,也就是数据分布是否对称、偏斜的程度和陡缓的程度等。描述数据"分布"形态的统计量主要为"偏度"和"峰度"。

- "偏度":描述数据分布对称性的统计量。如果数据关于中心(平均值)的分布是对称的,此时称为分布对称或偏度为0;如果数据大部分分布在中心(平均值)左边,小部分分布在中心右边,则此时偏度为正,称为正偏或右偏分布;反之称为负偏或左偏分布。偏度的计算公式为

$$Skewness = \frac{1}{n-1}\sum_{i=1}^{n}(x_i - \bar{x})^3 / S^3$$

偏度系数 α 的取值范围一般为-3到3之间。当 $\alpha>0$ 时,数据分布为正偏或右偏,分布图有长长的右尾,峰尖偏左,数据多集中于低值部分,此时,平均值>中位数>众数;当 $\alpha<0$ 时,数据分布为负偏或左偏,也就是说,分布图的左侧有长长的拖尾,峰尖偏右,数据多集中于高值部分,此时,平均值<中位数<众数;当 $\alpha=0$ 时,数据分布对称,属于正态分布,此时平均值=中位数=众数。不论是正偏或负偏,偏度的绝对值越大表示偏斜的程度越大,反之偏斜程度越小,数据分布越接近对称。

- "峰度":对观察值聚集在众数周围的程度进行测量的一个统计量,用来指示数

据分布图形的高狭或低阔。其计算公式为

$$\text{Kurtosis} = \frac{1}{n-1}\sum_{i=1}^{n}(x_i - \bar{x})^4 / S^4 - 3$$

在 SPSS 中，若峰度系数 $\beta>0$，为高峰度，说明数据分布比标准正态分布更陡峭，有更多的数据聚集于众数附近；相反，如果峰度值 $\beta<0$，为低峰度，说明数据分布不如标准正态分布陡峭，分布于众数附近的数据没有标准正态分布那么集中；如果峰度值 $\beta=0$，说明数据分布陡峭程度和标准正态分布相当。

本例分析选择"四分位数"、"平均值"、"中位数"、"偏度"、"峰度"、"标准差"、"方差"、"范围"、"最小值"、"最大值"和"平均值的标准误差"等统计量。设置完毕后，单击"继续"按钮返回"频率"对话框。

4. 图表设置

单击"图表"按钮，打开"频率：图表"对话框。该对话框有"图表类型"和"图表值"两个选项组，"图表类型"提供了四种格式："无"、"条形图"、"饼图"和"直方图"。本案例选择"直方图"，并选中"在直方图上显示正态曲线"复选框；"图表值"选项选择程序默认设置"频率"(见图 4-3)。单击"继续"按钮返回。

5. 格式设置

单击"格式"按钮，打开"频率：格式"对话框。在"排序方式"选项组中选择频数分析输出结果的排列顺序；在"多个变量"选项组中选择有多个变量时分析结果的输出方式。如果选中"排除具有多个类别的表"复选框，表示变量有太多的类别时不输出频率分布表。系统默认最大类别数为 10。本例中我们选择默认设置"按值的升序排序"和"比较变量"(见图 4-4)。设置完毕后，单击"继续"按钮返回。"频率：格式"对话框中各选项的含义如下。

图 4-3　"频率：图表"对话框

图 4-4　"频率：格式"对话框

- "按值的升序排序"：对频数分布按照数值的大小顺序进行升序排列。
- "按值的降序排序"：对频数分布按照数值的大小顺序进行降序排列。
- "按计数的升序排序"：对频数分布按照频数的大小顺序进行升序排列。
- "按计数的降序排序"：对频数分布按照频数的大小顺序进行降序排列。
- "比较变量"：将多个变量的统计量放在同一报表中输出，以便比较。

- "按变量组织输出"：按各个变量分别进行结果输出。

6. 表格样式设置

单击"样式"按钮，打开"表样式"对话框，设置输出表格的各种属性(见图4-5)。这是 SPSS 22.0 的一项新功能。"表样式"对话框用于指定根据具体条件自动更改透视表属性的条件。支持"表样式"对话框的统计过程包括"双变量相关性"、"交叉表格"、"定制表格"、"描述"、"频率"、"Logistic 回归"、"线性回归"和"平均值"。这些设置项的含义如下。

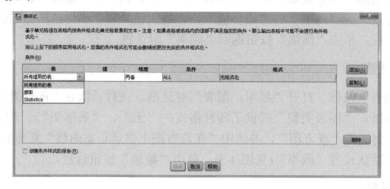

图 4-5　"表样式"对话框

- "表"：用于选择表格的应用条件。此处有三个选项："所有适用的表"、"频率"和 Statistics。
- "值"：即行或列标签值，定义表中用于搜索符合条件的值的区域。可以从列表中选择值或双击输入值。列表中的值不受输出语言影响，适用于值的众多变体。列表中提供的值取决于表格类型。如对于频率分析过程表样式提供的值为"计数"、"中位数"、"平均值"、"百分比"、"所有数据单元格"。
- "维度"：用于定义搜索有指定值标签的"行"还是"列"，或者二者都搜索。
- "条件"：指定要查找的条件。
- "格式"：指定要应用于符合条件的表单元格或区域的格式。

本例无须进行该项设置。单击"继续"按钮返回。

7. Bootstrap 按钮

单击此按钮，可以采用通过估计统计量方差进而进行区间估计的非参数统计方法(见图4-6)。本例中无须此项设置。

8. 输出分析报告

单击"确定"按钮，输出个人收入频数分布的分析结果，如表 4-1、表 4-2 和图 4-7 所示。

9. 分析报告解读

表 4-1 给出了该案例分析的统计量报告，表 4-2 是案例分析所得的个人收入频率表。从表 4-1 中可以看出，此次社会调查的受访者共计 2832 人，有效回答者 1849 人，占到 65.3%。

由于种种原因导致的无效个案为 983 人，占 34.7%。表 4-2 表明，受访者中高收入人数占大多数，多数受访者个人收入超过$10000，占有效人数的 82.2%。受访者个人收入的方差较大说明受访者个人收入差距较大。从直方图可以看出，受访者的收入分布呈严重负偏态，说明数据多集中于高数值部分，尤其是$25000 以上者最多，占有效人数的 47.8%。

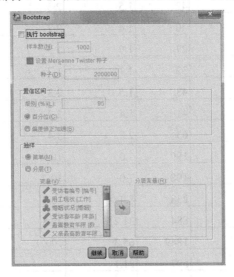

图 4-6 Bootstrap 对话框

表 4-1 受访者收入统计量报表

N		有效	1849
		缺失	983
平均值			10.04
标准平均值误差			.066
中位数			11.00
方式			12
标准偏差			2.859
方差			8.172
偏度			−1.731
标准偏度误差			.057
峰度			2.196
标准峰度误差			.114
范围			11
最小值			1
最大值			12
百分位数(P)		25	9.00
		50	11.00
		75	12.00

表 4-2 受访者个人收入频数分布表

		频率	百分比	有效百分比	累积百分比
有效	低于$1000	42	1.5	2.3	2.3
	$1000 到$2999	42	1.5	2.3	4.5
	$3000 到$3999	40	1.4	2.2	6.7
	$4000 到$4999	27	1.0	1.5	8.2
	$5000 到$5999	32	1.1	1.7	9.9
	$6000 到$6999	43	1.5	2.3	12.2
	$7000 到$7999	41	1.4	2.2	14.4
	$8000 到$9999	63	2.2	3.4	17.8
	$10000 到$14999	199	7.0	10.8	28.6
	$15000 到$19999	198	7.0	10.7	39.3
	$20000 到$24999	238	8.4	12.9	52.2
	$25000 以上	884	31.2	47.8	100.0
	总计	1849	65.3	100.0	
缺失	回答不准确	597	21.1		
	拒答	118	4.2		
	不知	26	.9		
	未答	242	8.5		
	总计	983	34.7		
总计		2832	100.0		

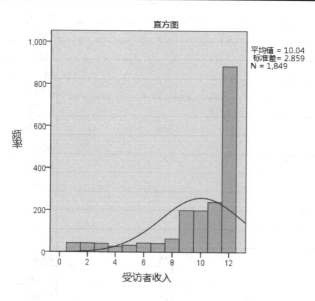

图 4-7 受访者个人收入直方图

4.3 描述统计量

描述统计量主要指对调查问卷等方式所采集的数据进行归纳、整理和整体性概况描述。

4.3.1 描述统计量概述

描述统计量主要用于对定距变量的数据分布状况进行分析。通常，描述统计量可以通过平均值和平均值的标准误差来展示定距数据的集中趋势；通过标准差、方差、最大值、最小值和范围等统计量来描述数据的离散程度；通过峰度和偏度来指示数据的分布形态。描述统计量的分析步骤与频率分布分析的操作类似，所涉及统计量的含义与频率分布分析的统计量相同，故在此不再一一赘述。

4.3.2 SPSS 描述统计量的案例应用

案例：以"大学生网络使用调查"问卷的第三部分为例，分析大学生使用网络时的感受。

本例中的问卷是由 10 个调查网络使用感受的句子构成的，对每个句子的判别方式使用了 6 级利克特量表来表达从"非常不同意(用 1 表示)"到"非常同意(用 6 表示)"的态度变化。这样的量表类似于定距变量，因此可以进行描述性统计分析。具体分析步骤如下。

1. 启动程序

打开数据文件"大学生网络使用调查.sav"，选择"分析"|"描述统计"|"描述"命令，打开"描述性"对话框，如图 4-8 所示。

2. 变量选择

在对话框左侧的变量列表中选择"感受 1"到"感受 10"，并依次单击▶图标将其选入"变量"列表框。若选中对话框下方的"将标准化得分另存为变量"复选框，则可以将普通分数变成标准分数——Z 分数。本例无须此选项。

Z 分数为最常用的标准分数，用来表示原始分数在一组数据中所处的相对位置。它是以平均数为参照，以标准差为单位的分数。因此，Z 分数没有实际单位。原始数据转换为 Z 分数后，原本性质不同的分数就可以进行比较和计算了。

Z 分数的计算方法为各原始分数减去总平均数的差值再除以标准差。公式为

$$Z=(X-\mu)/S$$

其中，X 是原始分数，μ 是所有原始分数的平均数，S 是标准差。

如果 $Z<0$，表示该观察分数位于平均数以下；如果 $Z>0$，表示该观察分数位于平均数以上。Z 值的绝对值越大，表明观察分数离平均数越远。

3. 选项设置

单击"选项"按钮，打开"描述：选项"对话框，选择需要的统计量，此案例选择的

统计量如图 4-9 所示；在"显示顺序"选项组中选择"按平均值的升序排序"，以便于直观展示态度变化的趋势。设置完成后，单击"继续"按钮返回。

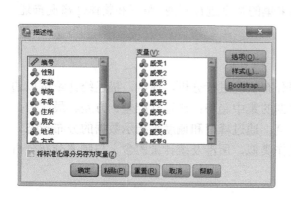

图 4-8 "描述性"对话框

图 4-9 "描述：选项"对话框

4．输出报告

单击"确定"按钮，SPSS 的查看器输出分析报告表如表 4-3 所示。

5．解释报告

表 4-3 为大学生网络使用态度调查描述统计表。在一个 6 级量表中，中位数为 3.5。高于 3.5，表示肯定态度，低于 3.5 表示否定态度。可以看出，大学生在各个项目上的态度差异很大。从平均值的排序来看，"我会在意网络上的人对我的任何回应"的统计量平均值最低，为 2.19，标准差为 1.022。这说明在该项上大家的态度是最否定的。而标准偏差也是最小的，说明大家在这个项目上的态度差异最小。可以看出，大家对表 4-3 中的前 6 项基本都持否定态度。综合这 6 项，我们可以推断出，大学生尽管上网，但对网络的认知还是比较正确的，没有达到网络依赖的程度。另一方面，后 4 项的均值都大于 3.5，说明大学生在这 4 项上持肯定态度。尤其是第 7 项"网络交友不安全"的平均值为 3.67，说明多数大学生对此予以肯定，这从另一角度说明了从总体看来大家对网络交友的认知是正确的。尽管如此，但后 3 项的平均值为最高，分别达到 3.90、4.04 和 4.09，这种肯定态度也说明了有很多的大学生喜欢在网上寻找安慰、宣泄自己。另外，在所有的项目中，第四项"在网络上我可以讲平常不敢讲的话"的标准偏差最大，说明在这个项目上受访者的态度差别最大。

表 4-3 大学生网络使用态度调查描述统计表

	数字	范围	最小值(M)	最大值(X)	平均值(E)	标准偏差
1.我会在意网络上的人对我的任何回应(例如：人气、留言)	100	5	1	6	2.19	1.022
2.我上网是用来打发时间	100	5	1	6	2.43	1.225
3.我会期待网络上有人主动联系我	100	5	1	6	2.64	1.124
4.在网络上我可以讲平常不敢讲的话	100	5	1	6	2.76	1.464

续表

	数字	范围	最小值(M)	最大值(X)	平均值(E)	标准偏差
5.网络交友的神秘感和匿名性很吸引我	100	5	1	6	3.01	1.105
6.我在网络上以截然不同的身份出现	100	5	1	6	3.49	1.115
7.网络交友不安全	100	4	1	5	3.67	1.129
8.我会在网络世界中寻找感情慰藉	100	5	1	6	3.90	1.159
9.我在网络世界中比现实生活中更有自信	100	5	1	6	4.04	1.214
10.我会在网络上展示自拍的影像、影音	100	5	1	6	4.09	1.147
有效 N(成列)	100					

4.4 探索性分析

所谓探索性分析就是研究者对数据分布的特点尚不太了解，需要对数据进行试探性的考察或探索，计算常用统计量并绘制统计图，以便为下一步采用何种统计方式进行数据分析提供参考。因此，探索性分析是统计分析中的一个重要环节。

4.4.1 探索性统计概述

探索性分析是对数据的基本特征有所了解，但仍需对数据进行更为细致和深入的描述性观察分析。因此，它不仅包括了数据分析的一般性描述，还增加了对数据的文字或图表的描述，使得数据分析更为深入、细致和全面。

1. 探索性分析的项目

(1) 寻找数据中的奇异值。在数据的整理输入过程中，难免会有疏漏，使得数据中产生某些影响分析结果的奇异值。寻找这些奇异值，并分析其产生的原因以决定对这些数值的删除或保留。

(2) 正态分布检验。通过探索性分析，可以进一步对数据的分布状况进行深入的分析，以验证是否符合正态分布，进而确定能否使用正态分布数据适用的分析方法对数据进行分析。常用的正态分布验证是 Q-Q 概率图。

(3) 方差齐性检验。探索性分析程序通过 Levene 检验来比较各组数据之间的方差是否相等，以判定数据的离散程度是否存在差异。如果 Levene 检验得到的显著性水平小于 0.05，就可以拒绝方差相同的假设。

2. 探索性分析结果的图形描述

探索性分析除了能够进行一般的简单数据描述外，还增加了以图形的方式对数据的分布予以直观呈现的功能。这些图形包括茎叶图、直方图、箱图和 Q-Q 概率图。

1) 茎叶图

茎叶图是用以描述连续变量的一种手法，主要由三部分组成，即频率、茎和叶。其中，茎和叶分别表示数据的整数部分和小数部分。茎代表观测值的十位数，叶对应观测值的个位数。一个个位数代表一个观测值，每一行左边的频率就是该行对应的个案数。每个茎叶图的底部还注明了茎宽和每叶代表的个案数。数据的值即为茎叶组成的数值结合乘以茎宽。茎叶图既保留了数据的频率分布，也保留了原始数据，是探索性分析的常用方法之一，如图 4-10 所示。

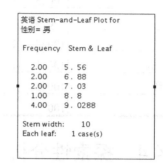

图 4-10　英语成绩茎叶图(男生)

以图 4-10 所示的第五行数字为例，频率为 4，说明该组共有 4 个分数值。茎值为 9，叶值分别为 0、2、8、8，这表示该组的 4 个分数值分别为 90、92、98 和 98。

2) 直方图

直方图可用于对连续变量数据的观察，它将连续变量数据分为若干连续区间，然后计算观测值落在各个区间的频率。和条形图类似，直方图也是以区间作为水平轴，以各个区间的频率作为相应条块的高度来绘制出统计图。从直方图可以非常直观地看到数据的分布状况，如数据分布是否对称、偏左还是偏右、众数是什么等，还可以大体判断数据分布是否服从正态分布，如图 4-11 所示。

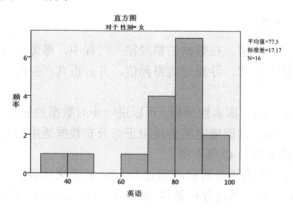

图 4-11　英语成绩直方图(女生)

3) 箱图

箱图是表现五数(最小值、最大值、中位数、第一个四分位数、第三个四分位数)的图形形式，其中的矩形为箱图的主体，两个四分位数之差为箱长，也称"内四分位限"。箱体部分包含全体数据约 50%的数值，箱体的上中下三条平行线分别表示 75%、50%(即中位数)和 25%分位数。纵贯箱体中间的竖线称为触须线，触须线上下两端的横线代表该组变量数值的最大值(97.5%)和最小值(2.5%)。箱图在比较两个或多个变量时尤其有用，它还可用于判别极端值的存在。如果箱图中有异常值，用"。"表示，如果有极端异常值，则用"*"表示。男生和女生的英语成绩对比箱图(见图 4-12)中的女生组的"25"就是异常值，而"13"则是极端异常值，其中 25 和 13 是异常值的序号。

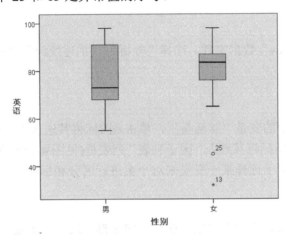

图 4-12　英语成绩对比箱图

4) Q-Q 概率图

Q-Q 概率图是一种散点图，用于验证数据分布的正态性。它有两种表现形式：正态 Q-Q 概率图和去势正态 Q-Q 概率图。正态 Q-Q 概率图(见图 4-13)是以变量的观测值为 X 轴、以期望值的正态分布为 Y 轴组成的图形。图形中还有一条直线作为理论的正态累积概率分布线，该直线的斜率为标准差，截距为平均值。另外还有一条由散点串成的实际概率分布线。如果构成实际概率分布线的散点大致呈直线且均匀地分布于理论正态累积概率分布线两侧附近，那么数据的分布就近似呈现正态。去势正态 Q-Q 概率图(见图 4-14)是以变量的观测值为 X 轴坐标，以该变量各个观测值的 Z 分数与正态分布期望值的偏差为 Y 轴坐标组成的图形。水平直线为理论正态累积概率分布线，若散点均匀地分布在该线上下，甚至在线上，说明该点符合正态分布。图 4-13 和图 4-14 的散点都较为均匀地分布于理论正态累积概率分布线的上下两侧，说明男生的英语成绩基本呈正态分布状态。

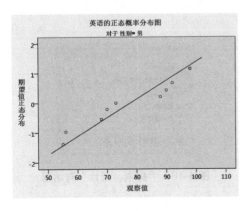

图 4-13　英语成绩正态 Q-Q 图

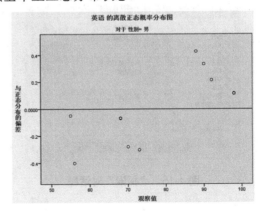

图 4-14　英语成绩去势正态 Q-Q 图

4.4.2 SPSS 探索性分析案例应用

案例：对某校一次学生的体检报告统计数据中的肺活量进行探索性分析，以了解男生和女生在肺活量上的数据分布情况。

1. 启动程序

打开"体检报告.sav"数据文件，选择"分析"|"描述统计"|"探索"命令，打开"探索"对话框。

2. 变量选择

选择左侧列表框中的变量"肺活量"，单击图标将其选入"因变量列表"列表框中。选择"性别"，单击图标将其选入"因子列表"列表框(见图 4-15)。另外该对话框还有"标注个案"列表框，可用于选择某一变量来对个案进行区分和标注。

3. 统计量设置

单击 Statistics 按钮，打开"探索：统计"对话框。选中"描述性"、"M-估计量"和"界外值"复选框，如图 4-16 所示。单击"继续"按钮返回。该对话框中四个选项的具体含义如下。

- "描述性"：分析结果将显示均值、中位数、方差、偏度和峰度等通常的统计量。"平均值的置信区间"将显示系统默认的总体平均值的 95%水平置信区间，也可指定 1～99 的其他置信度。
- "M-估计量"：输出结果将显示集中用于描述集中趋势的估计量，是样本平均值和中位数的稳健替代值，用于估计位置。计算出的估计量应用的个案的权重不同，显示 Huber 的 M 估计、Andrews 波估计量、Hampel 的重新下降 M 估计和 Tukey 的双权重估计量。
- "界外值"：用于显示 5 个最高和最低的极值，并带个案标签。
- "百分位数"：显示第 5 个、第 10 个、第 25 个、第 50 个、第 75 个、第 90 个和第 95 个百分位的值。

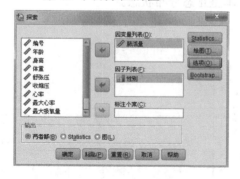

图 4-15 "探索"对话框

图 4-16 "探索：统计"对话框

4. 统计图设置

单击"绘图"按钮，打开"探索：图"对话框(见图 4-17)。该对话框包含"箱图"、"描述性"和"伸展与级别 Levene 检验"三个选项组，及"带检验的正态图"复选框。该对话框中各选项的含义如下。

- "箱图"选项组：当有一个或多个因变量时，这些选项控制箱图的显示。
  - "按因子级别分组"：并列显示同一因变量在不同因子变量上产生的箱图，以利于比较各因子变量在因变量同一水平上的差异。
  - "不分组"：按因子变量分别单独产生箱图，各个因变量的箱图并列排列。
  - "无"：不显示任何箱图。
- "带检验的正态图"：显示正态概率和去势正态概率图。
- "伸展与级别 Levene 检验"选项组：控制分布-水平图的数据转换。对于所有分布-水平图，显示回归线的斜率和 Levene 的稳健的方差同质性检验。如果选择转换，那么 Levene 检验基于转换后的数据。如果未选择因子变量，则不生成分布-水平图。
  - "无"：不进行 Levene 检验。
  - "幂估计"：针对所有单元格的中位数的自然对数以及幂转换的估计值生成四分位距的自然对数图，以在各单元格中得到相等的方差。分布-水平图有助于确定稳定组之间的方差所需的转换幂。
  - "已转换"：可以选择幂替代值之一(可能按幂估计中的推荐)，并生成转换数据图。绘制转换数据的四分位距和中位数。在右侧的下拉列表框中，提供了自然对数、1/平方根、倒数、平方根、平方、立方几种转换方法。这里，通常应根据"幂估计"过程得出的估计值而选择一个较为接近的幂指数。
  - "未转换"：生成原始数据的图。这等于幂为 1 的转换。

本例选中"按因子级别分组"单选按钮、"茎叶图"复选框、"直方图"复选框、"带检验的正态图"复选框和"无"单选按钮。单击"继续"按钮返回。

5. 缺失值设置

单击"选项"按钮，打开"探索：选项"对话框，选择程序默认设置"按列表排除个案"(见图 4-18)。单击"继续"按钮返回。该对话框中各选项的含义如下。

图 4-17 "探索：图"对话框

图 4-18 "探索：选项"对话框

- "按列表排除个案":从所有分析中排除任何因变量或因子变量具有缺失值的个案。这是默认值。
- "按对排除个案":在该组的分析中包含组(单元格)中变量不具有缺失值的个案。该个案可能在其他组中使用的变量中有缺失值。
- "报告值":在生成的报告值中,因子变量的缺失值被单独列为一个类别附于报告值中。

6. 报告输出

单击"确定"按钮完成操作,SPSS的查看器窗口输出分析报告。探索分析报告输出项目较多,如个案处理摘要(表4-4)、描述性统计表(表4-5)、M估计量表(表4-6)、极值表(表4-7)、正态分布检验表(表4-8);男生肺活量直方图(见图4-19)、女生肺活量直方图(见图4-20)、男生肺活量茎叶图(见图4-21)、女生肺活量茎叶图(见图4-22)、男生肺活量正态Q-Q图(见图4-23)、图女生肺活量正态Q-Q图(见图4-24)、男生肺活量去势正态Q-Q图(见图4-25)、女生肺活量去势正态Q-Q图(见图4-26)、男女生肺活量对比箱图(见图4-27)。

7. 解释报告

(1) 从表4-4所示的个案处理摘要可以看出,本次探索分析有效数据为男生203人、女生248人。其中男生和女生各有1人数据缺失,不影响分析的有效性。

表4-4 探索分析个案处理摘要

	性 别	个 案					
		有 效		缺 失		总 计	
		数字	百分比/%	数字	百分比/%	数字	百分比/%
肺活量(ml)	Male	202	99.5	1	0.5	203	100.0
	Female	247	99.6	1	0.4	248	100.0

(2) 从表4-5可以看出,男生和女生的肺活量平均值分别为3302.60和2767.17,中位数分别为3267.50和2800.00,标准偏差分别为874.235和533.770,说明受试者的肺活量离散程度稍高。双方的最大值和最小值的差距即范围较大,也说明了数据的离散程度稍高。究其原因,可能是由于受试者的年龄差距较大造成的(受试者年龄最大和最小相差9岁)。此外,就数据分布的偏度和峰度而言,男生和女生的标准错误均大于0.05的显著水平,接受双方的数据分布接近正态分布的假设。

表4-5 描述性统计表

	性 别			统 计	标准错误
肺活量(ml)	Male	平均值		3302.60	61.511
		平均值的95% 置信区间	下限值	3181.31	
			上限	3423.89	
		5% 截尾平均值		3280.39	
		中位数		3267.50	

续表

	性别			统计	标准错误
肺活量(ml)	Male	方差		764287.366	
		标准偏差		874.235	
		最小值		1700	
		最大值(X)		5620	
		范围		3920	
		四分位距		1445	
		偏度		.255	.171
		峰度		−.768	.341
	Female	平均值		2767.17	34.090
		平均值的 95% 置信区间	下限值	2700.02	
			上限	2834.31	
		5% 截尾平均值		2766.16	
		中位数		2800.00	
		方差		287049.082	
		标准偏差		535.770	
		最小值		1360	
		最大值(X)		4660	
		范围		3300	
		四分位距		660	
		偏度		.068	.155
		峰度		.300	.309

(3) M 估计量表下边为 a,b,c,d 四种加权常量,该表的结果是使用这 4 种加权常量计算出的 M 估计量(见表 4-6)。通过比较男生和女生的 M 估计量,可以判断男生和女生的肺活量差异较大。

表 4-6 M 估计量表

	性别	休伯 M 估计量[a]	Tukey 双权[b]	汉佩尔 M 估计量[c]	安德鲁波[d]
肺活量(ml)	Male	3268.85	3268.70	3274.69	3268.91
	Female	2779.79	2780.00	2773.11	2779.95

注:a. 加权常量为 1.339。
　　b. 加权常量为 4.685。
　　c. 加权常量为 1.700、3.400 和 8.500。
　　d. 加权常量为 1.340*pi。

(4) 表 4-7 分别列出了 5 个男生和女生肺活量的最大值和最小值,从中我们可以看出最大值和最小值的差异。

表 4-7 极值表

	性别			个案编号	值
肺活量(ml)	Male	最高	1	185	5620
			2	196	5300
			3	277	5200
			4	435	5200
			5	437	5200
		最低	1	353	1700
			2	307	1700
			3	400	1810
			4	314	1850
			5	325	1900
	Female	最高	1	284	4660
			2	266	4400
			3	66	4200
			4	252	3940
			5	269	3880
		最低	1	105	1360
			2	313	1500
			3	368	1600
			4	81	1600
			5	319	1640

(5) 表 4-8 提供了两种正态性检验的统计量：Kolmogorov-Smirnov 和 Shapiro-Wilk。如果统计量的显著性概率值 $P>0.05$，未达到 0.05 的显著水平，则接受正态分布的虚无假设，数据分布呈现正态；反之，如果 $P<0.05$，达到 0.05 的显著水平，则拒绝正态分布的虚无假设，数据分布违反正态性。在正态性假设检验中，如果观测值的总数为大样本，一般采用 Kolmogorov-Smirnov 统计量检验，反之则用 Shapiro-Wilk 统计量检验。本例中我们参考 Kolmogorov-Smirnov 统计量检验的结果：男生的显著性概率 $P=0.014<0.05$，拒绝虚无假设，表明男生的肺活量的分布没有呈现正态分布；女生的显著性概率 $P=0.200>0.05$，接受虚无假设，表明女生的肺活量的分布呈现正态分布。

表 4-8 正态分布检验表

	性别	Kolmogorov-Smirnov(K)[a]			Shapiro-Wilk		
		统计	df	显著性	统计	df	显著性
肺活量(ml)	Male	.072	202	.014	.974	202	.001
	Female	.051	247	.200*	.993	247	.270

注：*. 这是真正显著性的下限。

a. Lilliefors 显著性校正。

(6) 图 4-19 和图 4-20 分别是男生和女生的肺活量直方图。从二者的比较可以看出，男生组数据分布多集中于较低值区域，数据分布呈右偏(正偏)趋势。相反，女生组数据分布较为均衡，分布呈正态性。

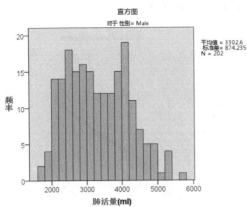
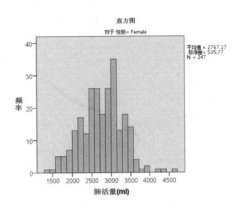

图 4-19 男生肺活量直方图　　　　　图 4-20 女生肺活量直方图

(7) 图 4-21 和图 4-22 分别为男生和女生的肺活量茎叶图。茎宽均为 1000，每片叶代表一个个案。由于茎叶图保留了原始数据，因此我们可以将其看作一种变形的被放倒的直方图，从中可以大概看出数据的分布正态与否。很明显，女生组的数据更符合正态分布。不过，从图 4-22 中还可以看出，该组出现了 3 个大于 4200 的极端值。

图 4-21 男生肺活量茎叶图　　　　　图 4-22 女生肺活量茎叶图

(8) 图 4-23 和图 4-24 分别为男生和女生的肺活量正态 Q-Q 图。从二者的对比看，女生组肺活量数据所组成的实际概率分布线几乎与理论正态累积概率直线重合，呈现较好的正态性，但同时我们也看到，有 3 个数值明显远离理论正态累积概率直线而成为异常值。相比较而言，男生组的实际概率分布线要弯曲得多，因而数据分布略呈偏态。这一结论也可以由图 4-25 和图 4-26 的肺活量去势正态 Q-Q 图加以佐证。在男生肺活量去势正态 Q-Q 图中，有更多的数值远离了中间的直线而使整个数据分布呈现偏态；相反，女生肺活量去势正态 Q-Q 图中则有更多的数据分布于直线附近，所以女生肺活量分布更趋正态，但是仍然有 3 个数值远远脱离了理论正态累积概率直线而成为异常值。

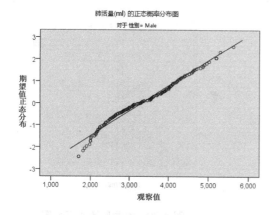

图 4-23　男生肺活量正态 Q-Q 图　　　　　图 4-24　女生肺活量正态 Q-Q 图

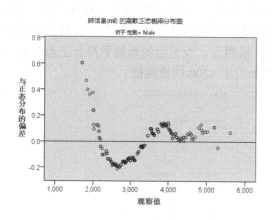 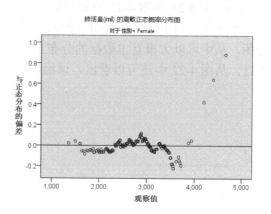

图 4-25　男生肺活量去势正态 Q-Q 图　　　图 4-26　女生肺活量去势正态 Q-Q 图

(9)　从图 4-27 的箱图我们可以清楚地看出男女生肺活量的数据分布的对比情况。二者的中位数基本都位于箱图的中间，但是男生组的最大值和最小值差距较大，致使数据分布呈现右偏态。

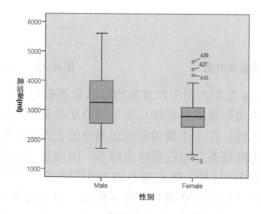

图 4-27　男女生肺活量对比箱图

4.5 列联表分析

通过频数分析可以获得单个变量的数据分布状况。但是实际生活中,我们往往还要对两个或多个分类变量进行同时性描述及推断的统计分析。比如想要分析不同专业的两组学生的英语成绩是否有显著差异,就需要进行列联表分析。列联表分析可以对多个分类变量进行频率分布分析,并通过"交叉表格"过程输出二维或多维的列联表,同时还可以对非数值型变量进行独立性或相关性检验。

4.5.1 列联表分析概述

列联表是指一个频率对应两个变量的表(一个变量用于对行分类,一个变量用于对列分类)。在实际分析中,除了需要对单个变量的数据分布情况进行分析外,还需要掌握多个变量在不同取值情况下的数据分布情况,从而进一步深入分析变量之间的相互影响和关系,这种分析称为列联表分析。它经常用来分析问卷调查的数据。列联表分析可以比较好地反映出两个因素之间有无关联性,两个因素与现象之间的相关关系。

1. 数据交叉列联表分析的基本任务

(1) 根据收集的样本数据,产生二维或多维交叉列联表。列联表是两个或两个以上的变量交叉分组后形成的频数分布表。它由表头、行、列、排序、计算和求百分比等部分构成。SPSS 列联表分析程序能对两个或多个分类变量进行联合描述,可生产二维甚至 n 维的列联表,并计算相应的行、列合计百分比和行、列汇总指标。

(2) 在交叉列联表的基础上,对两两变量间是否存在关联性进行检验。列联表的频率分析结果不能直接用来确定行变量和列变量之间的关系及关系的强弱。要想获得变量之间的关联性的信息,仅仅依靠描述统计的数据是不够的,我们还需借助一些变量间相关程度的统计量和一些非参数检验方法。SPSS 提供了多种适用于不同类型数据的相关系数的表达式。这些相关性检验的零假设都是:行和列变量之间相互独立,不存在显著的相关关系。根据 SPSS 检验后得出的相伴概率(Concomitant Significance)判断是否存在相关关系。如果相伴概率值 $P \leq 0.05$,那么拒绝零假设,行列变量之间彼此相关;如果相伴概率值 $P > 0.05$,那么接受原假设,行列变量之间彼此独立。

2. 列联表分析中相关性检验的方法

1) 卡方(χ^2)检验

常用于检验行列变量之间是否相关。卡方检验首先假设行、列变量之间是独立的,并得到期望频数,再通过比较所有期望频数和实际观测频数的差异来构造一个卡方统计量,如果卡方统计量大于临界值,则说明差异过大,因而假设不成立,行变量和列变量不相互独立;反之,则认为行、列变量相互独立。卡方(χ^2)的计算公式为

$$\chi^2 = \sum_{i=1}^{r}\sum_{j=1}^{c}\frac{(f_{ij}-f_{ij}^e)^2}{f_{ij}^e}$$

公式中的 f_{ij} 和 f_{ij}^e 分别表示实际观测频数和期望频数，r 和 c 分别代表行、列变量的取值个数。统计量综合了所有实际与期望的差异。因此，统计量的大小可以反映行、列变量的独立性。统计量越大，说明实际与期望频数的差异越大，此时行、列变量独立性越弱，在统计上，统计量近似服从自由度为 $(r-1) \times (c-1)$ 的卡方分布。

SPSS 在进行运算之后，会给出相应的相伴概率 P 值或者称作"观测到的显著水平"。如果 P 小于给定的显著性水平临界值 α，则拒绝原假设，认为变量间不独立；反之，则认为变量间独立。

2) 列联系数

基于卡方统计的相关性测量，常用于名义变量之间的相关系数计算。值的范围在 0 到 1 之间，其中 0 表示行变量和列变量之间不相关，而接近 1 的值表示变量之间的相关度很高。可能的极大值取决于表中的行数和列数。列联系数的计算方法有很多种，最常用的是皮尔逊(Pearson)定义的列联系数，简称 C 系数：

$$C = \sqrt{\frac{\chi^2}{n + \chi^2}}$$

其中，χ^2 指的是列联数据资料的检验统计量；n 是样本容量。

当双变量的测量数据被整理成次数分布表后，也可用列联相关系数表示两变量的相关程度。此时，当分组数目 $r \geqslant 5$，$c \geqslant 5$，且样本容量又较大时，计算的列联相关系数 C 与积差相关系数 r 是很接近的。

4.5.2　SPSS 列联表分析案例应用

案例：上一节中我们分别对男生和女生的肺活量进行了探索性分析比对。本节中，我们将探讨性别差异和肺活量之间有无必然相关性。

1. 启动程序

打开文件"体检报告.sav"，选择"分析"|"描述统计"|"交叉表格"命令，打开"交叉表格"对话框。

2. 选择变量

选择左侧列表框内的变量"性别"，单击图标将其选入"行"列表框，并将"肺活量"选入"列"列表框(见图 4-28)。"交叉表格"对话框下面还有"显示集群条形图"和"取消表格"两个选项。前者表示显示各个变量不同交叉取值下关于频数分布的柱形图，后者表示不输出列联表的具体表格，而直接显示交叉列联表分析过程中的统计量。如果没有选中统计量，则不产生任何结果。所以，一般情况下，只有在分析行列变量间关系时选中"取消表格"复选框。

3. 精确检验设置

单击"精确"按钮，打开"精确检验"对话框，该对话框提供了 3 种用于不同条件的检验方式来检验行列变量的相关性(见图 4-29)。我们可选择以下 3 种检验方式之一。

- "仅渐进法":适用于具有渐进分布的大样本数据,SPSS 默认选择该项。本例我们选择默认设置。
- Monte Carlo(蒙特卡罗法):此项为精确显著性水平值的无偏估计,无须数据具有渐进分布的假设,是一种非常有效的计算确切显著性水平的方法。在"置信度"(Confidence Level)参数框内输入数据,可以确定置信区间的大小,一般为 90、95、99,系统默认为 99。在"样本数"(Number of samples)参数框中可以输入数据的样本容量,系统默认为 10000。
- "精确":观察结果概率,同时在下面的"每个检验的时间限制为"参数框内,选择进行精确检验的最大时间限度。系统默认为 5 分钟。

完成选择后,单击"继续"按钮返回"交叉表格"对话框。

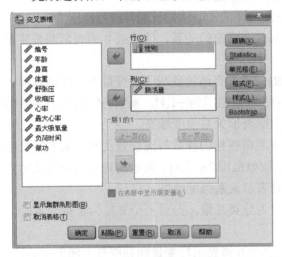

图 4-28 "交叉表格"对话框

图 4-29 "精确检验"对话框

4. 统计量设置

单击 Statistics(统计量)按钮,打开"交叉表格:统计"对话框。选择输出合适的统计检验统计量(见图 4-30)。对话框中各选项的意义如下。

(1) "卡方":检验列联表行列变量的独立性,也被称为 Pearson Chi-square 检验、χ^2 检验。

(2) "相关性":输出列联表行列变量的 Pearson 相关系数或 Spearman 相关系数。

(3) "名义"选项组:适用于名义变量(无内在顺序)统计量的设置。

- "相依系数":即 Pearson 相关系数或 Spearman 相关系数。相依系数值的范围在 0 到 1 之间,其中 0 表示行变量和列变量之间不相关,而接近 1 的值表示变量之间的相关度很高。可能的极大值取决于表中的行数和列数。
- Phi 和 Cramer V(ψ系数):常用于名义变量之间的相关系数计算。计算公式由卡方统计量修改而得。ψ系数介于 0 和 1 之间,其中,K 为行数和列数较小的实际数。

$$V=\sqrt{\frac{\chi^2}{n(K-1)}}$$

- Lambda(λ系数)：在自变量预测中用于反映比例缩减误差，其值为1时表明自变量预测因变量好，为0时表明自变量预测因变量差。
- "不确定性系数"：以熵为标准的比例缩减误差，其值接近1时表明后一变量的信息很大程度上来自前一变量，其值接近0时表明后一变量的信息与前一变量无关。

(4) "有序"选项组：适用于有序变量的统计量的设置。

- "伽玛(Gamma, γ 系数)"：两有序变量之间的关联性的对称检验。其数值界于0和1之间，所有观察实际数集中于左上角和右下角时，取值为1，表示两个变量之间有很强的相关；取值为0时，表示两个变量之间相互独立。
- Somers'd 值(Somer 系数)：两有序变量之间的关联性的检验，取值范围为[-1, 1]。绝对值接近1的值表示两个变量之间存在紧密的关系，值接近0则表示两个变量之间关系很弱或没有关系。
- Kendall's tau-b 值(肯德尔 tau-b 系数)：考虑有结的秩或等级变量关联性的非参数检验，相同的观察值选入计算过程中，取值范围为[-1,1]。系数的符号指示关系的方向，绝对值指示强度，绝对值越大则表示关系强度越高。
- Kendall's tau-c 值(肯德尔 tau-c 系数)：忽略有结的秩或等级变量关联性的非参数检验，相同的观察值不选入计算过程，取值范围为[-1,1]。系数的符号指示关系的方向，绝对值指示强度，绝对值越大则表示关系强度越高。

(5) "按区间标定"选项组：当一个变量为分类变量，而另一个变量为定量变量时，可以选择 Eta。分类变量必须进行数值编码。

Eta 值是范围在0到1之间的相关性测量，其中0值表示行变量和列变量之间无相关性，接近1的值表示高度相关。Eta 适用于在区间刻度上度量的因变量(例如收入)以及具有有限类别的自变量(例如性别)。程序计算两个 Eta 值：一个将行变量视为区间变量，另一个将列变量视为区间变量。

(6) Kappa 系数：检验数据内部的一致性，仅适用于具有相同分类值和相同分类数量的变量交叉表。Kappa 系数值为1表示完全一致，为0表示几乎完全不一致。

(7) "风险"(相对危险度)：检验事件发生和某因素之间的关联性。

(8) McNemar 检验：主要用于检验配对的两个变量的卡方检验。

(9) "Cochran's and Mantel-Haenszel 统计"复选框：适用于在一个二值因素变量和一个二值响应变量之间的独立性检验。

一般情况下，对"交叉表格：统计"对话框内的选项不作选择或选择较为常用的卡方检验。本例中选中"卡方"和"相关性"复选框。在"交叉表格：统计"对话框中进行选择后，单击"继续"按钮返回。

5. 单元格显示设置

单击"单元格"按钮，打开"交叉表格：单元格显示"对话框，对单元格显示的内容进行设置，如图 4-31 所示。该对话框中各选项的具体含义如下。

(1) "计数"选项组：如果行和列变量彼此独立，那么观察值和期望值分别表示实际观察的个案数和期望的个案数。

- "观察值"：系统默认选项，表示输出为实际观察值。
- "期望值"：表示输出为理论值。
- "隐藏较小计数"：可以选择隐藏小于指定整数的计数。隐藏的值将显示为小于 N，其中 N 是指定的整数。指定的整数必须大于或等于 2，系统默认计数小于 5 时隐藏。

图 4-30 "交叉表格：统计"对话框

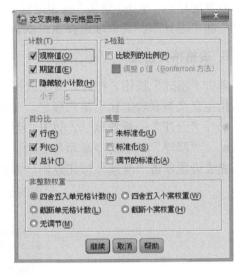
图 4-31 "交叉表格：单元格显示"对话框

(2) "百分比"选项组：百分比值可以跨行或沿列进行相加。该项还提供表(一层)中表示的个案总数的百分比值。

- "行"百分比：以行为单元，统计行变量的百分比。
- "列"百分比：以列为单元，统计列变量的百分比。
- "总计"百分比：行列变量的百分比都进行输出。

(3) "Z-检验"：要进行 Z-检验，需选中"比较列的比例"复选框。该选项将对列属性进行成对比较，并指出给定行中的哪对列差异明显。同时，它将使用下标字母在交叉表中标识显著性差异，并以 0.05 显著性水平对其进行计算。另外用户还可以选择"调整 p 值 (Bonferroni 方法)"，使列比例的成对比较使用 Bonferroni 修正，从而可以在进行了多个比较后调整观察到的显著性水平。

(4) "残差"选项组：选择标准化或未标准化的残差。

- "未标准化"：输出非标准化残差，为实际数与理论数的差值。
- "标准化"：输出标准化残差，为实际数与理论数的差值除以理论数。
- "调节的标准化"：输出修正标准化残差，为标准误差确定的单元格残差。

(5) "非整数权重"选项组：单元格计数通常为整数值，因为它们代表每个单元格中的个案个数。但是，如果数据文件当前按某个带小数值(例如 1.25)的权重变量进行加权，

SPSS 22.0 统计分析应用教程

那么单元格计数也可能是小数值。在计算单元格计数之前可以进行截断或舍入，或在表格显示中和统计计算时都使用小数单元格计数。

- "四舍五入单元格计数"：将单元格计数的非整数部分的尾数四舍五入为整数。本选项为系统默认设置。
- "截断单元格计数"：将单元格计数的非整数部分的尾数舍去，直接转化为整数。
- "四舍五入个案权重"：将观测量权数的非整数部分的尾数四舍五入为整数。
- "截断个案权重"：将观测量权数的非整数部分的尾数舍去，化为整数。
- "无调节"：不对计数数据进行调整。

设置完毕后，单击"继续"按钮返回。本例中我们选择"观察值"、"期望值"、"行"、"列"和"总计"。其他项选择系统默认值。

6. 表格格式设置

单击"格式"按钮，打开"交叉表格：表格格式"对话框(见图4-32)。在该对话框中，可以指定交叉列联表的输出排列顺序。对话框中各选项的具体意义如下。

- "升序"：系统默认，以升序显示各变量值。
- "降序"：以降序显示各变量值。

完成设置单击"继续"按钮返回。本例选择系统默认的升序排列。

图 4-32 "交叉表格：表格格式"对话框

7. 输出分析结果

单击"确定"按钮，完成所有设置。SPSS 查看器窗口输出所有图表，如个案处理摘要(表 4-9)，性别 * 肺活量(ml) 交叉表(表 4-10)，卡方检验表(表 4-11)，对称度量表(表 4-12)和肺活量对比条形图(图 4-33)。

8. 解释分析结果

(1) 表 4-9 给出了本次数据分析的概况，从表中可以看出，本次列联表分析有效数据为 449 人，2 人数据缺失，符合分析要求。

表 4-9 个案处理摘要

	个案					
	有效		缺失		总计	
	数字	百分比/%	数字	百分比/%	数字	百分比/%
性别 * 肺活量(ml)	449	99.6	2	0.4	451	100.0

(2) 表 4-10 给出了本次数据分析的交叉列联表,该表罗列出了所有男生、女生在各个肺活量数值上的百分比以及总体上各自的比例。

(3) 表 4-11 为本次分析的卡方检验结果,表中给出各种统计量的值和相应的渐近显著性水平 P 值。3 个 P 值均小于 0.05,均达到显著水平,拒绝虚无假设,表明肺活量和性别之间有显著相关性。

表 4-10　性别 * 肺活量(ml)交叉表(部分)

性别			1360	1500	1600	1640	1680	1700	5300	5620	总计
性别	Male	计数	0	0	0	0	0	2	1	1	202
		百分比在 性别 内	0.0%	0.0%	0.0%	0.0%	0.0%	1.0%	0.5%	0.5%	100.0%
		百分比在 肺活量(ml) 内	0.0%	0.0%	0.0%	0.0%	0.0%	66.7%	100.0%	100.0%	45.0%
		占总数的百分比	0.0%	0.0%	0.0%	0.0%	0.0%	0.4%	0.2%	0.2%	45.0%
	Female	计数	1	1	2	1	1	1	0	0	247
		百分比在 性别 内	0.4%	0.4%	0.8%	0.4%	0.4%	0.4%	0.0%	0.0%	100.0%
		百分比在 肺活量(ml) 内	100.0%	100.0%	100.0%	100.0%	100.0%	33.3%	0.0%	0.0%	55.0%
		占总数的百分比	0.2%	0.2%	0.4%	0.2%	0.2%	0.2%	0.0%	0.0%	55.0%
总计		计数	1	1	2	1	1	3	1	1	449
		百分比在 性别 内	0.2%	0.2%	0.4%	0.2%	0.2%	0.7%	0.2%	0.2%	100.0%
		百分比在 肺活量(ml) 内	100.0%	100.0%	100.0%	100.0%	100.0%	100.0%	100.0%	100.0%	100.0%
		占总数的百分比	0.2%	0.2%	0.4%	0.2%	0.2%	0.7%	0.2%	0.2%	100.0%

表 4-11　卡方检验表

	值	自由度	渐近显著性(双向)
皮尔逊卡方	218.098[a]	179	.025
似然比(L)	288.134	179	.000
线性关联	55.730	1	.000
有效个案数	449		

注:a. 355 个单元格 (98.6%) 具有的预期计数少于 5。最小预期计数为 .45。

(4) 表 4-12 的对称度量表的分析结果也有效地支持了表 4-11 卡方分析检验的结果,即肺活量和性别之间有很强的相关性。

表 4-12　对称度量表

		值	渐近标准错误[a]	上次读取的 T[b]	上次读取的显著性
区间到区间	Pearson 的 R	-.353	.040	-7.969	.000[c]
有序到有序	斯皮尔曼相关性	-.299	.046	-6.625	.000[c]
有效个案数		449			

注:a. 没有假定空假设。

b. 使用渐近标准错误假定空假设。

c. 基于名义近似值。

(5) 图 4-33 表明,男生和女生的肺活量分布明显不同,说明肺活量的大小和性别有一定的相关性。

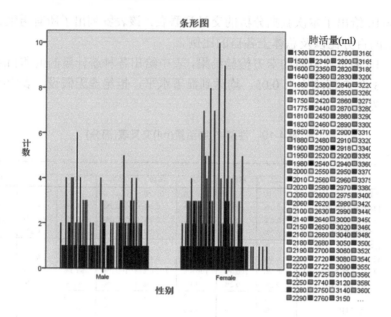

图 4-33 肺活量对比条形图

4.6 比率分析

比率分析，是用来描述两个数值变量之间的比率变化的描述统计方法，适用于定距变量之间的对比。

4.6.1 比率分析概述

比率分析可为研究者提供一个描述两个数值变量之间的比率的摘要统计量综合列表。该列表的主要功能不仅在于可以提供均值、权重平均值、中位数、最大值、最小值和范围等描述集中趋势的基本统计量，还可以提供描述数据离散的平均绝对值(AAD)、离差系数(COD)、价格相关微分(PRD)、中位数居中(COV)和平均值居中(COV(T))等统计量，以及定义集中指数。

4.6.2 SPSS 比率分析案例应用

案例：本例中我们要对学生的体检报告中的肺活量和身高之间的比率关系作出分析，并按性别分组以比较男生和女生之间在肺活量和身高的比率上的差异。

1. 启动程序

打开文件"体检报告.sav"，选择"分析"|"描述统计"|"比率"命令，打开"比率统计"对话框。

2. 变量选择

在"比率统计"对话框左侧的变量列表中选择变量"肺活量",单击图标将其选入"分子"列表框;选择"身高",单击图标将其选入"分母"列表框;将分组变量"性别"选入"组变量"列表框,并选中"按组变量排序"复选框下的"升序"单选按钮。同时,选中对话框下面的"显示结果"复选框(见图 4-34)。

3. 统计量设置

单击 Statistics 按钮,打开"比率统计:统计"对话框,选择比率分析的统计量描述指标(见图 4-35)。该对话框共包含 3 个选项组,其具体含义如下。

图 4-34 "比率统计"对话框

图 4-35 "比率统计:统计"对话框

(1) "集中趋势"选项组:集中趋势的测量用以描述比率分布。
- "中位数":中位数是这样的一个值,小于该值的比率数与大于该值的比率数相等。
- "平均值":比率的总和除以比率的总数所得到的结果。
- "权重平均值":分子的平均值除以分母的平均值所得到的结果。加权平均值也是比率按分母加权之后的平均值。
- "置信区间":用于显示平均值、中位数和加权平均值(如果要求)的置信区间。可指定大于等于 0 且小于 100 的值作为置信区间。

(2) "离散"选项组:统计测量观察值中的变差量或分散量。
- AAD:平均绝对偏差是中位数比率的绝对离差求和并用结果除以比率总数所得的结果。
- COD:离差系数是将平均绝对偏差表示为中位数的百分比的结果。
- PRD:价格相关微分也称为回归指数,是平均值除以加权平均值得到的结果。
- "中位数居中的 COV":中位数居中的变异系数是将与中位数偏差的均方根表示为中位数百分比的结果。
- "平均值居中的 COV":平均值居中的变异系数是将标准差表示为平均值百分比

的结果。
- 标准差：标准差是比率与平均值间偏差的平方之和，再除以比率总数减一，取正的平方根所得到的结果。
- "范围"：范围是最大的比率减去最小的比率所得的结果。
- "最小值"：最小值是最小的比率。
- "最大值"：最大值是最大的比率。

(3) "集中指数"选项组：用于度量落在某个区间中的比率的百分比。该值有两种计算方法：
- "介于比例"：在这里，"对"是通过指定低比例和高比例而定义的。输入低比例和高比例并单击"添加"可获得"对"。
- "中位数百分比之内"：在这里，"百分比"是通过指定中位数百分比而定义的。在"中位数百分比"文本框中输入 0 到 100 之间的值并单击添加可获得"百分比"。

在统计量的设置上，本例选择"平均值"、AAD、COD、COV(T)、"最大值"和"最小值"，单击"继续"按钮返回。

4. 输出结果

单击"确定"按钮，SPSS 查看器窗口输出分析结果(见表 4-13 和表 4-14)。

5. 解释结果

表 4-13 是本次数据分析的摘要报告，表 4-14 是分析的比率统计量表。从表中可以看出，男生和女生的肺活量均值分别为 20.428 和 17.681，差异较大；双方的弥散系数和以平均值为中心的变异系数分别为 0.173 和 0.130 及 20.3%和 16.5%，差异较为明显；男生的肺活量在身高的水平上离散程度更高。

表 4-13 个案处理摘要报告

		计 数	百分比/%
性别	Male	202	45.0
	Female	247	55.0
总体		449	100.0
除外		2	
总计		451	

表 4-14 肺活量(ml)/身高(cm)的比率统计数据表

分组	平均值(E)	最小值(M)	最大值(X)	平均绝对偏差	弥散系数	变异系数
						以平均值为中心
Male	20.428	11.356	32.674	3.440	.173	20.3%
Female	17.681	8.797	27.574	2.310	.130	16.5%
总体	18.917	8.797	32.674	2.952	.159	20.0%

4.7 多选项分析

多项选择用于分析处理问卷调查中的具有多个选项的项目。在各类问卷调查中,多项选择题(或复选题)的应用十分普遍。多项选择题的备选项较多,可以多重选择,被调查者的回答结果千差万别,这就给调查数据的处理带来了一定的难度。在 SPSS 统计软件中有"多重响应"过程(Multiple Response),即多项选择题处理过程,可用于对多项选择题的分析处理。

4.7.1 多选项分析概述

问卷调查是社会科学领域进行定量研究的一种非常重要和常用的方式,这种方式便于在短时间内快速地采集到大量有效的信息。问卷调查的编制除了一般的单项选择题外,还有我们常见的利克特量表和语义区分量表等特殊形式的单项选择题。此外,多选项题目的使用也非常流行,它可以更多地采集信息。所谓多选项题目,就是指题目的答案选项不只是一个,而是两个或更多。这种题目往往有两种常用的形式,一种是多重勾选题,一种是等级排序题。前者一般在编码时给予每个选项一个代码,这个选项不是被选中就是被放弃,因而是一个二分变量,我们常用"1"表示选中,"0"表示未选中。而等级排序题则是对所列选项进行等级排序,题目所列选项均有可能被选为第一顺序,也有可能被选为最后顺序。我们通常用 1、2、3、4、…来标记选项的等级。鉴于多重勾选题和等级排序题的复杂性,在进行多选项分析之前,首先要对多选项题目编码和数据输入。关于多选项题目的编码请参阅第 2 章,在此不再重述。

4.7.2 SPSS 案例应用

案例:问卷调查在统计中通常包括两个部分:一是受访者的背景信息(如第 2 章中表 2-5 内的个人信息的调查);二是受访者对题目的选择,其中包括多选项题目(如第 2 章中表 2-5 的第二部分的第 5 题和第 6 题,分别是等级排序题和多重勾选题)。本节我们就以第 2 章介绍的"大学生网络使用调查案例.sav"文件中已经编码过的多选项题目为例演示这两种类型题目的分析方法。

大学生网络使用习惯调查问卷(部分)

第二部分:网络使用习惯
……
5. 最可能登录网络的时段(请排序,1 为第一顺序,依次类推,4 为第四顺序)
  □1.上午　　□2.下午　　□3.晚上　　□4.十二点后的凌晨
6. 最常进行的网络活动(可复选)
  □1.论坛　　□2.QQ　　　□3.E-mail　□4.微信　　□5.观看视频
  □6.阅读　　□7.网游　　□8.购物　　□9.数据搜索　□10.其他_____

1. 多重勾选题的统计分析

首先，我们来分析上表中第二部分第 6 题的多重勾选题的分析过程。该分析包括两个部分：频率分析和交叉表格的生成。

(1) 启动定义多响应集程序。打开数据文件"大学生网络使用调查案例.sav"，选择"分析"|"多重响应"|"定义变量集"命令，打开"定义多响应集"对话框。

(2) 选择变量。在"定义多响应集"对话框中的"设置定义"选项组中分别选择"项目 1"至"项目 10"，单击 图标将其选入"集合中的变量"列表框。在"将变量编码为"选项组中，选中"二分法"单选按钮，将"计数值"设定为 1，表示要分析所有选中的"项目 1"到"项目 10"的频率。如果想要分析所有未选中的"项目 1"到"项目 10"的频率，可将"计数值"设定为 0("1"代表"选中"，"0"代表"未选")。如果所分析的变量不是二分法(将变量分为非此即彼的两类叫二分法)而是多于 3 个选项以上的分类变量，那就选择"类别"，并定义其类别范围。在"名称"文本框中为本次分析命名，本例命名为"项目分析"，并定义其标签为"网络使用项目"。"名称"定义完毕后，单击"添加"按钮，将其选入"多响应集"列表框。至此，变量定义完成(见图 4-36)。单击"关闭"按钮，完成操作。

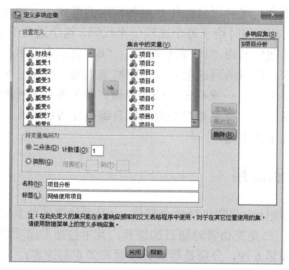

图 4-36 "定义多响应集"对话框

注意：每个"多响应集"必须指定一个唯一的名称，名称最多可以有 7 个字符。此过程会在指定的名称前加上美元符号($)。不能使用保留名称 casenum、sysmis、jdate、date、time、length 和 width 来定义"多响应集"名称。"多响应集"的名称仅在多重响应过程中存在，在其他过程中不能使用。另外还可以输入"多响应集"的描述性变量标签，标签最长可以有 40 个字符。

(3) 启动频率分析程序。选择"分析"|"多重响应"|"频率"命令，打开"多响应频率"对话框。

(4) 分析设置。单击 图标将变量"项目分析"选入"表格"列表框，并设置"缺失值"为"在二分集内按照列表顺序排除个案"。如果第(2)步在"将变量编码为"选项组中选择的是"类别"，那此处就要选择"在类别内按照列表顺序排除个案"(见图 4-37)。

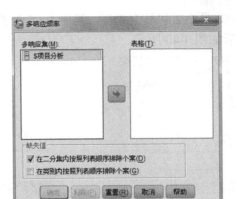

图 4-37 "多响应频率"对话框

(5) 输出结果。完成设置后,单击"确定"按钮,SPSS 查看器窗口输出频率分析结果 (见表 4-15)。

表 4-15 项目分析频率表

		响应		个案数的百分比/%
		N	百分比/%	
网络使用项目[a]	论坛	61	14.0	61.0
	QQ	56	12.8	56.0
	E-mail	54	12.4	54.0
	微信	44	10.1	44.0
	视频	70	16.1	70.0
	阅读	32	7.3	32.0
	网游	32	7.3	32.0
	购物	20	4.6	20.0
	搜索	55	12.6	55.0
	其他	12	2.8	12.0
总计		436	100.0	436.0

注:a. 二分法组值为 1 时进行制表。

(6) 启动交叉表格程序。选择"分析"|"多重响应"|"交叉表格"命令,打开"多响应交叉表格"对话框。

(7) 定义"行"、"列"、"层"。分别选中"性别"和"学院",单击图标将其选入"行"列表框;选中"多响应集"列表框内的"$项目分析",单击图标将其选入"列"列表框。将"年级"选入"层"列表框,这样就可以将"性别"和"学院"归入"年级"层进行比较(图 4-38)。该定义的目的在于查看各年级不同性别在网络使用项目上的差异,同时还要对比各年级的各个学院学生在网络使用项目上的不同。点击选中"行"列表框内的"性别(??)",单击"定义范围"按钮,打开"多响应交叉表格:定义变量范围"对话框,将"最小"设置为"1","最大"设置为"2"(1 代表男,2 代表女)(见图 4-39)。单击"继续"按钮重复以上操作分别设置"学院(??)"和"年级(??)"的范围为"学院

(最小 1 和最大 5)"和"年级(最小 1 和最大 4)",其中 1~5 是 5 个学院的编码,1~4 是 4 个年级的编码。设置完毕后如图 4-40 所示。

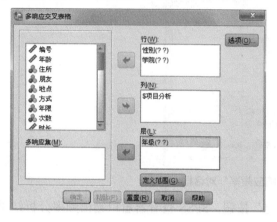

图 4-38 "多响应交叉表格"初始对话框

图 4-39 "多响应交叉表格:定义变量范围"对话框

(8) 选项设置。单击"多响应交叉表格"对话框中的"选项"按钮,打开"多响应交叉表格:选项"对话框(见图 4-41)。该对话框中各选项的含义如下。

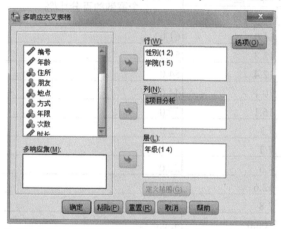

图 4-40 "多响应交叉表格"定义完毕对话框

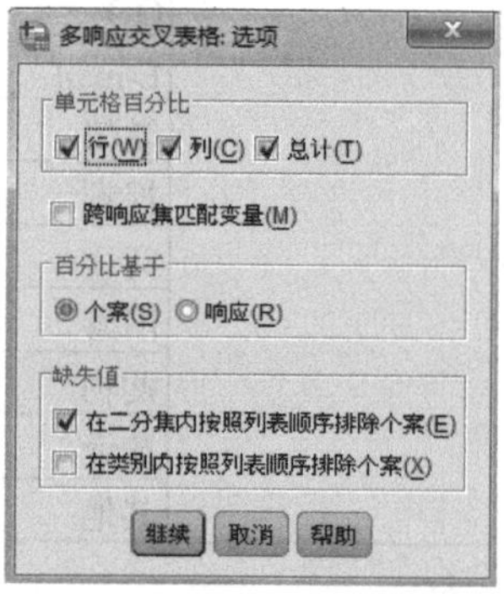

图 4-41 "多响应交叉表格:选项"对话框

- "单元格百分比"选项组:该项用于显示单元格计数。可以选择显示行百分比、列百分比和总计(双向表)百分比。
- "百分比基于"选项组:该项可以使单元格百分比基于个案或响应者。如果选择跨响应集匹配变量,那么该选项不可用。对于二分集,响应的数量等于个案中已计算的值;对于多类别集,响应的数量等于位于所定义范围内的值的数量。
- "缺失值"选项组:可以选择以下方式中的一个或两个。
    - "在二分集内按照列表顺序排除个案":也就是从二分集的列表中排除具有任何变量缺失值的个案。该项仅应用于定义为二分变量的多响应集。
    - "在类别内按照列表顺序排除个案":也就是从多类别集的列表中排除具有任何变量缺失值的个案。该项仅应用于定义为类别集的多响应集。

- 跨响应集匹配变量：选择该项可以将第一组中的第一个变量与第二组中的第一个变量配对，依此类推。如果选择该选项，过程将单元格百分比基于响应，而不是响应者。对于多二分集或基本变量，配对操作不可用。

本例的选择如图 4-41 所示，在"单元格百分比"选项组中选中"行"、"列"和"总计"复选框；在"百分比基于"选项组中选中"个案"单选按钮；定义"缺失值"为"在二分集内按照列表顺序排除个案"。

(9) 输出分析结果。单击"确定"按钮完成操作，SPSS 查看器窗口输出多重响应分析结果(见表 4-16 和表 4-17)。

(10) 解释分析结果。

表 4-15 是网络使用项目 1-10 被勾选的百分比分布情况。从频率表中可以看出各个项目的勾选人数和该勾选项目的百分比。相应百分比是该项被勾选的频率占全部勾选频率的比例，如 14.0%=61/436；个案数的百分比是指该项被勾选的频率除以有效个案数(观测值人数)，如 61%=61/100。表格显示，在网上关注各大论坛、玩 QQ、发邮件、看视频和进行各种搜索的人数最多，分别占到个案的 61.0%、56.0%、54.0%、44.0%、70.0%和 55.0%。其中看视频的人数最多。与之形成鲜明对比的是，在网上进行购物的人占的比例最少，只有 20%，另外，还有 12%的同学选择了其他。

表 4-16 和表 4-17 显示的是"性别*$项目分析*年级交叉列表"和"学院*$项目分析*年级交叉列表"，也就是"性别*$项目分析交叉列表"和"学院*$项目分析交叉列表"分别在"年级"层的分布情况。从中我们可以看出每个年级的男生和女生在网络使用项目上不同，以及每个学院在每个年级中的网络使用项目的不同之处。从表 4-16 可以看出，从大一到大四，无论男女同学，在网上使用"视频"、"搜索"、QQ、"论坛"及"微信"的比例都比较高。从学院的角度来看，表 4-17 也大致反映了同样的结果。另一方面，"阅读"的使用情况在性别和学院层面，从大一到大四均表现为较低比例。同时，两个表格还表现出了男生和女生网络使用中的一些差别，较为显著的是对"网游"的使用，男生比例明显高于女生。这种分析结果大概能够反映当前大学生的网络使用状况。

表 4-16　性别*$项目分析*年级交叉列表

年级				网络使用项目[a]									总计
				论坛	QQ	E-mail	微信	视频	阅读	网游	购物	搜索	其他	
大一	性别	男	计数	10	10	5	9	12	5	5	2	5	0	16
			百分比在 性别 内	62.5%	62.5%	31.3%	56.3%	75.0%	31.3%	31.3%	12.5%	31.3%	0.0%	
			百分比在 $项目分析 内	66.7%	58.8%	55.6%	75.0%	60.0%	71.4%	71.4%	66.7%	41.7%	0.0%	
			占总额的百分比	37.0%	37.0%	18.5%	33.3%	44.4%	18.5%	18.5%	7.4%	18.5%	0.0%	59.3%
		女	计数	5	7	4	3	8	2	2	1	7	2	11
			百分比在 性别 内	45.5%	63.6%	36.4%	27.3%	72.7%	18.2%	18.2%	9.1%	63.6%	18.2%	
			百分比在 $项目分析 内	33.3%	41.2%	44.4%	25.0%	40.0%	28.6%	28.6%	33.3%	58.3%	100.0%	
			占总额的百分比	18.5%	25.9%	14.8%	11.1%	29.6%	7.4%	7.4%	3.7%	25.9%	7.4%	40.7%
	总计		计数	15	17	9	12	20	7	7	3	12	2	27
			占总额的百分比	55.6%	63.0%	33.3%	44.4%	74.1%	25.9%	25.9%	11.1%	44.4%	7.4%	100.0%

续表

年级				网络使用项目[a]									总计
				论坛	QQ	E-mail	微信	视频	阅读	网游	购物	搜索	其他	
大二	性别	男	计数	10	5	8	4	8	4	4	1	8	0	12
			百分比在 性别 内	83.3%	41.7%	66.7%	33.3%	66.7%	33.3%	33.3%	8.3%	66.7%	0.0%	
			百分比在 $项目分析 内	71.4%	62.5%	66.7%	50.0%	61.5%	44.4%	80.0%	20.0%	66.7%	0.0%	
			占总额的百分比	52.6%	26.3%	42.1%	21.1%	42.1%	21.1%	21.1%	5.3%	42.1%	0.0%	63.2%
		女	计数	4	3	4	4	5	5	1	4	4	2	7
			百分比在 性别 内	57.1%	42.9%	57.1%	57.1%	71.4%	71.4%	14.3%	57.1%	57.1%	28.6%	
			百分比在 $项目分析 内	28.6%	37.5%	33.3%	50.0%	38.5%	55.6%	20.0%	80.0%	33.3%	100.0%	
			占总额的百分比	21.1%	15.8%	21.1%	21.1%	26.3%	26.3%	5.3%	21.1%	21.1%	10.5%	36.8%
	总计		计数	14	8	12	8	13	9	5	5	12	2	19
			占总额的百分比	73.7%	42.1%	63.2%	42.1%	68.4%	47.4%	26.3%	26.3%	63.2%	10.5%	100.0%
大三	性别	男	计数	8	11	8	6	9	6	11	1	9	4	18
			百分比在 性别 内	44.4%	61.1%	44.4%	33.3%	50.0%	33.3%	61.1%	5.6%	50.0%	22.2%	
			百分比在 $项目分析 内	40.0%	55.0%	44.4%	40.0%	42.9%	60.0%	78.6%	14.3%	42.9%	66.7%	
			占总额的百分比	22.9%	31.4%	22.9%	17.1%	25.7%	17.1%	31.4%	2.9%	25.7%	11.4%	51.4%
		女	计数	12	9	10	9	12	4	3	6	12	2	17
			百分比在 性别 内	70.6%	52.9%	58.8%	52.9%	70.6%	23.5%	17.6%	35.3%	70.6%	11.8%	
			百分比在 $项目分析 内	60.0%	45.0%	55.6%	60.0%	57.1%	40.0%	21.4%	85.7%	57.1%	33.3%	
			占总额的百分比	34.3%	25.7%	28.6%	25.7%	34.3%	11.4%	8.6%	17.1%	34.3%	5.7%	48.6%
	总计		计数	20	20	18	15	21	10	14	7	21	6	35
			占总额的百分比	57.1%	57.1%	51.4%	42.9%	60.0%	28.6%	40.0%	20.0%	60.0%	17.1%	100.0%
大四	性别	男	计数	5	4	5	2	6	3	2	3	3	1	7
			百分比在 性别 内	71.4%	57.1%	71.4%	28.6%	85.7%	42.9%	28.6%	42.9%	42.9%	14.3%	
			百分比在 $项目分析 内	41.7%	36.4%	33.3%	22.2%	37.5%	50.0%	33.3%	60.0%	30.0%	50.0%	
			占总额的百分比	26.3%	21.1%	26.3%	10.5%	31.6%	15.8%	10.5%	15.8%	15.8%	5.3%	36.8%
		女	计数	7	7	10	7	10	3	4	2	7	1	12
			百分比在 性别 内	58.3%	58.3%	83.3%	58.3%	83.3%	25.0%	33.3%	16.7%	58.3%	8.3%	
			百分比在 $项目分析 内	58.3%	63.6%	66.7%	77.8%	62.5%	50.0%	66.7%	40.0%	70.0%	50.0%	
			占总额的百分比	36.8%	36.8%	52.6%	36.8%	52.6%	15.8%	21.1%	10.5%	36.8%	5.3%	63.2%
	总计		计数	12	11	15	9	16	6	6	5	10	2	19
			占总额的百分比	63.2%	57.9%	78.9%	47.4%	84.2%	31.6%	31.6%	26.3%	52.6%	10.5%	100.0%

注：百分比和总数是基于响应者。

a. 二分法组值为 1 时进行制表。

表 4-17　学院*$项目分析*年级交叉列表

年级				网络使用项目[a]									总计
				论坛	QQ	E-mail	微信	视频	阅读	网游	购物	搜索	其他	
大一	学院	经济学院	计数	1	2	2	1	2	0	2	1	2	1	4
			百分比在 学院 内	25.0%	50.0%	50.0%	25.0%	50.0%	0.0%	50.0%	25.0%	50.0%	25.0%	
			百分比在$项目分析内	6.7%	11.8%	22.2%	8.3%	10.0%	0.0%	28.6%	33.3%	16.7%	50.0%	
			占总额的百分比	3.7%	7.4%	7.4%	3.7%	7.4%	0.0%	7.4%	3.7%	7.4%	3.7%	14.8%
		管理学院	计数	2	2	1	1	3	1	1	0	1	0	3
			百分比在 学院 内	66.7%	66.7%	33.3%	33.3%	100.0%	33.3%	33.3%	0.0%	33.3%	0.0%	
			百分比在$项目分析内	13.3%	11.8%	11.1%	8.3%	15.0%	14.3%	14.3%	0.0%	8.3%	0.0%	
			占总额的百分比	7.4%	7.4%	3.7%	3.7%	11.1%	3.7%	3.7%	0.0%	3.7%	0.0%	11.1%

续表

年级			网络使用项目 [a]										总计
			论坛	QQ	E-mail	微信	视频	阅读	网游	购物	搜索	其他	
大一	学院	外语学院											
		计数	3	1	1	2	5	1	1	1	3	0	5
		百分比在 学院 内	60.0%	20.0%	20.0%	40.0%	100.0%	20.0%	20.0%	20.0%	60.0%	0.0%	
		百分比在$项目分析内	20.0%	5.9%	11.1%	16.7%	25.0%	14.3%	14.3%	33.3%	25.0%	0.0%	
		占总额的百分比	11.1%	3.7%	3.7%	7.4%	18.5%	3.7%	3.7%	3.7%	11.1%	0.0%	18.5%
	人文学院	计数	6	7	3	6	5	3	3	1	3	1	10
		百分比在 学院 内	60.0%	70.0%	30.0%	60.0%	50.0%	30.0%	30.0%	10.0%	30.0%	10.0%	
		百分比在$项目分析内	40.0%	41.2%	33.3%	50.0%	25.0%	42.9%	42.9%	33.3%	25.0%	50.0%	
		占总额的百分比	22.2%	25.9%	11.1%	22.2%	18.5%	11.1%	11.1%	3.7%	11.1%	3.7%	37.0%
	其他	计数	3	5	2	2	5	2	0	0	3	0	5
		百分比在 学院 内	60.0%	100.0%	40.0%	40.0%	100.0%	40.0%	0.0%	0.0%	60.0%	0.0%	
		百分比在$项目分析内	20.0%	29.4%	22.2%	16.7%	25.0%	28.6%	0.0%	0.0%	25.0%	0.0%	
		占总额的百分比	11.1%	18.5%	7.4%	7.4%	18.5%	7.4%	0.0%	0.0%	11.1%	0.0%	18.5%
	总计	计数	15	17	9	12	20	7	7	3	12	2	27
		占总额的百分比	55.6%	63.0%	33.3%	44.4%	74.1%	25.9%	25.9%	11.1%	44.4%	7.4%	100.0%
大二	学院	经济学院											
		计数	2	2	0	1	1	0	2	0	2	0	2
		百分比在 学院 内	100.0%	100.0%	0.0%	50.0%	50.0%	0.0%	100.0%	0.0%	100.0%	0.0%	
		百分比在$项目分析内	14.3%	25.0%	0.0%	12.5%	7.7%	0.0%	40.0%	0.0%	16.7%	0.0%	
		占总额的百分比	10.5%	10.5%	0.0%	5.3%	5.3%	0.0%	10.5%	0.0%	10.5%	0.0%	10.5%
	管理学院	计数	1	1	0	2	1	1	0	1	1	0	2
		百分比在 学院 内	50.0%	50.0%	0.0%	100.0%	50.0%	50.0%	0.0%	50.0%	50.0%	0.0%	
		百分比在$项目分析内	7.1%	12.5%	0.0%	25.0%	7.7%	11.1%	0.0%	20.0%	8.3%	0.0%	
		占总额的百分比	5.3%	5.3%	0.0%	10.5%	5.3%	5.3%	0.0%	5.3%	5.3%	0.0%	10.5%
	外语学院	计数	6	0	5	1	6	2	1	2	4	0	6
		百分比在 学院 内	100.0%	0.0%	83.3%	16.7%	100.0%	33.3%	16.7%	33.3%	66.7%	0.0%	
		百分比在$项目分析内	42.9%	0.0%	41.7%	12.5%	46.2%	22.2%	20.0%	40.0%	33.3%	0.0%	
		占总额的百分比	31.6%	0.0%	26.3%	5.3%	31.6%	10.5%	5.3%	10.5%	21.1%	0.0%	31.6%
	人文学院	计数	4	3	4	3	4	3	1	1	4	1	5
		百分比在 学院 内	80.0%	60.0%	80.0%	60.0%	80.0%	60.0%	20.0%	20.0%	80.0%	20.0%	
		百分比在$项目分析内	28.6%	37.5%	33.3%	37.5%	30.8%	33.3%	20.0%	20.0%	33.3%	50.0%	
		占总额的百分比	21.1%	15.8%	21.1%	15.8%	21.1%	15.8%	5.3%	5.3%	21.1%	5.3%	26.3%
	其他	计数	1	2	3	1	1	3	1	1	1	1	4
		百分比在 学院 内	25.0%	50.0%	75.0%	25.0%	25.0%	75.0%	25.0%	25.0%	25.0%	25.0%	
		百分比在$项目分析内	7.1%	25.0%	25.0%	12.5%	7.7%	33.3%	20.0%	20.0%	8.3%	50.0%	
		占总额的百分比	5.3%	10.5%	15.8%	5.3%	5.3%	15.8%	5.3%	5.3%	5.3%	5.3%	21.1%
	总计	计数	14	8	12	8	13	9	5	5	12	2	19
		占总额的百分比	73.7%	42.1%	63.2%	42.1%	68.4%	47.4%	26.3%	26.3%	63.2%	10.5%	100.0%

续表

年级			网络使用项目[a]									总计
			论坛	QQ	E-mail	微信	视频	阅读	网游	购物	搜索	其他	
大三	经济学院	计数	4	6	3	4	5	1	3	4	5	2	7
		百分比在 学院 内	57.1%	85.7%	42.9%	57.1%	71.4%	14.3%	42.9%	57.1%	71.4%	28.6%	
		百分比在$项目分析内	20.0%	30.0%	16.7%	26.7%	23.8%	10.0%	21.4%	57.1%	23.8%	33.3%	
		占总额的百分比	11.4%	17.1%	8.6%	11.4%	14.3%	2.9%	8.6%	11.4%	14.3%	5.7%	20.0%
	管理学院	计数	4	2	5	3	3	2	2	1	5	1	8
		百分比在 学院 内	50.0%	25.0%	62.5%	37.5%	37.5%	25.0%	25.0%	12.5%	62.5%	12.5%	
		百分比在$项目分析内	20.0%	10.0%	27.8%	20.0%	14.3%	20.0%	14.3%	14.3%	23.8%	16.7%	
		占总额的百分比	11.4%	5.7%	14.3%	8.6%	8.6%	5.7%	5.7%	2.9%	14.3%	2.9%	22.9%
	外语学院	计数	5	3	4	5	6	3	4	1	4	1	8
		百分比在 学院 内	62.5%	37.5%	50.0%	62.5%	75.0%	37.5%	50.0%	12.5%	50.0%	12.5%	
		百分比在$项目分析内	25.0%	15.0%	22.2%	33.3%	28.6%	30.0%	28.6%	14.3%	19.0%	16.7%	
		占总额的百分比	14.3%	8.6%	11.4%	14.3%	17.1%	8.6%	11.4%	2.9%	11.4%	2.9%	22.9%
	人文学院	计数	3	4	3	1	3	1	3	0	3	1	5
		百分比在 学院 内	60.0%	80.0%	60.0%	20.0%	60.0%	20.0%	60.0%	0.0%	60.0%	20.0%	
		百分比在$项目分析内	15.0%	20.0%	16.7%	6.7%	14.3%	10.0%	21.4%	0.0%	14.3%	16.7%	
		占总额的百分比	8.6%	11.4%	8.6%	2.9%	8.6%	2.9%	8.6%	0.0%	8.6%	2.9%	14.3%
	其他	计数	4	5	3	2	4	3	2	1	4	1	7
		百分比在 学院 内	57.1%	71.4%	42.9%	28.6%	57.1%	42.9%	28.6%	14.3%	57.1%	14.3%	
		百分比在$项目分析内	20.0%	25.0%	16.7%	13.3%	19.0%	30.0%	14.3%	14.3%	19.0%	16.7%	
		占总额的百分比	11.4%	14.3%	8.6%	5.7%	11.4%	8.6%	5.7%	2.9%	11.4%	2.9%	20.0%
	总计	计数	20	20	18	15	21	10	14	7	21	6	35
		占总额的百分比	57.1%	57.1%	51.4%	42.9%	60.0%	28.6%	40.0%	20.0%	60.0%	17.1%	100.0%
大四	经济学院	计数	4	4	5	3	4	1	1	1	2	0	5
		百分比在 学院 内	80.0%	80.0%	100.0%	60.0%	80.0%	20.0%	20.0%	20.0%	40.0%	0.0%	
		百分比在$项目分析内	33.3%	36.4%	33.3%	33.3%	25.0%	16.7%	16.7%	20.0%	20.0%	0.0%	
		占总额的百分比	21.1%	21.1%	26.3%	15.8%	21.1%	5.3%	5.3%	5.3%	10.5%	0.0%	26.3%
	管理学院	计数	4	2	4	4	6	3	3	2	4	1	6
		百分比在 学院 内	66.7%	33.3%	66.7%	66.7%	100.0%	50.0%	50.0%	33.3%	66.7%	16.7%	
		百分比在$项目分析内	33.3%	18.2%	26.7%	44.4%	37.5%	50.0%	50.0%	40.0%	40.0%	50.0%	
		占总额的百分比	21.1%	10.5%	21.1%	21.1%	31.6%	15.8%	15.8%	10.5%	21.1%	5.3%	31.6%
	人文学院	计数	2	2	2	1	3	1	1	2	2	0	3
		百分比在 学院 内	66.7%	66.7%	66.7%	33.3%	100.0%	33.3%	33.3%	66.7%	66.7%	0.0%	
		百分比在$项目分析内	16.7%	18.2%	13.3%	11.1%	18.8%	16.7%	16.7%	40.0%	20.0%	0.0%	
		占总额的百分比	10.5%	10.5%	10.5%	5.3%	15.8%	5.3%	5.3%	10.5%	10.5%	0.0%	15.8%

续表

年级			网络使用项目[a]									总计
			论坛	QQ	E-mail	微信	视频	阅读	网游	购物	搜索	其他	
大四	学院	其他	计数	2	3	4	1	3	1	1	0	2	1	5
			百分比在 学院 内	40.0%	60.0%	80.0%	20.0%	60.0%	20.0%	20.0%	0.0%	40.0%	20.0%	
			百分比在$项目分析内	16.7%	27.3%	26.7%	11.1%	18.8%	16.7%	16.7%	0.0%	20.0%	50.0%	
			占总额的百分比	10.5%	15.8%	21.1%	5.3%	15.8%	5.3%	5.3%	0.0%	10.5%	5.3%	26.3%
	总计		计数	12	11	15	9	16	6	6	5	10	2	19
			占总额的百分比	63.2%	57.9%	78.9%	47.4%	84.2%	31.6%	31.6%	26.3%	52.6%	10.5%	100.0%

注：百分比和总数是基于响应者。

a. 二分法组值为 1 时进行制表。

2. 等级排序题的统计分析

上例"大学生网络使用调查案例.sav"中第二部分中的第 5 题为典型的等级排序题。

如果想了解学生上网时段的总体顺序，我们要对他们的选择进行描述性统计分析(见图 4-42)。具体步骤可参见本章 4.3 节的描述性统计案例分析。其分析结果如表 4-18 所示。从分析结果来看，晚上的等级平均值最小，为 1.88，是上网的第一顺序时段；其次是凌晨，为 2.47；再次是下午，为 2.66；最后是上午，为 2.99，是上网的第四顺序时段。这说明，多数大学生在晚上上网，更有甚者，很多学生上网到凌晨。上午课程较为集中，因此上午便是上网的第四顺序时段；而下午的空余时间显然要多于上午，因此选择下午上网的人会比上午要多，成为第三上网时段。这可以从侧面反映大学生的学习生活情况。

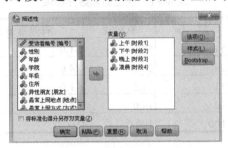

图 4-42 上网时段描述性统计设置

表 4-18 上网时段顺序统计表

	数字	范围	最小值(M)	最大值(X)	平均值(E)	标准偏差
晚上	100	3	1	4	1.88	1.085
凌晨	100	3	1	4	2.47	1.185
下午	100	3	1	4	2.66	.977
上午	100	3	1	4	2.99	.927
有效 N(成列)	100					

另外，要想了解上网时段的总体顺序，我们还可以对它们进行频数分析。频数分析的

步骤参见 4.2 节。在此，我们只给出分析结果(表 4-19 到表 4-22)和它们对应的条形图(见图 4-43 到图 4-46)。从各频数分布表可以看出，选择上午为第一顺序的为 11 人，选择下午为第一顺序的为 12 人，选择晚上为第一顺序的为 51 人，选择凌晨为第一顺序的为 26 人。它们所对应的条形图也非常直观地显示了以上结果。因此，所调查的大学生的上网时段顺序为：晚上、凌晨、下午、上午。该结果和描述性统计分析的结果完全相同。

表 4-19　上午的频数分布表

		频率	百分比	有效百分比	累积百分比
有效	第一顺序	11	11.0	11.0	11.0
	第二顺序	10	10.0	10.0	21.0
	第三顺序	48	48.0	48.0	69.0
	第四顺序	31	31.0	31.0	100.0
	总计	100	100.0	100.0	

表 4-20　下午的频数分布表

		频率	百分比	有效百分比	累积百分比
有效	第一顺序	12	12.0	12.0	12.0
	第二顺序	34	34.0	34.0	46.0
	第三顺序	30	30.0	30.0	76.0
	第四顺序	24	24.0	24.0	100.0
	总计	100	100.0	100.0	

表 4-21　晚上的频数分布表

		频率	百分比	有效百分比	累积百分比
有效	第一顺序	51	51.0	51.0	51.0
	第二顺序	24	24.0	24.0	75.0
	第三顺序	11	11.0	11.0	86.0
	第四顺序	14	14.0	14.0	100.0
	总计	100	100.0	100.0	

表 4-22　凌晨的频数分布表

		频率	百分比	有效百分比	累积百分比
有效	第一顺序	26	26.0	26.0	26.0
	第二顺序	32	32.0	32.0	58.0
	第三顺序	11	11.0	11.0	69.0
	第四顺序	31	31.0	31.0	100.0
	总计	100	100.0	100.0	

以这种方式我们也可以分析该调查表的最后一部分关于网络使用感受的调查，感兴趣的读者可以自己尝试一下。

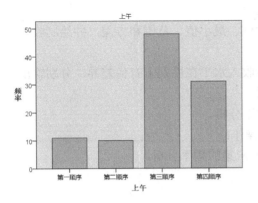

图 4-43 上午时段的频率条形图

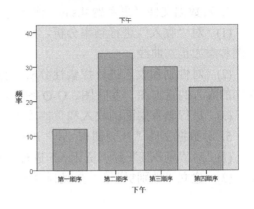

图 4-44 下午时段的频率条形图

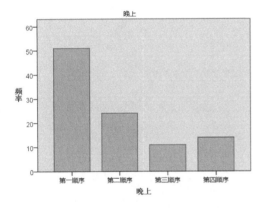

图 4-45 晚上时段的频率条形图

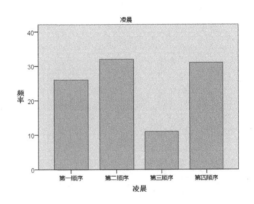

图 4-46 凌晨时段的频率条形图

4.8 思 考 题

1. 常用的描述统计有哪几种类型？
2. 描述数据的集中趋势的统计量有哪些？描述数据的离散的统计量有哪些？
3. 某医生对 81 例 30～49 岁健康男子血清中的总胆固醇值(mg/dL)的测定结果如下，试编制频数分布表，并计算这 81 名男性血清胆固醇含量的样本均数、中位数、总数和标准差。

219.7	184.0	130.0	237.0	152.5	137.4	163.2	166.3	181.7
176.0	168.8	208.0	243.1	201.0	278.8	214.0	131.7	201.0
199.9	222.6	184.9	197.8	200.6	197.0	181.4	183.1	135.2
169.0	188.6	241.2	205.5	133.6	178.8	139.4	131.6	171.0
155.7	225.7	137.9	129.2	157.5	188.1	204.8	191.7	109.7
199.1	196.7	226.3	185.0	206.2	163.8	166.9	184.0	245.6
188.5	214.3	97.5	175.7	129.3	188.0	160.9	225.7	199.2
174.6	168.9	166.3	176.7	220.7	252.9	183.6	177.9	160.8
117.9	159.2	251.4	181.1	164.0	153.4	246.4	196.6	155.4

4. 对数据文件"思考题4.sav"进行以下操作：

(1) 对"收入"进行频率分析，统计最大值、最小值、范围和方差，并绘制收入的直方图和添加正态曲线。

(2) 对性别和收入进行探索性分析，分析收入水平在性别上有何差异，分别输出不同性别的收入的直方图、茎叶图、Q-Q图及箱图。

(3) 进行教育层面的收入和负债收入的比率分析。

5. 对数据文件"社会调查.sav"进行以下操作：

(1) 对"资讯1"到"资讯5"进行多重响应集的频率分析。

(2) 建立"性别$资讯"交叉列联表。

第 5 章 两总体均值比较

常用统计方法分为描述统计和推断统计两大类。二者的最大区别在于描述统计仅仅针对样本数据进行处理,而推断统计则要从样本数据出发推断其总体性质,即随机地从总体中抽取一定数量的样本进行研究来推断总体的特征,用样本的均值来估计总体的均值。当我们通过样本的均值对总体的均值进行比较时,必须进行样本均值的 T 检验。

5.1 参数检验的统计学原理

推断统计法是根据样本数据来推断总体特征的方法。所谓总体是指我们要研究的对象的全体;而样本则是为了研究总体的性质从总体中选取的部分。根据是否采用随机原则,我们可以将样本分为随机样本和非随机样本。统计学基本都是以随机样本为研究对象。根据随机抽取的原则,每个总体单位都有同等被抽中的可能,因而样本取值的分布应该和总体的分布相当。我们通常在以下两种情况下利用样本数据对总体特征进行推断:

第一,总体分布为已知(如总体为正态分布),根据样本数据对总体分布的统计参数(如均值、方差等)进行推断。这类统计推断通常采用参数检验的方法来实现。它不仅可以对总体参数进行推断,还可以对两个或多个总体参数进行比较。

第二,总体分布为未知,根据样本数据对总体分布的形式或特征进行推断。此时通常采用的推断统计方式是非参数检验。

对正态分布的总体参数的检验一般可以通过参数的假设检验和参数估计的方式来实现。本章将主要介绍假设检验的方法。

5.1.1 均值比较的假设检验类型

由于总体中的个体间存在差异,即使严格遵守随机抽取的原则,样本统计数与总体参数之间也会存在偏差。因此,在用样本均值估计总体均值时,或判断两个均值不等的样本是否来自均值不同的总体时,就必须进行均值比较假设检验。

均值的假设检验一般包括三种类型:一是单样本 T 检验,这是用样本的均值对总体均值的假设进行检验的方法;二是独立样本 T 检验,这是用两个样本的均值之差的大小来检验对应的两个总体的均值是否相等的方法;三是配对样本 T 检验,这是用配对样本的两次测量结果差异的大小来检验两个总体的差异是否显著的方法。

5.1.2 假设检验的基本内涵

假设检验是指先对总体的参数(或分布形式)提出某种假设,然后利用样本信息判断假设是否成立,并对假设给予接受或拒绝的过程。统计学上有两种假设:虚无假设(null hypothesis)或叫作零假设，记作 H_0；备择假设(alternative hypothesis)或叫作对立假设，记作 H_1。H_0 就是假设变量间无差异或不相关，H_1 是研究者提出的与 H_0 相反的研究假设。

在统计学中，我们无法对 H_1 进行直接检验，但可以对 H_0 进行直接检验。假设检验的任务就是先假设 H_0 为真，然后在此前提下，如果有不合理的现象发生则说明假设 H_0 是错误的，即 H_0 为真这一假设不成立，要被拒绝。由此，如果 H_0 为假，就要拒绝，并接受 H_1，此时研究者的假设成立；如果 H_0 为真，就要接受，并拒绝 H_1，此时研究者的假设不成立。

这在统计学上被称为"反证法"。其理论依据是小概率事件。小概率事件是指发生概率接近 0 的事件，是在一次特定的试验中几乎不可能发生的事件。如果在一次试验中小概率事件一旦发生，我们就有理由怀疑原假设的正确性而拒绝它。

以"虚无假设为真"为前提计算出的小概率事件的概率值(或可能性)称为 P 值。一般将 P 值确定为不超过 $\alpha = 0.05$ 的显著性水平值。如果小概率事件发生了，即 $P < \alpha$，则表明样本不支持虚无假设，即拒绝 H_0，此时的假设检验结果为显著；如果该事件发生的概率较大，即 $P > \alpha$，则接受 H_0，此时的假设检验结果为不显著。

根据是否强调检验的方向性，假设检验可分为单尾检验和双尾检验。双尾检验只关心两个总体参数之间是否有差异存在，而不关心谁大谁小。而单尾检验则强调差异的方向性，即关心研究对象高于还是低于某一总体水平。在实际统计中，要根据研究目的和假设来选择单尾还是双尾检验。如果假设中有一个参数和另一个参数的方向性比较，如"大于"、"多于"、"差于"等，一般选择单尾检验；如果只是检验两个参数之间是否有差异，则选择双尾检验。

5.1.3 假设检验的基本步骤

依据假设检验的基本原理，假设检验过程可分为 4 个步骤进行。

1. 提出假设

根据研究目的，提出相应的虚无假设 H_0 和研究假设 H_1，选择使用单尾还是双尾检验。

2. 选择检验统计量

根据虚无假设 H_0 所提供的前提条件，选择合适的检验统计量，如 Z 统计量、T 统计量等。

3. 计算概率值

根据统计量的分布，计算样本观测值所对应的统计量观测值发生的概率值。我们习惯上将这个计算出的概率值称为"P 值"或者"观测到的显著性水平"。

4. 做出判断

给出显著性水平 α，并做出判断。根据具体问题确定显著性水平 α，将 P 值和 α 进行比较，作出判断。如果 P 值小于 α，要拒绝原假设，即总体均值与检验值之间有明显差异；相反，就不能拒绝原假设，即总体均值与检验值之间无明显差异。

5.2 单样本 T 检验

统计学的很多理论都是基于大样本的。对于大样本,并没有统一的标准,一般认为样本量在 25 以上,或者,据某些教材,30 以上便可以认为是大样本。单样本 T 检验就是要利用来自某总体的样本数据,推断该总体的均值和指定的检验值之间是否存在显著差异的科学统计方法。它是对总体均值的假设检验,检验的前提是总体服从正态分布。

5.2.1 单样本 T 检验统计学原理概述

当确定均值的总体的条件不同时,如总体的分布是否正态以及总体方差是否已知,所采用的单样本 T 检验的方式有所不同。若总体正态分布且方差已知,运用 Z 检验的方式来进行假设检验;若总体正态分布但方差未知,则运用 T 检验;若总体非正态分布,一般采用非参数检验而不能运用 Z 检验和 T 检验,也可以通过将非正态数据转换为正态形式,再使用 Z 检验的方式来进行假设检验。由于 Z 检验的要求较高,在实际的 SPSS 数据处理中,我们通常只运用 T 检验来进行假设检验。

5.2.2 SPSS 单样本 T 检验的案例应用

案例:我们曾经用"英语学习焦虑量表"对某校某班的全体学生的英语学习焦虑状况做过调查。本节我们将通过单样本 T 检验来分析该班学生在英语学习焦虑量表的每个项目上的平均得分与理论平均水平之间有无明显差异,以此来推断该校学生整体的英语学习焦虑状况。由于该量表为 5 级量表,因此每个项目的理论平均分假定为 3。本案例的具体操作步骤如下。

1. 启动程序

打开数据文件"英语焦虑调查.sav",选择"分析"|"比较平均值"|"单样本 T 检验"命令,打开"单样本 T 检验"对话框。

2. 选择变量

选择变量列表框中的题 1~题 33,单击 图标将其选入"检验变量"列表框(见图 5-1)。程序可以同时对多个样本进行分析。

3. 定义检验值

在"检验值"文本框内输入检验均值 3。

4. 选项设置

单击"选项"按钮,打开"单样本 T 检验:选项"对话框(图 5-2),设置"置信区间百分比"和"缺失值"。

- "置信区间百分比":显示平均值与假设检验值之差的置信区间,默认为 95%,

研究者也可以自行设置 1~99 之间的数值为置信度。本例选择默认值。

- "缺失值"：给出两种缺失值的处理方式。
    - 按分析顺序排除个案：表示对每个检验只使用有效样本，因此检验的样本个数可能有所不同。该选项为默认设置。本例选择默认设置。
    - 按列表排除个案：表示仅对所有的检验变量均为有效值的样本进行分析，所有检验的样本数相同。

图 5-1　"单样本 T 检验"对话框　　　　图 5-2　"单样本 T 检验：选项"对话框

设置完成后，单击"继续"按钮返回"单样本 T 检验"对话框。

5．输出分析结果

单击"确定"按钮，SPSS 查看器输出分析结果(见表 5-1 和表 5-2)。

6．分析结果解读

(1) 单样本描述性统计量表(表 5-1)：该表呈现了本次单样本 T 检验的描述性统计量的值，包括参与统计的单个样本的个案数、平均值、标准偏差和标准误差平均值。本例中每个样本的参与个案数均为 48，即本次焦虑调查的每一项均有 48 个有效参与个案。但是从表中数据可以看出，48 个有效个案在调查表的每个项目上的均值各有不同，因此每个样本的标准偏差和标准误差平均值也有所差异。

(2) 单样本 T 检验结果报表(表 5-2)：该表呈现的是本次单样本 T 检验的结果报表，包括每个变量的 t 值、自由度、双尾 T 检验的显著性概率、平均差和差值的 95%置信区间。从表 5-2 可以看出，英语学习焦虑量表的多个项目的 T 检验显著性概率 P 值小于 0.05，拒绝虚无假设，也就是说，在很多项目上该班同学的感受与理论上的总体感受差异明显。比如，项目 1 "担心因为外语不及格带来的后果"($P=0.000$)、项目 2 "听不懂老师所讲时会很不自在"($P=0.000$)、项目 26 "老师问事先没有准备的问题时感到紧张"($P=0.001$)和项目 27 "外语课上不愿自愿发言"($P=0.000$)等项目。而且这些项目的 t 值为负，说明在这些项目上该班同学的均值明显低于检验值。这些异常项目也正是学生英语学习焦虑的集中表现形式。值得注意的是，项目 20 "在其他同学面前说英语很自信"的 P 值=0.001，小于 0.05 的显著水平，拒绝零假设，说明该班同学在这个项目上与理论平均感受差异也很明显，但其 t 值为正(3.381)，也就是其感受明显高于平均感受，说明该班同学对讲好英语的羡慕和渴望程度超乎一般，这从反面也证明了该班英语学习焦虑的显著。另一方面，在该量表的其他一些项目上该班的表现与均值 3 没有显著差异。

表 5-1　单样本描述性统计量表

	数字	平均值(E)	标准偏差	标准误差平均值
担心因为外语不及格带来的后果	48	1.63	1.044	.151
听不懂老师所讲时会很不自在	48	1.92	.942	.136
对外语准备得很充分,还是感到焦虑	48	2.83	1.209	.174
一直在想其他同学的外语比自己好	48	2.54	1.184	.171
外语老师要纠正我错误时很害怕	48	3.29	1.110	.160
不明白为什么有些人对外语课这么害怕	48	2.65	1.139	.164
对外语课上的一些小测验感到紧张	48	2.65	1.280	.185
希望最好不用去上外语课	48	2.71	1.304	.188
上外语课使我感到烦恼	48	3.00	1.238	.179
上外语课使我感到紧张和不安	48	2.96	1.148	.166
上外语课时在想一些和课堂内容无关的事	48	2.81	1.045	.151
去上外语课的路上感到很轻松	48	3.10	.973	.140
学外语要学那么多规则使人害怕	48	2.75	1.212	.175
在外语课上发言很自信	48	3.40	1.067	.154
为外语课做好准备觉得有压力	48	3.00	1.111	.160
外语考试准备得越多越觉得没底	48	3.04	1.202	.174
和同是学英语的人说英语不那么紧张	48	2.94	.909	.131
和同是学英语的人说英语使我感到紧张	48	3.21	.967	.140
在其他同学面前说英语很自信	48	3.54	1.110	.160
说外语时担心别的同学取笑	48	2.81	1.214	.175
觉得其他同学的英语比自己好	48	2.56	1.201	.173
老师点到名字时感到心跳得很厉害	48	2.73	1.162	.168
外语课上老师叫我时会发抖	48	3.29	1.110	.160
外语课上做没有准备的发言时感到恐慌	48	2.58	1.269	.183
老师问事先没有准备的问题时感到紧张	48	2.40	1.125	.162
外语课上不愿自愿发言	48	2.02	.887	.128
在外语课上发言时感到紧张不安	48	2.83	1.173	.169
外语课上很紧张以致知道的东西都忘了	48	2.73	1.216	.175
在外语课外说英语很没有信心	48	2.65	1.139	.164
外语课上担心自己会犯错	48	2.48	1.072	.155
外语课的进度很快,担心跟不上	48	3.15	1.111	.160
听不懂外语老师说什么感到很不安	48	2.77	1.153	.166
外语课上没听懂老师用外语说什么会感到害怕	48	2.63	1.142	.165

表 5-2 单样本 T 检验结果报表

	检验值=3					
					差值的 95% 置信区间	
	t	自由度	显著性(双尾)	平均差	下限	上限
担心因为外语不及格带来的后果	-9.123	47	.000	-1.375	-1.68	-1.07
听不懂老师所讲时会很不自在	-7.971	47	.000	-1.083	-1.36	-.81
对外语准备得很充分,还是感到焦虑	-.955	47	.344	-.167	-.52	.18
一直在想其他同学的外语比自己好	-2.681	47	.010	-.458	-.80	-.11
外语老师要纠正我错误时很害怕	1.820	47	.075	.292	-.03	.61
不明白为什么有些人对外语课这么害怕	-2.154	47	.036	-.354	-.68	-.02
对外语课上的一些小测验感到紧张	-1.917	47	.061	-.354	-.73	.02
希望最好不用去上外语课	-1.550	47	.128	-.292	-.67	.09
上外语课使我感到烦恼	.000	47	1.000	.000	-.36	.36
上外语课使我感到紧张和不安	-.252	47	.803	-.042	-.37	.29
上外语课时在想一些和课堂内容无关的事	-1.243	47	.220	-.188	-.49	.12
去上外语课的路上感到很轻松	.742	47	.462	.104	-.18	.39
学外语要学那么多规则使人害怕	-1.430	47	.159	-.250	-.60	.10
在外语课上发言很自信	2.571	47	.013	.396	.09	.71
为外语课做好准备觉得有压力	.000	47	1.000	.000	-.32	.32
外语考试准备得越多越觉得没底	.240	47	.811	.042	-.31	.39
和同是学英语的人说英语不那么紧张	-.477	47	.636	-.063	-.33	.20
和同是学英语的人说英语使我感到紧张	1.493	47	.142	.208	-.07	.49
在其他同学面前说英语很自信	3.381	47	.001	.542	.22	.86
说外语时担心别的同学取笑	-1.070	47	.290	-.188	-.54	.17
觉得其他同学的英语比自己好	-2.523	47	.015	-.438	-.79	-.09
老师点到名字时感到心跳得很厉害	-1.615	47	.113	-.271	-.61	.07
外语课上老师叫我时会发抖	1.820	47	.075	.292	-.03	.61
外语课上做没有准备的发言时感到恐慌	-2.275	47	.028	-.417	-.79	-.05
老师问事先没有准备的问题时感到紧张	-3.721	47	.001	-.604	-.93	-.28
外语课上不愿自愿发言	-7.648	47	.000	-.979	-1.24	-.72
在外语课上发言时感到紧张不安	-.984	47	.330	-.167	-.51	.17
外语课上很紧张以致知道的东西都忘了	-1.543	47	.129	-.271	-.62	.08
在外语课外说英语很没有信心	-2.154	47	.036	-.354	-.68	-.02
外语课上担心自己会犯错	-3.367	47	.002	-.521	-.83	-.21
外语课的进度很快,担心跟不上	.910	47	.368	.146	-.18	.47
听不懂外语老师说什么感到很不安	-1.377	47	.175	-.229	-.56	.11
外语课上没听懂老师用外语说什么会感到害怕	-2.276	47	.027	-.375	-.71	-.04

5.3 独立样本 T 检验

独立样本 T 检验用于检验两个独立样本是否来自具有相同均值的总体，相当于检验两个独立正态总体的均值是否相等。此检验的前提条件是两个总体的分布都是正态并且两个总体是相互独立的。所谓两个独立样本是指两个样本来自的总体相互独立，并各自接受相同的测量。独立样本 T 检验的目的在于分析两个独立样本的均值是否有明显的统计差异。

5.3.1 独立样本 T 检验统计学原理概述

两个独立样本 T 检验的虚无假设 H_0 为两个总体均值之间不存在显著差异。该检验在具体计算中需要分两步来完成：①利用 F 值检验进行两总体方差的同质性判断；②根据对方差同质性的判断，决定 T 统计量和自由度计算公式，进而对 T 检验的结果给予恰当的断定。

1. 方差同质性检验

SPSS 利用 Levene 法的 F 值检验来判断两总体的方差是否同质。首先计算两个样本的均值，计算每个样本和本组样本的均值的差，并对该差取绝对值，得到两组绝对值差值序列。然后利用单因素方差分析方法，判断这两组绝对值差值序列之间是否存在显著差异，即判断平均离差是否存在显著差异，从而间接判断两组方差是否存在显著差异。

在统计过程中，SPSS 将自动计算 F 值，并将 F 值给出的统计量对应的显著性概率 P 值和显著性水平 α 进行比较，从而判断方差是否为同质。

2. 根据方差同质性判断，确定 T 统计量和自由度计算公式

(1) 两总体方差未知且同质的情况下，T 统计量的计算公式为

$$T = \frac{\overline{X} - \overline{Y} - (\mu_1 - \mu_2)}{S_p \sqrt{1/n_1 + 1/n_2}}$$

其中，

$$S_p^2 = \frac{\sum_{i=1}^{n_1}(X_i - \overline{X})^2 + \sum_{j=1}^{n_2}(Y_j - \overline{Y})^2}{n_1 + n_2 - 2} = \frac{(n_1 - 1)S_1^2 + (n_2 - 1)S_2^2}{n_1 + n_2 - 2}$$

其中，S_p 是修正的样本标准差，μ_1 代表总体 X 的均值，而 μ_2 代表总体 Y 的均值，n_1、n_2 分别代表两个独立样本的样本数，而 S_1^2、S_2^2 分别代表两个总体的修正样本方差。

这里的 T 统计量服从 n_1+n_2-2 个自由度的 T 分布。

(2) 两总体方差未知且不同质的情况下，T 统计量的计算公式为

$$T = \frac{\overline{X} - \overline{Y} - (\mu_1 - \mu_2)}{\sqrt{S_1^2/n_1 + S_2^2/n_2}}$$

当原假设为真时，此时的 T 统计量仍服从 T 分布，但自由度采用修正自由度，修正自

由度 f 定义为

$$f = \frac{\left(\dfrac{S_1^2}{n_1} + \dfrac{S_2^2}{n_2}\right)^2}{\dfrac{\left(\dfrac{S_1^2}{n_1}\right)^2}{n_1-1} + \dfrac{\left(\dfrac{S_2^2}{n_2}\right)^2}{n_2-1}}$$

由此可见，在进行两独立样本 T 检验时，两总体的方差是否同质决定着 T 统计量的计算公式。因此在确定使用哪个 T 统计量计算公式之前，必须首先进行方差齐性检验。SPSS 中利用 Levene F 方差齐性检验方法来检验两独立总体的方差是否存在显著差异。从上述两种情况下的 T 统计量计算公式可以看出：如果待检验的两个样本均值差异较小，那么 t 值也就较小，说明两样本均值不存在显著差异；相反，t 值越大，说明两样本均值之间差异越显著。

SPSS 将会根据计算的 t 值和 T 分布表给出相应的显著性概率值。如果显著性概率值 P 小于或等于显著性水平 α，则拒绝 H_0，认为两总体均值之间存在显著差异。相反，显著性概率值 P 大于显著性水平 α，则不拒绝 H_0，可以认为两总体均值之间不存在显著差异。

综合上述内容，独立样本 T 检验的判断流程可表达为图 5-3。

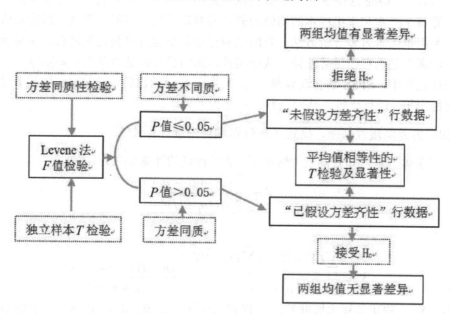

图 5-3　独立样本 T 检验判断流程

5.3.2　SPSS 独立样本 T 检验的案例应用

在 5.2 节的单样本 T 检验中，我们通过分析输出结果获得了该班同学英语学习焦虑集中表现在几个项目上，即项目 1"担心因为外语不及格带来的后果"、项目 2"听不懂老师所讲时会很不自在"、项目 26"老师问事先没有准备的问题时感到紧张"和项目 27"外语课上不愿自愿发言"。在本节的独立样本 T 检验中,我们将尝试分析在这些焦虑项目上男生和女生有无显著差异。具体操作步骤如下。

1. 启动程序

打开数据文件,选择"分析"|"比较平均值"|"独立样本 T 检验"命令,打开"独立样本 T 检验"对话框。

2. 选择变量

选择变量列表框中的"项目 1"、"项目 2"、"项目 26"和"项目 27",单击图标将其选入"检验变量"列表框。选择变量列表框中的"性别"变量,单击图标将其选入"分组变量"列表框(见图 5-4)。

3. 定义分组变量

单击"定义组"按钮,打开"定义组"对话框(见图 5-5)。该对话框包括两个单选按钮,分别对应两种定义分组变量的方式,具体含义如下。

(1) "使用指定值":这是系统默认的设置。当分组变量有两个水平时,一般选择该默认设置。如本例即选择默认设置,将组 1 指定为 1,代表女生;组 2 指定为 2,代表男生。

(2) "分割点":当变量有 3 个以上的水平时,一般选择该设置。在"分隔点"文本框中输入一个数值,系统将自动将全部数据分为小于分割点数值和大于分割点数值的两组,然后进行两独立样本 T 检验。

设置完毕,单击"继续"按钮返回。"分组变量"列表中的"性别(? ?)"将显示为"性别(1 2)"。

4. 选项设置

单击"选项"按钮,打开"独立样本 T 检验:选项"对话框,设置"置信区间百分比"和"缺失值"。设置方法如 5.2.2 节所述。设置完成后,单击"继续"按钮返回。

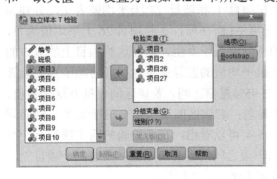

图 5-4 "独立样本 T 检验"对话框

图 5-5 "定义组"对话框

5. 输出分析结果

单击"确定"按钮,输出分析结果(见表 5-3 和表 5-4)。

6. 分析结果解读

(1) 独立样本 T 检验描述性统计量表(表 5-3)：该表格分别给出了分组变量的简单描述性统计量，包括参与检验数据的个案数、平均值、标准偏差和标准误差平均值。对于各项目的检验，有效样本均为女生 17 位，男生 31 位。他们在各项目的平均值各有不同：项目 1 上女生和男生的平均值分别为 2.00 和 1.42，项目 2 上女生和男生的平均值分别为 1.65 和 2.06，项目 26 上女生和男生的平均值分别为 2.18 和 2.52，项目 27 上女生和男生的平均值分别为 2.12 和 1.97。两组之间的平均值的差异必须经过 T 检验才能确定这种差异是否达到显著，若 T 检验的结果未达到显著水平，那这种组间差异就没有统计学意义，因为这有可能是抽样误差或偶然因素造成的。

(2) 独立样本 T 检验结果报表(表 5-4)：该表格呈现的是本次 T 检验的结果数据，包括方差齐性检验的 F 值和显著性概率值，T 检验的 t 值、自由度和显著性(双尾)，平均差，标准误差差值及差值的 95%置信区间。

- 方差齐性检验：如 5.3.1 节所述，两独立样本 T 检验首先要对两总体的方差进行同质性(相等性)检验，因为方差齐性和非齐性所对应的 T 检验的方法是不同的。因此，在 SPSS 的独立样本 T 检验结果报表中，首先要呈现方差齐性检验的结果。如表 5-4 所示，"已假设方差齐性"所对应的一行数据是在方差无显著差异的条件下的各统计量的值，而"未假设方差齐性"所对应的一行数据则是在方差有显著差异的条件下的各统计量的值。从表中可以看出，各个项目的方差齐性检验 F 值均未达到显著水平($P>0.05$)，接受方差齐性假设，即两总体的方差具有同质性(相等性)。因此，平均值相等性的 T 检验的结果要查看"已假设方差齐性"所对应的数据。

- 平均值相等性的 T 检验：两组变量在各项目上的 t 值分别为 1.892、-1.488、-1.000 和 0.556，自由度均为 46，双尾检验显著性 P 值分别为 0.065、0.144、0.322 和 0.581，均大于 0.05。说明在这些学习焦虑项目上，男生和女生的平均感受没有明显的差异。平均差为两分组的平均值的差，在项目 1 和项目 27 上平均差为正，分别为 0.581 和 0.150，说明女生的感受略强于男生；而在项目 2 和项目 26 上平均值为负，分别为-0.417 和-0.340，说明男生的感受略强于女生，但在这些项目上的双方的感受差异没有达到显著水平。判断两组平均值的差异是否达到显著除了参考显著性(双尾)概率值外，还可以参考差值的 95%置信区间。若该区间包括 0 这个数值，则必须接受虚无假设，双方的差异不显著；若该区间不包括 0 这个数值，则必须拒绝虚无假设，双方差异显著。从表 5-4 可以看出，在所检验的四个项目上，两总体的差值的 95%置信区间的上限和下限之间均含有 0，说明在这四个项目上，男生和女生的感受差异均没有达到显著水平。

总之，在所检验的英语学习焦虑的四个项目中，男生和女生两个分组的平均感受有所差别，但双方的差异程度均未达到显著的水平。

表 5-3 独立样本 T 检验描述性统计量表

	性别	数字	平均值(E)	标准偏差	标准误差平均值
担心因为外语不及格带来的后果	女生	17	2.00	1.275	.309
	男生	31	1.42	.848	.152
听不懂老师所讲时会很不自在	女生	17	1.65	.786	.191
	男生	31	2.06	.998	.179
老师问事先没有准备的问题时感到紧张	女生	17	2.18	.951	.231
	男生	31	2.52	1.208	.217
外语课上不愿自愿发言	女生	17	2.12	.928	.225
	男生	31	1.97	.875	.157

表 5-4 独立样本 T 检验结果报表

		列文方差相等性检验		平均值相等性的 t 检验						
		F	显著性	t	自由度	显著性(双尾)	平均差	标准误差差值	差值的 95% 置信区间	
									下限	上限
担心因为外语不及格带来的后果	已假设方差齐性	.852	.361	1.892	46	.065	.581	.307	-.037	1.198
	未假设方差齐性			1.685	23.946	.105	.581	.345	-.131	1.292
听不懂老师所讲时会很不自在	已假设方差齐性	.496	.485	-1.488	46	.144	-.417	.281	-.982	.147
	未假设方差齐性			-1.596	40.086	.118	-.417	.262	-.946	.111
老师问事先没有准备的问题时感到紧张	已假设方差齐性	2.706	.107	-1.000	46	.322	-.340	.340	-1.023	.344
	未假设方差齐性			-1.073	40.086	.290	-.340	.317	-.979	.300
外语课上不愿自愿发言	已假设方差齐性	.201	.656	.556	46	.581	.150	.270	-.393	.693
	未假设方差齐性			.546	31.434	.589	.150	.274	-.409	.709

5.4 配对样本 T 检验

根据两个样本数据之间有无关联性，可分为独立样本和配对样本。独立样本是指两个样本数据之间没有关联性，而配对样本是指两个样本数据之间存在一一对应的关系，故此配对样本也称相关样本。对其平均值是否达到统计学上的显著性差异的检验便是配对样本 T 检验。它与独立样本 T 检验的不同在于：

- 两者处理的问题不相同。独立样本 T 检验是针对两个独立的无关联性的不同总体，通过均值比较来说明两个总体有无统计学上的显著差异。而配对样本 T 检验则是针对两个有关联性的总体，通常是对同一总体在不同时间的表现，在某项措施实施前后的区别，或同一总体的两个不同方面进行均值比较，来说明同一总体在不同时间、措施前后、不同方面是否有显著的差异。
- 两者对抽样的要求不同。独立样本 T 检验由于是针对不同总体，其抽样是独立进行的，因此两个总体的样本数量可以不同。而配对样本 T 检验针对同一总体的不同时刻或不同方面，其前后必须对应，因此两个总体样本不仅次序不能任意更改，而且必须数量一致，否则将不能匹配。
- 两者所用检验统计量和分布也不完全相同。配对样本 T 检验采用的检验统计量和单样本 T 检验类似，也是使用 T 统计量。

5.4.1 统计学原理概述

配对样本 T 检验的过程是对两个同质的样本分别接受两种不同的处理或一个样本先后接受不同的处理，来判断不同的处理是否有差别，它经常用来检验某种实验方法或手段的效果。其实施的前提条件：一是两样本必须是配对的，二是两样本所来自的总体应该服从正态分布。配对设计是将受试者配成对子，给予每对中的个体以不同处理。配对设计主要有以下几种：
- 同一受试者处理前和处理后数据的配对。
- 同一受试者的两个局部的数据的配对。
- 同一受试者用两种方法测量的数据的配对。
- 配对的两个受试者分别接受两种不同的处理后的数据的配对。

配对样本 T 检验采用 T 统计量。其原理是：首先，对两组样本分别计算出每对观测值的差值，得到一个新的差值样本；然后，通过对差值样本均值是否显著为 0 的检验来推断两总体均值的差是否显著为 0。如果差值样本的均值远离 0 值，则可以认为两总体的均值有显著差异；反之，如果差值样本的均值在 0 值附近波动，则可以认为两总体均值不存在显著差异。这种检验方式类似于单样本均值的 T 检验。

5.4.2 SPSS 配对样本 T 检验的案例应用

本节我们将通过配对样本 T 检验来分析某校某班两个学期期末考试的变化的显著程度。具体操作步骤如下。

1. 启动程序

打开数据文件，选择"分析"|"比较平均值"|"配对样本 T 检验"命令，打开"配对样本 T 检验"对话框。

2. 选择变量

选择变量列表框中的"英语1"和"英语2"，单击图标将其选入"成对变量"列表框，"英语1"(第一学期期末成绩)和"英语2"(第二学期期末成绩)将分别显示在 Variable 1 和 Variable 2 栏中。当第一组变量配对完成后，"成对变量"列表框中的"对"栏自动生成第二组的序号 2(见图 5-6)。研究者可以根据需要重复上述操作以指定多组配对变量。另外，研究者还可以单击图标来改变配对变量的先后顺序。

3. 选项设置

单击"选项"按钮，打开"配对样本 T 检验：选项"对话框，设置"置信区间百分比"和"缺失值"。设置方法如 5.2.2 节所述。设置完成后，单击"继续"按钮返回（见图 5-7）。

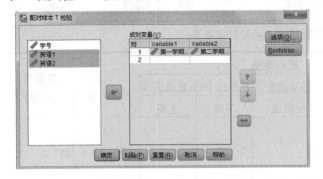

图 5-6 "配对样本 T 检验"对话框　　图 5-7 "配对样本 T 检验：选项"对话框

4. 输出结果

单击"确定"按钮，SPSS 查看器窗口输出分析结果(见表 5-5、表 5-6 和表 5-7)。

5. 结果解读

(1) 配对样本描述统计量表(见表 5-5)：该表呈现了本次分析的描述性统计量，包括平均值、个案数、标准偏差和标准误差平均值。如表所示，本次分析的样本容量为 80，第一学期期末考试成绩(英语 1)的平均值为 78.71，标准偏差为 10.617，标准误差平均值为 1.187；第二学期期末考试成绩(英语 2)的平均值为 79.83，标准偏差为 10.833，标准误差平均值为 1.211。

(2) 配对样本相关性检验结果报表(表 5-6)：对配对样本进行相关性检验是进行 T 检验的前提检验，目的是为了确定两配对样本的相关关系。从表中可以看出，两个学期的期末考试成绩相关系数为 0.862，显著性概率 $P=0.000$，小于 0.001，表明两配对变量显著相关，符合配对样本 T 检验的前提条件。

(3) 配对样本 T 检验结果报表(见表 5-7)：该表是本次配对样本 T 检验的结果，包括两配对样本的差值的平均值-1.112、标准偏差 5.641、标准误差平均值 0.631 和差值的 95% 置信区间，以及 T 检验的 t 值-1.764，自由度 79 和显著性概率 P 值 0.082。由于 $P>0.05$，故此接受虚无假设，即第一学期期末考试和第二学期期末考试的英语成绩差异不显著。而且由于平均值为负，说明第二学期期末考试较第一学期期末考试成绩有所提高，但提高的幅度不够显著。

表 5-5　配对样本描述统计量表

		平均值(E)	数字	标准偏差	标准误差平均值
配对 1	第一学期期末考试	78.71	80	10.617	1.187
	第二学期期末考试	79.83	80	10.833	1.211

表 5-6 配对样本相关性检验结果报表

		数字	相关系数	显著性
配对 1	第一学期期末考试和第二学期期末考试	80	.862	.000

表 5-7 配对样本 T 检验结果报表

		配对差值					t	自由度	显著性(双尾)
		平均值(E)	标准偏差	标准误差平均值	差值的95%置信区间				
					下限	上限			
配对 1	第一学期期末考试–第二学期期末考试	-1.112	5.641	.631	-2.368	.143	-1.764	79	.082

5.5 思考题

1. 数据文件"职工数据.sav"是对某单位职工的工资、学历和职称等信息的抽样调查表。假定该单位的平均基本工资为 800 元，请分析该抽样调查所得的 30 名职工的基本工资是否正常。

2. 数据文件"大学生网络使用调查案例.sav"是对某大学网络使用情况的调查数据。试分析该抽样调查中男女生在上网时长上有无明显差异。

3. 数据文件"英语学习策略调查数据.sav"是依据著名的美国 Oxford 英语语言学习策略量表(SILL)对某校某班大学生所做的调查。该量表共由 6 个分量表组成，即记忆策略、认知策略、补偿策略、元认知策略、情感策略和社交策略。请尝试分析该班同学在任意两个策略上的平均值有无显著差异。

第6章 方差分析

第5章介绍的 T 检验用于两个样本的差异性检验。但实际生活中，我们面对的数据样本多数是三个或三个以上较为复杂的情况，要想对它们进行差异性检验，就要使用方差分析(Analysis of Variance，ANOVA)的方法。方差分析是由英国统计学家 R. A. Fisher 于 1923 年提出的一种利用试验获取数据并进行分析的统计方法，因此方差分析又称 F 检验。从实质上来说，方差分析就是将两独立样本 T 检验推广到多独立总体的假设检验，是参数检验的另一种方法，检验对象为两个以上总体的均值是否存在显著差异。另外，方差分析对样本的大小没有更多的限制。无论是大样本还是小样本，均可以使用方差分析方法。常用的方差分析方法包括单因素方差分析、多因素方差分析、协方差分析、多元方差分析、重复测量方差分析、方差成分分析等。

6.1 方差分析基本原理概述

方差分析就是将试验数据的总变异分解为来源于不同因素的相应变异，并做出数量估计，从而发现各个因素在总变异中所占的重要程度。

6.1.1 方差分析的基本思想

方差分析是对数据变异量的分析。一个复杂的事物内部往往会有许多因素相互制约、相互作用。方差分析的目的就是要找到对该事物有显著影响的那些因素及其影响的最佳水平。因素是指方差分析中的每一个独立的变量，也是方差分析研究的对象。因素中的内容称为水平。我们将所研究的事物的总体取值称为观测因素或观测变量(因变量)，而将影响观测变量的因素称为控制因素或控制变量(自变量)；将控制变量的不同取值称为不同的因素水平。方差分析认为观测变量的变化受两方面的因素影响：第一类是控制变量不同水平所产生的影响；第二类是控制变量以外的随机因素(随机变量)所产生的影响。第一类因素的影响称为系统误差，第二类因素的影响称为随机误差。如果控制变量的不同水平对观测变量产生显著影响，那么观测变量在控制变量的不同水平上的平均值一定会有差异，这说明控制变量是影响观测变量的主要因素，即观测变量主要受系统误差影响；反之，如果控制变量对观测变量不产生影响，那么在控制变量的不同水平上观测变量的平均值将不会有显著差异，这说明此时随机变量是影响观测变量的主要因素，也就是说，观测变量不存在系统误差或者说观测变量主要受随机误差影响。

总之，方差分析就是研究不同的控制变量(自变量)及控制变量的不同水平(2 个以上的水平)对观测变量(因变量)的影响有无显著差异的统计分析方法。其分析思路是从观测变量的方差入手，研究诸多控制变量中哪些变量对观测变量有显著影响。对观测变量有显著影响的控制变量中,还需要分析出控制变量的不同水平及水平的交互搭配是如何影响观测变量的。方差分析过程可分为自由度与平方和分解、F 分布与 F 值检验两个部分。

1. 自由度与平方和分解

方差是平方和除以自由度的商。要将一个试验数据资料的总变异分解为不同来源的变异,首先要将总平方和与总自由度分解为各个变异来源的相应部分。因此,平方和与自由度的分解是方差分析的第一个步骤。

假设有 k 个处理,每个处理有 n 个观察值,则该试验资料共有 nk 个观察值,其观察值的组成如表 6-1 所示。i 代表资料中任一样本;j 代表样本中任一观测值;x_{ij} 代表任一样本的任一观测值;T_t 代表处理总和;$\bar{x}_t$ 代表处理平均数;T 代表全部观测值总和;$\bar{x}$ 代表总平均数。

表 6-1 k 个处理中每个处理有 n 个观察值的数据模型

处理	观察值						处理总和 T_t	处理平均 $\bar{x}_t$
	1	2	...	j	...	N		
1	x_{11}	x_{i2}	...	x_{1j}	...	x_{1n}	T_{t1}	$\bar{x}_{t1}$
2	x_{21}	x_{i2}	...	x_{2j}	...	x_{2n}	T_{t2}	$\bar{x}_{t2}$
⋮	⋮	⋮	...	⋮	...	⋮	⋮	⋮
i	x_{i1}	x_{i2}	...	x_{ij}	...	x_{in}	T_{ti}	$\bar{x}_{ti}$
⋮	⋮	⋮	...	⋮	...	⋮	⋮	⋮
k	x_{k1}	x_{k2}	...	x_{kj}	...	x_{kn}	T_{tk}	$\bar{x}_{tk}$
							$T=\sum x$	$\bar{x}$

在表 6-1 中,总变异是 nk 个观测值的变异,故其自由度 $v=nk-1$,而其平方和 SS_T 则为

$$SS_T = \sum_1^{nk}(x_{ij}-\bar{x})^2 = \sum x^2 - C$$

上式中的 C 称为矫正数:

$$C = \frac{(\sum x)^2}{nk} = \frac{T^2}{nk}$$

产生总变异的原因可从两方面来分析:一是同一处理不同重复观测值的差异是由偶然因素影响造成的,即试验误差,又称组内变异;二是不同处理之间平均数的差异主要是由处理的不同效应所造成的,称处理间变异,又称组间变异。因此,总变异可分解为组间变异和组内变异两部分。

组间的差异即 k 个 $\bar{x}$ 的变异,故自由度 $v=k-1$,而其平方和 SS_t 为

$$SS_t = n\sum_1^k(\bar{x}_{ij}-\bar{x})^2 = \frac{\sum T_t^2}{n} - C$$

组内的变异为各组内观测值与组平均数的变异,故每组具有自由度 $v=n-1$ 和平方和

$\sum_{1}^{n}(x_{ij}-\bar{x})^2$，而资料共有 k 组，故组内自由度 $v=k(n-1)$，而组内平方和 SS_e 为

$$SS_e = \sum_{1}^{k}\sum_{1}^{n}(x_{ij}-\bar{x}_t)^2 = SS_T - SS_t$$

因此，平方和与自由度的分解式如下：

(1) 总平方和=组间(处理间)平方和+组内(误差)平方和，即

$$\sum_{1}^{k}\sum_{1}^{n}(x_{ij}-\bar{x})^2 = n\sum_{i=1}^{k}(\bar{x}_t-\bar{x})^2 + \sum_{1}^{k}\sum_{1}^{n}(x_{ij}-\bar{x}_t)^2$$

记作：$SS_T = SS_t + SS_e$。

(2) 总自由度=组间(处理间)自由度+组内(误差)自由度，即

$$nk - 1 = (k-1) + k(n-1)$$

记作：$DF_T = DF_t + DF_e$。

将以上公式归纳如下：

总平方和 $SS_T = \sum x^2 - C$，总自由度 $DF_T = kn - 1$；

处理平方和 $SS_t = \dfrac{\sum T_t^2}{n} - C$，处理自由度 $DF_t = k - 1$；

误差平方和 $SS_e = SS_T - SS_t$，误差自由度 $DF_e = k(n-1)$。

求得各变异来源的平方和与自由度后，进而求得

总的方差 $s_T^2 = \dfrac{SS_T^2}{DF_T}$

处理间方差 $s_t^2 = \dfrac{SS_t^2}{DF_t}$

误差方差 $s_e^2 = \dfrac{SS_e^2}{DF_e}$

2. F 分布与 F 值检验

在方差分析中所进行的 F 值检验的目的在于推断处理间的差异是否存在，检验某项变异因素的效应方差是否为零。

1) F 分布

设想在一正态总体 $N(\mu,\sigma^2)$ 中随机抽取样本容量为 n 的样本 k 个，将各样本观测值整理成表 6-1 的形式。此时的各处理没有真实差异，各处理只是随机分的组。因此，由以上算式算出的 s_t^2 和 s_e^2 都是误差方差 σ^2 的估计量。以 s_e^2 为分母，s_t^2 为分子，求其比值。统计学上把两个方差之比值称为 F 值。

即

$$F = s_t^2 / s_e^2$$

F 值具有两个自由度：$v_1 = DF_t = k-1$，$v_2 = DF_e = k(n-1)$。

F 值所具有的概率分布称为 F 分布，F 分布有如下特征：

(1) F 分布密度曲线是随自由度 DF_1、DF_2 的变化而变化的一组偏态曲线，其形态随着

DF_1、DF_2 的增大逐渐趋于对称(见图 6-1)。

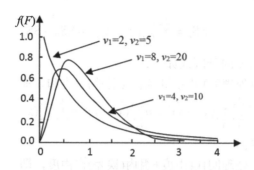

图 6-1 不同自由度下的 F 分布曲线

(2) F 分布的取值范围是 $(0,+\infty)$，其平均值 $\mu_F = 1$。
用 $f(F)$ 表示 F 分布的概率密度函数，则其分布函数 $F(F_\alpha)$ 为

$$F(F_\alpha) = P(F < F_\alpha) = \int_0^{F_\alpha} f(F) dF$$

(3) F 分布的尾端以横轴为渐近线趋于无穷，其右尾从 F_α 到 $+\infty$ 的概率为

$$P(F \geq F_\alpha) = 1 - F(F_\alpha) = \int_{F_\alpha}^{+\infty} f(F) dF$$

(4) F 分布是一种连续的概率分布，不同的自由度组合有不同的 F 分布曲线。

2) F 值检验

F 值表是专门为检验 s_t^2 代表的总体方差是否比 s_e^2 代表的总体方差大而设计的。F 值表列出的是不同 v_1 和 v_2 下，$P(F \geq F_\alpha) = 0.05$ 和 $P(F \geq F_\alpha) = 0.01$ 时的 F 值，即右尾概率 $\alpha = 0.05$ 和 $\alpha = 0.01$ 时的临界 F 值，一般记作 $F_{0.05}$，$F_{0.01}$。

若实际计算的 F 值 $< F_{0.05}$，即概率 $P > 0.05$，不能否定 H_0，统计学上把这一测验结果表述为：各处理间差异不显著，不标记符号；若 $F_{0.05} \leq F < F_{0.01}$，即 $0.01 < P \leq 0.05$，则否定 H_0，接受 H_1，统计学上把这一测验结果表述为：各处理间差异显著，在 F 值的右上方标记"*"；若 $F \geq F_{0.01}$，即 $P \leq 0.01$，否定 H_0，接受 H_A，统计学上，把这一测验结果表述为：各处理间差异极显著，在 F 值的右上方标记"**"。这种用 F 值出现概率的大小推断两个总体方差是否相等的方法称为 F 值检验。

在实际进行方差分析时，只需计算出各项平方和与自由度，各项均方的计算及 F 检验可在方差分析表上进行。

3. 事后多重比较

经 F 测验，差异达到显著或极显著，表明试验的总变异主要来源于处理间的变异，试验中各处理平均数间存在显著或极显著差异，但并不意味着每两个处理的平均数间的差异都显著或极显著，也不能具体说明哪些处理的平均数间有显著或极显著差异，以及哪些差异不够显著。因而，有必要进行两两处理平均数间的比较，以具体判断两两处理平均数间的差异显著性。统计上把多个平均数两两间的相互比较称为多重比较。多重比较的方法比较多，详见 6.2.2 节案例应用。

6.1.2 方差分析的假设条件

在运用方差分析过程时,必须满足以下假设条件。

1. 各总体正态分布

方差分析的前提是假定各总体正态分布,这也是能够推导出 F 统计量服从 F 分布的基础,因为 SPSS 是依据 F 分布计算 P 值的。一旦总体不服从正态分布,那么 F 统计量自然不再服从 F 分布,SPSS 计算的 P 值对于统计检验将没有任何意义。因此在进行方差分析之前,需要验证各总体的分布是否正态,验证的方法可以使用 Q-Q 图,也可以使用单样本非参数 K-S 检验(见第 7 章)。

2. 数据样本间的方差齐性并相互独立

方差齐性实质上是指要比较的两组数据所属的总体分布是否一致。这对于推导 F 统计量的分布以及其自由度也是非常重要的,如果这个条件得不到满足,同样 SPSS 计算的 P 值对于统计检验也将不可用。数据样本必须是独立观测所得,两次观测之间不能有任何关联。

基于以上假设,方差分析对总体分布的差异性推断就转化为对各总体均值的差异性推断了。

6.1.3 方差分析的一般步骤

进行方差分析一般要经过以下几个步骤:
(1) 方差齐性检验。
(2) 计算各项平方和与自由度。
(3) 列出方差分析表,进行 F 检验,并依此做出推断。
(4) 事后检验。若 F 检验显著,则要进一步进行多重比较。

6.2 单因素方差分析

单因素方差分析也称一维方差分析,用于分析单个控制变量(自变量)的不同水平是否对观测变量(因变量)产生显著影响。单因素方差分析将所有的方差分为可以由该控制变量解释的系统误差和无法由该控制变量解释的随机误差,如果系统误差显著地超过随机误差,则认为该控制变量取不同水平时观测变量的均值存在显著差异。

6.2.1 单因素方差分析的统计学原理

单因素方差分析检验的是由单一因素影响的一个(或几个相互独立的)观测变量(因变量)。它还可以对该控制因素的若干水平分组中哪一组与其他各组均值间具有显著性差异进行分析,即进行均值的多重比较。单因素方差分析过程要求观测变量数据分布属于正态总体。否则,就要使用非参数分析过程。如果几个观测变量之间彼此不独立,应该使用广义线性模型(GLM)过程对其进行重复测量方差分析，条件满足时还可以进行趋势分析。除了要满足总体正态分布和各个观测变量的观测值之间必须相互独立外，各个数据样本之间还要保持方差齐性。

方差分析的数学模型是：

$$X_{ij} = \mu_i + \varepsilon_{ij}, \ i=1,2,\cdots,k, \ j=1,2,\cdots,n_i$$

其中，i 代表控制变量的第 i 个水平，即第 i 个总体；μ_i 表示第 i 个总体的均值；ε_{ij} 表示第 i 个总体第 j 个样本受随机因素的影响，是服从正态分布的随机变量；n_i 表示第 i 个总体中的样本数，k 表示总体数。因此

$$n_1 + \cdots + n_k = n$$

将各总体均值求平均，得到总的均值

$$\mu = \frac{1}{k}\sum_{i=1}^{k}\mu_i$$

如果各总体均值没有差异，都等于 μ，那么样本取值就只受随机因素 ε_{ij} 的影响；如果各总体均值不相等，那么样本取值就同时受总体均值和随机因素的影响。方差分析要检验的就是样本取值有没有受各总体均值的影响，当然在构造统计量时，需要用样本统计量 $\overline{X}_i$ 和 $\overline{X}$ 去估计各总体均值 μ_i 和总均值 μ。

假设检验的原假设是：$H_0: \mu_1 = \mu_2 = \cdots = u_k$，即原假设是各总体均值相等，也就是观测变量主要受随机误差的影响。方差分析的目的就在于检验原假设的真伪。

在方差分析中，观测变量的样本方差是

$$S^2 = \frac{1}{n-1}\sum_{i=1}^{k}\sum_{j=1}^{n_i}(X_{ij}-\overline{X})^2 = \frac{1}{n-1}\sum_{i=1}^{k}\sum_{j=1}^{n_i}(X_{ij}-\overline{X}_i+\overline{X}_i-\overline{X})^2$$

$$= \frac{1}{n-1}\sum_{i=1}^{k}\sum_{j=1}^{n_i}[(X_{ij}-\overline{X}_i)^2+(\overline{X}_i-\overline{X})^2]$$

$$= \frac{1}{n-1}\sum_{i=1}^{k}\sum_{j=1}^{n_i}[(X_{ij}-\overline{X}_i)^2+\sum_{i=1}^{k}n_i(\overline{X}_i-\overline{X})^2]$$

从公式看，样本方差由两部分构成，一部分为组内方差，即 $\sum_{i=1}^{k}\sum_{j=1}^{n_i}(X_{ij}-\overline{X}_i)^2$，记为 SSA；另一部分为组间方差，即 $\sum_{i=1}^{k}n_i(\overline{X}_i-\overline{X})^2$，记为 SSE。如果原假设为真，那么样本方差的主要部分将是组内方差，组间方差较组内方差来说将会很小；同样，如果原假设不真，那么样本方差的主要部分将是组间方差，组间方差较组内方差来说就会较大，据此，将两方差相除，构造统计量为

$$F = \frac{SSA/(k-1)}{SSE/(n-1)} = \frac{MSA}{MSE}$$

上式中 MSA 和 MSE 分别称为组间和组内的平均方差。在原假设为真的条件下，统计量服从自由度为 $k-1$ 和 $n-k$ 的 F 分布。如果 F 统计量观测值较小，说明组内方差(分母)大，组间方差(分子)小，此时不能拒绝原假设；相反，如果 F 统计量观测值较大，说明组间方差大(分子)大，组内方差(分母)小，此时就要拒绝原假设，认为控制变量各水平对观测变量

有显著影响。SPSS 会自动计算 F 统计量的观测值以及相应的概率 P 值，根据 P 值就可以完成统计检验了。

如果 $P>\alpha$，拒绝原假设 H_0，表示均值之间差异显著，控制变量对观测值有显著影响；如果 $P<\alpha$，接受原假设 H_0，表示均值之间差异不显著，控制变量对观测值没有显著影响。

6.2.2 SPSS 单因素方差分析的案例应用

案例：某高校对来自全国各地的学生进行了一次抽样体检，对他们的身高、体重和胸围作了登记，并将所有参与抽样体检的学生按省份划分为东部、中部和西部。试分析这些学生的身高在地区分布上有无差异。

该分析的具体操作步骤如下。

1. 启动程序

打开数据文件"抽样体检.sav"，选择"分析"|"比较平均值"|"单因素 ANOVA"命令，打开"单因素方差分析"对话框(见图 6-2)。

2. 选择变量

在"单因素方差分析"对话框的左侧列表框中选择变量"身高"，单击 图标将其选入"因变量列表"列表框内；选择自变量"地区"，单击 图标将其选入"因子"列表框。程序可以同时对多个因变量进行单因素方差分析，但是"因子"列表只能选取一个自变量。

3. 对比设置

单击"对比"按钮，打开"单因素 ANOVA：对比"对话框(见图 6-3)。该对话框包括"多项式"选项和"系数"设置选项。其具体含义如下。

(1) "多项式"：用于将组间平方和划分成趋势成分，可以检验因变量在因子变量的各顺序水平间的趋势。选中"多项式"，可以激活"度"下拉列表框，单因素方差分析允许最高 5 级的均值多项式：线性、二次项、立方、四次项和五次项。选中阶次后，程序将在分析结果中显示指定阶次和低于指定阶次的各阶次的平方和分解结果和各阶次的自由度、F 值和 F 检验概率值。

(2) "系数"：研究者可以为因子变量的每个组(类别)输入一个系数，每次输入后单击"添加"按钮。每个新值就都添加到系数列表的底部。要指定其他对比组，请单击"下一页"按钮。可以通过单击"下一页"和"上一页"按钮在各组对比间移动。系数的顺序很重要，因为该顺序与因子变量的类别值的升序相对应。列表中的第一个系数与因子变量的最低组值相对应，而最后一个系数与最高值相对应。

本例在"度"下拉列表框中选择"线性"，并设置对比系数。在"系数"文本框内依次输入-1、0.5、0.5，并依次单击"添加"按钮，将其移入下边方框内。单击"下一页"按钮，重复上述操作设置第二页的系数为 0.5、0.5、-1；再次单击"下一页"按钮，重复上述操作设置第三页的系数为 0.5、-1、0.5。完成设置后，单击"继续"按钮返回。

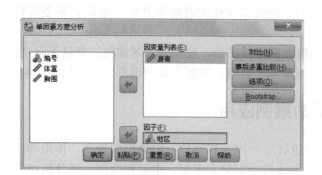

图 6-2 "单因素方差分析"对话框   图 6-3 "单因素 ANOVA：对比"对话框

4. 事后多重比较设置

单击"事后多重比较"按钮，打开"单因素 ANOVA：事后多重比较"对话框(见图 6-4)。该对话框包括"假定方差齐性"和"未假定方差齐性"两个选项组以及"显著性水平"文本框。这些项目的具体含义如下。

(1) "假定方差齐性"选项组：该复选框罗列 14 种均值比较方法：LSD、Bonferroni、Sidak、Scheffe、R-E-G-W F、R-E-G-W Q、S-N-K、Tukey、Tukey's-b、Duncan、Hochberg's GT2、Gabriel、Waller-Duncan、Dunnett。其中 LSD、Bonferroni、Sidak、Scheffe、Hochberg's GT2、Gabriel 和 Dunnett 用于多重比较检验，其余方法用于范围检验。

具体的统计学意义如下。

- LSD(最小显著差数法)：用于多重比较检验，使用 T 检验执行组平均值之间的所有成对比较。对多个比较的误差率不做调整。
- Bonferroni：使用 T 检验在组平均值之间执行成对比较，通过将每次检验的误差率设置为实验性质的误差率除以检验总数来控制总体误差率。这样，根据进行多个比较的实情对观察的显著性水平进行调整。
- Sidak：基于 T 统计的成对多重比较检验。Sidak 调整多重比较的显著性水平，并提供比 Bonferroni 更严密的边界。
- Scheffe：为平均值的所有可能的成对组合执行并发的联合成对比较，使用 F 取样分布。它可用来检查组平均值的所有可能的线性组合，而非仅限于成对组合。
- R-E-G-W F：基于 F 检验的 Ryan-Einot-Gabriel-Welsch 多步进过程。
- R-E-G-W Q：基于学生化的范围的 Ryan-Einot-Gabriel-Welsch 多步进过程。
- S-N-K(Student-Newman-Keuls)：使用学生化的范围分布在平均值之间进行所有成对比较。它还使用步进式过程比较具有相同样本大小的同类子集内的平均值对。平均值按从高到低排序，首先检验极端差分。
- Tukey：用于真实显著性差异检验，使用学生化的范围统计量进行组间所有成对比较，将试验误差率设置为所有成对比较的集合的误差率。
- Tukey's-b：使用学生化的范围分布在组之间进行成对比较。临界值是 Tukey's-b 真实显著性差异检验的对应值与 Student-Newman-Keuls 的平均数。
- Duncan：使用与 Student-Newman-Keuls 检验所使用的完全一样的逐步顺序成对比

较，但要为检验的集合的误差率设置保护水平，而不是为单个检验的误差率设置保护水平。它使用学生化的范围统计量。
- Hochberg's GT2：使用学生化最大模数的多重比较和范围检验，与 Tukey's 真实显著性差异检验相似。
- Gabriel：使用学生化最大模数的成对比较检验，并且当单元格大小不相等时，它通常比 Hochberg's GT2 更为强大。当单元格大小变化过大时，Gabriel 检验可能会变得随意。
- Waller-Duncan：基于 T 统计的多比较检验；使用 Bayesian 方法。
- Dunnett：成对多重比较 T 检验，它对照单个控制平均值来比较处理集合。选择 Dunnett 后，可以设置"控制类别"："最后一个类别"是缺省的控制类别，另外，也可以选择"第一个类别"。还可以设置"检验"类型："双侧"检验用于检验任何水平(除了控制类别外)的因子的平均值是否不等于控制类别的平均值；"＜控制"检验用于检验任何水平的因子的平均值是否小于控制类别的平均值；"＞控制"检验用于检验任何水平的因子的平均值是否大于控制类别的平均值。

对于该项本例选择 LSD 和 Tukey 进行检验。

(2) "未假定方差齐性"选项组：不假设方差相等的多重比较检验有 Tamhane's T2、Dunnett's T3、Games-Howell 和 Dunnett's C。
- Tamhane's T2：基于 T 检验的保守成对比较。当方差不相等时，适合使用此检验。
- Dunnett's T3：基于学生化最大值模数的成对比较检验。当方差不相等时，适合使用此检验。
- Games-Howell：有时会变得随意的成对比较检验。当方差不相等时，适合使用此检验。
- Dunnett's C：基于学生化的范围的成对比较检验。当方差不相等时，适合使用此检验。

对于该选项组，本例选择 Tamhane's T2。

(3) "显著性水平"：用于设置各种检验的显著性概率临界值，系统默认为 0.05。研究者也可以设置为其他值。

对于该项本例选择系统默认值。

事后多重比较设置完成后，单击"继续"按钮返回"单因素方差分析"对话框。

5. 选项设置

单击"选项"按钮，打开"单因素 ANOVA：选项"对话框(见图 6-5)。该对话框包括 Statistics 和"缺失值"两个选项组以及"平均值图"复选框。各项目的具体含义如下。

(1) "统计"选项组：用于选择下列的一个或多个描述统计量。
- "描述性"：计算每组中每个因变量的个案数、平均值、标准差、平均值的标准误差、最小值、最大值和 95%的置信区间。
- "固定和随机效果"：显示固定效应模型的标准差、标准误差和 95%置信区间，以及随机效应模型的标准误差、95%的置信区间和成分间方差估计。

图 6-4 "单因素 ANOVA：事后多重比较"对话框 　　图 6-5 "单因素 ANOVA：选项"对话框

- "方差同质性检验"：计算 Levene 统计以检验组方差是否相等。该检验独立于正态的假设。
- Brown-Forsythe：计算 Brown-Forsythe 统计以检验组平均值是否相等。当方差相等的假设不成立时，这种统计优于 F 统计。
- Welch：计算 Welch 统计以检验组平均值是否相等。当方差相等的假设不成立时，这种统计优于 F 统计。

(2) "平均值图"：显示一个绘制子组平均值的图表(每组的平均值由因子变量的值定义)。

(3) "缺失值"选项组：控制对缺失值的处理，包括以下两项。

- "按分析顺序排除个案"：给定分析中的因变量或因子变量有缺失值的个案不用于该分析。而且，也不使用超出为因子变量指定的范围的个案。该项是系统默认值。
- "按列表排除个案"：因子变量有缺失值的个案，或包括在主对话框中的因变量列表上的任何因变量的值缺失的个案都排除在所有分析之外。如果尚未指定多个因变量，那么这个选项不起作用。

本例的选择如图 6-5 所示。选项设置完成后，单击"继续"按钮返回。

6. 输出分析结果

单击"确定"按钮，完成所有设置，SPSS 的查看器窗口输出分析结果(见表 6-2～表 6-8 和图 6-6)。

7. 分析结果解读

(1) 单因素方差分析描述性统计量表(见表 6-2)为本次单因素方差分析的统计量结果，包括个案数 N、平均值、标准偏差、标准错误、平均值 95%置信区间、最大值和最小值。由该表可知，东部地区学生的平均身高和中西部的差异较大，而中西部学生的身高平均值接近。

(2) 方差齐性检验表(见表 6-3)表明，显著性概率 $P=0.640>0.05$，说明各组间的方差在 0.05 水平上没有显著差异，即方差齐性检验通过，这是进行方差分析的必要条件。方差分析表(见表 6-4)是本次方差分析的结果报表，包括组间和组内偏差平方和、自由度(DF)、均方、F 值和概率 P 值。可以看出，组间方差分析的 F 值所对应的概率 P 值均小于 0.05 的水平值，说明至少有一组均值差异显著，至于是哪一组或哪两组均值差异显著，要进一步进行事后比较才能知道。

（3）表 6-5 和表 6-6 分别给出本次分析所涉及的组间均值对比系数的设置结果和组间对比检验结果。本次分析是进行组间两两比对，因为方差齐性检验已经通过，故此需要查看"假定等方差"栏的数据。从表 6-6 可以看出，各个组间对比 T 检验的概率 P 值分别为 0.000、0.030 和 0.008，均小于 0.05，说明组间的均值对比均有显著差异。如果方差同质性检验为方差非齐性，就需要查看"不假定等方差"栏的数据。

（4）表 6-7 为本次分析的组间均值事后检验表。该表详细列举了 LSD 和 Tukey 及 Tamhane 的检验结果。由于方差同质性检验为齐性，所以我们只需查看 LSD 和 Tukey 的检验结果。两种检验方法的结果基本一致：东部与中部和东部与西部两组均值对比检验的 P 值均为 0.000，说明这两组同学间的平均身高差异显著；中部与西部的均值检验 P 值，两种方法的检验结果分别是 0.953 和 0.769，略有不同，但都远大于 0.05 的临界值，说明中部和西部同学的身高均值无显著差异。这一点从 95% 置信区间也可以看出，显然，只有中部与西部对比的 95% 置信区间内含 0 值，说明两者差异不显著。如果平均差在 0.05 的显著水平上显著区别于 0，则在该数值的右上角会用"*"加以标注。如果方差同质性检验为方差非齐性，就需要查看 Tamhane 的检验结果。

（5）表 6-8 是组间均值的均一子集检验表。该表对在 0.05 显著水平上没有显著差异的组别进行了归类，作为同类子集。由于中部与西部对比差异不显著，因此中部和西部归为一类，而东部与中西部相比，差异显著，故另归一类。

（6）图 6-6 是本次分析结果的身高均值折线图。从图中可以看出东部地区同学的身高均值与中部和西部差异显著，而中部和西部两组差异较小。总体组间均值比较结果为：东部＞西部＞中部。

表 6-2 单因素方差分析描述性统计量表

身高

	N	平均值	标准偏差	标准错误	平均值 95% 置信区间		最小值	最大值
					下限值	上限		
东部	30	126.4667	5.44941	.99492	124.4318	128.5015	117.00	141.00
中部	30	120.5233	4.40890	.80495	118.8770	122.1696	109.90	127.00
西部	30	120.9200	5.70580	1.04173	118.7894	123.0506	105.20	134.90
总计	90	122.6367	5.83624	.61519	121.4143	123.8590	105.20	141.00

表 6-3 方差齐性检验表

身高

Levene 统计	df1	df2	显著性
.449	2	87	.640

表 6-4 方差分析表

身高

		平方和	df	均方	F	显著性
组间	(组合)	662.461	2	331.230	12.164	.000
	线性项 对比	461.483	1	461.483	16.947	.000
	线性项 偏差	200.978	1	200.978	7.381	.008
组内		2369.028	87	27.230		
总计		3031.489	89			

表 6-5 组间均值对比系数表

对比	地区		
	东部	中部	西部
1	−1	.5	.5
2	.5	.5	−1
3	.5	−1	.5

表 6-6 组间均值对比检验表

		对比	对比值	标准错误	t	df	显著性（双尾）
身高	假定等方差	1	−5.7450	1.16684	−4.924	87	.000
		2	2.5750	1.16684	2.207	87	.030
		3	3.1700	1.16684	2.717	87	.008
	不假定等方差	1	−5.7450	1.19296	−4.816	54.401	.000
		2	2.5750	1.22256	2.106	51.208	.040
		3	3.1700	1.08015	2.935	71.168	.004

表 6-7 组间均值事后检验表

因变量：身高

	(I) 地区	(J) 地区	平均差 (I-J)	标准错误	显著性	95% 置信区间	
						下限值	上限
Tukey HSD	东部	中部	5.94333*	1.34735	.000	2.7306	9.1561
		西部	5.54667*	1.34735	.000	2.3339	8.7594
	中部	东部	−5.94333*	1.34735	.000	−9.1561	−2.7306
		西部	−.39667	1.34735	.953	−3.6094	2.8161
	西部	东部	−5.54667*	1.34735	.000	−8.7594	−2.3339
		中部	.39667	1.34735	.953	−2.8161	3.6094
LSD(L)	东部	中部	5.94333*	1.34735	.000	3.2653	8.6213
		西部	5.54667*	1.34735	.000	2.8687	8.2247

续表

	(I) 地区	(J) 地区	平均差 (I-J)	标准错误	显著性	95% 置信区间	
						下限值	上限
LSD(L)	中部	东部	-5.94333*	1.34735	.000	-8.6213	-3.2653
		西部	-.39667	1.34735	.769	-3.0747	2.2813
	西部	东部	-5.54667*	1.34735	.000	-8.2247	-2.8687
		中部	.39667	1.34735	.769	-2.2813	3.0747
Tamhane	东部	中部	5.94333*	1.27977	.000	2.7928	9.0939
		西部	5.54667*	1.44051	.001	2.0047	9.0886
	中部	东部	-5.94333*	1.27977	.000	-9.0939	-2.7928
		西部	-.39667	1.31649	.987	-3.6396	2.8462
	西部	东部	-5.54667*	1.44051	.001	-9.0886	-2.0047
		中部	.39667	1.31649	.987	-2.8462	3.6396

注：*. 均值差的显著性水平为 0.05。

表 6-8 组间均值的均一子集检验表

身高

	地区	N	alpha 的子集 = 0.05	
			1	2
Tukey HSD[a]	中部	30	120.5233	
	西部	30	120.9200	
	东部	30		126.4667
	显著性		.953	1.000

注：将显示同类子集中的组均值。

a. 使用调和平均值样本大小 = 30.000。

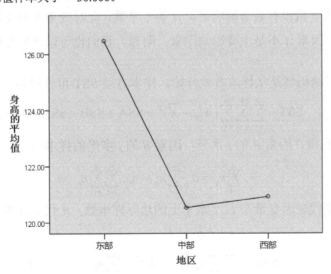

图 6-6 身高均值折线图

6.3 单因变量多因素方差分析

上节介绍了单因素方差分析的原理与过程，但是在实际的研究中，经常会发现一个因变量受到两个甚至更多因素(自变量)的影响，这使得分析愈加困难与烦琐。更有甚者，这些影响因素不仅分别影响着因变量，而且它们之间往往也是相互作用并共同对因变量产生影响。这种错综复杂的影响关系使得单因素方差分析变得不再可行。这种情况下，研究者要选择使用能够进行多因素分析的方差分析形式。

6.3.1 单因变量多因素方差分析的统计学原理

由该分析方法的名称就可以知道，单因变量多因素方差分析用于分析多个因素对一个观测变量产生的影响。它与单因素方差分析的最大区别在于研究者除了要研究多个因素对一个因变量的影响外，还要研究这些因素的交互作用对因变量的影响。

1. 多因素方差分析的模型(以两个因素为例)

假设因变量可能受两个控制因素 A、B 的影响，其中因素 A 有 p 个水平，因素 B 有 q 个水平，则两个因素的交叉将因变量分成了 $p \times q$ 个水平，每个水平的因变量的样本我们可以描述为

$$X_{ijk} = \mu_i + \nu_j + \delta_{ij} + \varepsilon_{ijk}, i=1,2,\cdots,p\,;\, j=1,2,\cdots,q\,;\, k=1,2,\cdots,n_{ij}$$

式中，X_{ijk} 表示因素 A 的第 i 个水平，因素 B 的第 j 个水平中的第 k 个样本；ε_{ijk} 表示相应的随机误差，服从正态分布；而 μ_i, ν_j 分别表示因素 A 和因素 B 各自在 i、j 水平上的总体均值，代表因素独立的影响；而 δ_{ij} 代表两个因素的 i、j 水平的交互作用对因变量样本的影响。

当因素 A 对因变量没有显著影响时，μ_i 等于常数，此时变量主要受因素 B 和交互作用及随机作用影响，因素 A 不是主要影响因素；同理，我们也可以这样分析因素 B 和交互作用 AB。

对于因素的影响仍然是从样本方差开始，样本方差 SST 可分解为

$$\text{SST} = \sum_{i=1}^{p}\sum_{j=1}^{q}\sum_{k=1}^{n_{ij}}(X_{ijk} - \overline{X})^2 = \text{SSA} + \text{SSB} + \text{SSAB} + \text{SSE}$$

式中，n_{ij} 表示因变量在因素 A 的 i 水平，因素 B 的 j 水平的样本数。

$$\sum_{i=1}^{p} n_{ij} = n_{\cdot j}, \sum_{j=1}^{q} n_{ij} = n_{i\cdot}, \sum_{i=1}^{p}\sum_{j=1}^{q} n_{ij} = n$$

式中，$n_{i\cdot}, n_{\cdot j}$ 分别代表因变量在 i、j 水平上的边际样本数；n 代表样本总数。其他统计量可以定义为

$$\text{SSA} = \sum_{i=1}^{p}\sum_{j=1}^{q} n_{ij}(\overline{X}_i^A - \overline{X})^2 = \sum_{i=1}^{p} n_{i\cdot} \cdot (\overline{X}_i^A - \overline{X})^2$$

$$SSB = \sum_{i=1}^{p}\sum_{j=1}^{q} n_{ij}(\overline{X}_j^B - \overline{X})^2 = \sum_{j=1}^{q} n_{\cdot j}(\overline{X}_j^B - \overline{X})^2$$

$$SSE = \sum_{i=1}^{p}\sum_{j=1}^{q}\sum_{k=1}^{n_{ij}} (X_{ijk} - \overline{X}_{ij}^{AB})^2 n_{ij}(Xi_{jk} - \overline{X}_{ij}^{AB})^2$$

$$SSAB = SST - SSA - SSB - SSE$$

假如因素 A 的水平发生变化,比如从水平 1 变化到水平 2,无论因素 B 取哪个水平,因变量观测值都要同时增加或同时减小的话,则表示因素 A 的变化就可以决定观测值的变化,此时称 A、B 无交互作用;反之,如果因素 A 从水平 1 变化到水平 2,因变量观测值在 B 的不同水平上变化方向不同,在有些水平上增加,在有些水平上减小,也就是需要 A、B 交叉的水平才能确定因变量的变化,此时称 A、B 存在交互作用。

三个因素的多因素方差分析和两个因素的多因素方差分析类型一样,只是模型更加复杂,需要检验的统计量更多。

2. 单变量多因素方差分析的基本步骤

多因素方差分析就是要检验这些因素单独的影响和各因素之间的交互影响是否存在,需要利用样本方差构造 F 统计量来完成假设检验,基本步骤如下:

(1) 提出假设检验的原假设。多因素方差分析原假设为各因素的各水平下,因变量各总体均值无显著差异,用公式表达为

$$H_0: \mu_1 = \mu_2 = \cdots = u_p = u, \quad v_1 = v_2 = \cdots = v_q = v, \quad \delta_{ij} = 0, i = 1,\cdots,p, j = 1,\cdots,q$$

(2) 选择检验统计量。和单因素方差分析相同,多因素方差分析也是选用 F 统计量,针对三个不同的原假设,需要构造 3 个不同的统计量:

$$F_A = \frac{SSA/(p-1)}{SSE/(n-pq)} = \frac{MSA}{MSE}$$

$$F_B = \frac{SSB/(q-1)}{SSE/(n-pq)} = \frac{MSB}{MSE}$$

$$F_{AB} = \frac{SSAB/(p-1)(q-1)}{SSE/(n-pq)} = \frac{MSB}{MSE}$$

从上面式中可以看出,各统计量的构造形式和单因素方差分析基本一致,只是其中具体的计算公式有所不同,统计量的构造体现了多因素方差分析的思想。在原假设为真时,这些统计量都服从不同自由度的 F 分布。

(3) 计算样本统计量观测值和概率 P 值。SPSS 会自动计算各统计量观测值和对应的概率 P 值,并以表格的方式输出。根据 P 值,进行统计检验。如果 P 值大于显著水平,则不能拒绝原假设,认为因素水平上没有显著差异;如果 P 值小于显著水平,就要拒绝原假设,认为在各因素水平上有显著差异。注意,此处有三个统计量,因此要计算三个 P 值,完成三个检验,分别对应 A、B 因素各自的影响和 AB 交互作用的影响。

多因素方差分析同样需要满足 6.1.2 节列出的条件。

6.3.2 SPSS 单因变量多因素方差分析的案例应用

案例:某研究机构对全国各地的企业职工做了一项关于薪水和学历的关系的随机调查,

我们将通过该调查数据来分析这些职工的年龄和学历对他们的薪水是否有显著影响。

该分析的具体步骤如下：

1. 启动程序

打开数据文件"教育背景与薪水.sav"，选择"分析"|"一般线性模型"|"单变量"命令，打开"单变量"对话框(见图 6-7)。

2. 选择变量

在"单变量"对话框的左侧列表框中选择变量"工资"，单击 图标将其选入"因变量"列表框。选择自变量"学历"和"性别"，单击 图标将其选入"固定因子"列表框。另外三个列表框："随机因子"、"协变量"和"WLS 权重"分别用于选择随机因素变量、选择协变量进行协方差分析和为加权最小二乘分析指定权重变量。但要注意，如果加权变量的值为 0、负数或缺失，那么该个案将从分析中排除，已用在模型中的变量不能用作加权变量。

3. 模型设置

单击"模型"按钮，打开"单变量：模型"对话框(见图 6-8)。"指定模型"选项组有"全因子"和"定制"两个选项供选择。另外还有"平方和"下拉列表框和"在模型中包含截距"复选框。

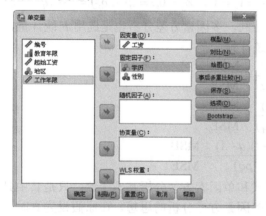 

图 6-7 "单变量"对话框　　　　　　　图 6-8 "单变量：模型"对话框

(1) "全因子"：该设置为系统默认设置。全因子模型包含所有因子主效应、所有协变量主效应以及所有因子间交互，但不包含协变量交互。

(2) "定制"：研究者可以指定其中一部分的交互或指定因子协变量交互，但必须指定要包含在模型中的所有项。选择"定制"后将激活"因子与协变量"和"构建项"选项。

- "因子与协变量"：自动列出作为因素变量的固定因子、随机因子与协变量。研究者可以根据列表中的变量名建立模型。
- "构建项"：包括"交互"、"主效应"、"所有二阶"、"所有三阶"、"所有四阶"和"所有五阶"几个参数。它们分别用以定义进行选择变量的交互效应方差分析、选择变量的主效应方差分析和所有变量的 i 阶交互效应方差分析。"主效应"是指假设某一变量单独变化所引起的观测变量的变化,"交互"是指两个变量的作用存在相互依赖性,即一个变量的效应因另一个变量的水平不同而不同。

(3) "平方和":用于定义平方和的分解方法,包括"类型Ⅰ"、"类型Ⅱ"、"类型Ⅲ"和"类型Ⅳ"四个选项。其中"类型Ⅲ"是系统默认值。

(4) "在模型中包含截距":用于选择是否在模型中包含截距平方和。系统默认选择此项。

本例的模型设置均选择系统默认值。设置完毕后,单击"继续"按钮返回主对话框。

4. 对比设置

单击"对比"按钮,打开"单变量:对比"对话框(见图6-9)。该对话框包括"因子"和"更改对比"两个选项组。对比设置用来检验因子的水平之间的差值。研究者可以为模型中的每个因子指定对比方法,对比代表参数的线性组合。具体操作是:单击"因子"列表框内想要设置对比方法的因子项,激活"更改对比"选项组中的各选项。在"对比"下拉列表框中选择对比方法。单击"更改"按钮可以更改已设置的对比方法。各对比方法的含义如下。

(1) "无":不进行因子的水平差值的对比。

(2) "偏差":对比各因子的每个水平的效应,可以选择"最后一个"或"第一个"作为忽略水平。

(3) "简单":因子的每个水平都与参考水平进行对比。可以选择"最后一个"或"第一个"作为参考水平。

(4) "差值":除第一个水平外,将因子的每一水平的效应都与其前面的各水平的平均效应进行对比。

(5) Helmert:除最后一个水平外,将因子的每一水平的效应都与其后面的各水平的平均效应进行对比。

(6) "重复":除第一个水平外,将因子的每一水平的效应都与其前面的水平的效应进行对比。

(7) "多项式":第一级自由度包括线性效应与因子水平的交叉,第二级包括二次效应等,各水平彼此的间隔被假设是均匀的。

本例选择"无",即不进行因子的水平差值的对比。设置完毕后,单击"继续"按钮返回。

5. 概要图设置

单击"绘图"按钮,打开"单变量:概要图"对话框(见图6-10)。该对话框用于制作固定因子交互作用图(概要图)。概要图是一个线图,其中的每个点表示因子的一个水平上的估计因变量边际平均值(已针对任何协变量进行调整)。第二个因子的水平可用来绘制分离线。第三个因子中的每个水平可用来创建分离图。所有固定和随机因子(如果存在)都可用于图。对于多变量分析,将为每个因变量创建概要图。在重复测量分析中,主体间因子和主体内因子均可以用在概要图中。单击 图标将"学历"选入"水平轴"列表框,作为概要图的横坐标变量。单击 图标将"性别"选入"单图"列表框,作为分离线变量。如果"因子"列表框还有其他因素变量,可将其选入"多图"列表框,作为分图变量。然后,单击"添加"按钮,"图"列表框自动生成图形表达式(见图 6-10)。设置完毕后,单击"继续"按钮返回。概要图对于比较模型中的边际平均值是有用的。

图 6-9 "单变量:对比"对话框

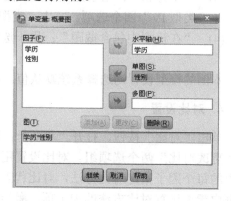

图 6-10 "单变量:概要图"对话框

6. 事后多重比较设置

单击"事后多重比较"按钮,打开"单变量:观测平均值的事后多重比较"对话框(见图 6-11)。该对话框用于设置各因子方差分析多重比较的检验方法。其设置与 6.2.2 节的"单因素 ANOVA:事后多重比较"对话框的设置类似,各检验方法的含义也相同,在此不再重述。本例选择对"学历"进行事后检验,检验方法选择 LSD 和 Tukey。

7. 保存设置

单击"保存"按钮,打开"单变量:保存"对话框(见图 6-12)。使用该对话框可以将分析结果中的一些指标保存为新的变量。该对话框包括四个选项组:"预测值"、"诊断"、"残差"和"系数统计",具体含义如下。

图 6-11 "单变量:观测平均值的事后多重比较"对话框

图 6-12 "单变量:保存"对话框

(1) "预测值"选项组：用于设置预测值，包括三个选项。
- "未标准化"：选择该项将给出未标准化的预测值。
- "加权"：选择该项将给出加权的预测值。
- "标准误差"：选择该项将给出未标准化的预测值的标准误差。

(2) "诊断"选项组：选择诊断方法用于测量并识别对模型影响较大的观测值或自变量，包括 Cook 距离和杠杆值两种方法。

(3) "残差"选项组：包括五个残差选项。
- "未标准化"：该项给出非标准化的残差值，即观测值与预测值之差。
- "加权"：如果在"单变量"对话框中选择了"WLS 权重"，那么该选项将保持加权的非标准化残差。
- "标准化"：该项给出标准化残差，即 Pearson 残差。
- "学生化"：该项给出学生化残差。
- "删除"：删除残差，当某个个案从回归系数的计算中排除时，该个案的残差，即因变量的值和调整预测值之间的差被删除。

(4) "系数统计"选项组：将模型中的参数估计值的协方差矩阵写入当前会话中的新数据集，或写入外部 IBM SPSS Statistics 数据文件。对于每个因变量，将存在一行参数估计值、一行与参数估计值对应的 T 统计的显著性值以及一行残差自由度。对于多变量模型，每一个因变量都存在类似的行。可以在读取矩阵文件的其他过程中使用此矩阵文件。

对于该案例，我们无须进行分析数值的保存，因此不进行选择。设置完毕后，单击"继续"按钮返回"单变量"对话框。

8. 选项设置

单击"选项"按钮，打开"单变量：选项"对话框(见图 6-13)。该对话框包括"估计边际平均值"和"输出"两个选项组及"显著性水平"文本框，具体含义如下。

(1) "估计边际平均值"选项组：该选项组包括"因子与因子交互"和"显示平均值"两个列表框。"因子与因子交互"列表框列出"模型"对话框中指定的效应项。在此选择各种效应项，单击 图标将其选入"显示平均值"列表框。因为本例的指定模型为"全因子"，因此将 OVERALL 选入"显示平均值"列表框。当有主效应被选入"显示平均值"列表框时，可以激活"比较主效应"选项。在"置信区间调节"下拉列表框可以选择比较的方法，有三个选项："LSD(无)"表示不进行调整、Bonferroni 适用于要比较的均值对数较少的情况、Sidak 可以计算 T 统计量进行多重配对比较，调整多重比较的显著性水平。

(2) "输出"选项组：用以提供要输出的统计量类型，共包括 10 个选项。
- "描述统计"：可以生成所有单元格中的所有因变量观察到的平均值、标准差和计数。
- "功效估计"：可以给出每个作用和每个参数估计值的偏 Eta 方值。
- "观察势"：当基于观察值设置备用假设时，选择"观察势"可获取检验的势。
- "参数估计"：可为每个检验生成参数估计值、标准误差、T 检验、置信区间和检验的观察势。
- "对比系数矩阵"：选中"对比系数矩阵"复选框，可获取 L 矩阵。

- "同质性检验"：为跨主体间因子所有水平组合的每个因变量生成 Levene 的方差同质性检验(仅对于主体间因子)。
- "分布-水平图"和"残差图"：对于检查关于数据的假设很有用。如果不存在任何因子，那么禁用此项。选择残差图可为每个因变量生成观察-预测-标准化残差图。这些图对于调查方差相等的假设很有用。
- 选择"缺乏拟合优度检验"：用以检验因变量和自变量之间的关系是否能由模型充分地描述。
- "一般估计函数"：允许基于常规可估计函数构造定制的假设检验。任何对比系数矩阵中的行均是常规可估计函数的线性组合。

(3) "显著性水平"：可以调整用于事后检验的显著性水平，以及用于构造置信区间的置信度。一般选择系统默认的 95%置信区间。本例选择系统默认值。设置完毕后，单击"继续"按钮返回"单变量"对话框。

该对话框中，本例选择项如图 6-13 所示。设置完成后，单击"继续"按钮返回。

图 6-13 "单变量：选项"对话框

9．输出分析结果

单击"确定"按钮，完成所有设置，SPSS 的查看器窗口输出分析结果(见表 6-9 至表 6-15 及图 6-14 至图 6-16)。

10．分析结果解读

(1) 表 6-9 为主体间因子列表。该表共有两个因子："教育年限"和"性别"，分别又包含三个水平和两个水平。"数字"表示因子各水平对应的样本的个案数。

(2) 表 6-10 为描述统计表。该表提供了因变量"当前工资"在各个因子的各个水平上的平均值、标准偏差和个案数。从表中可以看出，在"高中"和"大学"两个教育年限的水平上，男性平均工资都多于女性，而在"研究生"水平上，女性高于男性。另外，随着教育年限的增加，男性和女性的平均工资也在递增，最高平均工资为研究生水平。

(3) 表 6-11 为方差齐性检验表。从表中可以看出，显著性 $P=0.000$，小于 0.05。说明方差齐性检验未通过。因此，表 6-12 的事后多重比较表也不具参考价值。

表 6-9 主体间因子表

		值标签	数字
教育年限	1	高中及以下	243
	2	大学	181
	3	研究生	50
性别	1	女	216
	2	男	258

表 6-10 描述统计表

因变量：当前工资

教育年限	性别	平均值	标准偏差	数字
高中及以下	女	$23,654.81	$4,546.111	158
	男	$29,108.82	$5,396.360	85
	总计	$25,562.59	$5,505.399	243
大学	女	$32,567.28	$10,088.992	57
	男	$39,146.81	$15,460.401	124
	总计	$37,074.81	$14,296.569	181
研究生	女	$69,368.75	$22,283.216	12
	男	$67,373.68	$18,058.680	38
	总计	$67,852.50	$18,933.044	50
总计	女	$28,309.34	$13,152.230	227
	男	$40,035.04	$18,319.538	247
	总计	$34,419.57	$17,075.661	474

表 6-11 误差方差的齐性 Levene's 检验[a]

因变量：当前工资

F	df1	df2	显著性
22.792	5	468	.000

注：检验各组中因变量的误差方差相等的零假设。

a. 设计：截距+学历+性别+学历*性别

表 6-12 事后多重比较表

因变量：当前工资

	(I) 教育年限	(J) 教育年限	平均值差值 (I-J)	标准错误	显著性	95% 的置信区间	
						下限值	上限
LSD(L)	高中及以下	大学	-$11,512.21*	$1,096.032	.000	-$13,665.97	-$9,358.46
		研究生	-$42,289.91*	$1,733.519	.000	-$45,696.35	-$38,883.46
	大学	高中及以下	$11,512.21*	$1,096.032	.000	$9,358.46	$13,665.97
		研究生	-$30,777.69*	$1,783.465	.000	-$34,282.28	-$27,273.10

续表

	(I) 教育年限	(J) 教育年限	平均值差值(I-J)	标准错误	显著性	95% 的置信区间	
						下限值	上限
LSD(L)	研究生	高中及以下	$42,289.91*	$1,733.519	.000	$38,883.46	$45,696.35
		大学	$30,777.69*	$1,783.465	.000	$27,273.10	$34,282.28

注：基于观察到的平均值。

误差项是均方(误差) = 124613653.499。

*. 均值差的显著性水平为 .05。

(4) 表 6-13 为主体间效应检验表。该表包括变异来源、III 类平方和、自由度、均方、F 值、显著性水平值、偏 Eta 平方值、非中心参数及观测幂。"校正的模型"栏的 F=127.751，P=0.000，达到非常显著水平，表示上述的"学历"和"性别"两个因子中至少有一个对工资有很大影响，至于是哪一个，需要继续查看后续分析结果。由表可知，"学历"的主效应 F=226.372，P=0.000，达到非常显著的水平，说明"学历"对因变量"当前工资"的影响很大。相反，"性别"的主效应 F=5.273，P=0.022，小于 0.05，说明"性别"对"当前工资"的变异也有一定的影响。而"学历*性别"的交互效应 F=2.207，而 P=0.111，大于显著性水平 0.05，说明交互效应没有达到显著水平。从偏 Eta 平方值(即 R^2)来看，"校正的模型"的 R^2=0.577，表示自变量可以解释因变量 57.7%的变异量，说明自变量与因变量的关联性很高，而调整后的 R^2(0.573)则是关联强度系数。同样，自变量"学历"的偏 Eta 平方值为 0.492，表示"学历"可以解释因变量的变异量的 49.2%，两者之间也是高相关。而"性别"的偏 Eta 平方值为 0.011，表示"性别"和因变量"当前工资"之间关联性很低。"学历*性别"的偏 Eta 平方值为 0.009，表明与因变量的关联性更低。"观测幂"为统计检验力，"校正的模型"的统计检验力为 1.000(即 100%)，表示该分析推论犯第二类错误的概率为 0%，决策正确率为 100%。统计检验力的临界值为 0.8。

表 6-13 主体间效应检验表

因变量：当前工资

源	III 类平方和	自由度	均方	F	显著性	偏 Eta 平方	非中心参数	观测幂[b]
校正的模型	79597305598.980[a]	5	15919461119.796	127.751	.000	.577	638.753	1.000
截距	444965027477.656	1	444965027477.656	3570.757	.000	.884	3570.757	1.000
学历	56418087550.098	2	28209043775.049	226.372	.000	.492	452.744	1.000
性别	657125810.406	1	657125810.406	5.273	.022	.011	5.273	.630
学历*性别	549964391.217	2	274982195.609	2.207	.111	.009	4.413	.450
错误	58319189837.360	468	124613653.499					
总计	699467436925.000	474						
校正后的总变异	137916495436.340	473						

注：a. R^2 = .577 (调整后，R^2=.573)

b. 用 α = .05 进行计算

(5) 表 6-14 所示为当前工资的均一子集。该表对在 0.05 显著水平上没有显著差异的组别进行了归类，作为同类子集。从表中可以看出，高中、大学和研究生的不同教育年限所对应的当前工资分属不同的子集，说明当前工资在各教育年限水平上的均值彼此差异巨大。另外，工资均值随教育年限的增加而增加，最少的是高中及以下水平，为$25,562.59，最高的是研究生水平，为$67,852.50，而大学水平的当前工资的均值位于上述两者之间，为$37,074.81。这也证明了主体间效应检验的结果是正确的。

表 6-14 当前工资的均一子集

	教育年限	数字	子集 1	子集 2	子集 3
Tukey B[a,b,c]	高中及以下	243	$25,562.59		
	大学	181		$37,074.81	
	研究生	50			$67,852.50

注：将显示同类子集中的组均值。

基于观察到的平均值。

误差项是均方(误差) = 124613653.499。

a. 使用调和平均值样本大小 = 101.214。

b. 组大小不相等。使用了组大小的调和平均值。无法保证类型 I 错误水平。

c. α = .05。

(6) 图 6-14 到图 6-16 分别是当前工资的标准差与平均值散点图、方差与平均值散点图和边际平均值。从图 6-13 和图 6-14 可以看出，当前工资的均值在男女性别的两个水平上都随教育年限的增加呈上升趋势。从图 6-15 可以看出，教育年限和性别有交互效应，但是从主体间效应检验表可知，交互效应没有达到显著性程度。

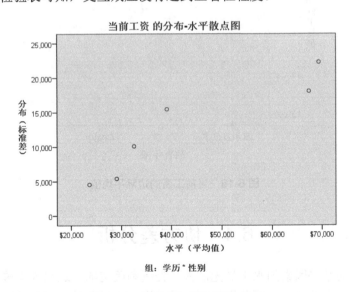

图 6-14 标准差与平均值散点图

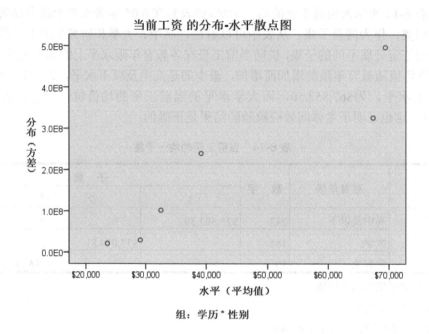

图 6-15 方差与平均值散点图

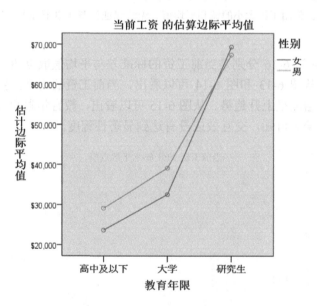

图 6-16 当前工资的边际平均值

6.4 协方差分析

方差分析中的某些因素的水平是无法人工控制和确定的，这些因素被称为协变量，协变量一般为连续类型的数据。既分析控制变量的影响，又分析协变量的影响及协变量和控制变量的关系的分析方法称为协方差分析。

6.4.1 协方差分析的统计学原理

协方差分析的基本思想是将难以人为控制的因素作为协变量,首先通过线性回归方法消除干扰因素的影响,之后进行方差分析。协方差分析将观测变量的变化归结为四种影响的共同作用:控制变量的各自独立影响、控制变量交互作用的影响、协变量的影响以及随机因素的影响。协方差分析就是在分析观测变量方差时,扣除协变量影响的方差后,再分析控制变量对观测变量的影响,从而实现对控制变量效果的准确评价。

协方差分析要求协变量应是连续数值,多个协变量间互相独立,且与控制变量之间没有交互影响。前面单因素方差分析和多因素方差分析中的控制变量都是一些定性变量,而协方差分析中既包含了定性变量(控制变量),又包含了定量变量(协变量)。协方差分析在扣除协变量的影响后再对修正后的主效应进行方差分析,是一种把直线回归或多元线性回归与方差分析结合起来的方法。其中的协变量一般是连续性变量,并假设协变量与因变量间存在线性关系,且这种线性关系在各组一致,即各组协变量与因变量所建立的回归直线基本平行。当有一个协变量时,称为一元协方差分析,当有两个或两个以上的协变量时,称为多元协方差分析。

单因素协方差分析的数学模型为

$$X_{ij} = \mu + \alpha_i + \beta Z_{ij} + \varepsilon_{ij}, \ i=1,2,\cdots,k; \ j=1,2,\cdots,n_i$$

式中,α_i 是控制变量各水平对观测变量样本的影响;Z_{ij} 是协变量对应于观测变量的取值;β 是协变量对观测变量的影响系数;ε_{ij} 是服从正态分布的随机误差。从模型上看,协变量是连续变量。

1. 协方差分析中的假设条件

(1) 协变量对观测变量的线性影响是不显著的。
(2) 在协变量影响扣除的条件下,控制变量各水平下观测变量的总体均值无显著差异,控制变量各水平对观测变量的效应同时为零。

协方差分析的检验统计量仍采用 F 统计量,它们是各均方与随机因素引起的均方的比。

2. 协方差分析的应用条件

(1) 各样本须是相互独立的随机样本。
(2) 各样本来自正态分布总体。
(3) 各总体方差相等,即方差齐性。

6.4.2 SPSS 协方差分析的案例应用

案例:在 6.3.2 节的案例分析中,我们发现当前工资和教育年限密切相关,但同时我们发现还有一些其他因素在影响当前工资的水平,比如"工作年限"因素。因此我们在比较当前工资的差异时,不考虑工作年限的因素是不合理的。我们将其作为协变量,仍然将"学历"和"性别"作为控制因素,分析控制因素和协变量之间是否有显著的交互效应。具体操作步骤与 6.3.2 节类似，所不同的是协方差分析要选择一个变量作为协变量参与分析。具体操作如下。

1. 启动程序

打开数据文件"教育背景与薪水.sav"，选择"分析"|"一般线性模型"|"单变量"命令，打开"单变量"对话框。

2. 选择变量

在"单变量"对话框的左侧列表框中选择变量"工资"，单击图标将其选入"因变量"列表框。选择自变量"学历"和"性别"，单击图标将其选入"固定因子"列表框。选择"工作年限"，单击图标将其选入"协变量"列表框(见图 6-17)。

3. 模型设置

单击"模型"按钮，打开"单变量：模型"对话框，选择"定制"，激活"因子与协变量"列表框。选择"构建项"的"主效应"类型，分别选中"学历"、"性别"和"工作年限"，并单击图标将其选入"模型"列表框；然后选择"构建项"的"交互"类型，再同时选中上述三个变量，并单击图标将其选入"模型"列表框(见图 6-18)。单击"继续"按钮，返回"单变量"对话框。

4. 选项设置

单击"选项"按钮，打开"单变量：选项"对话框，选中"因子与因子交互"列表框中的 OVERALL，单击图标将其选入"显示平均值"列表框内。在"输出"选项组中选中"描述统计"和"功效估计"复选框(见图 6-19)。单击"继续"按钮，返回"单变量"对话框。(其他各项参数设置参见 6.3.2 节，此处不再一一详述。)

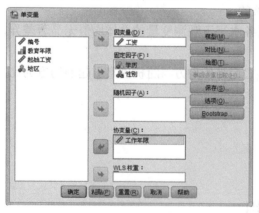

图 6-17 "单变量"对话框

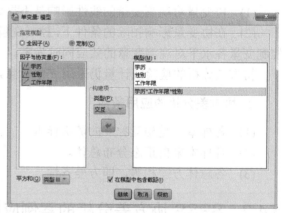

图 6-18 "单变量：模型"对话框

第 6 章 方差分析

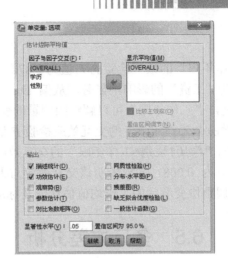

图 6-19 "单变量：选项"对话框

5. 输出分析结果

单击"确定"按钮完成设置，SPSS 的查看器输出分析结果(见表 6-15 和表 6-16)。

表 6-15 主体间效应的检验表

因变量：当前工资

源	III 类平方和	自由度	均 方	F	显著性	偏 Eta 平方
校正的模型	79802532950.784[a]	9	8866948105.643	70.796	.000	.579
截距	65760790800.058	1	65760790800.058	525.055	.000	.531
学历	7769123425.575	2	3884561712.788	31.016	.000	.118
性别	410058264.337	1	410058264.337	3.274	.071	.007
工作年限	359734673.363	1	359734673.363	2.872	.091	.006
学历 * 性别 * 工作年限	493322556.592	5	98664511.318	.788	.559	.008
错误	58113962485.555	464	125245608.805			
总计	699467436925.000	474				
校正后的总变异	137916495436.340	473				

注：a. R^2 = .579 (调整后，R^2 = .570)

表 6-16 调整协变量后的估计边际平均值

因变量：当前工资

平均值	标准错误	95% 的置信区间	
		下限值	上 限
43469.994[a]	723.090	42049.056	44890.931

注：a. 按下列值对模型中显示的协变量进行求值：工作年限 = 1.93。

6. 分析结果解读

从表 6-15 可知，"工作年限"的效应检验的 F 值为 2.872，P 值为 0.091，大于 0.05，表明"工作年限"对因变量"工资"的影响不显著。从偏 Eta 平方值(即 R^2)来看，"工作年限"的 R^2=0.006，也就是，"工作年限"可以解释因变量的变异量的 0.6%，两者之间相关度很低。同样，"学历*性别*工作年限"的交互效应检验 F 值为 0.788，P 值为 0.559，远大于 0.05 的临界值，表明"学历*性别*工作年限"的交互效应对因变量"工资"的影响很不显著。其偏 Eta 平方值为 0.008，同样表明该交互效应与因变量的相关度很低，可以忽略不计。表 6-16 给出了调整协变量后的工资均值估计值及标准错误。

6.5 多元方差分析

20 世纪 60 年代以后，随着计算机科学的发展，多元方差分析方法在心理学以及其他许多学科的研究中得到了越来越广泛的应用。多元方差分析是研究多个控制因素(自变量)与多个因变量相互关系的一种统计理论和方法，又称多变量分析。多元分析实质上是单变量统计方法的发展和推广，适用于研究控制因素同时对两个或两个以上的因变量产生影响的情况，用来分析控制因素取不同水平时这些因变量的均值是否存在显著差异。

6.5.1 多元方差分析的统计学原理

多元方差分析用以研究多个因变量在控制因素取不同水平时是否有显著差异。其基本原理同单因变量的方差分析接近。但是，多元方差分析还应用了协方差分析所提供的信息，因为所要分析的因变量之间可以存在一定的相关性。

多元方差分析是把总变异按照其来源(或实验设计)分为多个部分，从而检验各个因素对因变量的影响以及各因素间交互作用的统计方法。在这个过程中可以分析每个因素的作用，也可以分析因素之间的交互作用、分析协方差，以及各控制因素与协变量之间的交互作用。该过程要求因变量随机采自多元正态总体，且总体中各单元的方差相同，但也可以通过方差齐性检验选择均值比较结果。多元方差分析的优点是可以在一次研究中同时检验具有多个水平的多个因素各自对因变量的影响以及各因素间的交互作用。

多元方差分析的条件是：各个控制因素每一水平的样本必须是独立的随机样本，其重复观测的数据服从正态分布，且各总体方差相等。因变量和协变量必须是数值型变量且协变量与因变量相关。控制因素是分类变量，可以是数值型也可以是长度不超过 8 个字符的字符型变量。

6.5.2 SPSS 多元方差分析的案例应用

案例：有研究者对不同婚姻状况、不同性别的不同年龄阶段的人的生活方式做了一次较大规模的随机调查，获得 880 个有效个案的数据资料，并汇集保存为"生活方式调查.sav"。请依据该调查尝试对不同婚姻状况、不同性别的不同年龄阶段的人的清晨锻炼状况和早餐状况做出分析并得出结论。

提示：该分析中包括三个因素变量：婚姻状况、性别和年龄；两个因变量：锻炼状况和早餐状况。由于因变量为两个，因此需要采取多元方差分析。

该分析过程与单因变量方差分析类似，具体步骤如下。

1. 启动程序

打开数据文件"教育背景与薪水.sav"，选择"分析"|"一般线性模型"|"多变量"命令，打开"多变量"对话框。

2. 选择变量

在"多变量"对话框左侧列表框中分别选择变量"锻炼情况"和"早餐状况"，单击图标将其选入"因变量"列表框内。分别选择自变量"年龄"、"婚姻状况"和"性别"，单击图标将其选入"固定因子"列表框(见图 6-20)。

3. 选项设置

单击"选项"按钮，打开"多变量：选项"对话框(见图 6-21)。分别选择"因子与因子交互"列表框中的 OVERALL 和"婚姻状况"，单击图标将其选入"显示平均值"列表框，并选中"比较主效应"复选框，在"置信区间调节"下拉列表框中选择"LSD(无)"(该参数框提供了三种比较主效应的方法，具体含义参见 6.3.2 节)。研究者还可以选择多个因子和因子交互显示平均值，已进行更多的主效应比较。在此我们仅以"婚姻状况"为例。在"输出"选项组中选中"描述统计"、"功效估计"和"同质性检验"复选框。设置完毕后，单击"继续"按钮返回"多变量：选项"对话框。

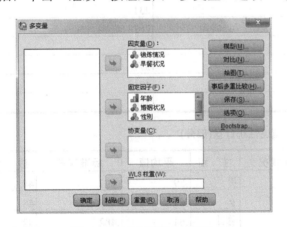
图 6-20 "多变量"对话框

图 6-21 "多变量：选项"对话框

"多变量：选项"对话框的"输出"复选框和"单变量：选项"对话框的"输出"复选框大致相同，有所差异的有以下三项：

(1) "SSCP 矩阵"：给出每个效应的平方和与叉积矩阵，并给出设计中的每个效应假设的和误差的 SSCP 矩阵，每个组间效应有不同的 SSCP 矩阵，但所有组间效应只显示一个误差矩阵。

(2) 残差 SSCP 矩阵：给出 SSCP 残差的平方和与叉积矩阵，残差 SSCP 矩阵的维度和模型中的因变量数量相同，残差的协方差矩阵为 SSCP 除以残差自由度，残差相关矩阵由残差协方差矩阵标准化得来。

(3) "转换矩阵"：结果显示为因变量之间的转换系数，或称 M 矩阵。

4. 输出分析结果

单击"确定"按钮，完成设置，SPSS 的查看器窗口输出分析结果(见表 6-17 至表 6-26)。

5. 分析结果解读

(1) 表 6-17 为主体间因子列表。该表共有三个因子："年龄分类"、"婚姻状况"和"性别"，各因子又分别包含四个水平、两个水平和两个水平。"数字"表示因子各水平对应的样本的个案数。

(2) 表 6-18 为描述性统计量表(部分)。该表提供了因变量"清晨身体锻炼"和"首选早餐"在各个因子的各个水平上的平均值、标准偏差和个案数。

(3) 表 6-19 所示为协方差矩阵的齐性 Box's 检验结果。该检验的零假设是：因变量的协方差矩阵在各组中相等。从表中数据可知，显著性水平 P 值为 0.000，小于 0.05，于是该检验拒绝零假设，因变量的协方差矩阵不相等。

表 6-17 主体间因子

		值标签	数 字
年龄分类	1	<31	181
	2	31~45	206
	3	46~60	231
	4	>60	262
婚姻状况	0	未婚	303
	1	已婚	577
性别	0	男	424
	1	女	456

表 6-18 描述性统计量(部分)

	年龄分类	婚姻状况	性 别	平均值	标准偏差	数 字
清晨身体锻炼	<31	未婚	男	.59	.497	44
			女	.69	.468	48
			总计	.64	.482	92
		已婚	男	.66	.480	41
			女	.52	.505	48
			总计	.58	.496	89
		总计	男	.62	.487	85
			女	.60	.492	96
			总计	.61	.488	181
		…	…	…	…	…

续表

	年龄分类	婚姻状况	性别	平均值	标准偏差	数字
首选早餐	<31	未婚	男	1.86	1.002	44
			女	1.85	.989	48
			总计	1.86	.990	92
		已婚	男	2.27	.975	41
			女	2.23	.951	48
			总计	2.25	.957	89
		总计	男	2.06	1.004	85
			女	2.04	.983	96
			总计	2.05	.990	181
	…	…	…	…	…	…

表 6-19 协方差矩阵的齐性 Box's 检验结果 [a]

Box's M(B)	137.434
F	2.996
df1	45
df2	226711.573
显著性	.000

注：检验各组中观察到的因变量的协方差矩阵相等的零假设。

a. 设计：截距+年龄+婚姻状况+性别+年龄*婚姻状况+年龄*性别+婚姻状况*性别+年龄*婚姻状况*性别

(4) 表 6-20 所示为本次多元方差分析的检验结果，也是全部分析结果中最重要的部分。SPSS 提供了四种检验方法，分别介绍如下。

- "Pillai's 轨迹"：该检验的值恒为正值，值越大表明该效应对模型的贡献越大。
- "Wilks' Lambda"：该检验的值取值范围是 0～1，值越小表明该效应对模型的贡献越大。
- "Hotelling's 轨迹"：该值用于检验矩阵特征根之和，值越大表明该效应对模型的贡献越大。
- "Roy 最大根"：该值用于检验矩阵特征根中的最大值，值越大表明该效应对模型的贡献越大。

如果协方差矩阵的齐性 Box's 检验结果为显著性概率 P 值大于 0.05，那么方差齐性假设成立，我们即用 Wilks' Lambda 的检验值来进行判断；反之，则用看其他几项检验数据来进行判断。

本例中，表 6-19 显示协方差矩阵的齐性 Box's 检验中显著性概率 $P=0.000$，小于 0.05，拒绝方差齐性假设。因此要以 "Pillai's 轨迹"、"Hotelling's 轨迹"和 "Roy 最大根"三行数据作为多变量检验的判断依据。在表 6-20 中，以上三种检验方法的结果均一致。"年龄"和"婚姻状况"多变量检验的显著性概率均为 $P=0.000$，都小于 0.05 的临界值，达到显著程度，表明二者对因变量有显著影响。但从表中"值"栏的数据可以看出，"年龄"

和"婚姻状况"的"Pillai's 轨迹"、"Hotelling's 轨迹"和"Roy 最大根"的检验值差异较大,说明以上两个因素变量对因变量的影响有所差异,从检验值来看,"年龄"比"婚姻状况"的影响程度更大。同样,对"年龄*性别"及"年龄*婚姻状况*性别"两组的"Pillai's 轨迹"、"Hotelling's 轨迹"和"Roy 最大根"的多变量检验显著性概率 P 均小于 0.05,也达到显著程度,而检验值均为 0.16,说明每组中的因子之间有一定的交互效应,并且对因变量的影响是相同的。

相较之下,对"性别"检验的显著性概率 P 为 0.628,大于 0.05,说明因素变量"性别"对因变量无任何效应。同样,对"年龄*婚姻状况"与"婚姻状况*性别"等因子交互效应检验的显著性概率 P 值也均大于 0.05,而两者的"Pillai's 轨迹"、"Hotelling's 轨迹"和"Roy 最大根"的检验值也都极小,分别为 0.008 和 0.003,表示双方之间几乎不存在交互效应。

总之,在所有的因子和因子交互中,"年龄"、"婚姻状况"、"年龄 * 性别"和"年龄 * 婚姻状况 * 性别"对模型产生了影响。

表 6-20 多变量检验结果 [a]

效应		值	F	假设自由度	误差自由度	显著性	偏 Eta 平方
截距	Pillai's 轨迹	.874	2984.756[b]	2.000	863.000	.000	.874
	Wilks' Lambda	.126	2984.756[b]	2.000	863.000	.000	.874
	Hotelling's 轨迹	6.917	2984.756[b]	2.000	863.000	.000	.874
	Roy 最大根	6.917	2984.756[b]	2.000	863.000	.000	.874
年龄	Pillai's 轨迹	.055	8.123	6.000	1728.000	.000	.027
	Wilks' Lambda	.945	8.202[b]	6.000	1726.000	.000	.028
	Hotelling's 轨迹	.058	8.280	6.000	1724.000	.000	.028
	Roy 最大根	.054	15.519[e]	3.000	864.000	.000	.051
婚姻状况	Pillai's 轨迹	.019	8.333[b]	2.000	863.000	.000	.019
	Wilks' Lambda	.981	8.333[b]	2.000	863.000	.000	.019
	Hotelling's 轨迹	.019	8.333[b]	2.000	863.000	.000	.019
	Roy 最大根	.019	8.333[b]	2.000	863.000	.000	.019
性别	Pillai's 轨迹	.001	.466[b]	2.000	863.000	.628	.001
	Wilks' Lambda	.999	.466[b]	2.000	863.000	.628	.001
	Hotelling's 轨迹	.001	.466[b]	2.000	863.000	.628	.001
	Roy 最大根	.001	.466[b]	2.000	863.000	.628	.001
年龄 * 婚姻状况	Pillai's 轨迹	.008	1.184	6.000	1728.000	.312	.004
	Wilks' Lambda	.992	1.185[b]	6.000	1726.000	.312	.004
	Hotelling's 轨迹	.008	1.185	6.000	1724.000	.311	.004
	Roy 最大根	.008	2.232[c]	3.000	864.000	.083	.008

续表

效应		值	F	假设自由度	误差自由度	显著性	偏 Eta 平方
年龄 * 性别	Pillai's 轨迹	.016	2.356	6.000	1728.000	.029	.008
	Wilks' Lambda	.984	2.363[b]	6.000	1726.000	.028	.008
	Hotelling's 轨迹	.016	2.369	6.000	1724.000	.028	.008
	Roy 最大根	.016	4.712[c]	3.000	864.000	.003	.016
婚姻状况 * 性别	Pillai's 轨迹	.003	1.208[b]	2.000	863.000	.299	.003
	Wilks' Lambda	.997	1.208[b]	2.000	863.000	.299	.003
	Hotelling's 轨迹	.003	1.208[b]	2.000	863.000	.299	.003
	Roy 最大根	.003	1.208[b]	2.000	863.000	.299	.003
年龄 * 婚姻状况 * 性别	Pillai's 轨迹	.016	2.300	6.000	1728.000	.032	.008
	Wilks' Lambda	.984	2.307[b]	6.000	1726.000	.032	.008
	Hotelling's 轨迹	.016	2.313	6.000	1724.000	.031	.008
	Roy 最大根	.016	4.623[c]	3.000	864.000	.003	.016

注：a. 设计：截距+年龄+婚姻状况+性别+年龄*婚姻状况+年龄*性别+婚姻状况*性别+年龄*婚姻状况*性别。

b. 确切的统计。

c. 统计量是 F 的上限，F 会生成显著性水平的下限。

(5) 表 6-21 给出了误差方差齐性检验结果，检验结果表明二者的误差方差的齐性假设都不成立。表 6-22 所示为主体间效应的检验结果。从表 6-20 所示的多变量检验结果可以知道，有些因子或因子交互对模型有一定的影响，但要想知道究竟是对模型中的哪些因变量产生了影响，就要对各因变量分别进行单因素方差分析，即表 6-22 所示的主体间效应的检验结果。从结果看来，"年龄"对"清晨身体锻炼"的效应显著性为 0.000，小于 0.001，达到极其显著的水平，而对于"首选早餐"的效应显著性为 0.036，小于 0.05，也达到了显著水平，同时 F 值和偏 Eta 平方值的大小也说明了"年龄"对"清晨身体锻炼"的效应大于对"首选早餐"的效应；"婚姻状况"对"清晨身体锻炼"的效应显著性为 0.602，没有达到显著水平，即对因变量"清晨身体锻炼"没有影响，但是"婚姻状况"对"首选早餐"的效应显著性为 0.000，达到非常显著水平，即对因变量"首选早餐"影响重大；同样，"年龄 * 性别"和"年龄 * 婚姻状况 * 性别"对因变量"清晨身体锻炼"的效应显著性分别为 0.003 和 0.004，均小于 0.05 的临界值，达到显著水平。其他因子或因子交互对因变量的效应均未达到 0.05 的显著水平值，对因变量的影响可以忽略不计。

表 6-21 误差方差的齐性 Levene's 检验结果[a]

	F	df1	df2	显著性
清晨身体锻炼	6.587	15	864	.000
首选早餐	29.200	15	864	.000

注：检验各组中因变量的误差方差相等的零假设。

a. 设计：截距+年龄+婚姻状况+性别+年龄*婚姻状况+年龄*性别+婚姻状况*性别+年龄*婚姻状况*性别

表 6-22 主体间效应的检验结果

源	因变量	III 类平方和	自由度	均方	F	显著性	偏 Eta 平方
校正的模型	清晨身体锻炼	17.446[a]	15	1.163	4.993	.000	.080
	首选早餐	20.647[b]	15	1.376	2.218	.005	.037
截距	清晨身体锻炼	160.171	1	160.171	687.673	.000	.443
	首选早餐	2926.601	1	2926.601	4716.639	.000	.845
年龄	清晨身体锻炼	10.332	3	3.444	14.787	.000	.049
	首选早餐	5.311	3	1.770	2.853	.036	.010
婚姻状况	清晨身体锻炼	.063	1	.063	.272	.602	.000
	首选早餐	10.353	1	10.353	16.685	.000	.019
性别	清晨身体锻炼	.088	1	.088	.377	.539	.000
	首选早餐	.269	1	.269	.434	.510	.001
年龄 * 婚姻状况	清晨身体锻炼	.495	3	.165	.709	.547	.002
	首选早餐	3.519	3	1.173	1.891	.130	.007
年龄 * 性别	清晨身体锻炼	3.275	3	1.092	4.687	.003	.016
	首选早餐	.101	3	.034	.054	.983	.000
婚姻状况 * 性别	清晨身体锻炼	.546	1	.546	2.344	.126	.003
	首选早餐	.003	1	.003	.005	.944	.000
年龄 * 婚姻状况 * 性别	清晨身体锻炼	3.073	3	1.024	4.398	.004	.015
	首选早餐	.100	3	.033	.053	.984	.000
错误	清晨身体锻炼	201.240	864	.233			
	首选早餐	536.099	864	.620			
总计	清晨身体锻炼	406.000	880				
	首选早餐	4522.000	880				
校正后的总变异	清晨身体锻炼	218.686	879				
	首选早餐	556.745	879				

注：a. $R^2 = .080$ (调整后的 $R^2 = .064$)
　　b. $R^2 = .037$ (调整后的 $R^2 = .020$)

(6) 表 6-23 至表 6-26 所示为因素变量"婚姻状况"对因变量的估计边际平均值的一系列结果数据。表 6-23 给出了模型的参数估计值，包括平均值、标准错误和 95% 置信区间等信息。表 6-24 所示为成对比较结果，可以看出，"已婚"和"未婚"在"首选早餐"上差异显著，而在是否"清晨锻炼身体"上没有显著差异。表 6-25 所示为"婚姻状况"的多变量效应，其结果和表 6-20 一致。表 6-26 所示的单变量检验结果也进一步验证了表 6-22 所示的主体间效应的检验结果。

第 6 章 方差分析

表 6-23 参数估计值

因变量	婚姻状况	平均值	标准错误	95% 的置信区间	
				下限值	上限
清晨身体锻炼	未婚	.495	.031	.435	.555
	已婚	.476	.021	.435	.517
首选早餐	未婚	1.953	.050	1.855	2.050
	已婚	2.200	.034	2.132	2.267

表 6-24 成对比较结果

因变量	(I) 婚姻状况	(J) 婚姻状况	平均值差值 (I-J)	标准错误	显著性[b]	差值的 95% 置信区间[b]	
						下限值	上限
清晨身体锻炼	未婚	已婚	.019	.037	.602	-.053	.092
	已婚	未婚	-.019	.037	.602	-.092	.053
首选早餐	未婚	已婚	-.247*	.060	.000	-.366	-.128
	已婚	未婚	.247*	.060	.000	.128	.366

注：基于估计边际平均值。

* . 均值差的显著性水平为 .05。

b. 调节多重比较：最小显著差异法(相当于没有调节)。

表 6-25 多变量检验

	值	F	假设自由度	误差自由度	显著性	偏 Eta 平方
Pillai's 轨迹	.019	8.333[a]	2.000	863.000	.000	.019
Wilks' lambda	.981	8.333[a]	2.000	863.000	.000	.019
Hotelling's 轨迹	.019	8.333[a]	2.000	863.000	.000	.019
Roy 最大根	.019	8.333[a]	2.000	863.000	.000	.019

注：每个 F 将检验婚姻状况的多变量效应。这些检验基于估计边际平均值中的线性无关成对比较。

a. 确切的统计。

表 6-26 单变量检验结果

因变量		平方和	自由度	均方	F	显著性	偏 Eta 平方
清晨身体锻炼	对比	.063	1	.063	.272	.602	.000
	错误	201.240	864	.233			
首选早餐	对比	10.353	1	10.353	16.685	.000	.019
	错误	536.099	864	.620			

注：F 检验婚姻状况的效应。此检验基于估计边际平均值之中的线性无关成对比较。

6.6 重复测量方差分析

重复测量是指对同一受试者的某项观测指标在不同时间点上进行多次测量，用于分析观察指标在不同时间上的变化规律。通过重复测量，可以获得对同一观测对象的某项观测指标进行多次测量的数据，即重复测量数据。重复测量数据在科学研究中十分常见。重复测量方差分析是对同一因变量进行重复测量的一种试验设计技术，即在给予因变量一种或多种处理后，分别在不同的时间点上通过重复测量同一个受试者获得指标的观测值，或者是通过重复测量同一个受试者的不同部位(或组织)获得指标的观测值。如经济研究领域中的市场动态的研究；心理研究中观察不同时间段个体的心理调适能力；教育研究中观察不同学期学生成绩的变化等等。

6.6.1 重复测量方差分析的统计学原理

重复测量数据的方差分析是对同一因变量进行重复测度的一种试验设计技术。它可以是同一条件下进行的重复测度，以研究相同条件下的不同处理之间是否存在显著性差异，同时还可以研究受试者之间的差异、受试者几次测量之间的差异以及受试者与各种处理间的交互效应；它也可以是在不同条件下进行的重复测度，目的在于研究各种处理之间是否存在显著性差异的同时，进一步研究重复测度的不同条件间的差异以及这些条件与处理间的交互效应。

1. **重复测量方差分析需要满足的条件**

- 正态性：不同处理水平下的个体取自相互独立的随机样本，其总体均数服从正态分布。
- 方差齐性：不同处理水平下的总体方差相等。
- 因变量的方差-协方差矩阵满足球形假设，即两对象的协方差等于它们方差的均值减去一个常数。

2. **重复测量方差分析的假设检验**

假设对同一组测量对象在 k 个不同的条件下进行重复测量，获得 k 个样本。那么，重复测量方差分析的零假设 H_0 为：k 个样本分别来自均值相同、方差相互独立的总体。SPSS 将 k 次测量的样本看作 k 个因变量，做多元分析检验，如果 F 值大于临界值，就拒绝零假设，反之则接受零假设。

如果定义了组间因素变量，那么组间偏差平方和将反映该分组变量各水平间的差异。此时的零假设 H_0 为：该分组变量各水平下的样本来自均值相同的总体。若组间均方和的值远大于误差均方和，造成 F 值大于临界值，就否定零假设，反之则接受零假设。

在重复测量方差分析中，因变量应该为数值型变量，因素变量应该为分类变量，协变量应为与因变量相关的数值变量。分析前要对重复测量数据之间是否存在相关性进行球形检验。如果该检验结果为 $P>0.05$，则说明重复测量数据之间不存在相关性，测量数据符合

Huynh-Feldt 条件(H-F 条件)，可用重复测量设计的单变量方差分析方法来处理；如果检验结果 $P \leqslant 0.05$，则说明重复测量数据之间是存在相关性的，不能用单因素方差分析的方法处理数据。此时可以采用调整自由度的方法，需对与时间有关的 F 统计量分子、分母的自由度进行校正，以减少犯 I 类错误的概率，或直接进行多变量方差分析。

6.6.2 SPSS 重复测量方差分析的案例应用

案例：某医院将手术要求基本相同的 15 名患者，随机分为 3 组，在手术过程中对他们分别实施三种麻醉诱导方法，并在实施之前分别测量他们的收缩压，记作"收缩压 0"，然后分别在四个时间点测量他们的收缩压的变化情况，分别记作"收缩压 1"、"收缩压 2"、"收缩压 3"和"收缩压 4"。试对此统计数据进行方差分析并得出结论。

提示：本例是对患者的收缩压在不同时间的测量，即对同一变量的重复测量，可以通过重复测量方差分析来解决。

本例的具体操作步骤如下。

1. 启动程序

打开数据文件"收缩压诱导方法.sav"，选择"分析"|"一般线性模型"|"重复测量"命令，打开"重复测量定义因子"对话框。

2. 定义因子

在"被试内因子名称"文本框中输入"收缩压"，在"级别数"文本框中输入水平数目 5，单击"添加"按钮，将其加入列表框。在"测量名称"文本框中输入"血压"，单击"添加"按钮，将其加入列表框(见图 6-22)。单击"定义"按钮，完成设置。

3. "重复测量"设置

完成步骤 2 并单击"定义"按钮后，打开"重复测量"对话框(见图 6-23)。依次选择"收缩压 0"到"收缩压 4"，并单击图标，分别将其选入"主体内部变量"列表框，选择"方法"，单击图标，将其选入"因子列表"列表框。

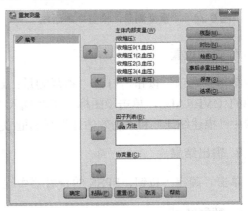

图 6-22 "重复测量定义因子"对话框 图 6-23 "重复测量"对话框

4. 模型设置

单击"模型"按钮，打开"重复测量：模型"对话框。选中"定制"单选按钮，然后分别将"主体内"和"主体间"列表框中的"收缩压"和"方法"选入"主体内模型"和"主体间模型"列表框。"构建项"选择"交互"，"平方和"选择默认值"类型Ⅲ"(见图6-24)。单击"继续"按钮，返回"重复测量：模型"对话框。

5. 概要图设置

单击"绘图"按钮，打开"重复测量：概要图"对话框。分别选择"收缩压"和"方法"，并单击图标，将其分别选入"水平轴"和"单图"列表框，然后单击"添加"按钮，将设置输入"图"列表框(见图6-25)。单击"继续"按钮，返回主对话框。

6. 事后比较设置

单击"事后多重比较"按钮，打开"重复测量：观察到的平均值的事后多重比较"对话框。选择"因子"列表框中的"方法"，单击图标将其选入"事后检验"列表框，在"假定方差齐性"选项组中选择LSD(见图6-26)。单击"继续"按钮，返回主对话框。

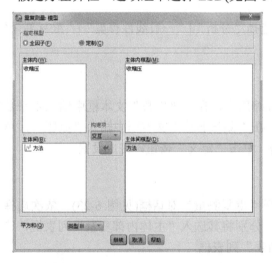

图6-24 "重复测量：模型"对话框

图6-25 "重复测量：概要图"对话框

7. 选项设置

单击"选项"按钮，打开"重复测量：选项"对话框。选择"因子与因子交互"列表框中的 OVERALL，单击图标，将其选入"显示平均值"列表框中。在"输出"选项组中选中"描述统计"和"功效估计"复选框(见图6-27)。单击"继续"按钮，返回主对话框。

8. 输出结果

单击"确定"按钮，SPSS的查看器中输出分析结果(见表6-27至表6-33和图6-28)。

9. 解释结果

(1) 表6-27和表6-28为主体内因子和主体间因子列表，分别为5个水平和3个水平。

表6-29为本次分析的描述性统计量表，该表列出了收缩压在不同的诱导方法下每个测量时间上的平均值和标准偏差。

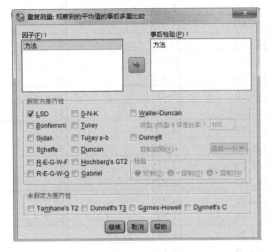

图 6-26 "重复测量：观察到的平均值的事后多重比较"对话框

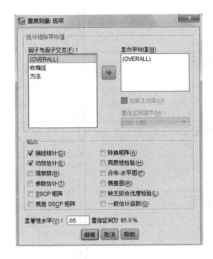

图 6-27 "重复测量：选项"对话框

表 6-27 主体内因子

度量：血压

收缩压	因变量
1	收缩压 0
2	收缩压 1
3	收缩压 2
4	收缩压 3
5	收缩压 4

表 6-28 主体间因子

		数字
诱导方法	1	5
	2	5
	3	5

表 6-29 描述性统计量

	诱导方法	平均值	标准偏差	数字
诱导前收缩压	1	121.00	3.536	5
	2	121.20	4.324	5
	3	126.20	3.633	5
	总计	122.80	4.346	15

续表

	诱导方法	平均值	标准偏差	数 字
T1 收缩压	1	112.40	5.128	5
	2	119.80	5.975	5
	3	123.00	3.391	5
	总计	118.40	6.490	15
T2 收缩压	1	118.40	5.639	5
	2	118.00	5.431	5
	3	118.60	1.949	5
	总计	118.33	4.320	15
T3 收缩压	1	125.80	4.712	5
	2	128.20	5.215	5
	3	142.60	4.827	5
	总计	132.20	8.930	15
T4 收缩压	1	120.80	3.701	5
	2	135.20	4.382	5
	3	130.60	3.715	5
	总计	128.87	7.210	15

(2) 表 6-30 所示为球形检验结果。从表中可以看出,"收缩压"的主体内效应检验显著性 P 为 0.178,大于 0.05 的临界值,满足球形假设。因此表 6-31 所示的主体内效应检验要查看"假设为球形"一行的数据。如果球形检验结果的 P 小于 0.05,不能满足球形假设,就要查看下边的三行数据来做出判断。从表中数据可以看出,"收缩压"和"收缩压*方法"的效应检验 F 值的显著性均为 0.000,达到非常显著。它们的偏 Eta 平方分别解释因变量的 89.9%和 76.1%。这表明不仅收缩压之间差异显著,而且诱导方法的不同造成的收缩压均值差异也很显著。表 6-31 所示主体间效应的检验结果也小于 0.05,达到显著水平,说明不同诱导方法之间有统计学的差异。

表 6-30 Mauchly 球形检验 [a]

度量:血压

主体内效应	Mauchly's W	上次读取的卡方	自由度	显著性	ε [b]		
					Greenhouse-Geisser	Huynh-Feldt	下限值
收缩压	.293	12.785	9	.178	.679	1.000	.250

注:检验正交化转换后因变量的误差协方差矩阵与恒等矩阵成比例的零假设。
 a. 设计:截距+方法
   主体内设计:收缩压
 b. 可用于调整平均显著性检验的自由度。在"主体内效应检验"表中显示已更正的检验。

表 6-31 主体内效应检验

度量:血压

	源	III 类平方和	自由度	均 方	F	显著性	偏 Eta 平方
收缩压	假设为球形	2336.453	4	584.113	106.558	.000	.899
	Greenhouse-Geisser	2336.453	2.715	860.644	106.558	.000	.899

续表

	源	III 类平方和	自由度	均 方	F	显著性	偏 Eta 平方
收缩压	Huynh-Feldt	2336.453	4.000	584.113	106.558	.000	.899
	下限值	2336.453	1.000	2336.453	106.558	.000	.899
收缩压 * 方法	假设为球形	837.627	8	104.703	19.101	.000	.761
	Greenhouse-Geisser	837.627	5.430	154.272	19.101	.000	.761
	Huynh-Feldt	837.627	8.000	104.703	19.101	.000	.761
	下限值	837.627	2.000	418.813	19.101	.000	.761
误差 (收缩压)	假设为球形	263.120	48	5.482			
	Greenhouse-Geisser	263.120	32.577	8.077			
	Huynh-Feldt	263.120	48.000	5.482			
	下限值	263.120	12.000	21.927			

表 6-32 主体间效应的检验

度量：血压

已转换的变量：平均值

源	III 类平方和	自由度	均 方	F	显著性	偏 Eta 平方
截距	1155433.080	1	1155433.080	14649.223	.000	.999
方法	912.240	2	456.120	5.783	.017	.491
错误	946.480	12	78.873			

(3) 表 6-33 所示为本次分析的事后多重检验。可以看出，诱导方法 1 和诱导方法 2 相比，显著性水平 P 值为 0.80，未达到显著；诱导方法 1 和诱导方法 3 相比，显著性 P 值为 0.05，达到显著程度；诱导方法 2 和诱导方法 3 相比，显著性水平 P 值为 0.164，也没有达到显著性水平。总之，诱导方法 1 效果最为显著。

表 6-33 事后多重比较

度量：血压

LSD(L)

(I) 诱导方法	(J) 诱导方法	平均值差值 (I-J)	标准错误	显著性	95% 的置信区间	
					下限值	上限
1	2	-4.80	2.512	.080	-10.27	.67
	3	-8.52*	2.512	.005	-13.99	-3.05
2	1	4.80	2.512	.080	-.67	10.27
	3	-3.72	2.512	.164	-9.19	1.75
3	1	8.52*	2.512	.005	3.05	13.99
	2	3.72	2.512	.164	-1.75	9.19

注：基于观察到的平均值。

误差项是均方(误差) = 15.775。

*. 均值差的显著性水平为 .05。

(4) 图 6-28 所示为血压的估算边际平均值。从图中可以看出三种诱导方法与收缩压的关系，显然三种诱导方法对收缩压平均值的效应不同。第一种诱导方法效果最好。

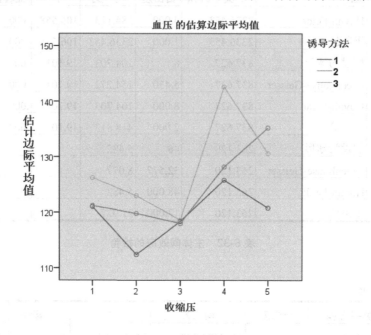

图 6-28　血压的估算边际平均值

6.7　方差成分分析

方差成分分析是一般线性模型的最后一个模块，用于计算方差成分。它可以将总变异精细地分解到不同层次的不同变量上，是一种可以考查各个层次因素的变异大小，找出在某一或某些层次上存在组内聚集性，同时为如何减小数据变异提供依据的统计方法。对于混合效应模型，方差成分分析可以估计每种随机效应对因变量方差的贡献。通过计算方差成分，可以确定减小方差时的重点关注对象。但是方差成分分析实际上只是一个预处理过程，其本身的功能非常有限，只能进行初步分析，为进一步处理提供线索。

6.7.1　方差成分分析的统计学原理

SPSS 的方差成分分析过程，要求因变量是定量变量，因子是分类变量，因变量和因子可以具有数字值或最多 8 个字节的字符串值。方差分析要求至少必须有一个因子是随机的，也就是说，因子的水平必须是可能的水平的随机样本。在方差分析中，协变量是与因变量相关的定量变量。

方差成分分析过程需要验证的假设包括：
- 随机效应的参数的均值为零、方差为有限常数。
- 同一效应的不同参数互不相关，不同随机效应的参数也不相关。
- 残差项需满足零均值和有限方差的假设，且与任意随机效应的参数均不相关。

- 不同观测的残差之间也不相关。

基于这些假设,来自某一随机因子的相同水平的观察值是相关的,这就使得方差成分模型与一般线性模型区分开来。ANOVA 和 MINQUE 两种方法不严格要求参数和残差服从正态分布,它们能缓解违反正态假设所带来的影响;ML 和 REML 方法都要求模型参数和残差项服从正态分布。

6.7.2 SPSS 方差成分分析的案例应用

案例:某汽车销售公司对一年来该公司的汽车销售情况作了一个调查,整理获得一份数据文件"汽车销售调查.sav",希望以此了解购车者的诸如年龄、学历、婚姻状况及收入状况等因素及其交互效应是否影响到对汽车价格的选择。

提示:我们可以通过方差成分分析来解决以上问题。

本例的具体操作步骤如下。

1. 启动程序

打开文件"汽车销售调查.sav",选择"分析"|"一般线性模型"|"方差分量估计"命令,打开"方差成分"对话框。

2. 变量设置

选择"方差成分"对话框中的变量"汽车",单击 图标将其选入"因变量"列表框;选择"教育"和"婚姻",分别单击 图标将其选入"固定因子"列表框;选择"年龄组",单击 图标将其选入"随机因子"列表框;选择"收入",单击 图标将其选入"协变量"列表框(见图 6-29)。

3. 模型设置

单击"模型"按钮,打开"方差成分:模型"对话框(见图 6-30),选择系统默认值"全因子",并取消选中"在模型中包含截距"复选框。单击"继续"按钮,返回"方差成分"对话框。关于该对话框中各选项的含义,参见 6.3.2 节内容。

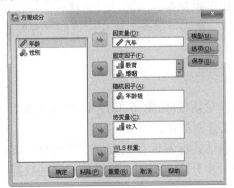

图 6-29 "方差成分"对话框

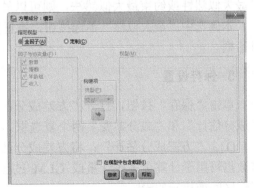

图 6-30 "方差成分:模型"对话框

4. 选项设置

单击"选项"按钮,打开"方差成分:选项"对话框(见图 6-31)。该对话框包括"方法"、"随机效果优先"、"标准"、"平方和"和"输出"五个选项组。其含义分别如下。

(1) "方法":系统提供了四种方法用以估计方差成分:MINQUE(最小范数二次无偏估计)、ANOVA(方差分析)、最大似然(ML)和约束最大似然法(REML)。

- MINQUE:可生成相对于固定效应不变的估计值。如果数据服从正态分布并且估计值是正确的,则此方法可生成所有无偏估计的最小方差。
- ANOVA(方差分析):使用每种效应的类型 I 或类型 III 的平方和计算无偏估计。ANOVA 方法有时会生成负数方差估计,这表示模型不正确、估计方法不合适或需要更多数据。ANOVA 和 MINQUE 不需要正态假设,它们对正态假设的适度偏差来说是稳健的。
- "最大似然"(ML):使用迭代生成与实际观察到的数据最一致的估计值,这些估计值可能存在偏差。此方法是渐近正态分布,ML 和 REML 估计值在转换时保持不变。此方法不考虑估计固定效应时使用的自由度。
- "约束最大似然法"(REML):估计在大多数(如果不是全部)平衡数据的情况下均可减少 ANOVA 估计值。由于此方法要针对固定效应进行调整,因此其标准误差要比 ML 方法的标准误差小。此方法考虑估计固定效应时使用的自由度。ML 和 REML 要求模型参数和残差项服从正态分布。

(2) "随机效果优先":"相等"意味着所有随机效应以及残差项对观察值具有相同的影响;"零"方案就是假设随机效应方差为零。该选项仅对 MINQUE 方法可用。

(3) "平方和":类型 I 平方和用于分层模型,分层模型常用于与方差成分有关的情况。如果选择 GLM 中的缺省选项类型 III,则方差估计值可用在"GLM 单变量"中,进行具有类型 III 平方和的假设检验。该选项仅对 ANOVA 方法可用。

(4) "标准":可以指定收敛标准和最大迭代次数。该选项仅对 ML 或 REML 方法可用。

(5) "输出":对于 ANOVA 方法,可以选择显示平方和与期望均值平方。如果选择了最大似然性或约束最大似然法,则可以显示迭代历史记录。

本例选中"最大似然"单选按钮,设置完毕后,单击"继续"按钮,返回"方差成分"对话框。

5. 保存设置

单击"保存"按钮,打开"方差成分:保存"对话框(见图 6-32)。该对话框包括"方差成分估计"和"成分共变"两个复选框。其含义分别如下。

(1) "方差成分估计":将方差成分估计值和估计标签保存到数据文件或数据集。这些数据可用于计算更多统计量或 GLM 过程的进一步分析。例如,可以使用这些数据计算置信区间或检验假设。

(2) "成分共变":将方协方差矩阵或相关矩阵保存到数据文件或数据集。仅当指定了最大似然或受约束的最大似然时才可用。

图 6-31 "方差成分：选项"对话框

图 6-32 "方差成分：保存"对话框

(3) "创建值的目的文件"：允许为包含方差成分估计值和/或矩阵的文件指定数据文件名称或外部文件名。可以在同一会话中继续使用数据集，但不会将其另存为文件，除非在会话结束之前明确将其保存为文件。数据集名称必须符合变量命名规则。

本例无须保存分析结果，故不做选择。单击"继续"按钮，返回"方差成分"对话框。

6. 输出分析结果

单击"确定"按钮完成设置，SPSS 的查看器窗口将输出分析结果(见表 6-33～表 6-35)。

7. 分析结果解读

表 6-34 给出了方差成分分析的因子级别。本次分析共有 3 个因子，分别有 5 个、5 个和 2 个水平。表 6-35 所示为方差估算值。可以看出，"年龄组"的方差最大，为 5.609，说明它对汽车价格的效应最大；"年龄组 * 教育"交互效应方差估算值为 0.811，表明该交互效应对因变量影响较小；而以下两组交互效应方差估算值为 0.000，为冗余项，两组无交互作用。表 6-36 所示为渐近协方差矩阵，主对角线上是各因素的均方，依然是"年龄组"的均方最大，为 14.359，进一步证明了表 6-35 的结论。

表 6-34 因子级别信息

	数 字		值标签
年龄分组	1	599	
	2	906	
	3	804	
	4	502	
	5	276	
教育水平	1	680	高中以下
	2	952	高中
	3	643	专科
	4	636	大学
	5	176	研究生
婚姻状况	0	1543	未婚
	1	1544	已婚

注：因变量：汽车

表 6-35 方差估算值

组 件	估 算
Var(年龄组)	5.609
Var(年龄组 * 教育)	.811
Var(年龄组 * 婚姻)	.000[a]
Var(年龄组 * 教育 * 婚姻)	.000[a]
方差(误差)	101.454

注：因变量：汽车
方法：最大似然估算
a. 此估算是冗余的，因此设置为零。

表 6-36 渐近协方差矩阵

	Var(年龄组)	Var(年龄组 * 教育)	Var(年龄组 * 婚姻)	Var(年龄组 * 教育 * 婚姻)	方差(误差)
Var(年龄组)	14.359	-.066	.000	.000	-.001
Var(年龄组 * 教育)	-.066	.298	.000	.000	-.053
Var(年龄组 * 婚姻)	.000	.000	.000	.000	.000
Var(年龄组 * 教育 * 婚姻)	.000	.000	.000	.000	.000
方差(误差)	-.001	-.053	.000	.000	6.718

注：因变量：汽车
方法：最大似然估算

6.8 思 考 题

1. 为了实验某种作物种子的两种类型 A 和 B 的产量，实验人员分别用两种不同的方法 C 和 D 对它们实施种植管理。为此，他们把一块地随机分成 4 组，每组接受一种处理。收获产量的数据如下表。请分析管理类型和种子类型对于产量的影响，并指出最好的管理方法和种子类型的组合。

管理类型	种子类型														
	种子 A								种子 B						
C	353	336	360	363	372	362	367	318	244	310	275	291	245	287	289	253
D	282	320	300	276	267	259	303	320	307	264	252	325	274	316	304	295

2. 研究人员使用了三种方法来测定某矿物中铅的含量，他们用这三种方法分别溶解四种不同组成的试样，试验结果列于表中，试由这些分析数据，评价这三种方法的效果。

不同样本中铅的含量

方 法	A	B	C	D
I	65.04	35.36	35.67	2.69
	62.27	34.57	33.33	2.78
	68.68	36.74	33.86	2.74

续表

方 法	A	B	C	D
II	57.49	36.50	34.45	3.21
	54.22	36.43	35.36	3.04
	56.60	35.89	33.76	3.20
III	69.73	37.70	35.95	2.63
	61.67	37.06	36.19	2.87
	63.46	38.19	35.16	2.50

3. 交通部门为研究不同的道路和不同的时段对车辆通行时间的影响，整理出3个路段的高峰期和非高峰期的30个行车时间的数据，如下表(单位：分钟)。试分析路段、时段及二者的交互作用对行车时间的影响。(α=0.05)

时 段	路段		
	路段1	路段2	路段3
高峰期	36.5	28.1	32.5
	34.1	29.9	33.0
	37.2	32.2	36.2
	35.5	31.5	35.5
	38.0	30.1	35.1
非高峰期	30.0	27.5	32.0
	27.5	24.3	28.0
	32.9	22.0	26.7
	31.8	25.4	29.7
	27.3	21.7	25.6

4. 根据下表，分析不同的温度条件和湿度条件对虫子发育历期的影响是否存在显著性差异。

虫子发育历期表

相对湿度/%	温度/℃	重复			
		1	2	3	4
100	25	91.2	95.0	93.8	93.0
	27	87.6	84.7	81.2	82.4
	29	79.2	67.0	75.7	70.6
	31	65.2	63.3	63.6	63.3
80	25	93.2	89.3	95.1	95.5
	27	85.8	81.6	81.0	84.4
	29	79.0	70.8	67.7	78.8
	31	70.7	86.5	66.9	64.9
40	25	100.2	103.3	98.3	103.8
	27	90.6	91.7	94.5	92.2
	29	77.2	85.8	81.7	79.7
	31	73.6	73.2	76.4	72.5

5. 以 A_1、A_2 和 A_3 三种培养基,在 B_1、B_2 和 B_3 三种温度下,研究菌丝生长速度。采用完全随机试验设计,每个处理组合培养 3 瓶。记录从接种到菌丝发满菌瓶的天数。试验结果如下表,试作方差分析。

培养基	瓶 号	温 度		
		B_1	B_2	B_3
A_1	1	5.1	4.1	5.6
	2	4.3	4.7	4.9
	3	4.6	4.2	5.3
A_2	1	6.4	5.3	6.1
	2	6.3	5.7	5.9
	3	5.9	5.5	6.3
A_3	1	6.5	7.5	7.9
	2	6.9	7.9	8.1
	3	7.1	7.3	7.5

6. 在某材料的配方中可添加两种元素 A 和 B,为考察这两种元素对材料强度的影响,分别取元素 A 的 5 个水平和元素 B 的 4 个水平进行实验,取得数据如表所示。试在水平 $\alpha=0.05$ 下实验元素 A 和元素 B 对材料强度的影响是否显著?

A	B			
	B_1	B_2	B_3	B_4
A_1	323	332	308	290
A_2	341	336	345	260
A_3	345	365	333	288
A_4	361	345	358	285
A_5	355	364	322	294

7. 有牛乳酸度检验员 3 人,记录了连续 10 天的检验结果,见下表。试分析 3 名检验员的技术有无差异,以及每天的原料牛乳酸度有无差异(新鲜乳的酸度不超过 200T)。

化验员	日 期									
	B_1	B_2	B_3	B_4	B_5	B_6	B_7	B_8	B_9	B_{10}
A_1	11.71	10.81	12.39	12.56	10.64	13.26	13.34	12.67	11.27	12.68
A_2	11.78	10.70	12.50	12.35	10.32	12.93	13.81	12.48	11.60	12.65
A_3	11.61	10.75	12.40	12.41	10.72	13.10	13.58	12.88	11.46	12.94

8. 某化妆品公司要分析一种新产品是否受到普遍欢迎,市场部在上海、广州和北京三地针对目标人群进行了抽样调查,消费者的评分如下表所示。用方差分析来分析三地目标人群对该产品的看法是否相同?

样本	城市		
	上海	广州	北京
1	66	87	79
2	74	59	65
3	75	69	70
4	79	70	60
5	84	78	49
6	56	88	45
7	55	80	51
8	68	72	68
9	74	84	59
10	88	77	49

第 7 章　非参数检验

SPSS 的常用统计推断检验方法分为两大类：参数检验和非参数检验。两者的主要区别在于：参数检验通常是在假设总体服从正态分布、统计量通常服从 T 分布的基础之上，对总体分布中一些未知的参数，例如总体均值、总体方差等进行统计推断；而非参数检验则是对总体分布不做假定，直接从样本的分析入手推断总体的分布。由于该方法在推断总体分布时没有涉及总体分布的参数，因此称为"非参数"检验。

7.1　非参数检验概述

第 5 章和第 6 章所介绍的平均值检验和方差检验的统计方法即为参数检验。本章将介绍 SPSS 提供的多种非参数检验的方法，如卡方检验、二项分布检验、游程检验、单样本 K-S 检验、两独立样本检验、多独立样本检验及相关样本检验等。

SPSS 22 的非参数检验菜单与众不同，因为其中包含一个"旧对话框"子菜单，用于呈现 SPSS 17 之前的非参数检验菜单。而新版(SPSS 18 之后)的非参数检验菜单将这些旧菜单所列的共计 8 种检验方法整合为 3 种检验类别，即"单样本"、"独立样本"和"相关样本"。SPSS 22 中文版的非参数检验菜单如图 7-1 所示。新旧菜单的分析结果的展现方式略有不同，我们将在随后的案例分析中一一介绍。

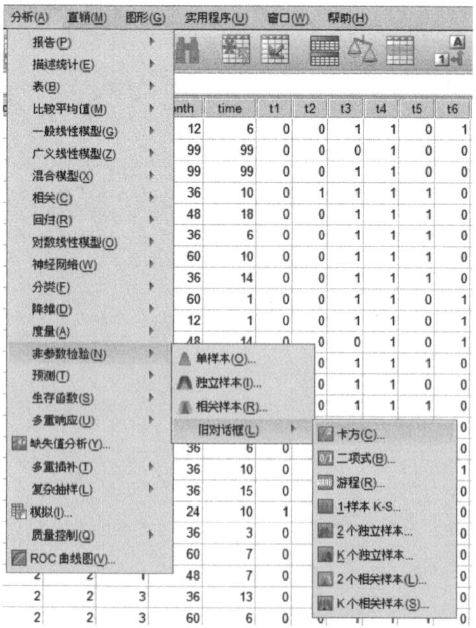

图 7-1　非参数检验菜单

与参数检验相比,非参数检验具有不需要假设前提、检验结果稳定、运算速度快而简单、适用范围广等特点和优点。所谓适用范围广指的是非参数检验特别适用于小样本数据、总体分布未知或偏态、方差不齐及混合样本等各类型数据。但同时非参数检验也伴随着检验效能低和不能检验模型的交互作用等不足。参数检验和非参数检验的对比如表 7-1 所示,非参数检验的分类及检验方法如图 7-2 所示。

表 7-1 参数检验与非参数检验的对比

项 目	参数检验	非参数检验
检验对象	总体参数	总体分布和参数
总体分布	正态分布	分布未知
数据类型	连续数据 (定距、定比)	连续数据或离散数据 (定类、定序、定距或定比)
检验效能	高	低

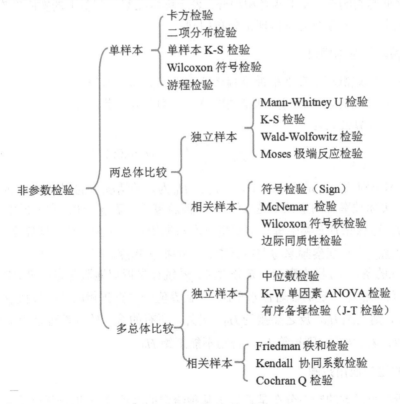

图 7-2 非参数检验的分类及方法

由于参数检验的效能高于非参数检验,因此在数据符合参数检验的条件时,我们仍然优先采用参数检验。然而,在实践中,有时我们对所研究的总体可能知之不多,有时要给出或假设总体的分布十分困难,有时总体的分布并不满足假定的前提,或者有时我们不知道推断时需要的总体参数值,或者没有足够多的样本。此时,参数统计的方法不再适用,必须应用非参数统计的方法予以解决。

7.2 卡方检验

卡方(χ^2)检验(Chi-square test)是由现代统计学的创始人之一、英国人 Karl Pearson(1857—1936)于 1900 年提出的，故也称 Pearson 卡方检验。它是一种常用的检验总体分布是否服从指定的分布的一种非参数检验的统计方法，可用于两个或多个频率间的比较、样本关联度分析和拟合优度检验等。

7.2.1 卡方检验的统计学原理

卡方检验可对单个样本作出假设检验，用于推断该样本是否来自某特定分布总体。它是以卡方分布为基础的一种假设检验方法，主要用于分类变量，特别适用于频率数据的分析处理，属拟合优度检验。所谓拟合优度检验就是检验某一变量的实际观测频率和期望理论频率分布之间是否吻合。如果两者相吻合，表示样本在某一变量上的实际频率大致相同，样本在该变量上的频率分布与总体理论分布相同。

1. 卡方检验的基本假设

(1) H_0：实际观测频率和期望理论频率分布之间无显著差异。
(2) H_1：实际观测频率和期望理论频率分布之间差异显著。

卡方统计量计算公式为

$$\chi_P^2 = \sum_{i=1}^{k} \frac{(A_i - T_i)^2}{T_i} \quad (\alpha = 0.05)$$

其中，k 为样本类别数，A_i 是实际频率，T_i 是在 H_0 为真的情况下的理论频率(期望值)。

很显然，实际频率与期望频率越接近，χ^2 值就越小。若 $\chi^2 = 0$，则上式中分子的每一项都必须是 0，这意味着 k 类中每一类观察频率与期望频率完全一样，即完全拟合。χ^2 统计量可以用来测度实际观察频率与期望频率之间的拟合程度。

在 H_0 成立的条件下，样本容量 n 充分大时，χ^2 统计量近似地服从自由度 DF=$k-1$ 的 χ^2 分布，因而，可以根据给定的显著性水平 α，在临界值表中查到相应的临界值 $\chi_\alpha^2(k-1)$。若 $\chi^2 \geqslant \chi_\alpha^2(k-1)$，则拒绝 H_0，反之要接受 H_0。另外，所有的统计软件都可以输出检验统计量的显著性 P 值，若 $P \leqslant \alpha$，则拒绝 H_0，否则不能拒绝 H_0。

2. 卡方检验的应用范围

(1) 推断单个样本的频率分布是否等于某种给定的理论分布(拟合优度检验)。
(2) 检验两个及两个以上样本的总体分布是否相同(率或构成比的差异性检验)。
(3) 定性资料的关联性分析。
(4) 线性趋势分析。

3. 卡方检验的基本步骤

(1) 建立虚无假设。为考察变量之间差异的显著性，卡方检验首先要建立虚无假设，一般假设为实际频率和理论频率无显著差异。

(2) 计算理论频率和卡方值。

(3) 依据分析计算结果进行统计推断。根据自由度和设定的显著性水平值，查卡方值表，将实际计算所得的卡方值在相应的显著性水平上进行比较，据此做出接受或拒绝虚无假设的判断。

除了检验频率分布是否符合理论分布外，卡方检验还可以用于百分比同质性检验，该功能参见 4.5.2 节的列联表案例分析。

7.2.2 SPSS 卡方检验的案例应用

案例：为了真实了解某校学生的英语学习态度，我们随机抽取部分同学做过一个系列调查，其中包括这样两个问题：

题 1. 你认为英语学习态度的决定性因素是什么？
①学校管理　②教师教学态度　③社会大环境　④生自身　⑤校园英语氛围
⑥其他

题 2. 你认为当前的大学生英语学习态度如何？
①很好　②较好　③一般　④较差　⑤很差

提示：我们将采集的数据保存为"学习态度调查.sav"。在该案例中，题 1 的数据的类别数为 6，题 2 的数据的类别数为 5。由于不确定数据的总体分布状况，因此可以采取非参数检验的卡方检验来判断学生的英语学习态度有无显著差异。对此，我们的零假设是"所有受访学生的学习态度无显著差异"。

该分析的具体操作步骤如下。

1. 启动程序

选择数据文件"学习态度调查.sav"，选择"分析"|"非参数检验"|"旧对话框"|"卡方"命令，打开"卡方检验"对话框。

2. 检验变量选择

选中"卡方检验"对话框左侧列表框中的"题 1"(你认为英语学习态度的决定性因素是什么？)，单击 图标将其选入"检验变量列表"中。重复以上操作将"题 2"(你认为当前的大学生英语学习态度如何？)选入"检验变量列表"中(见图 7-3)。

3. 检验范围设置

在"卡方检验"对话框中，包括"期望全距"和"期望值"两个选项组，分别包含两个选项。它们的含义分别如下。

(1) "期望全距"选项组：用于设定需检验的变量的取值范围，在此范围之外的取值将不进入分析。此设置共有两个选项，即"从数据中获取"和"使用指定的范围"。

- "从数据中获取"：表示检验变量的取值范围使用数据文件的最大值和最小值所确定的范围，该项为系统默认设置。本例选择系统默认项。
- "使用指定的范围"：即自行制定检验的取值范围，激活该项后，研究者可在"下限"和"上限"文本框中分别输入检验范围的下限和上限。

(2) "期望值"选项组：用于指定已知总体的各分类构成比。该项包含"所有类别相等"和"值"两个选项。

- "所有类别相等"：也就是设定各类别构成比例相等，即意味着检验的总体是服从均匀分布的。此为系统默认项，本例选择此项设置。
- "值"：用于自行定义类别构成的比例，每输入一个值后单击"添加"按钮，系统自动将其输入右边的列表框。输入数值必须大于 0，重复以上操作直到输完为止。如果在输入过程出现了错误，可以选中已输入的值，单击"更改"按钮进行修正，或单击"删除"按钮将其删除，然后重新输入。输入值时要注意输入顺序一定要和变量递增的顺序一致。

以上两项本案例分别选中"从数据中获取"和"所有类别相等"单选按钮。

4．检验精度设置

单击"精确"按钮，打开"精确检验"对话框(见图 7-4)。该对话框可以设定是否进行确切概率的计算，以及具体的计算方法，用于计算通过"交叉表"和"非参数检验"过程得到的统计的显著性水平。精确检验设置包括 3 个选项："仅渐进法"、Monte Carlo 和"精确"。

图 7-3 "卡方检验"对话框

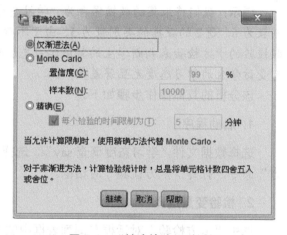

图 7-4 "精确检验"对话框

(1) "仅渐进法"：该项给出基于检验统计的渐进分布的显著性水平。渐进显著性是基于大数据集的假设，通常小于 0.05 的值被认为是显著的。如果数据集较小或者分布较差，它可能不会很好地指示显著性。该项为系统默认选项。

(2) Monte Carlo 估计：该项给出精确显著性水平的无偏估计，其计算方法是从与观察到的表具有相同维数和行列界限的参考表集中重复地取样。Monte Carlo 法使分析不依赖于渐进法所必需的假设就能估计精确的显著性。当数据集太大而无法计算精确的显著性，而且数据又不满足渐进法的假设时，此方法最有用。其中的"置信度"默认值为 99%；"样本数"用于指定计算的样本数目，样本数越大显著性水平越可靠，默认值为 10000。

(3) "精确"：该项用于精确地计算观察到的输出或更极端的输出的概率。通常认为小于 0.05 的显著性水平是显著的，表示行变量和列变量之间存在某种关系。"每个检验的时间限制为"用于限定进行每个检验所使用的最长时间,如果超过30分钟,则用Monte Carlo法比较合适,系统默认计算时间限制在5分钟之内,超过此时限则自动停止。

对于该项,本例选择系统默认设置,设置完毕后,单击"继续"按钮,返回"卡方检验"对话框。

5．选项设置

单击"选项"按钮,打开"卡方检验:选项"对话框。该对话框包括Statistics和"缺失值"两个选项组,其具体含义参见第4章。本例选择如图7-5所示。单击"继续"按钮,返回"卡方检验"对话框。

图7-5 "卡方检验:选项"对话框

6．输出检验结果

单击"确定"按钮完成设置,SPSS输出卡方检验结果如表7-2～表7-4所示。

7．解释检验结果

(1) 表7-2和表7-3是本次对英语学习态度的决定因素和英语学习态度现状调查的分析结果。表中的第一列为该问题的实际选项,可以看出"题1"的选项6(其他)无人选择,"题2"的选项1(很好)无人选择。表中第二列为该选择的实际勾选频率,第三列为理论上的期望频率,而"残差"列则是第二列与第三列的差值。残差为正,说明实际频率多于期望频率,如表7-2的选项4和表7-3的选项3和选项4;反之则表明实际频率少于期望频率,如表7-2的选项1、2、3和5及表7-3的选项2和5。同时,残差的绝对值越大,表示实际频率和期望频率的差距越大,如表7-2中的选项4和表7-3中的选项3。

表7-2 题1卡方检验结果

选 项	观测到的 N	预期的 N	残 差
1	15	32.8	-17.8
2	5	32.8	-27.8
3	21	32.8	-11.8
4	112	32.8	79.2
5	11	32.8	-21.8
总计	164		

表 7-3　题 2 卡方检验结果

选　项	观测到的 N	预期的 N	残　差
2	8	41.0	-33.0
3	84	41.0	43.0
4	52	41.0	11.0
5	20	41.0	-21.0
总计	164		

(2) 表 7-4 为本次卡方检验的统计表。卡方检验统计量在于检验各选项实际频率是否为 1:1:1:1:1:1 的随机分布(即期望值)。可以看出"题 1"和"题 2"的卡方值分别为 243.195 和 85.366，而渐进显著性 P 值均为 0.000，小于 0.001，拒绝虚无假设，说明"题 1"和"题 2"的选项被实际勾选的频率与期望值差异非常显著。也就是，我们的零假设"所有受访学生的学习态度无显著差异"在"题 1"和"题 2"上不成立。

表 7-4　卡方检验统计表

	题 1. 你认为英语学习态度的决定性因素是什么？	题 2. 你认为当前的大学生英语学习态度如何？
卡方	243.195[a]	85.366[b]
自由度	4	3
渐近显著性	.000	.000

注：a. 0 个单元格 (0.0%) 的期望频率小于 5。最少的期望频率数为 32.8。
　　b. 0 个单元格 (0.0%) 的期望频率小于 5。最少的期望频率数为 41.0。

7.3　二项分布检验

在实际的研究中，很多变量的取值只有两类，如男和女、对和错、有和无等。从这种二分类总体中抽取的所有可能结果，只能是该对立分类中的一类，这样的频率分布称为二项分布。SPSS 的二项分布检验过程可对样本进行二项分布分析，以推断其来自的总体的分布是否服从某个指定的二项分布。

7.3.1　统计学原理

SPSS 二项分布检验就是根据收集到的样本数据，推断其总体分布是否服从某个指定的二项分布 p。该检验也是拟合优度检验，其虚无假设 H_0 是：样本来自的总体与所指定的某个二项分布 p 不存在显著的差异。

假设每次试验成功的概率均为 p，在 n 次相同的独立试验中有 k 次试验成功的概率是：
$$p(X=k) = C_n^k p^k (1-p)^{n-k} (k=0,1,\cdots,n; 0 < p < 1)$$

SPSS 中的二项分布检验，在样本小于或等于 30 时，按照计算二项分布概率的公式进行计算；样本数大于 30 时，SPSS 计算的是 Z 统计量，认为在虚无假设下，Z 统计量服从正态分布。Z 统计量的计算公式如下

$$Z = \frac{K \pm 0.5 - nP}{\sqrt{nP(1-p)}}$$

大样本情况下，SPSS 程序将自动计算 Z 统计量，并给出相应的相伴概率值。如果相伴概率值小于或等于指定的显著性水平 α，则拒绝虚无假设 H_0，认为样本来自的总体分布形态与指定的二项分布存在显著差异；如果相伴概率值大于显著性水平，则不能拒绝虚无假设 H_0，认为样本来自的总体分布形态与指定的二项分布不存在显著差异。

SPSS 二项分布检验的数据是实际收集到的样本数据，而非频率数据。

7.3.2 SPSS 二项分布检验的案例应用

案例：7.2 节中我们通过卡方检验知道，受访的大学生的学习态度差异非常显著。接下来我们将通过对他们的学习动机的调查来确定他们在学习动机上是否也存在显著差异。在我们的"学习动机调查"中包含以下几个问题，要求受试者分别给予肯定或否定的选择(1 表示肯定选择，0 表示否定选择)。

题 1：这是学校的课程要求。1 0
题 2：我要考四级和六级。1 0
题 3：现在找工作需要英语成绩。1 0
题 4：将来我要报考研究生。1 0
题 5：我对英语语言国家的文化感兴趣。1 0

提示：本例中问题的选项均为二分类，可以应用二项分布检验对其分布差异的显著性进行判断。

该案例的具体操作步骤如下。

1. 启动程序

打开数据文件"学习动机调查.sav"，选择"分析"|"非参数检验"|"旧对话框"|"二项式"命令，打开"二项式检验"对话框。

2. 检验变量选择

在对话框的左侧列表框中，选择"题 1"到"题 5"，并分别单击图标将其选入"检验变量列表"列表框(见图 7-6)。

3. 检验参数设置

"二项式检验"对话框中包括"定义二分法"选项组和"检验比例"文本框。

(1) "定义二分法"：该项用于定义二分类变量的获取方法，包括"从数据中获取"和"分割点"两个选项。"从数据中获取"为系统默认项，适用于指定的变量只有两个值，即二分类变量；"分割点"用来指定一个分界点，如果给定的变量超过两个值，研究者可自行给定一个值，比这个值小的将形成第一项，大的将形成第二项。

(2) "检验比例":用于指定检验概率值,系统默认的检验概率为 0.5,这意味着要检验的二项分布是服从均匀分布的,如果检验的概率不是 0.5,在参数框中键入要检验的概率即可。

以上两项本例选择默认设置。

4. 精确检验设置

设置方法同 7.2.2 节。

5. 选项设置

设置方法同 7.2.2 节。

6. 输出检验结果

单击"确定"按钮完成设置,SPSS 输出检验结果(见表 7-5)。

7. 解释检验结果

表 7-5 为本次分析的二项分布检验结果。从表中可以看出,题 1、题 2 和题 3 的二项式检验的显著性水平值均为 0.000,小于 0.001 的临界值,拒绝虚无假设。这意味着在以上 3 题的选择上受试者的选项分布差异非常显著。而题 4 的检验结果的显著性水平值为 0.771,远大于 0.05,接受虚无假设,说明受试者对该问题的态度的总体分布差异很小。而对题 5 的二项分布检验显著性水平为 0.59,大于 0.05,也同样接受虚无假设,但与题 4 相比,受试者对该问题的态度差异略大。

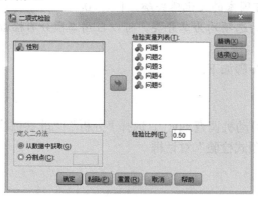

图 7-6 "二项式检验"对话框

表 7-5 二项分布检验结果

		类 别	数 字	观测到的比例	检验比例	精确显著性水平(双尾)
题 1:这是学校的课程要求。	组 1	选择	45	.94	.50	.000
	组 2	未选	3	.06		
	总计		48	1.00		

续表

		类别	数字	观测到的比例	检验比例	精确显著性水平(双尾)
题2：我要考四级和六级。	组1	选择	44	.92	.50	.000
	组2	未选	4	.08		
	总计		48	1.00		
题3：现在找工作需要英语成绩。	组1	选择	39	.81	.50	.000
	组2	未选	9	.19		
	总计		48	1.00		
题4：将来我要报考研究生。	组1	选择	22	.47	.50	.771
	组2	未选	25	.53		
	总计		47	1.00		
题5：我对英语语言国家的文化感兴趣。	组1	未选	31	.65	.50	.059
	组2	选择	17	.35		
	总计		48	1.00		

7.4 游 程 检 验

在社会科学研究中，我们常常要求总体中抽取的样本是随机的。如果要使用随机抽取的样本数据对总体性质进行推断，就要对抽样的随机性进行检验。这可以利用 SPSS 非参数检验的游程检验过程来完成。所谓游程检验就是通过对样本观测值的分析，来检验该样本所来自的总体序列是否为随机序列。它也可用于检验一个样本的观测值之间是否相互独立。

7.4.1 游程检验统计学原理

游程检验是一种利用游程的总个数来判断样本随机性的统计检验方法。所谓游程，是指总体样本观测值改变的次数，也可以理解为样本序列中连续不变的序列的数目。游程检验的思想是：在一个随机抽样中，游程的数量既不可能太多也不可能太少。

比如以下样本序列：

1 2 3 2 4 -4 2 3 4 0 -4 -2 -2 4 3 1 -3

我们以 0 为分割点，当样本值>0 时，为 A 类，否则为 B 类，则上例中的游程类别为 2 类，总个数为 6 个。而一个游程中数据的个数则称为游程长度。如上例中，共有 6 个游程，分别是 1 2 3 2 4、-4、2 3 4、0 -4 -2 -2、4 3 1 和-3，游程长度分别为 5、1、3、4、3、1，游程类别分别为 A、B、A、B、A、B。三者的关系如表 7-6 所示。

表 7-6 游程分割表

样本序列	1	2	3	2	4	-4	2	3	4	0	-4	-2	-2	4	3	1	-3
游程个数			1					2				3			4		
															5		6
游程长度			5					1				3					
															4	3	1
游程类别			A					B				A			B	A	B

对于一个样本序列来说,如果游程数太少,则说明同样类型的数据往往积聚在一起,序列有正相关的迹象;而如果游程数太多,则会造成 A 类型数据后面往往跟 B 类型数据,B 类型数据后面跟 A 类型数据,这样又会造成数据之间存在着强烈的负相关迹象。也就是说,游程太多或太少的样本序列绝对不是随机序列。

我们要想知道游程是否太多或太少,即检验样本序列的随机性,必须了解游程总数 R 的概率分布。游程检验就是一种利用游程的总数 R 来判断样本随机性的统计检验方法。

游程总数 R 的概率分布的具体检验步骤如下:

1. 提出假设

H_0:样本是随机的。
H_1:样本不是随机的。

2. 计算统计量以及 P 值

用于把样本数据分成两类(A 和 B)的分割点可以是指定的某个具体数值,也可以是均值、中位数、众数等。当样本值大于分割点时设为 A 类,否则为 B 类。如果样本容量为 n,其相应的游程数分别为 n_1 和 n_2。在大样本情况下,游程总数 R 的分布接近于正态分布,其数学期望值和方差分别为

$$E(R) = \frac{2n_1 n_2}{n_1 + n_2} + 1$$

$$\text{Var}(R) = \frac{2n_1 n_2}{(n_1 + n_2)^2 (n_1 + n_2 - 1)}$$

Z 统计量为

$$Z = \frac{R - E(R)}{\text{Var}(R)}$$

由于在游程检验中将一个样本各单位归属于两种类别之中,所以样本各单位的分布称为二项分布。在样本容量足够大时,R 的分布接近正态分布。

3. 根据 P 值作出判断

概率 P 值大于 0.05,接受 H_0,即样本是随机的;概率 P 值小于 0.05,拒绝 H_0。

7.4.2 SPSS 游程检验的案例应用

案例:某品牌矿泉水的质检部要求每瓶水的平均容量为 500ml,为了检验该厂生产的矿泉水的容量是否合格,该质检部从流水线上的某台装瓶机上随机抽取 25 瓶,测得其容量

如下。

509，505，502，501，493，498，497，502，504，506，505，508，498，495，496，507，506，507，508，505，500，499，498，496，495

试检查这台机器灌装矿泉水的容量是否随机？这说明了什么？

提示：我们将上述检测数据保存为"容量检测.sav"，并通过非参数检验中游程检验的方法来分析该台设备灌装矿泉水的容量是否是随机的。

案例具体操作步骤如下：

1. 启动程序

打开"容量检测.sav"文件，选择"分析"|"非参数分析"|"旧对话框"|"游程"命令，打开"游程检验"对话框(见图7-7)。

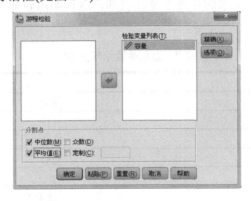

图7-7 "游程检验"对话框

2. 选择变量

选择列表框中的变量"容量"，单击 图标将其选入"检验变量列表"列表框。

3. 分割点设置

"分割点"选项组给出了四种划分样本游程类别的方法："中位数"、"众数"、"平均值"和"定制"。系统会按照指定方法将样本一分为二，变量值小于分割点的个体形成一类，其他的形成一类。

(1) "中位数"：以中位数作临界分割点，其值在中位数之下的为一类，大于或等于中位数的为另一类。

(2) "众数"：以众数作临界分割点，其值在众数之下的为一类，大于或等于众数的为另一类。

(3) "平均值"：以均值作临界分割点，其值在均值之下的为一类，大于或等于均值的为另一类。

(4) "定制"：以用户指定值作临界分割点，其值在指定值之下的为一类，大于或等于指定值的为另一类。

以上划分方法可以同时指定，此时系统会分别给出每种划分方法的检验结果。本例中我们尝试同时选择"中位数"和"平均值"为分割点来进行检验。

4. 精确检验设置和选项设置

参见 7.2.2 节。

5. 输出检验结果

单击"确定"按钮，完成操作。SPSS 的查看器窗口输出分析结果(见表 7-7 和表 7-8)。

6. 解释检验结果

表 7-7 和表 7-8 分别给出了以中位数和平均值为分割点的本次游程分析的结果。从分析结果来看，两种检验方法的结果数据虽略有差别，但是大致相同，Z 值分别为-2.414 和-2.448，渐进显著性概率 P 值分别为 0.016 和 0.014，均小于 0.05 的临界值，拒绝零假设。也就是，这台机器灌装矿泉水的容量不是随机的，这说明这台瓶装机所灌装的矿泉水的容量不合格。

表 7-7　游程检验结果(中位数)

	矿泉水容量
检验值 [a]	502
个案数 < 检验值	11
个案数 ≥ 检验值	14
个案总计	25
运行次数	7
Z	-2.414
渐进显著性 (双尾)	.016

注：a. 中位数

表 7-8　游程检验结果(平均值)

	矿泉水容量
检验值 [a]	502.12
个案数 < 检验值	13
个案数 ≥ 检验值	12
个案总计	25
运行次数	7
Z	-2.448
渐进显著性 (双尾)	.014

注：a. 平均值

注意：7.2、7.3 和 7.4 节的案例均为单样本非参数检验，分别应用了卡方检验、二项分布检验和游程检验。在 SPSS 18 之后的版本中尽管保留了之前版本的旧对话框，但同时这些非参数检验功能也被全部整合进了新版本的非参数检验菜单的"单样本"命令中。因此，以上的案例操作，还可以通过选择"分析"|"非参数检验"|"单样本"命令来进行，只是新版用户界面输出结果的呈现方式与之前有所不同，是一种更为直观的模型查看器的输出方式。同时被整合进入"单样本"命令的还有接下来的单样本 K-S 检验和 Wilcoxon 检验。

所以，7.2、7.3 和 7.4 节的案例在新界面中的操作过程可以参考接下来的 7.5 节的单样本 K-S 检验，在此不再做一一介绍。

7.5 单样本 K-S 检验

K-S 检验是以两位苏联数学家 Kolmogorov 和 Smirnov 命名的，即 Kolmogorov-Smirnov 检验(简称 K-S 检验)。它是基于累积分布函数，用以检验一个经验分布是否符合某种理论分布或比较两个经验分布是否有显著性差异的非参数检验方法。和卡方检验一样，它也是一种拟合优度检验。虽然卡方检验与 K-S 检验都采用实际频率和期望频率进行检验，但前者主要用于类别数据，而后者主要用于连续或定量数据。尽管卡方检验也可用于连续或定量数据，但必须将连续或定量数据进行分组，得到实际观测频率(比如将职工工资按一定标准分为高、中、低，或将学生成绩按一定标准分为优、中、差等)，同时要求多变量之间相互独立，而后者可以不分组直接对原始数据进行检验，因此 K-S 检验对数据的应用更为完整。K-S 检验就是针对卡方检验的缺点提出的，是建立在经验分布函数基础上的检验结果。

7.5.1 单样本 K-S 检验统计学原理

单样本的 K-S 检验是用来检验一个连续或定量数据的经验分布是否与某个指定的理论分布，如正态分布、泊松分布、均匀分布及指数分布相吻合。程序通过对两个分布差异的分析确定是否有理由认为样本经验分布的观察结果来自所设定的理论分布总体。当两者间的差距很小时，就可以推断该样本取自已知的理论分布。

一般来说，要检验有 n 个观测值的样本是否来自某个已知的分布 $F_0(x)$，通常假定实际观测的经验分布为 $F(x)$，并设 $S(x)$ 为该组数据的经验分布函数，定义为阶梯函数：

$$S(x) = \frac{X_i \leq x \text{的个数}}{n} = \frac{\sum I(X_i \leq x)}{n}$$

$S(x)$ 的值小于等于 x。

这种基于经验分布的检验方法的基本原理是：依据格里文科定理(Glivenko)，当 $n \to \infty$ 时，样本经验分布 $\hat{F}_n(x)$ 以概率 1 一致收敛到总体分布 $F(x)$，为此可以定义 $S(x)$ 到 $F_0(x)$ 的距离为

$$D(S(x), F_0(x)) = \sup |S(x) - F_0(x)|$$

当 H_0 成立时，由格氏定理，D 以概率 1 收敛到 0，因此 D 的大小可以度量 $F_0(x)$ 对总体分布拟合的好坏。

D 的分布实际上在零假设下对于一切连续分布 $F_0(x)$ 是一样的，所以是与分布无关的。由于 $S(x)$ 是阶梯函数，只取离散值，考虑到跳跃的问题，在实际操作时，如果有 n 个观察值，可用下面的统计量代替上面的 D：

$$D_n = \max_{1 \leq i \leq n} \{\max(|S(x_i) - F_0(x_i)|, |S(x_{i-1}) - F_0(x_{i-1})|)\}$$

K-S 检验统计量 Z 为

$$Z = \sqrt{n} \cdot D$$

检验结果中的 Z 是渐进统计量，大样本时 $\alpha=0.05$ 和 $\alpha=0.01$ 的界值分别是 1.36 和 1.63，小样本时应读取结果中经验分布函数与理论分布函数的最大差值查界值表作结论，不可直接利用结果中的 P 值作结论。此方法的基本思想还可用于推断两个独立样本是否来自相同的总体。

单样本 K-S 检验的步骤如下：

(1) 建立零假设 H_0：经验分布和理论分布没有显著差异。

(2) 找出 D_{max}：把样本观察值从小到大排列，计算经验累积分布和理论累积分布，记 $D=\max|S(x_i)-F_0(x_i)|$，构造检验统计量 $Z=D\times\sqrt{n}$ 并计算 P 值。

(3) 作出判断：若 Z 值过大，或显著性 P 值太小，则拒绝零假设 H_0；反之，不能拒绝 H_0。

7.5.2　SPSS 单样本 K-S 检验的案例应用

案例：通过非参数检验分析某校两个平行班级的大学英语期末考试成绩是否成正态分布。

提示：首先将这两个班的期末成绩保存为"英语成绩.sav"文件，然后通过 SPSS 22.0 的非参数检验功能来分析是否成正态分布。由于我们希望了解所观察到的期末考试成绩的经验分布是否符合理论上的正态分布状况，故此可以通过 K-S 检验的方法来解决。

该案例的具体分析步骤如下。

1. 启动程序

打开数据文件"英语成绩.sav"，选择"分析"|"非参数检验"|"单样本"命令，打开"单样本非参数检验"对话框(见图 7-8)。新版的对话框显示 3 个选项卡："目标"、"字段"和"设置"。通过切换各选项卡，用户可以非常便捷地进行程序设置。

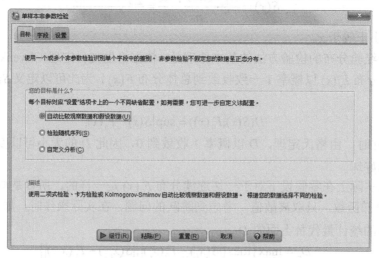

图 7-8　"目标"选项卡

2. "目标"选项卡设置

在"目标"选项卡中可以快速指定常用的不同的非参数检验设置(见图7-8)。在"您的目标是什么？"选项组中有3个选项供研究者选择：

(1) "自动比较观察数据和假设数据"：该目标对仅具有两个类别的分类字段应用二项式检验，对所有其他分类字段应用卡方检验，对连续字段应用K-S检验。该项是系统默认设置。

(2) "检验随机序列"：该目标使用游程检验来检验观测到的随机数据值序列，用于判断观测到的数据值的随机性。如果研究者选择该项，那么在"设置"选项卡中的"游程检验"将自动被勾选。

(3) "自定义分析"：当研究者希望手动修改"设置"选项卡中的检验设置时，可以选中此选项。注意，如果随后在"设置"选项卡中更改了与当前选定目标不一致的选项，那么系统会自动选择该设置。

本例选择系统默认设置。

3. "字段"选项卡设置

"字段"选项卡用于指定要检验的字段(见图7-9)，字段即变量。该界面中包括两个选项："使用预定义角色"和"使用自定义字段分配"。

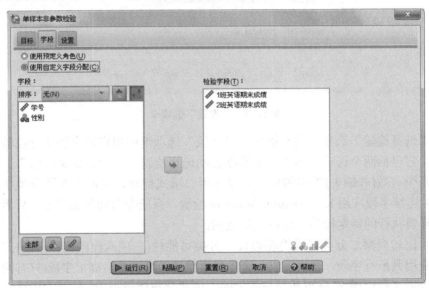

图7-9 "字段"选项卡

(1) "使用预定义角色"：此选项使用现有的字段信息。所有预定义角色为"输入"、"目标"或"两者"的字段(变量)将用作检验字段自动选入"检验字段"列表框。选择"输入"表示具有该角色的变量将作为分析或建模的自变量；选择"目标"表示具有该角色的变量将作为分析或建模的因变量或目标变量；选择"两者"表示具有该角色的变量既是自变量也是因变量。

(2) "使用自定义字段分配"：此选项允许研究者覆盖字段角色。选定该选项后，将激活"字段"列表框。研究者可自行选择要分析的一个或多个字段(变量),单击 图标将其选入"检验字段"列表框。

本例选择"使用自定义字段分配",并将字段"1班英语期末成绩"和"2班英语期末成绩"选入"检验字段"列表框内。

4. "设置"选项卡设置

"设置"选项卡的"选择项目"列表框中有3个选项:"选择检验"、"检验选项"和"用户缺失值"(见图7-10)。

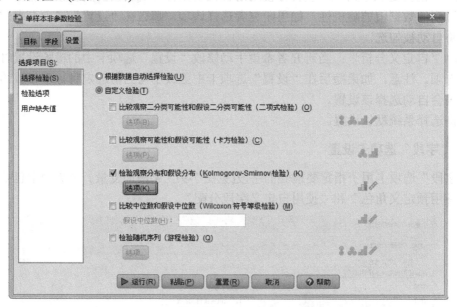

图7-10 "设置"选项卡

(1) "选择检验"选项:用于指定在"字段"选项卡中指定的字段执行检验的方法及相关设置。它包括两个选项,即"根据数据自动选择检验"和"自定义检验"。前者表示对仅具有两个有效(非缺失)类别的分类字段应用二项式检验,对所有其他分类字段应用卡方检验,对连续字段应用Kolmogorov-Smirnov检验,系统会自动做出判断。后者允许研究者自行选择要执行的特定检验。这些检验包括:

- "比较观察二分类可能性和假设二分类可能性(二项式检验)":二项式检验可以应用到所有字段。这将生成一个单样本检验,可以检验标记字段(只有两个类别的分类字段)的观察分布是否与指定的二项式分布期望相同。此外,还可以定义置信区间。
- "比较观察可能性和假设可能性(卡方检验)":卡方检验可以应用到名义和有序字段。这将生成一个单样本检验,它可以根据字段类别的观察频率和期望频率之间的差异来计算卡方统计。
- "检验观察分布和假设分布(Kolmogorov-Smirnov检验)":Kolmogorov-Smirnov检验适用于连续字段和有序字段。这将生成一个单样本检验,即字段的样本累积分布函数是否为齐次的均匀分布、正态分布、泊松分布或指数分布。

- "比较中位数和假设中位数(Wilcoxon 符号等级检验)"：Wilcoxon 符号等级检验适用于连续字段和有序字段。这将生成一个字段中值的单样本检验。研究者可指定一个数字作为假设中位数。
- "检验随机序列(游程检验)"：游程检验可以应用到所有字段。这将生成一个单样本检验，即对分字段的值序列是否为随机序列进行检验。

本例选择"自定义检验"，选中"检验观察分布和假设分布(Kolmogorov-Smirnov 检验)"复选框。单击"选项"按钮，打开"Kolmogorov-Smirnov 检验选项"对话框(见图 7-11)，该对话框包括"正态"、"相等"、"指数分布"和"泊松"四个选项。本例选中"正态"复选框，单击"确定"按钮返回"设置"选项卡。

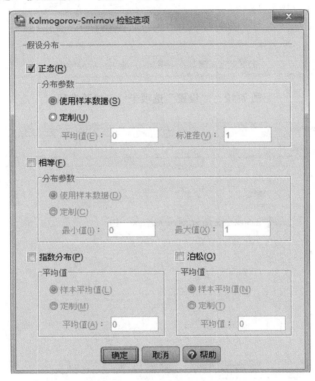

图 7-11 "Kolmogorov-Smirnov 检验选项"对话框

(2) "检验选项"(见图 7-12)："显著性水平"、"置信区间"和"排除的个案"的默认设置分别为"0.05"、"95%"和"按检验排除个案"。研究者也可以自行指定检验选项。本例选择默认设置。

(3) "用户缺失值"(见图 7-13)："分类字段的用户缺失值"选项组包括"排除"和"包括"两个选项。通过这些选项可以决定是否将用户缺失值在分类字段中视为有效(包括)值或无效(排除)。本例选择系统默认设置。

5．输出检验结果

单击"运行"按钮，SPSS 查看器输出分析结果(见图 7-14 至图 7-16)。

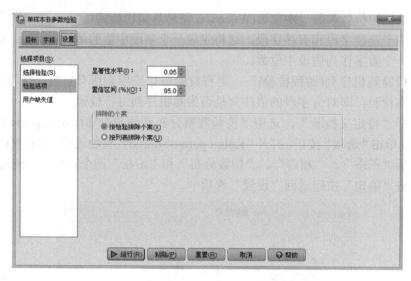

图 7-12 "设置"选项卡——检验选项

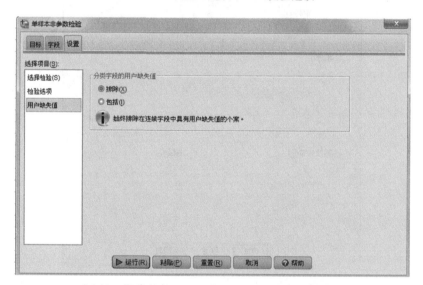

图 7-13 "设置"选项卡——用户缺失值

	原假设	检验	显著性	决策者
1	1班英语期末成绩 的分布为正态分布,平均值为 78.712,标准偏差为 10.62。	单样本 Kolmogorov-Smirnov 检验	.075[1]	保留原假设。
2	2班英语期末成绩 的分布为正态分布,平均值为 79.825,标准偏差为 10.83。	单样本 Kolmogorov-Smirnov 检验	.019[1]	拒绝原假设。

显示渐进显著性。 显著性水平为 .05。

[1] 已校正 Lilliefors

图 7-14 假设检验汇总

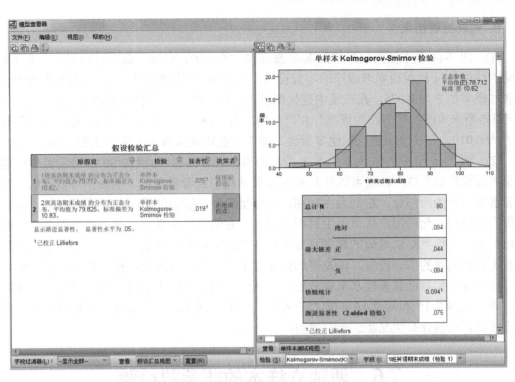

图 7-15　K-S 检验模型查看器——1 班英语期末成绩

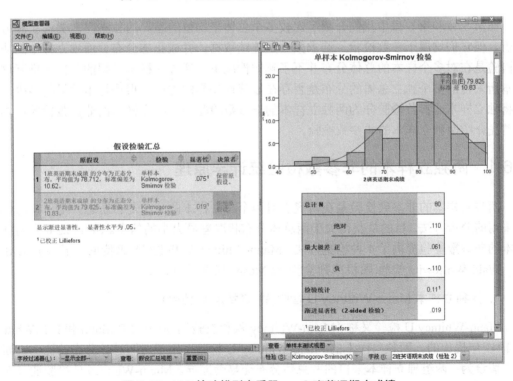

图 7-16　K-S 检验模型查看器——2 班英语期末成绩

6. 解释检验结果

(1) 图 7-14 是本例英语成绩的 K-S 假设检验汇总表。通过汇总表可以看出，本次 K-S 检验的结果是：1 班英语期末成绩的零假设为正态分布，平均值为 78.712，标准偏差为 10.62，显著性概率值 P 为 0.075，在决策中建议保留零假设，即 1 班英语期末成绩服从正态分布；2 班英语期末成绩的零假设为正态分布，平均值为 79.825，标准偏差为 10.83，显著性概率值 P 为 0.019，在决策中建议拒绝零假设，即 2 班英语期末成绩不服从正态分布。

(2) 图 7-15 和图 7-16 为本例 K-S 检验的模型查看器窗口。双击 SPSS 查看器中的输出结果"假设检验汇总"，就可以打开 K-S 检验的模型查看器窗口。从图中可以看出，模型查看器窗口分为两部分：左侧为主视图，主要呈现假设检验汇总。主视图下方的"字段过滤器"下拉列表允许用户从可用主视图中选择。右侧为辅助视图，显示模型的更多详细可视化信息，包括"K-S 检验的频率直方图"和"K-S 检验信息表"。直方图显示样本频率和正态分布曲线的拟合程度，以及平均值和标准差。检验信息表给出了样本数量、最大极差、检验统计和渐近显著性水平等数值。在辅助视图下方的"字段"下拉列表中可选择查看内容。从图 7-15 和图 7-16 的模型查看器的辅助视图中，可以非常清楚地看出两个班的英语成绩各自的分布状况及二者的差别。

7.6 两独立样本的非参数检验

在第 5 章和第 6 章中我们介绍了比较多个总体平均值的差异的独立样本 T 检验和方差分析，但它们均属于参数检验，要求数据是连续数据，并成正态分布。而独立样本的非参数检验是在对多个样本的总体分布并不了解的情况下，通过对样本数据的分析来推断这些样本所来自的多个独立总体的分布是否存在显著性差异的方法。根据样本数量的多少，我们将独立样本非参数检验分为两独立样本的非参数检验和多独立样本的非参数检验。本章将首先介绍两独立样本的非参数检验。

7.6.1 两独立样本的非参数检验统计学原理

两独立样本的非参数检验是在研究者对两个独立样本的分布是否正态并不了解的情况下采用的分析方法，目的是获得关于两总体分布状况差异大小的信息。SPSS 22.0 为两独立样本的非参数检验提供了 4 种检验方法：Mann-Whitney U 检验(曼-惠特尼 U 检验)、K-S 检验、Wald-Wolfowitz 检验(随机序列检验)和 Moses 极端反应。

1. 两独立样本 Mann-Whitney U 检验(曼-惠特尼 U 检验)

Mann-Whitney U 检验又称"Mann-Whitney 秩和检验"，是由 H.B.Mann 和 D.R.Whitney 于 1947 年提出的。两独立样本的 Mann-Whitney U 检验可用于对两总体分布的比例判断。其零假设为：两组独立样本来自的两总体分布无显著差异。Mann-Whitney U 检验通过对两组样本平均秩的研究来实现判断。所谓"秩"，简单说就是变量值排序的名次。将数据按升序排列，每个变量值都会有一个在整个变量值序列中的位置或名次，这个位置或名次就是变量值的秩。

Mann-Whitney U 检验的基本原理是：将两组样本进行混合后按升序排序，得到每个样本值的秩 R_i，然后分别求得两组样本的平均秩 $W_{X/m}$ 和 $W_{Y/n}$，并对这两个平均秩进行比较。如果两个总体分布无显著差异，其秩应该差别不大，从而两组样本的平均秩差别较小；相反，如果两个总体差异显著，则此时两者的平均秩会有较大差异。接下来，Mann-Whitney U 检验还要计算样本 $(X_1,\cdots,X_m)$ 的秩优于样本 $(Y_1,\cdots,Y_n)$ 的秩的个数 U_1 以及样本 $(Y_1,\cdots,Y_n)$ 的秩优于样本 $(X_1,\cdots,X_m)$ 的秩的个数 U_2。如果总体分布无显著差异，则两者应该接近；当然，如果两者存在较大差异，则说明总体的分布有显著差异。其统计量的构造为

$$U = W - k(k+1)/2$$

式中，W 值为 Wilcoxon W；k 为 W 对应样本组的样本个数。小样本时，该统计量服从曼-惠特尼分布，SPSS 会自动计算统计量的观测值和概率 P 值；大样本下，U 统计量近似服从正态分布，计算公式为

$$Z = \frac{U - 1/2mn}{\sqrt{1/12mn(m+n+1)}}$$

同样 SPSS 会计算统计量观测值和概率 P 值，在此基础上可以进行统计推断。

2. 两独立样本 Kolmogorov-Smirnov 检验

同单样本 Kolmogorov-Smirnov 检验一样，Kolmogorov-Smirnov 检验还能够检验两总体分布是否存在显著差异。其零假设是：两组独立样本来自的两总体的分布无显著差异。检验原理是：首先将两独立样本的数据混合并按升序排列，然后分别计算两个独立样本秩的累计频率，并求得两个累计频率的差值序列数据以获得 D 统计量。SPSS 将自动计算 D 统计量的概率 P 值，如果 P 值大于显著性水平临界值，则接受零假设，即两个样本来自的总体分布无差异；如果 P 值小于显著性水平临界值，则拒绝零假设，即两个样本来自的总体分布差异显著。Kolmogorov-Smirnov 检验对两个分布间中位数、离散、偏度等的任何差异都很敏感。

3. 两独立样本 Wald-Wolfowitz 检验(检验随机序列)

单样本游程检验是用来检验变量值的出现是否随机，而两独立变量的游程检验即 Wald-Wolfowitz 检验则是生成一个以组成员关系为准则的游程检验，用来检验两独立样本来自的两总体的分布是否存在显著差异。其零假设是：两组独立样本来自的两总体的分布无显著差异。

两独立样本的游程检验与单样本游程检验的思想基本相同，不同的是计算游程数的方法。两独立样本的游程检验中，游程数依赖于变量的秩。其检验原理是：首先将两组样本混合并升序排列。这时，两组样本的每个观测值对应的样本组标志值序列也将随之重新排序，然后据此求得游程。如果所得的游程数较小，说明两总体的分布差异较大；反之，则不存在显著差异。同时，SPSS 将据此自动计算相伴概率 P 值，如果 P 值大于显著性水平临界值，则接受零假设，即两个样本来自的总体分布无差异；如果 P 值小于显著性水平临界值，则拒绝零假设，即两个样本来自的总体分布差异显著。

4. 两独立样本 Moses 极端反应检验

极端反应检验从另一个角度检验两独立样本所来自的两总体分布是否存在显著差异。其零假设是：两独立样本来自的两总体的分布无显著差异。

Moses 极端反应检验的基本原理是：将一组样本作为控制样本，另一组样本作为比较样本。一般是按升序排列的第一个值定义控制组，第二个值定义比较组。以控制组作为参照，检验比较组相对于控制组是否出现了极端反应。为此，首先将两组样本混合并升序排列，然后求得控制样本最高秩次和最低秩次之间所包含的观测值个数，即跨度，$\text{Span} = Q_{\max} - Q_{\min} + 1$，以及去掉两个极端值后的截头跨度。如果跨度和截头跨度都很小，说明比较样本可能存在极端反应，两总体的分布差异显著；如果比较样本没有出现极端反应，则认为两总体分布无显著差异。

跨度的统计量为

$$H = \sum_{i=1}^{m}(Q_i - \bar{Q})^2$$

其中，m 为控制组的样本数，Q_i 为第 i 个控制组在混合组中的秩。小样本下，H 统计量服从 Hollander 分布；大样本下，H 统计量近似服从正态分布，SPSS 会自动计算统计量观测值和对应的概率 P 值，并作出相应的统计决策。

7.6.2 SPSS 两独立样本非参数检验的案例应用

案例：某小学在入学之初对全体学生进行了全面体检，获得全体同学的体检报告若干份。我们现以随机抽取的一个班为例来分析这些同学身体的各项指标在性别上有无显著差异。

提示：首先我们将这个班的体检信息输入 SPSS，并保存为"儿童体检报告.sav"文件，然后通过 SPSS 的非参数检验来分析学生身体指标在性别上有无显著差异。由于男生和女生将所有的体检数据分为了两个独立的样本，因此我们将采用两独立样本的非参数检验来完成该分析。

本例的具体分析步骤如下。

1. 启动程序

打开数据文件"儿童体检报告.sav"，选择"分析"|"非参数检验"|"独立样本"命令，打开"非参数检验：两个或两个以上的独立样本"对话框。

2. "目标"选项卡设置

该选项卡和"单样本非参数检验"对话框的"目标"选项卡的设置方法类似，在此不再重述。本例选中"自定义分析"单选按钮(见图 7-17)。

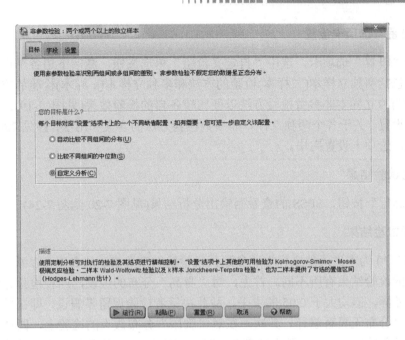

图 7-17 "目标"选项卡

3. "字段"选项卡设置

切换到"字段"选项卡,分别选择"字段"列表框中的字段"身高"和"胸围",单击图标将其选入"检验字段"列表框。选择"性别",单击图标将其选入"组"列表框内(见图 7-18)。

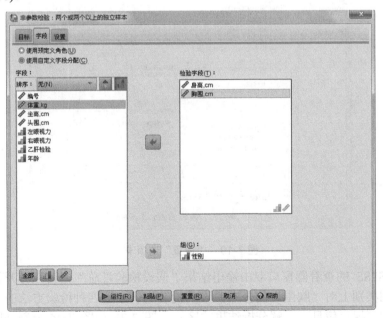

图 7-18 "字段"选项卡

4. "设置"选项卡设置

切换到"设置"选项卡，选中"自定义检验"单选按钮，激活下边各个选项组。其中的选项同时包括两独立样本(二样本)检验的方法和多独立样本(k 样本)检验的方法。本例同时选择四种两独立样本非参数检验方法以便比较各自的检验效果(见图 7-19)。其他选项选择系统默认设置。关于各个两独立样本非参数检验方法的含义和用法，参见 7.6.1 节的原理介绍。至此，选项卡设置完毕。

5. 输出检验结果

单击"运行"按钮，SPSS 的查看器输出分析结果(见图 7-20 到图 7-24)。

6. 解释检验结果

(1) 图 7-20 为本次两独立样本非参数假设检验的汇总表。从表中可以看出，不同的检验方式得出的检验结果有所不同。首先，对"身高"分布的假设，四种检验方法计算的显著性有较大差异，但均大于 0.05 的水平，故此决策者检验保留零假设，即在性别上，男孩和女孩的身高分布无显著差异。其次，在对"胸围"分布假设的检验上，四种检验方法所计算的显著性仍然差异较大。更主要的是，Mann-Whitney U 检验的结果和其他三种方法的检验结果相反，为拒绝零假设；而其他检验方法的检验结果是保留零假设。这说明，不同的分析方法对同样的样本数据，分析结果也不尽相同。这种现象表明选择适合样本数据的分析方法极为重要，同时也要注意各种方法的侧重点的差异。

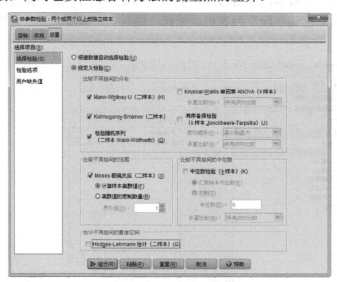

图 7-19 "设置"选项卡

(2) 在 SPSS 的查看器窗口双击输出结果"假设检验汇总"，可以打开模型查看器。我们以在性别类别上对"胸围"的分布假设的检验为例来看四种检验方法的辅助视图，以查看更多详细可视化信息，了解分析结果的区别。图 7-21 至图 7-24 分别是四种检验方法的假设检验结果，从图中我们可以看出各种两独立样本非参数假设检验的结果数据的详细区别。

第7章 非参数检验

	原假设	检验	显著性	决策者
1	在 性别 类别上，身高,cm 的分布相同。	独立样本 Wald-Wolfowitz 运行检验	.518[2]	保留原假设。
2	在 性别 类别上，身高,cm 的范围相同。	极端反应的独立样本 Moses 检验	.771[1]	保留原假设。
3	在 性别 类别上，身高,cm 的分布相同。	独立样本 Mann-Whitney U 检验	.992	保留原假设。
4	在 性别 类别上，身高,cm 的分布相同。	独立样本 Kolmogorov-Smirnov 检验	.988	保留原假设。
5	在 性别 类别上，胸围,cm 的分布相同。	独立样本 Wald-Wolfowitz 运行检验	.996[2]	保留原假设。
6	在 性别 类别上，胸围,cm 的范围相同。	极端反应的独立样本 Moses 检验	.158[1]	保留原假设。
7	在 性别 类别上，胸围,cm 的分布相同。	独立样本 Mann-Whitney U 检验	.045	拒绝原假设。
8	在 性别 类别上，胸围,cm 的分布相同。	独立样本 Kolmogorov-Smirnov 检验	.236	保留原假设。

显示渐进显著性。 显著性水平为 .05。

[1] 对此检验显示准确显著性。

[2] 打散记录中组间的结时使用运行的最大数量来计算。

图 7-20 假设检验汇总

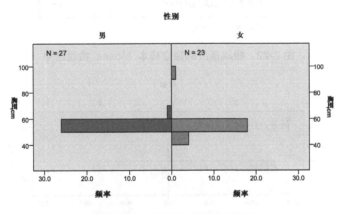

[1] 检验统计量是运行数量。
1. 有 6 个涉及 33 条记录的组间结。

图 7-21 独立样本 Wald-Wolfowitz 检验结果

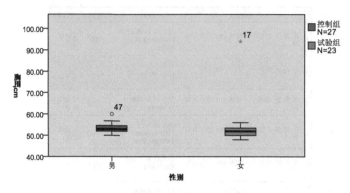

图 7-22 极端反应的独立样本 Moses 检验结果

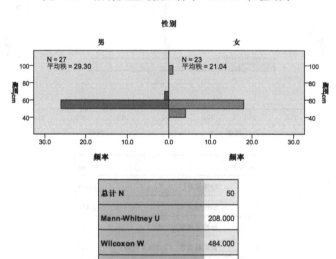

图 7-23 独立样本 Mann-Whitney U 检验结果

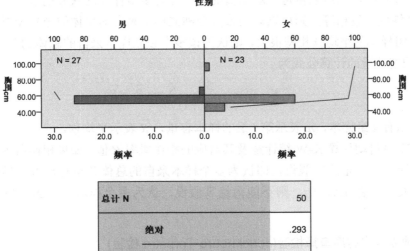

图 7-24 独立样本 K-S 检验结果

7.7 多独立样本的非参数检验

多独立样本非参数检验用以推断样本来自的多个独立总体分布是否存在显著差异。SPSS 多独立样本非参数检验一般用以推断多个独立总体的均值或中位数是否存在显著差异。

7.7.1 多独立样本的非参数检验的统计学原理

多个样本来自的多个总体的分布是否存在显著差异要通过多独立样本的非参数检验来判断。多独立样本是指采用独立抽样方式获得的多组样本。

SPSS 中有 3 种多独立样本非参数检验的方法。

1. 多独立样本 Kruskal-Wallis 单因素 ANOVA 检验

Kruskal-Wallis 检验简称为 K-W 检验,是两独立样本的 Mann-Whitney U 检验在多独立样本检验中的推广应用,用于检验多个独立样本的总体分布是否存在显著差异。其零假设为多个独立样本的总体分布不存在显著差异。

多独立样本的非参数 K-W 单因素 ANOVA 检验的基本原理是:首先将多组样本数据混

合并按照升序排列，然后求得每个观测值的秩，并对多组样本的秩分别求平均值。如果各组样本的平均秩大致相等，则可以认为该多个独立样本来自的总体的分布无显著差异；反之，如果各组样本的平均秩相差很大，则认为该多个独立样本来自的总体的分布差异显著。

K-W 的统计量的计算公式为

$$K\text{-}W = \frac{12}{N(N+1)}\sum_{i=1}^{k}n_i(\overline{R_i}-\overline{R})^2$$

其中，k 表示有 k 组样本，n_i 表示第 i 组的样本容量，$\overline{R}$ 表示平均秩。

SPSS 22 将自动计算 K-W 统计量及其对应的相伴概率 P 值。如果相伴概率小于或等于显著性水平 α，则应拒绝零假设，即认为多个样本来自的总体分布有显著差异；如果相伴概率 P 值大于显著性水平 α，则不能拒绝零假设，认为多个样本来自的总体分布无显著差异。

2. 多独立样本有序备择检验(Jonckheere-Terpstra 检验)

Jonckheere-Terpstra 检验是由 Terpstra(1952)和 Jonckheere(1954)提出的，主要用于进行有序备择检验，此时它比 Kruskal-Wallis 功能更强大，但前提是多样本需具有自然顺序。如果用于指定其他假设的顺序，那么要规定其他假设为"从最小到最大"：第一组的位置参数不等于第二组，第二组又不等于第三组，以此类推；或者规定其他假设为"从最大到最小"：最后一组的位置参数不等于倒数第二组，倒数第二组又不等于倒数第三组，以此类推。Jonckheere-Terpstra 检验也是用以分析样本来自的多个独立总体的分布是否存在显著差异。其零假设是：样本来自的多个独立总体的分布无显著差异。

多独立样本的有序备择检验(Jonckheere-Terpstra 检验)的基本原理和两独立样本的 Mann-Whitney U 检验比较类似，也是计算一组样本的观察值小于其他组样本观察值的个数。

J-T 统计量的计算公式为

$$J\text{-}T = \sum_{i<j}U_{ij}$$

其中，U_{ij} 为第 i 组样本观察值小于第 j 组样本观察值的个数。

SPSS 22 首先计算观察的 J-T 统计量，并求出这些 J-T 统计量的平均值、标准化均值和标准差。之后，SPSS 将给出 J-T 统计量对应的相伴概率 P 值。如果相伴概率 P 值小于或等于显著性水平 α，则应拒绝零假设，认为多个样本来自的总体分布有显著差异；如果相伴概率 P 值大于显著性水平 α，则不能拒绝零假设，即认为多个样本来自的总体分布无显著差异。

3. 多独立样本中位数检验

多独立样本的中位数检验通过对多组数据的分析推断多个独立总体分布是否存在显著差异。多独立样本的中位数检验的零假设为：样本来自的多个独立总体的中位数无显著差异。如果多组独立样本的中位数没有显著差异，或者说，多组独立样本有共同的中位数，那么这个中位数要处于每组样本的中间位置。

因此，多独立样本的中位数检验的基本原理是：首先将多组样本数据混合并按照升序排列，求出混合样本数据的中位数，并假设它是一个共同的中位数。然后，计算每组样本中大于或小于这个共同中位数的样本数。如果每组中大于这个中位数的样本数大致等于每组中小于这个中位数的样本数，则可以认为这组多个独立总体的中位数没有显著差异。为此，需要判断表 7-9 所示的表格中的每组样本上下格的值是否大致相同。

表 7-9 多独立样本非参数检验的中位数比较

多独立样本的中位数检验

组 别	第 1 组样本	第 2 组样本	...	第 K 组样本
大于共同中位数的样本数	O_{11}	O_{12}	...	O_{1k}
小于或等于共同中位数的样本数	O_{21}	O_{22}	...	O_{2k}

SPSS 将根据表 7-9 所示的数据计算卡方检验统计量，计算公式为

$$\chi^2 = \sum_{i=1}^{2}\sum_{j=1}^{k}\frac{(O_{ij}-E_{ij})^2}{E_{ij}}$$

其中，i 表示表 7-9 中的第 i 行，j 表示第 j 列，O_{ij} 表示第 i 行、第 j 列的实际样本数，E_{ij} 表示第 i 行、第 j 列的期望样本数。

SPSS 22 将给出卡方统计量对应的概率 P 值。如果 P 值小于或等于显著性水平 α，则应拒绝零假设，认为多个样本来自的总体中位数间有显著差异；如果相伴概率 P 值大于显著性水平 α，则接受零假设，认为多个样本来自的总体中位数间无显著差异。

7.7.2 SPSS 多独立样本非参数检验的案例应用

案例：为了开展课题研究，我们对某市四所高校的大一到大四的全体学生做了一次关于"大学生自我意识"的抽样性全面调查，获得有效统计数据 240 份。试以此次调查为依据，分析四所高校在"自我意识"上有无差异。

提示：首先将所获得的统计数据输入 SPSS 22.0 并保存为"大学生自我意识.sav"。由于我们的调查涉及四所高校，因此，要分析这些高校学生的自我意识是否有所差异，需要用多独立样本的非参数检验来进行判断。

本案例的分析步骤如下。

1. 启动程序

打开 SPSS 数据文件"大学生自我意识.sav"，选择"分析"|"非参数检验"|"独立样本"命令，打开"非参数检验：两个或两个以上的独立样本"对话框。

2. "目标"选项卡设置

该选项卡和"单样本非参数检验"对话框的"目标"选项卡的设置方法类似，在此不再重述。本例选择默认设置(见图 7-25)。

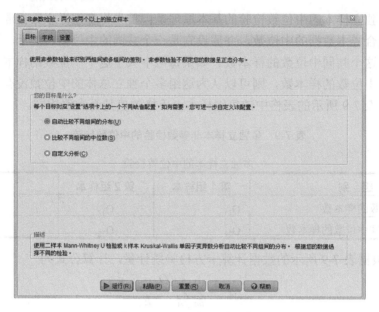

图 7-25 "目标"选项卡

3. "字段"选项卡设置

切换到"字段"选项卡,分别选择"字段"列表框中的所有连续变量,单击图标将其选入"检验字段"列表框。选择"院校",单击图标将其选入"组"列表框(见图 7-26)。这样,我们可以从"自我意识"的所有层面及总体上对四所高校进行细致的对比。

图 7-26 "字段"选项卡

4. "设置"选项卡设置

由于"目标"选项卡已选择了默认设置，因此"设置"选项卡自动选择默认设置"根据数据自动选择检验"。对于其他设置，本例也选择系统默认设置(见图 7-27)。关于各种多独立样本非参数检验的方法的含义和用法，参见 7.7.1 节的原理介绍。至此，选项卡设置完毕。

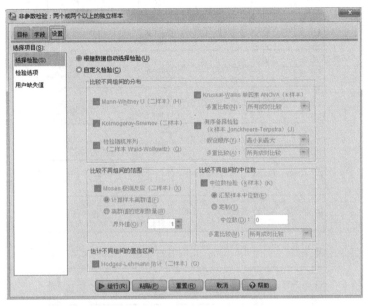

图 7-27　"设置"选项卡

5. 输出检验结果

单击"运行"按钮，SPSS 的查看器输出多独立样本非参数检验的检验结果(图 7-28 至图 7-32)。

6. 解释检验结果

(1) 图 7-28 为本次多独立样本非参数检验的汇总表。从表中可以看出，四所院校在"道德自我"、"心理自我"、"自我概念"和"自我满意"四方面的分布差异显著，而且在"总分"的分布上也有显著差异。就相伴概率 P 值而言，"道德自我"和"心理自我"的分布的 P 值均等于 0.000，小于水平值 0.001，表明差异达到非常显著的程度；而"自我概念"和"自我满意"的分布上的检验概率 P 值分别为 0.021 和 0.016，均小于 0.05，也达到显著程度。在"总分"的分布上，P 值为 0.021，说明在该项上院校之间也存在显著差异。要进一步了解各种差异的详细信息，可以查看模型查看器窗口。

(2) 双击 SPSS 的查看器窗口输出的检验结果"假设检验汇总"，打开本次检验的模型查看器。我们以显著性达到非常显著程度的"道德自我"和"总分"为例，查看院校之间差异的详细信息。

	原假设	检验	显著性	决策者
1	在院校类别上，业绩目标的分布相同。	独立样本 Kruskal-Wallis 检验	.893	保留原假设。
2	在院校类别上，掌握目标的分布相同。	独立样本 Kruskal-Wallis 检验	.333	保留原假设。
3	在院校类别上，成就目标的分布相同。	独立样本 Kruskal-Wallis 检验	.640	保留原假设。
4	在院校类别上，生理自我的分布相同。	独立样本 Kruskal-Wallis 检验	.157	保留原假设。
5	在院校类别上，道德自我的分布相同。	独立样本 Kruskal-Wallis 检验	.000	拒绝原假设。
6	在院校类别上，心理自我的分布相同。	独立样本 Kruskal-Wallis 检验	.000	拒绝原假设。
7	在院校类别上，家庭自我的分布相同。	独立样本 Kruskal-Wallis 检验	.093	保留原假设。
8	在院校类别上，社会自我的分布相同。	独立样本 Kruskal-Wallis 检验	.353	保留原假设。
9	在院校类别上，自我批评的分布相同。	独立样本 Kruskal-Wallis 检验	.363	保留原假设。
10	在院校类别上，自我概念的分布相同。	独立样本 Kruskal-Wallis 检验	.021	拒绝原假设。
11	在院校类别上，自我满意的分布相同。	独立样本 Kruskal-Wallis 检验	.016	拒绝原假设。
12	在院校类别上，自我行动的分布相同。	独立样本 Kruskal-Wallis 检验	.090	保留原假设。
13	在院校类别上，总分的分布相同。	独立样本 Kruskal-Wallis 检验	.021	拒绝原假设。

显示渐进显著性。 显著性水平为 .05。

图 7-28　假设检验汇总

图 7-29 和图 7-30 分别是"道德自我"分布的独立样本检验辅助视图和成对比较图。从图 7-29 可知，K-W 检验统计量为 22.585，渐近显著性双侧检验值为 0.000，达到非常显著的水平。K-W 检验统计量越高，渐进显著性双侧检验值越小，显著性水平越高。成对比较图 7-30 给我们呈现了更多详细信息，可以看出，在"道德自我"的分布上的成对比较中，xx 学院和其他 3 所高校的差异都很显著，其中 xx 学院和 xx 医学院的差异达到非常显著的水平($P=0.000$)，而其检验统计量的绝对值也达到 57.947。相反，差异最小的是 xx 理工大学和 xx 师范大学，检验统计量只有 6.273，$P=0.619$，调整后显著性为 1.000，表明两者几乎无差异。

图 7-31 和图 7-32 分别是"总分"分布检验的独立样本检验辅助视图和成对比较图。从图 7-31 可知，检验统计量为 9.761，$P=0.021$，小于 0.05 的临界值，故在院校类别上，"总分"的分布为差异显著。从图 7-32 可知，依然是 xx 学院和 xx 医学院在"总分"的分布上差异最为显著，渐进显著性 P 值达到 0.002，调整后为 0.013，检验统计量的绝对值高到

39.119。同时,差异最小的仍然是 xx 理工大学和 xx 师范大学,概率 $P=0.982$,调整后显著性为 1.000,检验统计量绝对值为 0.289,表明两者几乎无差异。

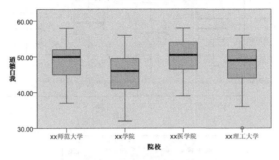

图 7-29 "道德自我"的独立样本辅助视图

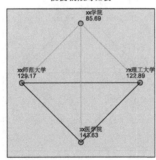

样本1-样本2	检验统计	标准错误	标准检验统计	显著性	调整显著性
xx学院-xx医学院	-57.947	12.706	-4.560	.000	.000
xx学院-xx师范大学	43.480	12.706	3.422	.001	.004
xx学院-xx理工大学	-37.207	12.655	-2.940	.003	.020
xx理工大学-xx医学院	20.740	12.601	1.646	.100	.599
xx师范大学-xx医学院	-14.467	12.653	-1.143	.253	1.000
xx理工大学-xx师范大学	6.273	12.601	.498	.619	1.000

每行会检验原假设:样本 1 和样本 2 分布相同。
显示渐进显著性(双侧检验)。显著性水平为 .05。

图 7-30 "道德自我"的成对比较图

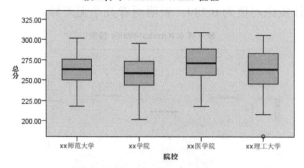

图 7-31 "总分"的独立样本辅助视图

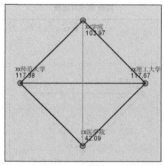

样本1-样本2	检验统计	标准错误	标准检验统计	显著性	调整显著性
xx学院-xx师范大学	14.409	12.674	1.137	.256	1.000
xx学院-xx理工大学	-14.698	12.622	-1.164	.244	1.000
xx学院-xx医学院	-39.119	12.727	-3.074	.002	.013
xx师范大学-xx理工大学	-.289	12.569	-.023	.982	1.000
xx师范大学-xx医学院	-24.710	12.674	-1.950	.051	.307
xx理工大学-xx医学院	24.421	12.622	1.935	.053	.318

每行会检验原假设：样本1和样本2分布相同。
显示渐进显著性（双侧检验）。显著性水平为 .05。

图 7-32 "总分"的成对比较视图

7.8 两相关样本的非参数检验

我们在第 5 章已经讲过，所谓配对样本是指两个样本数据之间存在一一对应的关系，故此配对样本也称相关样本。相关样本 T 检验的前提是两样本所来自的总体应该服从正态分布。而在相关样本来自的总体分布不是很清楚的情况下，或两总体不呈正态分布时，那么对其进行检验就要使用非参数检验。

7.8.1 两相关样本的非参数检验统计学原理

两配对样本非参数检验一般用于同一研究对象(或两配对对象)给予不同实验处理的效果比较，以及同一研究对象(或两配对对象)实验处理前后的效果比较。两配对样本非参数检验的前提首先是两个配对样本的观察数目相同，其次是两样本的观察值顺序不能随意改变。

SPSS 两个相关样本非参数检验的方法主要有 McNemar 检验、Sign(符号)检验、Wilcoxon 检验和 Marginal Homogeneity(边际同质性检验)等。McNemar 检验用于两个相关二分变量的检验；Sign 检验通过分析两个样本的正负符号的个数判断它们是否来自相同的总体；Wilcoxon 检验用于检验两个相关样本是否来自相同的总体，但对总体分布形式没有限制；Marginal Homogeneity 检验用于两个相关定序变量的检验，是 McNemar 检验的扩展形式。

1. 两相关样本的 McNemar 检验

McNemar 检验以研究对象自身为对照，检验其两组样本变化是否显著。其零假设为：样本来自的两配对总体分布无显著差异。由于 McNemar 检验要求待检验的两组样本的观察值是二值数据，因此其基本原理是采用二项分布检验，通过对两组样本前后变化的概率来计算二项分布的概率值。如果 SPSS 计算所得的二项分布相伴概率值小于或等于显著性水平 α，则应拒绝零假设，认为两配对样本总体分布有显著差异；如果相伴概率值大于显著性水平 α，则接受零假设，认为两配对样本总体分布无显著差异。

2. 两相关样本的 Sign 检验

当两配对样本的观察值不是二值数据时，无法利用 McNemar 检验，这时可以采用 Sign 检验的方法。其零假设为：样本来自的两配对样本总体的分布无显著差异。两配对样本符号检验是利用正、负符号个数的多少来进行检验。其基本原理是：首先，用第二组样本的各个观察值减去第一组样本对应的观察值，如果差值是一个正数，则记为正号；如果差值为负数，则记为负号。然后，计算正号的个数和负号的个数。通过比较正号的个数和负号的个数，可以判断两组样本的分布。如正号的个数和负号的个数大致相当，则可以认为两配对样本数据分布差距较小；如正号的个数和负号的个数相差较多，可以认为两配对样本数据分布差距较大。SPSS 将自动对差值正负符号序列作单样本二项分布检验，计算出实际的概率值。如果得到的相伴概率值小于或等于显著性水平 α，则应拒绝零假设，认为两配对样本来自的总体分布有显著差异；如果相伴概率值大于显著性水平 α，则接受零假设，认为两配对样本来自的总体分布无显著差异。

符号检验是最早被提出的非参数检验方法，但是由于它只关注配对数值哪个更大，而没有利用这些配对数值差值的大小所包含的信息，因此检验效能较低，精度较差。该方法对于类别变量的检验更加适用，对连续变量效果不好。

3. 两相关样本的 Wilcoxon 符号秩检验

如上所述，两配对样本的符号检验通过分析两个样本各组配对数值之差的正负符号的个数，来判断两个总体分布的异同，而不考虑差值的大小所包含的信息。如果要考虑该因素，就要进一步使用两配对样本的 Wilcoxon 符号秩检验的方法。该方法的零假设为：样本来自的两配对样本总体的分布无显著差异。其基本统计学原理是：Wilcoxon 检验首先按照符号检验的方法，将第二组样本的各个观察值减去第一组样本对应的观察值，如果得到差值是一个正数，则记为正号；如果差值为负数，则记为负号。程序同时保存两组样本的观测值的差值的绝对值数据，然后将绝对差值数据按升序排序，并求出相应的秩，最后分别计算正号秩的总和 W^+ 和负号秩的总和 W^-。如果 W^+ 和 W^- 大致相当，则可以认为两配对样本数据正负变化程度基本相当，两配对样本总体的分布无显著差异。

小样本状态下，两配对样本的 Wilcoxon 符号秩检验统计量 $W=\min(W^+, W^-)$，服从 Wilcoxon 符号秩分布。大样本状态下，SPSS 可以利用 W 按照下面的公式计算 Z 统计量，它近似服从正态分布：

$$Z = \frac{W - n(n+1)/4}{\sqrt{n(n+1)(2n+1)/24}}$$

其中，n 为观测值个数。

SPSS 将自动计算 Z 统计量并给出相应的相伴概率 P 值。如果得到的相伴概率 P 值小于或等于显著性水平 α，则应拒绝零假设，认为两配对样本来自的总体分布有显著差异；如果相伴概率 P 值大于显著性水平 α，则接受零假设，认为两配对样本来自的总体分布无显著差异。

7.8.2　SPSS 两相关样本非参数检验的案例应用

案例：某校体育学院在对学生进行体能训练过程中，对学生训练前和训练后的身体指标的变化情况作了统计。我们从中随机抽取一个班的学生在训练前后体重的变化作为案例，来分析该班学生训练前后体重的分布是否有显著差异。

提示：首先我们将取得的这组训练数据输入 SPSS 22.0 并保存为"体重检测.sav"文件。由于我们需要检测同一组学生在训练前后体重发生的变化，也就是要进行同一研究对象在处理前后的效果比较。因此，我们要通过两独立样本的非参数检验来进行本案例的分析。

本案例的具体分析步骤如下。

1. 启动程序

打开数据文件"体重检测.sav"，选择"分析"|"非参数检验"|"相关样本"命令，打开"非参数检验：两个或两个以上的相关样本"对话框。

2. 选项卡设置

"非参数检验：两个或两个以上的相关样本"对话框中的选项卡和"非参数检验：两个或两个以上的独立样本"对话框中的选项卡结构相同，设置方法也完全一样。本例选择字段"训练前体重"和"训练后体重"，单击  图标选入"检验字段"列表框(见图 7-33)。检验方法选择系统默认设置"根据数据自动选择检验"。各检验方法的含义和用法参见 7.8.1 节内容。当指定两个字段时，此设置对分类数据应用 McNemar 检验；对连续数据应用 Wilcoxon 匹配对符号等级检验或 Friedman 的按等级二因素 ANOVA 检验。本例中，选项卡中的其他各项也均选择系统默认设置。

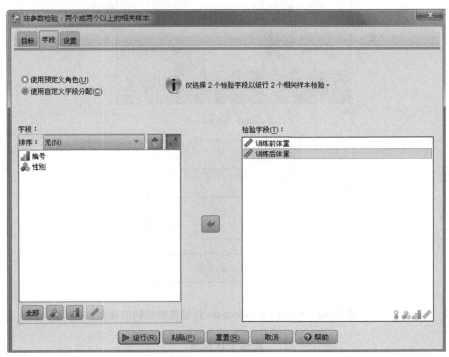

图 7-33 "字段"选项卡

3. 输出检验结果

单击"运行"按钮，SPSS 输出本例非参数检验分析结果如图 7-34 至图 7-37 所示。

4. 解释检验结果

(1) 图 7-34 是该案例分析的假设检验汇总表。从表中可以看出，系统选择了相关样本 Wilcoxon 符号秩检验作为本案例检验方法。检验的相伴概率值 $P=0.000$，小于 0.001 的显著性水平值，达到非常显著的程度，因此，决策者建议拒绝零假设。这表明，训练前和训练后的体重分布差异巨大，训练后体重较训练前发生了显著变化。

(2) 图 7-35 为本次相关样本 Wilcoxon 符号秩检验的辅助视图。该视图给出了更多检验结果的详细信息。可以看出，本例检验的统计量 60.500，标准误差为 87.920，渐进显著性值为 0.000，达到非常显著的程度。图 7-36 和图 7-37 为训练前体重和训练后体重的频率柱状图比较，可以更加直观地看出两组样本前后差异的显著程度。

原假设	检验	显著性	决策者
1 训练前体重 和 训练后体重 的中位数之差等于 0。	相关样本 Wilcoxon 符号秩检验	.000	拒绝原假设。

显示渐进显著性。显著性水平为 .05。

图 7-34　假设检验汇总

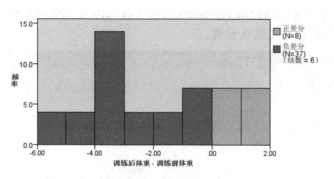

总计 N	51
检验统计	60.500
标准误差	87.920
标准化检验统计量	-5.198
渐进显著性（2-sided 检验）	.000

图 7-35　相关样本 Wilcoxon 符号秩检验辅助视图

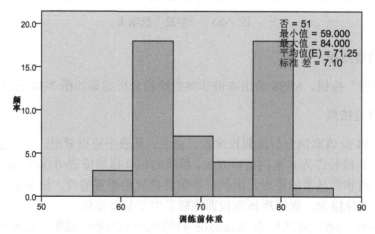

图 7-36　训练前体重频率柱状图

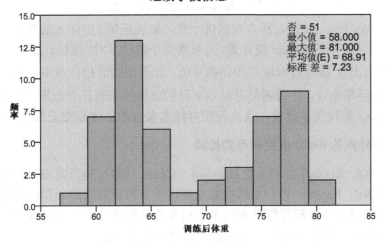

图 7-37　训练后体重频率柱状图

7.9　多相关样本的非参数检验

相关样本非参数检验中的相关样本如果多于两个,那么系统将自动选择多相关样本参数检验的相应方法。

7.9.1　多相关样本的非参数检验统计学原理

SPSS 中多个相关样本的检验方法有：Friedman 检验、Kendall 协同系数检验和 Cochran Q 检验等。当指定两个字段时,对连续数据应用 Wilcoxon 匹配对符号等级检验；当指定超过两个字段时,对连续数据应用 Friedman 按等级二因素 ANOVA 检验。当指定两个字段时,该目标对分类数据应用 McNemar 检验；当指定超过两个字段时,那么对分类数据应用 Cochran Q 检验。

1. 多相关样本的 Friedman 检验

多相关样本的 Friedman 检验是利用秩实现多个相关总体分布检验的一种方法,多相关样本的 Friedman 检验要求数据是定距的。Friedman 按等级二因素 ANOVA 检验为双向方差分析检验,其零假设为：样本来自的多个相关总体的分布无显著差异。多相关样本的 Friedman 检验的实现原理：首先以样本为单位,将各个样本数据按照升序排列,求得各个样本数据在各自行中的秩,然后计算各样本的秩总和及平均秩。如果多个相关样本的分布存在显著的差异,那么数值普遍偏大的组秩和必然偏大,数值普遍偏小的组秩和也必然偏小,各组的秩之间就会存在显著差异。如果各样本的平均秩大致相当,那么可以认为各组的总体分布没有显著差异。

SPSS 计算 Friedman 统计量的公式为

$$\chi^2 = \frac{12}{bk(k+1)} \sum_{i=1}^{k}(R_i - \frac{b(k+1)}{2})^2$$

其中，k 表示样本个数，b 表示样本观测值个数，R_i 表示第 i 组样本的秩总和。

SPSS 将自动计算 Friedman 统计量，当观察值个数较多时，该统计量服从 χ^2 分布。SPSS 将依据分布表给出 χ^2 统计量对应的相伴概率值。如果得到的相伴概率值小于或等于显著性水平 α，则应拒绝零假设，认为两配对样本来自的总体分布有显著差异；如果相伴概率值大于显著性水平 α，则接受零假设，认为两配对样本来自的总体分布无显著差异。

2. 多相关样本的 Kendall 协同系数检验

多相关样本的 Kendall 协同系数检验和 Friedman 秩和检验非常相似，但分析的角度不同。多相关样本的 Kendall 协同系数检验主要用于分析评判者的判别标准是否一致公平。它将每个评判对象的分数都看作是来自多个相关总体的样本。一个评判者对各被评判者的分数构成一个样本。其零假设为：评判者的评判标准不一致。

Kendall 协同系数检验将计算 Kendall 协同系数 W，公式为

$$W = \sum_{i}^{n} \frac{(R_i - m(n+1)/2)^2}{m^2 n(n^2-1)/12}$$

其中，m 表示评判者人数，n 表示被评判者人数，R_i 表示第 i 个评判者的秩和。

协同系数 W 在 n 较大时，近似服从卡方分布，它表示各行数据之间的相关程度，其取值范围为[0,1]。W 越接近于 1，表示各行数据之间相关性越强，说明评判者的评价标准越一致。SPSS 将自动计算 W，并给出对应的相伴概率值。如果得到的相伴概率值小于或等于显著性水平 α，则应拒绝零假设，认为评判标准一致；如果相伴概率值大于显著性水平 α，则接受零假设，认为评判标准不一致。

3. 多配对样本的 Cochran Q 检验

多配对样本的 Cochran Q 检验也是对多配对样本总体分布是否存在显著性差异的统计检验。不同的是，多配对样本的 Cochran Q 检验所能处理的数据只有两个值(如 0 和 1，好和差)。其零假设为：样本来自的多配对总体分布无显著差异。

多配对样本的 Cochran Q 检验的计算公式为

$$Q = \frac{k(k-1)\sum_{j=1}^{k}(G_j - \overline{G})^2}{k\sum_{i=1}^{n}L_i - \sum_{i=1}^{n}L_i^2}$$

其中，k 为样本个数，n 为样本容量，G_j 为第 j 列中取值为 1 的个数，$\overline{G}$ 表示 G_j 的均值，L_i 为第 i 行取值为 1 的个数。

Q 统计量近似服从卡方分布。SPSS 自动计算 Q 统计量及相伴概率值。如果得到的相伴概率值小于或等于显著性水平 α，则应拒绝零假设，认为两配对样本来自的总体分布有显著差异；如果相伴概率值大于显著性水平 α，则接受零假设，认为两配对样本来自的总体分布无显著差异。

7.9.2　SPSS 多相关样本非参数检验的案例应用

案例：针对当前的大学生普遍存在学习状态不佳的问题，我们通过问卷调查在某校随机采访 250 名学生，获得有效数据 247 份。该学习状态问卷分为"学习动机"、"学习信心"、"学习情绪"和"学习态度"四部分，同时该问卷对学生当前学习状态的"内部归因"和"外部归因"也进行了调查。在本例中，我们将通过分析来了解当前大学生学习状态的这四个构成要素之间的分布是否有显著差异，如果有差异，表现在哪些方面。

提示：首先我们将本次调查问卷所采集的有效数据输入 SPSS 22.0 并保存为"大学生学习状态调查.sav"文件。由于我们要分析学习状态的四个相关构成因素之间的分布状况，因此可以通过 SPSS 的多相关样本的非参数检验来实现。

本案例分析过程的具体步骤如下。

1. 启动程序

打开数据文件"大学生学习状态调查.sav"，选择"分析"|"非参数检验"|"相关样本"命令，打开"非参数检验：两个或两个以上的相关样本"对话框。

2. 选项卡设置

"非参数检验：两个或两个以上的相关样本"对话框中的选项卡和"非参数检验：两个或两个以上的独立样本"对话框中的选项卡的结构相同，设置方法也完全一样。本例选择字段"学习动机"、"学习信心"、"学习情绪"和"学习态度"，单击 图标将其选入"检验字段"列表框(见图 7-38)，检验方法选择系统默认设置"根据数据自动选择检验"，各检验方法的含义和用法参阅 7.9.1 节介绍。各选项卡中的其他选项也均选择系统默认设置，在此不再一一赘述。

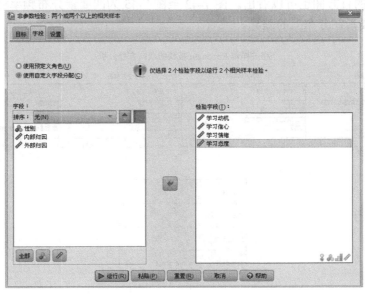

图 7-38　"字段"选项卡

3. 输出检验结果

单击"运行"按钮，SPSS 输出本例非参数检验分析结果如图 7-39 所示。

4. 解释检验结果

(1) 图 7-39 是该案例非参数假设检验的汇总表。从中可以看出，该案例的检验方式为相关样本的 Friedman 双向方差分析检验，零假设为大学生学习状态的四个构成要素的分布相同。检验的渐进显著性概率值 $P=0.000<0.001$，检验决策建议拒绝原假设，表明大学生学习状态的四个构成要素之间的分布差异非常显著。

	原假设	检验	显著性	决策者
1	学习动机，学习信心，学习情绪 and 学习态度 的分布相同。	相关样本 Friedman 按秩的双向方差分析	.000	拒绝原假设。

显示渐进显著性。 显著性水平为 .05。

图 7-39 假设检验汇总

(2) 双击 SPSS 的查看器窗口，打开该案例分析的模型查看器，可以查看图 7-40 至图 7-45 所示内容。图 7-40 是本例相关样本的 Friedman 检验的辅助视图，包括非参数检验的直方图和检验信息表。直方图显示学习状态的四个构成要素秩次分布(等级)和平均秩等信息。可以看出，"学习动机"的平均秩=3.16，为最高值；"学习态度"的平均秩=1.94，为最低值。二者差异显著。检验信息表给出了检验的详细信息。

(3) 图 7-41 是四项构成要素的成对比较视图。可以看出，除了"学习信心-学习情绪"的检验结果为调整显著性值 P 为 0.169 外，其余各组对比检验的 P 值均小于 0.05，拒绝零假设。这说明大学生学习状态的四个构成要素在分布上相互之间几乎均呈现显著差异。这一点从图 7-40 的直方图也可以看出。图 7-42 至图 7-45 为四要素分布频率柱状图，可以更直观地看出各要素在分布上的差异。

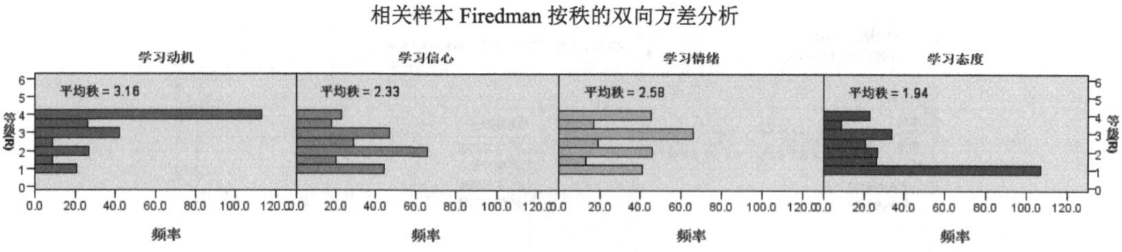

总计 N	247
检验统计	123.903
自由度	3
渐进显著性 (2-sided 检验)	.000

图 7-40 Friedman 检验的辅助视图

成对比较

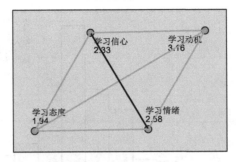

每个节点显示样本平均秩。

样本1-样本2	检验统计	标准错误	标准检验统计	显著性	调整显著性
学习信心-学习动机	.832	.116	7.162	.000	.000
学习情绪-学习动机	.577	.116	4.966	.000	.000
学习态度-学习动机	1.223	.116	10.525	.000	.000
学习态度-学习情绪	.646	.116	5.559	.000	.000
学习态度-学习信心	.391	.116	3.363	.001	.005
学习信心-学习情绪	-.255	.116	-2.196	.028	.169

每行会检验原假设：样本 1 和样本 2 分布相同。
显示渐进显著性（双侧检验）。显著性水平为 .05。

图 7-41 "成对比较"视图

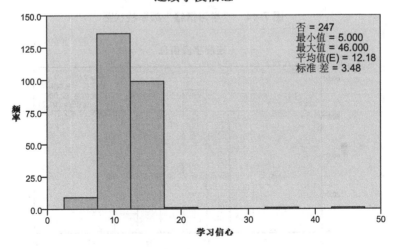

图 7-42 "学习信心"频率柱状图

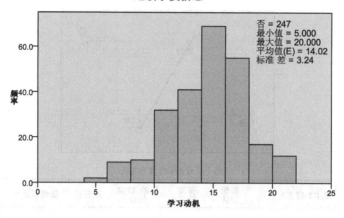

图 7-43 "学习动机"频率柱状图

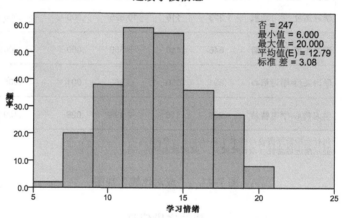

图 7-44 "学习情绪"频率柱状图

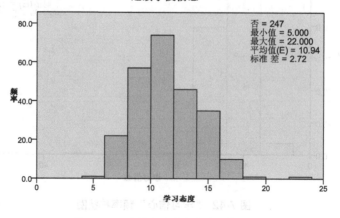

图 7-45 "学习态度"频率柱状图

7.10 思 考 题

1. 为了检验机器部件的装配时间是否正常,某企业在一装配线上随机记录了 24 只同种部件的装配时间,试检验这些数据是否服从正态分布,并检验这批部件的装配时间是否明显地大于 10 分钟($\alpha=0.05$)?

(装配时间 单位:分)

9.8	10.9	9.9	10.5	9.6	10.2	9.8	10.7
10.4	11.1	11.2	9.7	9.7	10.3	10.5	9.9
10.6	9.6	10.1	10.3	9.9	9.6	10.1	10.1

2. 有一批产品,其重量有些差异,连续抽查了 25 件,其重量分别为

3.6　3.9　4.1　3.6　3.8　3.7　3.4　4.0　3.8　4.1　3.9　4.0　3.8
3.9　4.0　3.8　4.2　4.1　3.7　3.8　3.6　4.0　4.1　4.0　3.7

能否认为其重量的变动是随机的($\alpha=0.05$)?

3. 使用两台仪器对同一批产品进行测量,从中抽取了 8 个样品,由两台仪器测量的结果记录如下,试问两台仪器的测量结果有无显著差异($\alpha=0.05$)?

样品号	1	2	3	4	5	6	7	8
仪器 A	1.04	1.15	1.86	0.75	1.82	1.14	1.65	1.92
仪器 B	1.08	1.00	1.90	0.90	1.80	1.20	1.70	1.86

4. 一个广告公司为了了解不同年龄阶段的人对某广告的喜欢程度,对不同年龄组的受众进行了随机采访,调查结果如下表($\alpha=0.05$)。请检验三组受众的感受是否有所差异。

年龄小组总体	某广告			合 计
	很喜欢	喜 欢	一 般	
30 岁以下	120	30	50	200
30~45 岁	10	75	15	100
45 岁以上	10	30	60	100
合计	140	135	125	400

5. 在某校举办的英语演讲比赛中,最后有 5 名选手进入决赛。以下数据是 5 位评委在决赛中给他们的评分表。试分析此次英语演讲决赛中 5 位评委是否公平。

英语演讲决赛评分汇总表

评 委	选手 1	选手 2	选手 3	选手 4	选手 5
评委 1	8.75	8.35	8.80	9.00	8.60
评委 2	10.00	9.55	9.50	8.90	9.50
评委 3	9.60	9.10	8.50	9.10	9.60

续表

评委	选手1	选手2	选手3	选手4	选手5
评委4	9.20	8.50	8.90	9.10	9.40
评委5	9.65	9.30	9.10	9.10	8.95

6. 试以本章附带的"大学生学习状态调查.sav"文件为例,分析当代大学生对自己的学习状态的"内部归因"和"外部归因"有无分布上的差异。

7. 为了了解大学生的创新思维和学习之间的关联,我们对某校大一、大二和大三的学生做过一次随机调查,现将数据汇总为本章附带的文件"创新思维调查.sav"。请尝试分析所调查的项目在年级和性别的分布上是否一致,并分析大学生的学习方法、应试心理和创新思维的分布是否有明显差异。

第8章 相关分析

在实际的研究中,我们会发现很多事物之间并非独立存在,而是彼此之间有着或紧密或松散、或这样或那样的关系,并且可以通过一定的数量关系表现出来。这种事物之间的依存关系一般可分为两类:函数关系和相关关系。所谓函数关系就是能够从数量上反映出来的一种事物之间严格的依存关系,即当一个或几个变量取一定的值时,另一个变量必然有某个确定的值与之相对应。换言之,函数关系指的是变量之间一一对应的确定关系。这种关系可以用函数式 $y=f(x)$ 来表示。另一方面,有些事物之间虽然相互影响、相互依存,但却不是一一对应的关系,也就是说,当一个或几个相关联的变量取一定的值时,与之相对应的另一变量的值虽然也发生一定的变化,但变化值不是确定的数值,而是按照某种规律在一定的范围内变化的数值。事物之间的这种非确定性关系在统计学上称为相关关系。对事物的相关关系的分析就是相关分析。

8.1 相关分析应用概述

相关的概念与计算方法最早是由英国遗传学家高尔顿(Galton)提出,并由他的学生皮尔逊(Pearson)完善的。相关就是指两事物之间依存关系的强度。相关分析则是研究事物之间是否存在某种依存关系,并对这种依存关系的强度及方向进行探讨,是研究随机变量之间的相关关系的一种统计方法。

8.1.1 相关关系的分类

变量之间的相关关系按照不同的标准有不同的分类。

1. 按相关强度划分,相关关系可分为完全相关、不完全相关和零相关

当一个变量的数值变化完全由另一个变量的数值变化来决定时,两者的关系就是完全相关关系;当两个变量彼此互不影响,其数值变化各自独立时,就是零相关关系;而不完全相关则是指变量之间不是一一对应关系,当一个变量取一定值时,另一变量的数值虽然也发生变化,但却无法用确定的值与之相对应。这也是相关关系的主要研究对象。

2. 按相关方向划分,相关关系可分为正相关和负相关

正相关是指两个变量的数值变化方向一致,表现为同增或同减的关系;负相关是指两个变量的数值变化方向相反,表现为一增一减的关系。

将相关的方向性和强度相结合,我们可以把相关关系归结为:完全正相关、完全负相关、正相关、负相关和零相关。

3. 按表现形态划分，相关关系可分为线性相关和非线性相关

当一个变量的值发生变化时，另外的一个变量也发生大致相同的变化。在直角坐标系中，如果两变量的观测值的分布大致在一条直线上，则两变量之间的相关关系为线性相关或直线相关；如果一个变量发生变动，另外的变量也随之变动，但是，其观测值分布近似的在一条曲线上，则变量之间的相关关系为非线性相关或曲线相关。本章主要对变量之间的线性相关进行分析研究。

4. 按影响因素划分，相关关系可分为单相关、偏相关和复相关

单相关是指两个变量之间的关系，即一个因变量和一个自变量之间的相关关系，在本章中即二元变量相关分析；偏相关是指某一变量与多个变量相关时，假定其他变量不变的条件下其中两个变量的相关关系，在本章中即偏相关分析；复相关是指三个或三个以上的变量之间的关系，即一个因变量对两个或两个以上自变量的相关关系，在本章中即距离相关分析。

8.1.2 散点图

变量之间的相关关系可以通过散点图和相关系数来表现。绘制散点图是将数据以点的形式画在直角坐标系上，是观测两个变量之间关系的一种非常直观的方法。通常情况下是以自变量为横坐标，因变量为纵坐标，将两个变量相对应的观测值以坐标点的形式逐一标注在直角坐标系中，通过这些坐标点的分布形状、模式和疏密来直观地描述两变量之间的相关关系。

散点图只是一种探索性分析方法，我们从中可以大概地发现变量之间相关关系的强弱和方向。SPSS 22.0 提供了两种绘制散点图的方式：一种是通过选择"图形"|"旧对话框"|"散点/点状"命令来完成；另一种是通过选择"图形"|"图表构建器"命令来完成。下面我们将通过一个案例来说明绘制散点图的两种方法的具体步骤。

案例：现有某公司"员工资料.sav"数据文件一份，内容包含该公司员工的性别、教育水平、工资及入职时长等信息。我们想通过绘制该数据文件的散点图来直观地考察该公司员工的当前工资和入职时长有无关系。是否入职时间越长，工资也会越多呢？

方法一："旧对话框"构建散点图

1) 启动程序

打开数据文件"员工资料.sav"，选择"图形"|"旧对话框"|"散点/点状"命令，打开"散点图/点图"对话框(见图 8-1)。在对话框内可以选择简单散点图、重叠散点图、矩阵散点图、3-D 散点图或简单点图。

2) 定义散点图

单击所选类型散点图的图标，单击"定义"按钮，设置散点图的属性。各种散点图的具体设置方法如下：

(1) 简单散点图：描述两个变量之间关系的散点图。
- 分别为 Y 轴和 X 轴选择一个变量。这些变量必须为数值，但不得为日期格式。

- 选择变量，并将其移至"设置标记"字段内。该变量的每个值由散点图上的不同符号进行标记。该变量可以是数值或字符串。
- 选择一个数值或字符串变量，并将其移至"标注个案"字段内。可以使用该变量标记图上的点。在选择变量之后，该变量的值标签(如果未定义标签，则为值)可用作点标签。如果没有为"标注个案"选择变量，则使用个案号来标注离群值和极端个案。
- 要为图表添加面板，可将一个或多个分类变量移至"面板依据"选项组内。
- 单击"标题"按钮以定义位于图顶部或底部的文本行。
- 单击"选项"按钮以指定对数据中缺失值的处理方式，并控制是否在图上显示点的标签。

(2) 重叠散点图：同时描述多个变量两两之间关系的散点图。

- 选择至少两个变量对。变量必须为数值，但不得为日期格式。
- 可选择一个数值或字符串变量，并将其移至"标注个案"字段内。可以使用该变量标记图上的点。在选择变量之后，该变量的值标签(如果未定义标签，则为值)可用作点标签。如果没有为"标注个案依据"选择变量，则使用个案号来标注离群值和极端个案。
- 要为图表添加面板，可将一个或多个分类变量移至"面板依据"选项组内。
- 单击"标题"按钮以定义位于图顶部或底部的文本行。
- 单击"选项"按钮以指定对数据中缺失值的处理方式，并控制是否在图上显示点的标签。

(3) 矩阵散点图：以矩阵形式显示多个变量之间的关系的散点图。

- 选择至少两个矩阵变量。这些变量必须为数值，但不得为日期格式。
- 可以选择变量，并将其移至"设置标记"字段内。该变量的每个值由散点图上的不同符号进行标记。该变量可以是数值或字符串。
- 可选择一个数值或字符串变量，并将其移至"标注个案依据"字段内。可以使用该变量标记图上的点。在选择变量之后，该变量的值标签(如果未定义标签，则为值)可用作点标签。如果没有为"标注个案依据"选择变量，则使用个案号来标注离群值和极端个案。
- 要为图表添加面板，可将一个或多个分类变量移至"面板依据"选项组内。
- 单击"标题"按钮以定义位于图顶部或底部的文本行。
- 单击"选项"按钮以指定对数据中缺失值的处理方式，并控制是否在图上显示点的标签。

(4) 3-D 散点图：显示 3 个变量之间的空间关系的散点图。

- 分别为 Y 轴、X 轴和 Z 轴选择一个变量。这些变量必须为数值，但不得为日期格式。
- 可以选择变量，并将其移至"设置标记"字段内。该变量的每个值由散点图上的不同符号进行标记。该变量可以是数值或字符串。
- 可选择一个数值或字符串变量，并将其移至"标注个案依据"字段内。可以使用该变量标记图上的点。在选择变量之后，该变量的值标签(如果未定义标签，则为值)可用作点标签。如果没有为"标注个案依据"选择变量,则使用个案号来标注离群值和极端个案。
- 要为图表添加面板,可将一个或多个分类变量移至"面板依据"组内。
- 单击"标题"按钮以定义位于图顶部或底部的文本行。
- 单击"选项"按钮以指定对数据中缺失值的处理方式,并控制是否在图上显示点的标签。

(5) 简单点图:只描述一个变量在数轴上的分布,类似于直方图。
- 为X轴选择一个变量。该变量必须为数值,可以是分类或刻度变量。
- 要为图表添加面板,可将一个或多个分类变量移至"面板依据"选项组内。
- 单击"标题"按钮以定义位于图顶部或底部的文本行。
- 单击"选项"按钮以指定对数据中缺失值的处理方式,并为点图选择一个形状。

本例选择简单分布散点图,单击"定义"按钮,设置图形属性。本例的设置如图 8-2 所示。

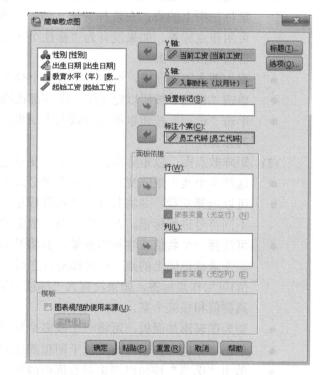

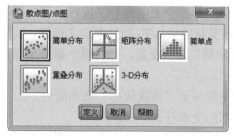

图 8-1 "散点图/点图"对话框　　　　图 8-2 "简单散点图"对话框

3) 输出散点图

单击"确定"按钮,SPSS 输出简单分布散点图(见图 8-3)。

4) 解释散点图

从图 8-3 可以看出,该公司员工的当前工资和入职时间并不成线性相关关系,也就是说,员工工资并没有随着入职时间长度的增长而增加。换句话说,工资的增加是由很多因素决定的,并非只和入职时长相关。在 SPSS 的查看器窗口中双击图 8-3,进入"图表编辑

器"窗口,选择"元素"|"显示数据标签"命令,图 8-3 中的散点将赋以员工代码,如图 8-4 所示。从中可以大概地看出每个员工的入职时长和他相应的当前工资水平。

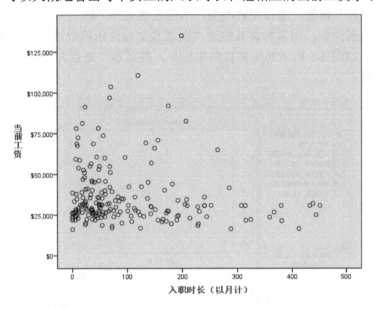

图 8-3　当前工资简单散点图

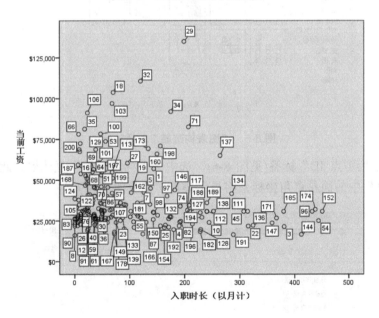

图 8-4　附加标签的当前工资简单散点图

方法二:"图表构建器"构建散点图

1)　启动程序

打开文件"员工资料.sav",选择"图形"|"图表构建器"命令,打开"图表构建器"对话框(图 8-5)。

2) 散点图属性设置

"图表构建器"包括构建图表的各个要素的设置选项和按钮。

(1) 单击"库"标签,选择图表类型,本例依然选择"散点图/点图",并在右侧方框内选择简单散点图图标,用鼠标将其拖至"图表预览使用示例数据"空白画布中。此时,该画布内将显示如图 8-5 所示的简易直角坐标系,并显示"是否为 X 轴?"和"是否为 Y 轴?"两个虚框。

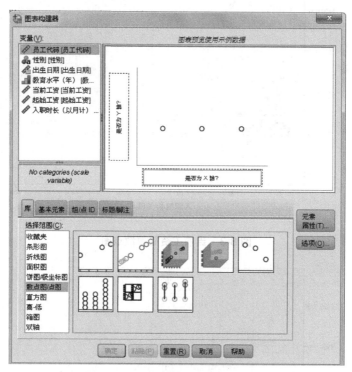

图 8-5 "图表构建器"对话框(a)

(2) 单击"组/点 ID"标签(见图 8-6),选中"点标识标签"复选框。此时"图表预览使用示例数据"中的简易直角坐标系将显示虚框"点标签变量?"。

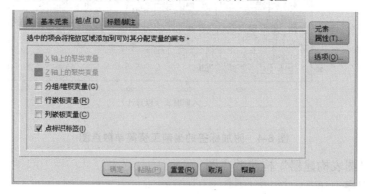

图 8-6 "组/点 ID"复选框

3) 变量选择

用鼠标分别选择"入职时长"、"当前工资"和"员工代码",并依次将其拖入"是否为 X 轴?"、"是否为 Y 轴?"和"点标签变量?"三个虚框。此时三个虚框将显示为图 8-7 所示内容。该操作也可以通过右键复制以上三变量,并依次粘贴进三个虚框来完成。读者可自己尝试练习。

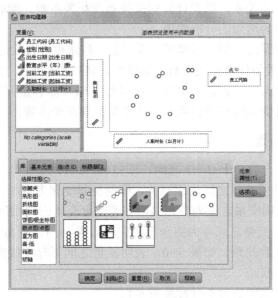

图 8-7 "图表构建器"对话框(b)

4) 输出散点图

单击"确定"按钮,SPSS 的查看器窗口将输出所构建的散点图(见图 8-8),散点图 8-8 和散点图 8-4 类似,表达的信息也完全相同。

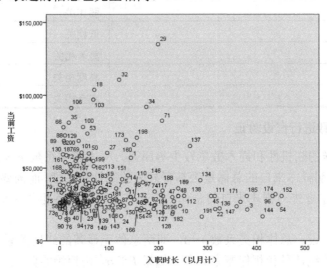

图 8-8 带标签的当前工资简单散点图

8.1.3 相关系数

通过 8.1.2 节所示的散点图，我们可以大概判断出两变量的相关关系的可能趋势，但这种方法非常不严谨，无法用准确的数值来描述变量之间的相关关系的强弱或方向。要想更精确地描述变量间的相关关系，就要计算相关关系的相关系数。绘制散点图和计算相关系数相互结合能够达到较为理想的分析效果。

相关关系是衡量变量之间相关程度的一个量值。总体相关系数记作 ρ，样本相关系数记作 r。在统计学上，一般用样本相关系数 r 来推断总体相关系数 ρ。相关系数不是等距度量值，而只是一个顺序数据。计算相关系数一般需大样本(样本容量 $n \geqslant 30$)。

利用相关系数进行变量间相关关系的分析通常需要两个步骤。

1. 计算样本相关系数 r

相关系数 r 的取值一般介于 $-1 \sim 1$ 之间，即 $-1 \leqslant r \leqslant +1$。

如果 $0 < r \leqslant +1$，表明变量之间为正相关，即两变量变化方向相同；

如果 $-1 \leqslant r < 0$，表明变量之间为负相关，即两变量变化方向相反；

其中，如果 $r=+1$，变量之间即为完全正相关；如果 $r=-1$，变量之间即为完全负相关。这时，两变量之间是函数关系。如果 $r=0$，表明变量之间不存在线性相关关系，但有可能存在某种非线性相关关系。

两变量之间的相关强度的大小可参看表 8-1。

表 8-1 相关系数与相关强度的关系

相关系数绝对值	相关强度
$\lvert r \rvert = 0$	零相关
$0 < \lvert r \rvert \leqslant 0.3$	弱相关
$0.3 < \lvert r \rvert \leqslant 0.5$	低相关
$0.5 < \lvert r \rvert \leqslant 0.8$	显著相关
$0.8 < \lvert r \rvert < 1$	高度相关
$\lvert r \rvert = 1$	完全相关

2. 对相关系数进行假设验证

由于存在抽样的随机性和样本数量较少等原因，样本相关系数 r 不能直接用来代替总体相关系数 ρ 来说明样本来自的总体是否具有显著的线性相关性，而需要通过对总体相关系数 ρ 进行假设检验，才能对样本来自的总体是否存在显著的线性相关关系进行统计推断。基本步骤如下：

(1) 提出零假设。总体相关系数 $\rho = 0$，即两总体无显著的线性关系。

(2) 计算检验统计量和相伴概率 P 值。如果 $P \leqslant \alpha$，则拒绝零假设，认为两总体存在显著的线性相关关系；如果 $P > \alpha$，则不能拒绝零假设，认为两总体间不存在显著的线性相关关系。

SPSS 对不同类型的变量采用不同的相关系数分析来度量其相关性，常用的相关系数主要有 Pearson 相关系数、Spearman 等级相关系数和 Kendall's tau-b 等级相关系数等，用于二元变量的相关分析。此外，SPSS 的相关分析还可以进行偏相关分析和距离相关分析。

8.2 二元变量相关分析

二元变量的相关分析是指通过计算变量间的相关系数，对两个或两个以上变量之间两两相关的强度进行分析。二元变量的相关分析是 SPSS 相关分析的最重要组成部分。针对不同类型的变量，SPSS 应用不同的分析方法来判定二元变量的相关性。具体而言，两定距或定比变量间的相关性用 Pearson 相关系数来判定，如年龄、成绩、收入等，这是一种参数检验的方法；两定序或定类变量间的相关性用 Spearman 等级相关系数和 Kendall's tau-b 等级相关系数来判定，如年龄段、成绩等级、职称、学历等，这两种方法属于非参数检验范畴。

8.2.1 统计学原理

1. Pearson 简单相关系数

Pearson 简单相关，也称积差相关，是由英国统计学家皮尔逊(Pearson)提出的一种计算线性相关的方法，用于对定距或定比变量的相关性探索。要使用 Pearson 相关必须同时具备如下几个条件：

(1) 两个变量都是由测量获得的连续数据，即等距或等比数据。

(2) 两个变量的总体都呈正态或接近正态分布，至少是单峰对称分布，当然样本并不一定要正态。

(3) 必须是成对的数据，而且每对数据之间是相互独立的。

(4) 两个变量之间呈线性关系。一般用描绘散点图的方式来观察。

Pearson 简单相关系数的计算公式为

$$r_{xy} = \frac{\sum_{i=1}^{n}(X_i - \overline{X})(Y_i - \overline{Y})}{\sqrt{\sum(X_i - \overline{X})^2}\sqrt{\sum(Y_i - \overline{Y})^2}}$$

Pearson 相关系数的检验统计量 T 为

$$T = \frac{r\sqrt{n-2}}{\sqrt{1-r^2}}$$

$$Z = r\sqrt{n-1}$$

式中，r 是相关系数，n 是样本观测量数，$n-2$ 是自由度。

2. Spearman 等级相关系数

Spearman 相关系数是由英国统计学家 Spearman 在 Pearson 相关的基础上提出的等级相关系数的计算方法，用于对定类或定序变量的相关性的检验，可以看作是 Pearson 相关系数的非参数检验形式，因为它依据的是数据的秩而非数据的实际值。Spearman 相关系数的取值范围也是-1 到+1 之间，绝对值越大相关性越强，正负号也表示相关的方向。

随机变量 X 和 Y 之间的 Spearman 相关系数记作 r，其计算式为

$$r = 1 - \frac{6\sum_{i=1}^{n} D_i^2}{n(n^2 - 1)}$$

其中，$\sum_{i=1}^{n} D_i^2 = \sum_{i=1}^{n} (U_i - V_i)^2$ (U_i、V_i 分别是对两变量 X 和 Y 排序后的秩，n 为样本容量)。

Spearman 等级相关系数的特点如下：

(1) 如果两变量正相关性较强，则它们秩变化同步，D 值较小，等级相关系数趋于 1；
(2) 如果两变量负相关性较强，则它们秩变化相反，D 值较大，等级相关系数趋于-1；
(3) 如果两变量相关性较弱，则它们秩变化互不影响，D 值趋于中间值，等级相关系数趋于 0。

对于 Spearman 相关系数的检验统计，如果样本为小样本($n \leq 30$)，SPSS 将直接依据 Spearman 相关统计量表，给出相应的相伴概率 P 值。如果样本为大容量($n > 30$)，SPSS 将计算 Z 统计量，公式为

$$z = r\sqrt{n-1}$$

Z 统计量近似服从正态分布，SPSS 将依据正态分布表给出相应的相伴概率 P 值。$P \leq 0.05$ 时拒绝零假设。

3. Kendall's tau-b 等级相关系数

和 Spcarman 相关系数一样，Kendall's tau-b 等级相关系数也是用于对定序变量的相关程度的度量，也属于非参数检验的范畴。它利用变量秩数据来计算一致对数目 U 和非一致对数目 V。当两个变量具有较强的正相关关系时，一致对数目 U 较大，非一致对数目 V 较小；当两个变量具有较强的负相关关系时，一致对数目 U 较小，非一致对数目 V 较大；当两个变量相关性较弱时，一致对数目 U 和非一致对数目 V 大致相等。Kendall tau-b 相关系数 τ 定义为

$$\tau = \frac{2(U - V)}{n(n-1)}$$

式中，U 为一致对数目，V 为非一致对数目，n 为样本容量。

Kendall tau-b 相关系数具有如下特点：

(1) 如果两变量正相关性强，秩变化同步，则 U 应该较大，V 应该较小，τ 趋于 1。
(2) 如果具有较强负相关关系，秩变化相反，则 V 较大而 U 较小，τ 趋于-1。
(3) 如果相关关系弱，则 U、V 大致相等，τ 趋于 0。

Kendall's tau-b 等级相关系数检验的原假设也是相关系数等于 0，在小样本下，Kendall 相关系数 τ 就是检验统计量，在大样本时，采用正态 Z 统计量：

$$Z = \tau \sqrt{\frac{9n(n-1)}{2n(2n+5)}}$$

当原假设为真时，小样本统计量服从 Kendall 分布，大样本 Z 统计量近似服从正态分布。SPSS 会自动根据统计量观测值计算相应的检验概率 P 值，$P \leq 0.05$ 时拒绝零假设。

8.2.2 SPSS 二元变量相关分析案例应用

案例：本案例仍以数据文件"员工资料.sav"为例。在 8.1.2 节的散点图的构建中，我们已经大概知道该公司的员工的入职时长和当前工资之间没有线性相关关系，但这种直观的判断并不够严谨。本例将通过二元变量相关性分析来验证我们的直观判断是否准确，并尝试分析入职时长、当前工资和教育年限之间的两两相关性。

本案例具体分析步骤如下。

1．启动程序

打开文件"员工资料.sav"，选择"分析"|"相关"|"双变量"命令，打开"双变量相关性"对话框。

2．选择变量

分别选择左侧列表框内的变量"入职时长"、"当前工资"和"教育水平"，单击图标将其选入右侧"变量"列表框(图 8-9)。

3．选择相关系数

系统默认设置为 Pearson，为了比较三种相关系数的分析结果，本例选择三种相关系数。三种相关系数的含义参见 8.2.1 节，在此不再重述。

4．选择显著性检验方式

"双变量相关性"对话框提供了两种显著性检验方式，当相关关系方向明确时可以选择"单尾检验"，如果数据间的相关关系方向不明确，要选择"双尾检验"。因此，本例选择"双尾检验"，同时选中"标记显著性相关"复选框，以对显著相关的相关系数进行星号标记。

5．选项设置

单击"设置"按钮，打开"双变量相关性：选项"对话框(见图 8-10)。该对话框有 Statistics 和"缺失值"两个选项组。

(1) Statistics 选项组：只能用于 Pearson 相关系数的描述性统计，包括两个选项。
- "平均值和标准差"：显示每个变量的平均值和标准差，还显示具有非缺失值的个案数。
- "叉积偏差和协方差"：显示每对变量的叉积偏差矩阵和协方差矩阵。叉积偏差等于校正平均值变量的乘积之和，这是 Pearson 相关性系数的分子；协方差是有关两个变量之间的关系的一种非标准化度量，等于叉积偏差除以 $n-1$。

(2) "缺失值"选项组：包括两个选项。
- "按对排除个案"：选择该项，程序会从计算相关系数的一对变量中排除含有缺失值的个案。
- "按列表排除个案"：选择该项，程序会从所有相关性中排除对任意变量有缺失值的个案。

本例的选项设置如图 8-10 所示。设置完毕，单击"继续"按钮返回"双变量相关性"对话框。

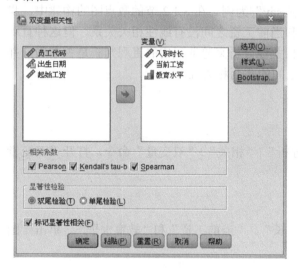

图 8-9 "双变量相关性"对话框

图 8-10 "双变量相关性：选项"对话框

6. 输出分析结果

单击"确定"按钮，SPSS 将输出本次分析的结果如表 8-2、表 8-3 和表 8-4 所示。

7. 分析结果解读

(1) 表 8-2 是该相关分析的描述性统计。它给出了本次分析的各变量的均值和标准差，以及个案数 200。表 8-3 是该案例的 Pearson 相关系数矩阵及相关性检验结果，其中每个行变量和每个列变量的交叉单元格就是二者的相关性统计量值。可以看出，当前工资和教育水平的相关系数为 0.672，双尾检验的显著性概率值为 0.000，双星号标记表明 0.672 的相关系数在 0.01 的水平上达到显著。这说明当前工资和教育水平相关性很强。而当前工资和入职时长的相关系数为-0.102，显著性概率为 0.150，说明两者的相关性不显著，这一结果验证了我们在 8.1.2 节的散点图中做出的直观判断。不仅如此，相关系数为负值说明二者的变化方向相反，也就是当前工资随着入职时长的增加有减少的趋势，这一结果有些出人意料。另外，我们看到，入职时长和教育水平的相关系数为-0.238，显著性概率值为 0.001，在 0.01 的水平上也达到了显著。这表明入职时长和教育水平相关性也很强，但是负值的相关系数又说明了另一个重要问题，那就是，入职时长越长，教育水平越低，这从另一个方面解释了当前工资随入职时长的增加而呈现减少的趋势的原因。

(2) 表 8-4 为 Kendall's tau-b 和 Spearman 相关系数矩阵及相关性检验结果。从该表看来，当前工资和教育水平的 Kendall's tau-b 等级相关系数为 0.568，双尾检验的显著性概率值 P 为 0.000，在 0.01 的显著性水平上达到显著程度；二者的 Spearman 相关系数为 0.705，显著性概率值 P 为 0.000，也在 0.01 的显著性水平上达到显著程度。分析结果虽然和 Pearson 相关系数稍有差异，但三种相关系数都判定为当前工资和教育水平之间存在显著的相关性。

从当前工资和入职时长的相关性检验结果看来，二者的 Kendall's tau-b 相关系数为-0.068，显著性值 P 为 0.156；二者的 Spearman 相关系数为-0.103，P 值为 0.148。两种检验的结果数值同样略有差异，但检验结果均为双方无显著相关性，而且二者的变化方向相反，这也和 Pearson 检验结果相同。最后，再看教育水平和入职时长的相关性检验结果：二者的 Kendall's tau-b 相关系数为-0.126，P 值为 0.016；Spearman 相关系数为-0.160，P 值为 0.023。检验结果均表明，教育水平和入职时长在 0.05 的显著性水平上相关性呈现显著程度。两种相关系数均为负值，说明二者在变化方向上呈相反趋势。这一检验结果和 Pearson 检验结果也是相同的。

表 8-2 描述性统计

	平均值	标准偏差	N
入职时长(以月计)	98.60	102.242	200
当前工资	$36,471.75	$18,634.744	200
教育水平(年)	13.77	2.818	200

表 8-3 Pearson 相关系数矩阵及相关性检验结果

		入职时长(以月计)	当前工资	教育水平(年)
入职时长(以月计)	Pearson 相关性	1	-.102	-.238**
	显著性（双尾）		.150	.001
	平方与叉积的和	2080246.195	-38720538.250	-13640.035
	协方差	10453.498	-194575.569	-68.543
	N	200	200	200
当前工资	Pearson 相关性	-.102	1	.672**
	显著性（双尾）	.150		.000
	平方与叉积的和	-38720538.250	69103484137.500	7025422.250
	协方差	-194575.569	347253689.133	35303.629
	N	200	200	200
教育水平(年)	Pearson 相关性	-.238**	.672**	1
	显著性（双尾）	.001	.000	
	平方与叉积的和	-13640.035	7025422.250	1579.955
	协方差	-68.543	35303.629	7.939
	N	200	200	200

注：**. 在置信度(双测)为 0.01 时，相关性是显著的。

表 8-4 Kendall's tau-b 和 Spearman 相关系数矩阵及相关性检验结果

			入职时长 (以月计)	当前 工资	教育水平 (年)
肯德尔 tau_b	入职时长 (以月计)	相关系数	1.000	-.068	-.126*
		显著性(双尾)	.	.156	.016
		N	200	200	200
	当前工资	相关系数	-.068	1.000	.568**
		显著性(双尾)	.156	.	.000
		N	200	200	200
	教育水平 (年)	相关系数	-.126*	.568**	1.000
		显著性(双尾)	.016	.000	.
		N	200	200	200
斯皮尔曼等级 相关系数	入职时长 (以月计)	相关系数	1.000	-.103	-.160*
		显著性(双尾)	.	.148	.023
		N	200	200	200
	当前工资	相关系数	-.103	1.000	.705**
		显著性(双尾)	.148	.	.000
		N	200	200	200
	教育水平 (年)	相关系数	-.160*	.705**	1.000
		显著性(双尾)	.023	.000	.
		N	200	200	200

注：*. 相关性在 0.05 级别显著(双尾)。

**. 相关性在 0.01 级别显著(双尾)。

8.3 偏相关分析

在实际生活中，一个事物的变化往往会受到多个事物的影响，而非完全的二元相关关系，因此这就使得二元变量相关系数不能真正反映两个变量间的线性相关程度。那么，当两个变量的取值受到其他变量的影响时，我们可以利用偏相关分析对其他变量进行控制，以输出控制其他变量影响后的相关系数。这就是偏相关分析过程。

8.3.1 偏相关分析的统计学原理

我们已经知道，偏相关分析的任务就是在分析两个变量之间的线性相关关系时控制可能对其产生影响的变量，以便于使分析结果更准确可靠。这便是偏相关分析的意义所在。偏相关分析也称净相关分析，分析依据是偏相关系数。当有 1 个控制变量时，偏相关系数称一阶偏相关；当有 2 个控制变量时，偏相关系数称为二阶偏相关；当控制变量为 0 个时，偏相关系数称为零阶偏相关，也就是 Pearson 简单相关系数。

偏相关分析的零假设为：两总体的偏相关系数与零无显著差异。

假设分析中有 3 个变量 x、y、z，在分析 x 和 y 的相关性时需控制变量 z，那么 x、y 之间的一阶偏相关系数计算公式为

$$r_{xy,z} = \frac{r_{xy} - r_{xz}r_{yz}}{\sqrt{(1-r^2_{xz})(1-r^2_{yz})}}$$

如果要控制两个变量 z_1、z_2，那么变量 x、y 之间的二阶偏相关系数计算公式为

$$r_{xy,z_1z_2} = \frac{r_{xy,z_1} - r_{xz_2,z_1}r_{yz_2,z_1}}{\sqrt{(1-r^2_{xz_2,z_1})(1-r^2_{yz_2,z_1})}}$$

偏相关系数假设检验的 t 统计量为

$$t = \frac{\sqrt{n-k-2} \cdot r}{\sqrt{1-r^2}}$$

其中，r 是相应的偏相关系数，n 是样本数，k 是控制变量的数目，n-k-2 是自由度。

8.3.2　SPSS 偏相关分析案例应用

案例：上节我们通过二元变量相关分析得知，当前工资和教育水平有显著的相关性。二者的 Pearson 相关系数高达 0.672，果真如此吗？教育水平真的对当前工资有这么重大的影响吗？当前工资是否还受其他因素的影响呢？本节我们将通过偏相关分析来研究当前工资是否受起始工资这一因素的影响。

本案例分析的具体步骤如下。

1．启动程序

打开数据文件"员工资料.sav"，选择"分析"|"相关"|"偏相关"命令，打开"偏相关"对话框。

2．选择变量

分别选择左侧列表框内的变量"教育水平"和"当前工资"，单击图标将其选入右侧"变量"列表框；选择变量"起始工资"，单击图标将其选入右侧"控制"列表框(见图 8-11)。

3．选择显著性检验方式

本例依然选中"双尾检验"单选按钮，并选中"显示实际显著性水平"复选框。

4．选项设置

单击"选项"按钮，打开"偏相关性：选项"对话框(见图 8-12)，选中"零阶相关系数"复选框以显示所有变量(包括控制变量)之间简单相关的矩阵。在"缺失值"选项组中选中系统默认设置"按列表排除个案"单选按钮。单击"继续"按钮返回。

5. 输出分析结果

单击"确定"按钮，SPSS 输出分析结果(见表 8-5)。

6. 分析结果解读

从表 8-5 可以看出，以起始工资为控制变量时，当前工资和教育水平之间的相关强度由之前的零阶相关系数 0.672 变为一阶的偏相关系数 0.327，尽管显著性 P 值仍然为 0.000，呈显著相关状态，但二者的相关强度已经大大降低。这表明当前工资和教育水平的相关程度并非如上节的检验结果所示的那样，它还在很大程度上受起始工资的影响。偏相关系数更能准确可靠地表示当前工资和教育水平的相关强度。

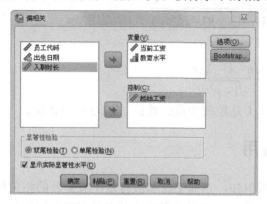

图 8-11 "偏相关"对话框

图 8-12 "偏相关性：选项"对话框

表 8-5 偏相关系数分析结果

控制变量			教育水平(年)	当前工资	起始工资
-无-[a]	教育水平(年)	相关性	1.000	.672	.624
		显著性(双侧)	.	.000	.000
		df	0	198	198
	当前工资	相关性	.672	1.000	.894
		显著性(双侧)	.000	.	.000
		df	198	0	198
	起始工资	相关性	.624	.894	1.000
		显著性(双侧)	.000	.000	.
		df	198	198	0
起始工资	教育水平(年)	相关性	1.000	.327	
		显著性(双侧)	.	.000	
		df	0	197	
	当前工资	相关性	.327	1.000	
		显著性(双侧)	.000	.	
		df	197	0	

注：a. 单元格包含零阶 (Pearson) 相关。

8.4 距离相关分析

前两节我们介绍了二元变量之间相关强度的分析和更为复杂的受第三者影响的二元变量相关强度的分析，即偏相关分析。事实上，现实生活中事物之间的关系往往远比上述两种相关性错综复杂，涉及的变量很多，且它们代表的信息也非常繁杂。我们通过观察无法厘清这些变量及其观测值之间的内在关系，为了判别错综复杂的变量及其观测值之间是否具有相似性，是否属于同一类别，我们通常采用更为复杂的分析手段——距离相关分析。

8.4.1 距离相关分析统计学原理

SPSS 的距离相关分析用于对不同个案(样本)间或同一变量的不同观测值间进行相似性或不相似性的测量。距离相关分析的结果可为进一步的因子分析、聚类分析和多维尺度分析等提供信息，以帮助了解复杂数据的内在结构，为进一步分析打下基础。因此，距离相关分析通常不单独使用，所以其分析结果不会给出显著性值，而只是给出各个案(样本)或各观测值之间距离的大小，再由研究者自行判断其相似或不相似程度。

距离相关分析根据统计量的不同，可分为两种情况：
- 非相似性测量：计算个案(样本)或变量值之间的距离。其数值越大，表示相似的程度就越弱。
- 相似性测量：计算个案(样本)或变量值之间的 Pearson 相关系数或 Cosine 相关。取值范围为-1～+1，其数值越大，表示相似程度越高。

两种测量又各有多种数据计算方法，具体请参见 8.4.2 节案例应用中的详细解释。

8.4.2 SPSS 距离相关分析的案例应用

案例：众所周知，Ford 牌汽车有很多种型号，各种型号的汽车的各项指标也不尽相同。我们以现有的 Ford 牌汽车的资料为例，来分析各型号的汽车的相似程度，为用户购买车辆提供参考。

该案例具体分析步骤如下。

1. 启动程序

打开数据文件"Ford 汽车.sav"，选择"分析"|"相关"|"距离"命令，打开"距离"对话框。

2. 选择变量

分别选择对话框左侧变量列表中的从"引擎"到"效能"共计 8 个衡量汽车差别的指标变量，并单击 图标将其选入右侧"变量"列表框，作为本例分析变量；选择变量"型号"并单击 图标将其选入"标注个案"列表框,用于对分析结果进行明确的标注(见图8-13)。

3. 选择计算距离

"计算距离"选项组用于选择计算何种距离，共两个选项。

(1) "个案间"：该项为系统默认设置，计算个案之间的距离。本例选择该项。

(2) "变量间"：用于计算变量间的距离。

4. 选择测量类型

"测量"选项组有"非相似性"和"相似性"两个选项。

(1) "非相似性"：系统默认设置，同时系统选用的默认测量方法为"Euclidean 距离"。单击"测量"按钮，打开"距离：非相似性测量"对话框，可以看到系统为非相似性提供了多种测量手段。该对话框包括"测量"、"转换值"和"转换测量"三个选项组(见图 8-14)。

图 8-13 "距离"对话框

图 8-14 "距离：非相似性测量"对话框(区间)

- "测量"选项组：该选项组列出了三种数据类型及其相应的多种测量方法，这三种数据类型是：
  ◆ "区间"：用于计算定距类变量。其下拉列表框中包括如下计算方法。
    ➢ "Euclidean(欧氏)距离"：计算各项值之间平方差之和的平方根。这是定距数据的默认值。计算公式为

$$\text{EUCLID} = \sqrt{\sum_{i=1}^{k}(x_i - y_i)^2}$$

其中，k 表示每个样本中有 k 个变量；x_i 表示第一个样本在第 i 个变量上的取值；y_i 表示第二个样本在第 i 个变量上的取值。

    ➢ "平方 Euclidean 距离"：计算各项值之间平方差之和。计算公式为

$$\text{SEUCLID} = \sum_{i=1}^{k}(x_i - y_i)^2$$

其中，k 表示每个样本中有 k 个变量；x_i 表示第一个样本在第 i 个变量上的取值；y_i 表示第二个样本在第 i 个变量上的取值。

> "切比雪夫(Chebychev)距离"：计算各项值之间的最大绝对差。计算公式为
$$\text{CHEBYCHEV}(x,y) = \max |x_i - y_i|$$
其中，x_i 表示第一个样本在第 i 个变量上的取值；y_i 表示第二个样本在第 i 个变量上的取值。

> "块(Block)"：计算各项值之间绝对差之和，又称为 Manhattan 距离。计算公式为
$$\text{BLOCK}(x,y) = \sum_{i=1}^{k} |x_i - y_i|$$
其中，k 表示每个样本中有 k 个变量；x_i 表示第一个样本在第 i 个变量上的取值；y_i 表示第二个样本在第 i 个变量上的取值。

> "Minkowski 距离"：计算各项值之间 p 次幂绝对差之和的 p 次根。计算公式为
$$\text{MINKOWSKI}(x,y) = \sqrt[p]{\sum_{i=1}^{k} |x_i - y_i|^p}$$
其中，k 表示每个样本中有 k 个变量；p 是任意指定的次方；x_i 表示第一个样本在第 i 个变量上的取值；y_i 表示第二个样本在第 i 个变量上的取值。

> "定制"：如果选择此项，下面的"幂"和"根"框被激活，研究者可以自行设定幂次数值和根次数值。计算公式为
$$\text{CUSTOMIZED}(x,y) = \sqrt[q]{\sum_{i=1}^{k} |x_i - y_i|^p}$$
其中，k 表示每个样本中有 k 个变量；q 和 p 是任意指定的次方；x_i 表示第一个样本在第 i 个变量上的取值；y_i 表示第二个样本在第 i 个变量上的取值。

◆ "计数"：用于测量计数数据的非相似性。其下拉列表框包括以下计数方法。

> "卡方度量"：此测量基于对两组频率等同性的卡方检验。这是计数数据的默认设置。计算公式为
$$\text{CHISQ}(x,y) = \sqrt{\frac{\sum_{i=1}^{k}(x_i - E(x_i))^2}{E(x_i)} + \frac{\sum_{i=1}^{k}(y_i - E(y_i))^2}{E(y_i)}}$$

> "Phi 平方度量"：此度量等于由组合频率的平方根标准化的卡方测量。计算公式为
$$\text{PHISQ}(x,y) = \sqrt{\frac{\frac{\sum_{i=1}^{k}(x_i - E(x_i))^2}{E(x_i)} + \frac{\sum_{i=1}^{k}(y_i - E(y_i))^2}{E(y_i)}}{n}}$$

● "二分类"：为二元(或称二值)数据，是表示某种特征有或无的变量。选择该项时，程序将对每一对值构造一个 2×2 的附表，并利用该表对每对值进行距离测量。在被激活的"存在"和"不存在"文本框中，分别输入代表具有某种特征的有意义的变量值和不具有某特征的变量值，系统默认值分别为"1"和"0"。该选项

的下拉列表框包括以下计算方法(见图8-15)。

- "Euclidean 距离"：根据四重表计算 SQRT($b+c$) 得到 Euclidean 距离，其中 b 和 c 代表在一项上存在但在另一项上不存在的个案所对应的对角线单元格。
- "平方 Euclidean 距离"：计算非协调的个案的数目。它的最小值为0，没有上限。
- "大小差值"：这是一个非对称性指数。其范围为0到1。
- "模式差值"：用于二分类数据的非相似性测量，其范围为0到1。
- "方差"：根据四重表计算 $(b+c)/4n$ 得到，其中 b 和 c 代表对应于在一项上存在但在另一项上不存在的个案的对角线单元格，n 为观察值的总数。其范围为0到1。
- "形状"：此距离测量的范围为0到1，它不适用于不匹配项的非相似性测量。
- "Lance 和 Williams"：根据四重表计算 $(b+c)/(2a+b+c)$ 得到，其中 a 代表对应于两项上都存在的个案的单元格，b 和 c 代表对应于在一项上存在但在另一项上不存在的个案的对角线单元格。此度量的范围为0到1。该方法又称为 Bray-Curtis 非量度系数。

● "转换值"。选择数值转换的方法，可以"按照变量"或"按照个案"来选择转换方法。系统默认为"按照变量"。对二分类数据，这些转换不适用。"标准化"下拉列表包括的标准化数值转换方法如下(见图8-16)。

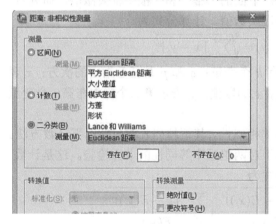

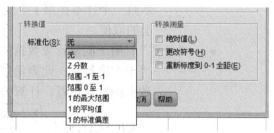

图 8-15 "距离：非相似性测量"对话框(二分类)　　图 8-16 "标准化"下拉列表

- "无"：不进行标准化，这个系统默认设置。
- "Z 分数"：将值标准化到平均值为0且标准差为1的 z 分数。
- "范围-1至1"：将要进行标准化的项的每个值除以这些值的范围。
- "范围0至1"：该过程从要进行标准化的每个项中减去最小值，然后将其除以范围。
- "1 的最大范围"：该过程将要进行标准化的项的每个值除以这些值中的最大值。
- "1的平均值"：该过程将要进行标准化的项的每个值除以这些值的平均值。

◆ "1 的标准偏差"：该过程将要进行标准化的变量或个案的每个值除以这些值的标准差。
● "转换测量"。该选项组允许转换距离测量所生成的值。可以在计算距离测量之后应用这些转换。可用的选项包括"绝对值"、"更改符号"以及"重新标度到 0-1 全距"。

(2) "相似性"：如果选择"相似性"作为测量类型，"测量"按钮旁将显示"Pearson 相关性"，表示系统默认使用该方法测量相似性。单击"测量"按钮，打开"距离：相似性测量"对话框，该对话框和"距离：非相似性测量"对话框样式相似，包括"测量"、"转换值"和"转换测量"三个选项组(见图 8-17)。

● "测量"。该选项组包括"区间"和"二分类"两个选项。
  ◆ "区间"：包括两种用于定距数据的测量方法：Pearson 相关性和余弦。
  ◆ "二分类"：其含义和非相似性测量中的"二分类"完全相同。"存在"和"不存在"的系统默认值也是"1"和"0"。"二分类"项包括以下测量方法(见图 8-18)。

图 8-17 "距离：相似性测量"对话框

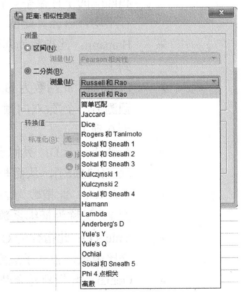

图 8-18 "距离：相似性测量"对话框(二分类)

➢ "Russell 和 Rao"：这是内(点)积的二分类版本。对匹配项和不匹配项给予相等的权重。这是二分类相似性数据的缺省度量。
➢ "简单匹配"：这是匹配项与值总数的比率。对匹配项和不匹配项给予相等的权重。
➢ Jaccard：在此指数中，不考虑联合不存在项。对匹配项和不匹配项给予相等的权重。又称为相似率。
➢ Dice：在此指数中，不考虑联合不存在项。对匹配项给予双倍权重。又称为 Czekanowski 或 Sorensen 度量。
➢ "Rogers 和 Tanimoto"：在此指数中，对不匹配项给予双倍权重。

- > "Sokal 和 Sneath 1"：在此指数中，对匹配项给予双倍权重。
- > "Sokal 和 Sneath 2"：在此指数中，对不匹配项给予双倍权重，并且不考虑联合不存在项。
- > "Sokal 和 Sneath 3"：这是匹配项与不匹配项的比率。此指数有下限 0，无上限。理论上，当没有不匹配项时，此指数就未定义；然而，"距离"在未定义该值或该值大于 9999.999 时会指定随意值 9999.999。
- > Kulczynski 1：这是联合存在项与所有不匹配项的比率。此指数有下限 0，无上限。理论上，当没有不匹配项时，此指数就未定义；然而，"距离"在未定义该值或该值大于 9999.999 时会指定随意值 9999.999。
- > Kulczynski 2：此指数基于特征在一个项中存在的情况下也在另一个项中存在的条件概率。将充当另一个项的预测变量的各个项的各个值进行平均，以计算此值。
- > "Sokal 和 Sneath 4"：此指数基于一个项中的特征与另一个项中的值相匹配的条件概率。将充当另一个项的预测变量的各个项的各个值进行平均，以计算此值。
- > Hamann：此指数为匹配数减去不匹配数，再除以总项数。其范围为-1 到 1。
- > Lambda：此指数为 Goodman 和 Kruskal 的 lambda。通过使用一个项来预测另一个项(双向预测)，从而与误差降低比例(PRE)相对应。值范围为 0 到 1。
- > Anderberg's D：类似于 lambda，此指数通过使用一个项来预测另一个项(双向预测)，从而与实际误差降低相对应。值范围为 0 到 1。
- > Yule's Y：此指数为 2×2 表的交比函数，独立于边际总计。其范围为-1 到 1。又称为捆绑系数。
- > Yule's Q：此指数为 Goodman 和 Kruskal 的伽玛的特殊情况。它是一个交比函数，独立于边际总计。其范围为-1 到 1。
- > Ochiai：此指数是余弦相似性测量的二分类形式。其范围为 0 到 1。
- > Sokal 和 Sneath 5：此指数是正匹配和负匹配的条件概率的几何平均值的平方。它独立于项目编码。其范围为 0 到 1。
- > "Phi 4 点相关"：此指数是 Pearson 相关性系数的二分类模拟。其范围为-1 到 1。
- > "离差"：此指数的范围为-1 到 1。
- "转换值"。与"非相似性"的"转换值"的含义相同。
- "转换测量"。与"非相似性"的"转换测量"的含义相同。

本例分析选择非相似性测量类型的系统默认设置"Eclidean 距离"作为测量方法。其他设置也依照系统默认设置。

5. 输出分析结果

单击"确定"按钮，SPSS 输出分析结果(见表 8-6 和表 8-7)。

表 8-6 个案处理摘要

个 案					
有 效		缺 失		总 计	
数 字	百分比	数 字	百分比	数 字	百分比
9	100.0%	0	0.0%	9	100.0%

表 8-7 非相似性矩阵

	欧氏距离								
	1:Escort	2:Mustang	3:Contour	4:Taurus	5:Focus	6:Crown	7:Explorer	8:Windstar	9:Expedition
1:Escort	.000	81.035	61.633	52.308	5.517	100.060	103.133	56.004	136.896
2:Mustang	81.035	.000	21.175	38.535	83.945	34.001	24.987	49.173	58.957
3:Contour	61.633	21.175	.000	20.392	64.114	42.878	41.712	32.585	75.888
4:Taurus	52.308	38.535	20.392	.000	54.192	48.153	56.047	17.517	87.094
5:Focus	5.517	83.945	64.114	54.192	.000	102.081	105.519	56.435	139.082
6:Crown	100.060	34.001	42.878	48.153	102.081	.000	25.212	52.090	41.813
7:Explorer	103.133	24.987	41.712	56.047	105.519	25.212	.000	62.111	35.432
8:Windstar	56.004	49.173	32.585	17.517	56.435	52.090	62.111	.000	90.275
9:Expedition	136.896	58.957	75.888	87.094	139.082	41.813	35.432	90.275	.000

6. 分析结果解读

表 8-6 为本次距离相关分析的摘要报告。可以看出，本次分析的有效个案数为 9 个，缺失个案数为 0。表 8-7 是距离相关分析的分析结果，它呈现的是非相似性矩阵，数值越大，相似强度越弱。从矩阵中可以看出，Escort 和 Focus 两种型号的 Ford 牌汽车的欧氏距离为 5.517，相似性最强，其次是 Taurus 和 Windstar，其非相似性的欧氏距离为 17.517，相似性也很强。再看"Ford 汽车.sav"文件中以上四种车型的价格，Escort 和 Focus 的售价分别为 12.07 万美元和 12.32 万美元，也是所有售价中最接近的两个。这表明这两款车无论从各项指标上还是价格上都十分接近。而 Taurus 和 Windstar 的售价分别为 17.89 万美元和 21.41 万美元，就二者的相似性很强而言，价格差别稍大一些。另一方面，非相似性最大的两组车型分别是 Focus 和 Expedition 及 Escort 和 Expedition，欧氏距离分别为 139.082 和 136.896，而它们之间的售价也是差别最大的。也就是说，以上两组车型分别属于完全不同的档次。这种距离相关分析的结果，对客户购车时比较不同车型的性价比很有参考意义。

8.5 思 考 题

1. 三个相关系数的适用条件是什么？三者之间有何联系与区别？

2. 为数据文件"消费与 GDP.sav"中的两变量绘制散点图，并通过计算其相关系数分析其相关性。

3. 众所周知，臭氧的含量水平和很多因素有关，请就本章的数据文件"臭氧含量.sav"进行二元相关分析和以气温为控制变量的偏相关分析，以了解各因素和臭氧含量的关系疏密程度。

4. 现有某校举行的"书法比赛评分汇总.sav"文件一份，试分析三位评委的评分标准是否相同。

第9章 回归分析

第8章我们曾经说过,错综复杂的事物之间的关系大致可分为确定性的函数关系和非确定性的相关关系。对事物相关关系的分析称为相关分析,然而相关分析只能用于探索事物之间相互依存的密切程度,这远远不够,我们需要建立影响因素与相应变量之间的统计关系,并通过自变量对因变量做出预测,这就需要用到回归分析。回归分析是除相关分析之外的另一种研究两个或两个以上变量相关关系的重要统计方法。SPSS 22.0 的回归分析功能包括线性回归、曲线回归、非线性回归等。

9.1 线性回归分析

如果想要知道一个变量的变化对另一变量数值的影响的大小,就要进行回归分析。所谓回归分析,就是通过一个或多个自变量对因变量进行解释和预测的统计分析方法。它要求因变量是随机变量,自变量是数值变量。回归分析与相关关系既有联系又有区别:相关关系不区分自变量和因变量,只讨论变量之间的共变强度和方向,使用的工具是相关系数;而回归分析区分自变量(也称预测变量、解释变量)和因变量(也称结果变量、被解释变量),通过一定的数学表达式来描述其相关关系,并在一定的共变关系基础上,讨论自变量对因变量的解释和预测能力。因此,可以说,相关分析是回归分析的基础,回归分析是相关分析的拓展。

回归分析按照自变量和因变量之间的关系类型,可分为线性回归分析和非线性回归分析;按照涉及的自变量的多少,又可分为一元回归分析和多元回归分析。在回归分析中,如果只包括一个自变量和一个因变量,且二者的关系可用一条直线近似表示,这种回归分析就称为一元线性回归分析;如果包括两个或两个以上的自变量,且因变量和自变量之间是线性关系,则称为多元线性回归分析。

线性回归分析侧重考察变量之间的数量变化规律,并通过线性表达式,即线性回归方程,来描述其关系,进而确定一个或几个变量的变化对另一个变量的影响程度,为预测提供科学依据。

通常,线性回归分析的基本步骤如下。
(1) 确定回归方程中的自变量和因变量。
(2) 从收集到的样本数据出发确定自变量和因变量之间的数学关系式,即确定回归模型。
(3) 在一定统计拟合准则下估计出模型中的各个参数,得到一个确定的回归方程。
(4) 对回归方程进行各种统计检验。
(5) 利用回归方程进行预测。

9.1.1 线性回归分析的统计学原理

当自变量和因变量之间呈现显著的线性关系时,应采用线性回归的分析方法,建立因变量关于自变量的线性回归模型。线性回归分析是最基本的回归分析方法,其假设为自变量和因变量之间存在线性关系。同时,假设在这一关系中有 p 个自变量 x_1, x_2, $\cdots$, x_p;因变量为 y,且 y 的总体均数为 $\mu_y = \beta_0 + \beta_1 x_1 + \beta_2 x_2 + \cdots + \beta_p x_p$,随机误差 $\varepsilon \sim N(0,\sigma^2)$ 且独立,则线性回归模型可以表示为

$$y = \beta_0 + \beta_1 x_1 + \beta_2 x_2 + \cdots + \beta_p x_p + \varepsilon$$

式中,y 为因变量或称结果变量、被解释变量,必须是随机变量;$x_1, x_2, \cdots, x_p$ 称作自变量、控制变量、解释变量或者预测变量,可以是随机变量,也可以是一般变量;ε 称为随机误差,也称随机变量;$\beta_0, \beta_1, \cdots, \beta_p$ 被称为回归系数,它们为待定常数,与随机误差 ε 的方差 σ^2 共同称为回归参数,其中 β_0 为常数项或称截距,它表示当自变量变动一个单位所引起的因变量的平均变动值;p 为自变量的个数。

当 $p=1$ 时,该线性回归称为一元线性回归分析或简单线性回归分析;当 $p \geqslant 2$ 时,称为多元线性回归分析,此时的回归系数也称为偏回归系数。

1. 线性回归模型

根据模型中解释变量的个数,线性回归模型可分为一元线性回归模型和多元线性回归模型,相应的分析称为一元线性回归分析和多元线性回归分析。

1) 一元线性回归模型

一元线性回归模型是指只有一个解释变量的线性回归模型,用于揭示被解释变量(因变量)与另一解释变量(自变量)之间的线性关系。一元线性回归模型是在不考虑其他影响因素或比较理想化的分析条件下的模型。

一元回归模型的一般形式记为 $\eta(x) = \beta_0 + \beta_1 x$ 并设观测值为 y,则

$$y = \beta_0 + \beta_1 x + \varepsilon$$

为了便于作估计和假设检验,总是假设 $E(\varepsilon)=0, D(\varepsilon)=\sigma^2$,亦即 $\varepsilon \sim N(0,\sigma^2)$,则随机变量

$$y \sim N(\beta_0 + \beta_1 x, \sigma^2)$$

假设有一组试验数据 $(x_i, y_i)(i=1,2,\cdots,n)$,并假设 $y_i(i=1,2,\cdots,n)$ 是相互独立的随机变量,则有

$$y_i = \beta_0 + \beta_1 x_i + \varepsilon_i, i=1,2,\cdots,n$$

其中,ε_i 是相互独立的,且 $\varepsilon_i \sim N(0,\sigma^2), y_i \sim N(\beta_0 + \beta_1 x_i, \sigma^2)$。

若用 $\hat{\beta}_0$ 和 $\hat{\beta}_1$ 分别表示 β_0 和 β_1 的估计值,则称 $\hat{y} = \hat{\beta}_0 + \hat{\beta}_1 x$ 为关于 x 的一元线性回归方程。

2) 多元线性回归模型

与一元线性回归模型相对应,多元线性回归模型是指有多个解释变量的线性回归模型,用于揭示被解释变量与其他多个解释变量之间的线性关系。其数学模型是

$$y = \beta_0 + \beta_1 x_1 + \beta_2 x_2 + \cdots + \beta_p x_p + \varepsilon$$

对于观察值(y_1, X_1)，(y_2, X_2)，…，(y_n, X_n)，其中 $X_i = (x_{i1}, x_{i2}, \cdots, x_{ip})$，$(i=1,2,\cdots,n)$，对应的线性回归模型为

$$y_i = \beta_0 + \beta_1 x_{i1} + \beta_2 x_{i2} + \cdots + \beta_p x_{ip} + \varepsilon_i$$

随机误差 $\varepsilon_i \sim N(0, \sigma^2)$ 且独立。

若用 $\hat{\beta}_0, \hat{\beta}_1, \cdots, \hat{\beta}_p$ 表示 $\beta_0, \beta_1, \cdots, \beta_p$ 的估计值，则有

$$\hat{y} = \hat{\beta}_0 + \hat{\beta}_1 x_1 + \cdots + \hat{\beta}_p x_p$$

该公式就是多元线性回归方程。

2. 回归方程的参数估计

线性回归方程确立之后的任务就是利用所收集的样本数据，根据一定的统计拟合准则对方程中的各个参数进行估计。最为常用的统计拟合准则就是普通最小二乘法，据此得到的回归参数的估计称为普通最小二乘估计。普通最小二乘估计的基本原理是：利用观察或收集到的因变量和自变量的一组数据建立一个因变量关于自变量的线性函数模型，使得这个模型的预测值和观察值之间的离差平方和尽可能地小，即残差平方和最小。

1) 一元线性回归模型的参数估计

用最小二乘法估计 β_0, β_1 的值，即取 β_0, β_1 的一组估计值 $\hat{\beta}_0, \hat{\beta}_1$ 使其随机误差 ε_i 的平方和达到最小，即使 y_i 与 $\hat{y}_i = \hat{\beta}_0 + \hat{\beta}_1 x_i$ 的拟合达到最佳。若记 $Q(\beta_0, \beta_1) = \sum_{i=1}^{n}(y_i - \beta_0 - \beta_1 x_i)^2$ 则

$$Q(\hat{\beta}_0, \hat{\beta}_1) = \min_{\beta_0, \beta_1} Q(\beta_0, \beta_1) = \sum_{i=1}^{n}(y_i - \hat{\beta}_0 - \hat{\beta}_1 x_i)^2$$

显然 $Q(\beta_0, \beta_1) \geq 0$，则由多元函数存在极值的必要条件得

$$\begin{cases} \left.\dfrac{\partial Q}{\partial \beta_0}\right|_{(\hat{\beta}_0, \hat{\beta}_1)} = 0 \\ \left.\dfrac{\partial Q}{\partial \beta_1}\right|_{(\hat{\beta}_0, \hat{\beta}_1)} = 0 \end{cases} \text{即} \begin{cases} \sum_{i=1}^{n}(y_i - \hat{\beta}_0 - \hat{\beta}_1 x_i) = 0 \\ \sum_{i=1}^{n}(y_i - \hat{\beta}_0 - \hat{\beta}_1 x_i) x_i = 0 \end{cases}$$

此方程组称为正规方程组，求解可得 $\begin{cases} \hat{\beta}_0 = \bar{y} - \hat{\beta}_1 \bar{x} \\ \hat{\beta}_1 = l_{xy} / l_{xx} \end{cases}$，称 $\hat{\beta}_0, \hat{\beta}_1$ 为 β_0, β_1 的最小二乘估计，其中

$$\bar{y} = \frac{1}{n}\sum_{i=1}^{n} y_i, \bar{x} = \frac{1}{n}\sum_{i=1}^{n} x_i, l_{xx} = \sum_{i=1}^{n}(x_i - \bar{x})^2 = \sum_{i=1}^{n} x_i^2 - \frac{1}{n}\left(\sum_{i=1}^{n} x_i\right)^2$$

$$l_{xy} = \sum_{i=1}^{n}(x_i - \bar{x})(y_i - \bar{y}) = \sum_{i=1}^{n} x_i y_i - \frac{1}{n}(\sum_{i=1}^{n} x_i)(\sum_{i=1}^{n} y_i)$$

在回归分析中，SPSS 会自动完成参数估计，并给出估计值。

2) 多元线性回归模型的参数估计

选取 β 的一个估计值，记为 $\hat{\beta}$，使随机误差 ε 的平方和达到最小，即

$$\min_{\beta} \boldsymbol{\varepsilon}^T \cdot \boldsymbol{\varepsilon} = \min_{\beta}(\boldsymbol{Y} - \boldsymbol{X} \cdot \boldsymbol{\beta})^T(\boldsymbol{Y} - \boldsymbol{X} \cdot \boldsymbol{\beta})$$
$$= (\boldsymbol{Y} - \boldsymbol{X} \cdot \hat{\boldsymbol{\beta}})^T(\boldsymbol{Y} - \boldsymbol{X} \cdot \hat{\boldsymbol{\beta}}) \triangleq Q(\hat{\boldsymbol{\beta}})$$

写成分量形式 $Q(\beta_1, \beta_2, \cdots, \beta_m) = \sum_{i=1}^{n}[y_i - \beta_1\varphi_1(u_i) - \beta_2\varphi_2(u_i) - \cdots - \beta_m\varphi_m(u_i)]^2$

则 $\quad Q(\hat{\beta}_1, \hat{\beta}_2, \cdots, \hat{\beta}_m) = \min_{\beta_i} Q(\beta_1, \beta_2, \cdots, \beta_m)$

其中，ε 为随机误差，且 $\varepsilon \sim N(0, \sigma^2)$，$\varphi_i(u), i=1, 2, \cdots, m$ 均为实际问题的解释变量，是已知函数。

在回归分析中，SPSS 会自动完成参数估计，并给出估计值。

3. 回归方程的统计量检验

1) 回归方程的拟合优度检验

回归方程的拟合优度检验，是检验样本数据点聚集在回归线周围的密集程度，从而评价回归方程对样本数据的代表程度。拟合优度检验从被解释变量 y 取值变化的成因分析入手。一种成因是由于解释变量 x 的取值变化造成的；另一种是由其他随机变量 ε 造成的。由 x 的变化引起的 y 的变差平方和即回归平方和 $SS_R = \sum_{i=1}^{n}(\hat{y}_i - \bar{y})^2$，由随机变量引起的 y 的变差平方和叫做剩余平方和或残差平方和 $SS_E = \sum_{i=1}^{n}(y_i - \hat{y}_i)^2$。

记试验值的均值为 $\bar{y} = \frac{1}{n}\sum_{i=1}^{n}y_i$，则总离差平方和为 SS_T，即

$$SS_T = \sum_{i=1}^{n}(y_i - \bar{y})^2 = \sum_{i=1}^{n}(y_i - \hat{y}_i + \hat{y}_i - \bar{y})^2$$
$$= \sum_{i=1}^{n}(y_i - \hat{y}_i)^2 + \sum_{i=1}^{n}(\hat{y}_i - \bar{y})^2$$
$$\triangleq SS_E + SS_R$$

SS_R 是由回归变量 x 的变化引起的误差，它的大小反映了 x 的重要程度，而 SS_E 是由随机误差和其他未加控制的因素引起的。因此，我们主要考虑回归平方和 SS_R 在 SS_T 中所占比重。如果 SS_R 所占的比例远远大于 SS_E 所占的比例，那么，回归方程能解释的变差所占的比例就较大，也就是回归方程的拟合优度更高。拟合优度的统计量 R^2 就是据此计算的。

(1) 一元线性回归方程的拟合优度检验。

一元线性回归方程的拟合优度检验采用 R^2 统计量。该统计量被称为判定系数或者决定系数，数学公式为

$$R^2 = \frac{SS_R}{SS_T} = 1 - \frac{SS_E}{SS_T}$$

如果所有观测值 y 都落在回归线上，即 $SS_E=0$，$R^2=1$，视为完全拟合；如果回归直线没有解释任何离差，y 的总离差全部归于残差平方和，$SS_E=SS_T$，$R^2=0$，表示自变量 x 与因变量 y 完全无关；通常观测值都是部分落在回归线上，即 $0<R^2<1$。R^2 越接近 1，表明回归直线的拟合程度越好；反之，R^2 越接近 0，回归直线的拟合程度越差。一般判定系数大于 0.7，认为拟合效果较好，否则认为拟合效果较差。SPSS 中会自动计算判定系数，读者

可根据其计算值完成检验。

(2) 多元线性回归方程的拟合优度检验

由于判定系数的 R^2 受到自变量个数 p 的影响，因此在实际回归分析中，随着自变量个数 p 的增加，回归平方和 SS_R 会增大，使得 R^2 也增大。但是，由于自变量个数的增加而导致的 R^2 变大与拟合优度好坏无关。因此，在自变量个数 p 不同的回归方程之间进行拟合优度比较时，R^2 就不适合了，必须加以调整。

调整的方法为，把残差平方和与总离差平方和之比的分子和分母分别除以各自的自由度，变成均方差之比，这样就可以去除自变量个数对拟合优度的影响。调整后的 R^2 为

$$\overline{R}^2 = \frac{SS_R}{SS_T} = 1 - \frac{SS_E}{SS_T} \cdot \frac{n-1}{n-p-1} = 1 - (1-R^2)\frac{n-1}{n-p-1}$$

式中，p 为方程中回归系数(不包含截距项)的个数，也就是自变量的个数。$n-p-1$ 和 $n-1$ 分别是残差平方和及总平方和的自由度，因此调整后的判定系数 $\overline{R}^2$ 在本质上表现了平均的残差平方和与平均的总平方和之间的比值。残差对总平方和影响越小，则调整系数越大，其取值大小和意义与判定系数基本相同。不同之处在于，调整后的判定系数考虑了自变量个数。从上式可以看出，$\overline{R}^2$ 考虑的是平均的残差平方和，而不是残差平方和。因此，在多元线性回归分析中，$\overline{R}^2$ 比 R^2 更能准确地反映回归方程对样本数据的拟合优度，而且 $\overline{R}^2$ 越大拟合越好。

2) 线性回归方程的显著性检验(F 检验)

回归方程显著性检验旨在检验变量之间是否存在统计上的显著线性关系。如果线性关系显著，说明自变量确实能影响因变量，就可以用自变量的取值去预测因变量的取值；相反，如果线性关系不显著，则说明变量之间没有线性关系，不能应用自变量对因变量进行预测。线性回归方程显著性检验通过 F 检验完成。

(1) 一元线性回归方程的显著性检验。

一元线性回归方程的零假设为 $\beta_0=0$，即回归系数与 0 无显著差异。它意味着，当回归系数为 0 时，无论 x 取值如何变化都不会引起 y 的线性变化，它们之间无线性关系。检验采用的 F 统计量为

$$F = \frac{SS_R}{SS_E/(n-2)} = \frac{\sum_{i=1}^{n}(\hat{y}_i - \overline{y})^2}{\sum_{i=1}^{n}(y_i - \hat{y}_i)^2/(n-2)}$$

F 统计量服从 $(1, n-2)$ 个自由度的 F 分布。SPSS 将自动计算检验统计量的观测值和对应的概率 P 值。如果概率 P 值小于给定的显著性水平 α，则拒绝零假设，认为回归系数与零存在显著差异，因变量 y 与自变量 x 存在显著线性关系，可以用线性模型描述和反映他们之间的关系；反之，接受零假设，认为回归系数与零不存在显著差异，因变量 y 与自变量 x 不存在显著线性关系，不可以用线性模型描述和反映他们之间的关系。

(2) 多元线性回归方程的显著性检验。

多元线性回归方程显著性检验的零假设是 $\beta_i=0$，即各个偏回归系数同时与 0 无显著差异。也就是，当偏回归系数同时为 0 时，无论各个 x_i 如何取值，都不会引起 y 的线性变化，

y 与 x 全体不存在线性相关。检验采用的 F 统计量定义为

$$F = \frac{SS_R/p}{SS_E/(n-p-1)} = \frac{\sum_{i=1}^{n}(\hat{y}_i-\bar{y})^2/p}{\sum_{i=1}^{n}(y_i-\hat{y}_i)^2/(n-p-1)}$$

式中，p 为多元回归系数方程中自变量的个数，F 统计量服从 $(p, n-p-1)$ 个自由度的 F 分布。SPSS 将自动计算检验统计量的观测值和对应的概率 P 值。如果概率 P 值小于给定的显著性水平 α，则拒绝零假设，认为回归系数与零存在显著差异，因变量 y 与自变量 x 存在显著线性关系，可以用线性模型描述和反映他们之间的关系；反之，接受零假设，认为回归系数与零不存在显著差异，因变量 y 与自变量 x 不存在显著线性关系，不可以用线性模型描述和反映他们之间的关系。

从线性回归方程的显著性 F 检验可以看出，F 统计量和调整后的 R^2 有这样的关系

$$F = \frac{R^2/p}{(1-R^2)/(n-p-1)}$$

可以看出，回归方程的拟合优度越高，回归方程的显著性检验也会越高；反过来，回归方程的显著性越高，拟合优度也越高。

3）回归系数的显著性检验(T 检验)

和方程显著性检验不同的是，回归系数显著性检验旨在检验单个自变量(解释变量)和因变量(被解释变量)之间是否存在显著性线性关系。也就是说，回归方程显著性检验是检验自变量全体对因变量的线性关系和解释能力，回归系数显著性检验重点检验每个自变量对因变量的解释能力。我们可以通过回归系数的显著性检验对每一个回归系数进行分析。回归系数显著性检验一般采用 T 检验的方法。

(1) 一元线性回归方程回归系数的显著性检验。

一元线性回归方程的回归系数的显著性检验的零假设是 $\beta_1=0$，即回归系数与 0 无显著差异。也就是说，当回归系数为零时，无论 x 取值如何变化，都不会引起 y 的线性变化，他们之间不存在线性关系。在零假设成立时，T 检验统计量为

$$T = \frac{\hat{\beta}_1}{\dfrac{\hat{\sigma}}{\sqrt{\sum_{i=1}^{n}(X_i-\bar{X})^2}}}$$

T 统计量服从 $n-2$ 个自由度的 T 分布。SPSS 将自动计算检验统计量的观测值和对应的概率 P 值。如果概率 P 值小于给定的显著性水平 α，则拒绝零假设，认为回归系数与零存在显著差异，因变量 y 与自变量 x 存在显著线性关系，即 x 对 y 具有显著影响，x 应该保留在回归方程中；反之，则接受零假设，认为回归系数与零不存在显著差异，因变量 y 与自变量 x 不存在显著线性关系，即 x 对 y 不具有显著影响，x 不应该保留在回归方程中。

在一元线性回归分析中，回归方程的显著性检验可以代替回归系数的显著性检验，并且 $F=T^2$。

(2) 多元线性回归方程回归系数的显著性检验

多元线性回归方程回归系数显著性检验的零假设是 $\beta_i=0$，即第 i 个偏回归系数与 0 无

显著差异。也就是，当偏回归系数 β_i 为零时，无论 x 取值如何变化，都不会引起 y 的线性变化，他们之间不存在线性关系。在零假设成立时，T 检验统计量为

$$T = \frac{\hat{\beta}_i}{\dfrac{\hat{\sigma}}{\sqrt{\sum_{j=1}^{n}(X_{ji}-\bar{X})^2}}}$$

$(i=1,2,\cdots,p)$

T_i 统计量服从 $n-p-1$ 个自由度的 T 分布。SPSS 将自动计算检验统计量的观测值和对应的概率 P 值。如果概率 P 值小于给定的显著性水平 α，则拒绝零假设，认为回归系数与零存在显著差异，因变量 y 与自变量 x_i 存在显著线性关系，即 x_i 对 y 具有显著影响，x_i 应该保留在回归方程中；反之，则接受零假设，认为回归系数与零不存在显著差异，因变量 y 与自变量 x_i 不存在显著线性关系，即 x_i 对 y 不具有显著影响，x_i 不应该保留在回归方程中。

当某个解释变量 x_i 进入方程时，对应的偏 F 统计量的观测值与该解释变量的 t_i 之间的数量关系是 $F_{ch}=t_i^2$。F_{ch} 为偏 F 统计量，定义为

$$F_{ch} = \frac{(R^2 - R_i^2)(n-p-1)}{1-R^2}$$

也就是，对偏 F 统计量的检验与回归系数显著性检验的实质相同。

除上述检验之外，线性回归模型还可以进行以下的假设验证，如残差的正态性检验、残差的方差齐性检验、残差的独立性检验以及多元共线性检验，请参见案例中的解释。欲了解更多详细统计学原理，请参阅相关统计学论著，在此不再一一详述。

9.1.2　SPSS 线性回归分析的案例应用

案例 1：面对就业市场的重重压力，国家大力提倡大学生自主创业、自谋发展，这对当代大学生的创新能力和意识提出了新的挑战。为此，我们曾经对大学生做过学习方法与创新思维方面的调查，并整理获得"学习心理调查.sav"数据文件一份，现就该文件来分析大学生的学习方法与创新思维之间是否存在显著的线性相关关系。(本案例以"学习方法"为自变量即解释变量，以"创新思维"为因变量即被解释变量，以分析前者是否对后者有显著影响。)

提示：由于我们对所要分析的两变量之间是否具有线性关系不太了解，因此在分析之前最好通过散点图对二者的关系走向做一个大概的估计，如果二者有存在线性关系的可能，再进行线性回归分析。

本案例的分析步骤如下。

1) 构建散点图

打开"学习心理调查.sav"文件，选择"图形"|"旧对话框"|"散点/点状"命令。点击选择"简单分布"并定义"学习方法"为 X 轴，定义"创新思维"为 Y 轴。单击"确定"按钮，SPSS 输出创新思维和学习方法散点图，如图 9-1 所示。

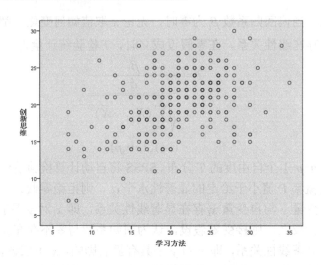

图 9-1　创新思维和学习方法散点图

从散点图可以看出，所要分析的两个变量方向大致相同，有一定的相关关系，可以进行线性回归分析。

2) 回归分析变量设置

打开文件"学习心理调查.sav"，选择"分析"|"回归"|"线性"命令，打开"线性回归"对话框。选择左侧列表框内变量"学习方法"和"创新思维"，分别单击 图标将其选入"自变量"和"因变量"列表框(见图 9-2)。此外，该对话框还有其他几个选项，具体含义如下。

(1) "方法"设置：用于设置自变量进入方程的方式。通过使用不同的方法，可以用相同的变量组构造多个回归模型。方法包括以下 5 种。

- "进入"(强迫进入变量法)：全部备选变量一次进入回归模型。
- "逐步"(逐步回归分析法)：在每一步中，一个回归系数显著性概率 F 值最小(概率小于设定值 0.05)的变量将引入回归方程；如果已经引入回归方程的变量的概率大于设定值，将被删除出回归方程。当无变量被引入或被删除时，终止回归过程。
- "删除"(删除法)：将所有不进入方程模型的备选变量一次删除。
- "向后"(向后法)：一次性将所有变量引入方程，并依次进行剔除。首先剔除与因变量最小相关且符号剔除标准的变量，以此类推。当无变量符合剔除标准时，回归过程终止。
- "向前"(向前法)：被选变量依次进入回归模型，首先引入与因变量最大相关且符合引入标准的变量，依次类推，当没有变量符合引入标准时，回归过程终止。

(2) "选择变量"：用于指定分析个案的选择规则。选入变量后，激活"规则"按钮，打开如图 9-3 所示的对话框，该对话框用于设置给定变量的筛选条件，只有满足条件，才可以进入回归分析。

(3) "个案标签"：用于选择变量作为每条记录的标签，通常选取记录号。

(4) "WLS 权重"：选择权重变量，进行加权最小二乘法回归分析。

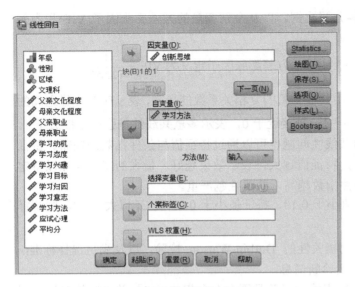
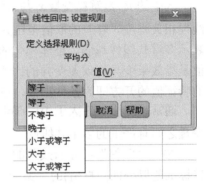

图 9-2　"线性回归"对话框　　　　　图 9-3　"线性回归：设置规则"对话框

3) 统计量设置

单击 Statistics 按钮，打开"线性回归：统计"对话框(见图 9-4)。

(1) "回归系数"：用于定义回归系数的输出情况，包括以下三个选项。

- "估计"：选中此选项将显示回归系数 B、B 的标准误差、标准化系数 Beta、B 的 t 值以及 t 的双尾显著性水平。
- "误差条形图的表征"：选中此选项将显示具有每个回归系数或协方差矩阵的指定置信度的置信区间，系统默认值为 95%。
- "协方差矩阵"：选中此选项将显示回归系数的方差-协方差矩阵，其对角线以外为协方差，对角线上为方差。还显示相关性矩阵。

(2) "模型拟合度"：列出输入到模型中的变量以及从模型中除去的变量，并显示以下拟合优度统计：复 R、R^2 和调整 R^2、估计的标准误差以及方差分析表。

(3) "R 方变化"：用于添加或删除自变量而产生的 R^2 统计的更改。如果与某个变量相关联的 R^2 变化很大，则意味着该变量是因变量的一个良好的预测变量。

(4) "描述性"：提供分析中的有效个案数、平均值以及每个变量的标准差，还显示具有单尾显著性水平的相关性矩阵以及每个相关系数的个案数。

(5) "部分相关和偏相关性"：输出部分相关性和偏相关性分析结果。

- "部分相关"：排除模型中的其他自变量对某个自变量的线性效应之后，因变量与该自变量之间的相关性。当变量添加到方程时，它与 R^2 的更改有关。有时称为半部分相关。
- "偏相关"：在移去由于两个变量与其他变量之间的相互关联引起的相关性之后，它们之间剩余的相关性；或者，在移去模型中的其他自变量对于因变量与某个自变量的线性效应之后，这两者之间的相关性。

(6) "共线性诊断"：用以诊断当一个自变量是其他自变量的线性函数时所引起的共线性或多重共线问题。该诊断可以显示已标度和未中心化交叉积矩阵的特征值

(Eigenvalue)、条件指数(CI)、方差-分解比例，以及个别变量的方差膨胀因子(VIF)和容差(Tol 值)。

解释变量 x_i 的容差定义为 $\text{Tol}_i = 1 - R_i^2$，方差膨胀因子定义为 $\text{VIF}_i = \dfrac{1}{1 - R_i^2}$。

式中的 R_i^2 是解释变量 x_i 与方程中其他变量的复相关系数的平方，表示解释变量之间的线性相关程度。容差的取值范围为 0～1，越接近于 0，表示多重共线性越强；越接近于 1，表示多重共线性越弱。整体模型的共线性问题也可以通过特征值与条件指数来判断。特征值是指效果变异与误差变异的比值，特征值越大，表示效果越好。最大的特征值除以特定的特征值的开方即为条件指数，条件指数越高，共线性越严重。

通常，如果 VIF_i 大于 10、Tol 值小于 0.10、特征值小于 0.01 或 CI 值大于 30，则解释变量之间有严重的多重共线性。

(7) "残差"：显示残差的序列相关性的 Durbin-Watson 检验，以及满足选择标准(n 倍标准差以外的离群值)的个案的个案诊断信息。

- "Durbin-Watson 检验"：用来检验残差是否存在自相关。自相关系数的取值范围为 -1～1，接近 1 表明序列存在正自相关，接近 -1 表明序列存在负自相关。

  D-W 检验的零假设是总体的自相关系数 ρ 与零无显著差异。其统计量为

  $$\text{DW} = \dfrac{\sum_{t=2}^{n}(e_t - e_{t-1})^2}{\sum_{t=2}^{n} e_t^2}$$

  DW 的取值范围为 0～4。当 DW=4($\hat{\rho} = -1$)时，残差序列存在完全负自相关；当 DW=(2, 4)($\hat{\rho} = -1, 0$)时，残差序列存在负自相关；当 DW=2($\hat{\rho} = 0$)时，残差序列无自相关；当 DW=(0, 2)($\hat{\rho} = (0, +1)$)时，残差序列存在正自相关；当 DW=0($\hat{\rho} = 1$)时，残差序列存在完全正自相关。如果残差存在自相关，说明回归方程没有能够充分说明被解释变量的变化规律，还有一些规律性没有被解释出来。可以认为，回归方程遗漏了一些重要的解释变量，或者变量存在取值的滞后性，也或者回归模型选择不合适。

- "个案诊断"：输出观测量诊断表，选择该项用激活下面两个按钮。"离群值"用于设置异常值的判断依据，默认为 3。"所有个案"表示输出所有观测量的残差值。

  该案例选择"估计"、"模型拟合度"和"描述性"，单击"继续"按钮返回"线性回归：统计"对话框。

4) 绘图设置

单击"绘图"按钮，打开"线性回归：图"对话框(见图 9-5)。我们可以绘制任意两变量的散点图，用于诊断模型的拟合程度。

(1) 源变量列表：用于列举可以用来绘制图形的中间估计量，包括因变量(DEPENDNT)、标准化预测值(*ZPRED)、标准化残差(*ZRESID)、剔除残差(*DRESID)、修正后的预测值(*ADJPRED)、学生化的残差(*SRESID)和学生化剔除残差(*SDRESID)。

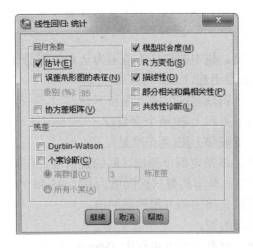

图9-4 "线性回归：统计"对话框

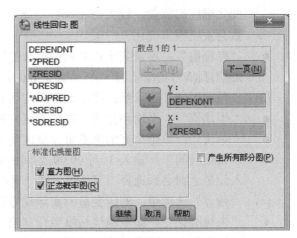

图9-5 "线性回归：图"对话框

(2) "散点1的1"：从左侧候选变量中选择变量进入X、Y轴选项框，定义需要绘制的回归分析诊断图或者预测图。通过单击"下一页"按钮，可以绘制多幅散点图。

(3) "标准化残差图"：可以获取标准化残差的直方图和正态概率图，将标准化残差的分布与正态分布进行比较，以验证残差的正态性。

(4) "产生所有部分图"：当根据其余自变量分别对两个变量进行回归时，显示每个自变量残差和因变量残差的散点图。要生成部分图，方程中必须至少有两个自变量。从该图中可以判断各个自变量和因变量的线性相关性。

本案例选择因变量(DEPENDNT)作为Y轴，选择标准化残差(*ZRESID)作为X轴，并选中"直方图"和"正态概率图"复选框。设置完毕后，单击"继续"按钮返回主对话框。

5) 保存设置

单击"保存"按钮，打开"线性回归：保存"对话框。在该对话框中，可以保存预测值、残差和其他对于诊断信息有用的统计。每选择一次将向活动数据文件添加一个或多个新变量。该对话框包含七个选项组(见图9-6)。

(1) "预测值"选项组：即回归模型对每个个案预测的值。

- "未标准化"：模型为因变量预测的值。
- "标准化"：每个预测值转换为其标准化形式的转换。即，预测值减去平均值预测值，得到的差除以预测值的标准差。标准化预测值的平均值为0，标准差为1。
- "调节"：当某个案从回归系数的计算中排除时，个案的预测值。
- "平均值预测值的 S.E"：即预测值的标准误差。对于自变量具有相同值的个案所对应的因变量的平均值的标准差的估计。

(2) "距离"选项组：标识自变量的值具有异常组合的个案和可能对回归模型产生很大影响的个案的测量。

- "Mahalanobis距离"：即自变量上个案的值与所有个案的平均值相异程度的测量。大的马氏距离表示个案在一个或多个自变量上具有极值。
- "Cook距离"：在特定个案从回归系数的计算中排除的情况下，所有个案的残差变化幅度的测量。较大的 Cook 距离表明从回归统计的计算中排除个案之后，系数会发生根本变化。
- "杠杆值"：度量某个点对回归拟合的影响。集中的杠杆值范围为从 0(对拟合无影响)到$(N-1)/N$。如果杠杆值大于 0.06，就要引起注意。

(3) "预测区间"选项组：用于预测平均值和个别预测区间的上界和下界。
- "平均值"：平均预测响应的预测区间的下限和上限(两个变量)。
- "单值"：单个个案的因变量预测区间的下限和上限(两个变量)。
- "置信区间"：输入 1 到 99.99 之间的值，以指定两个预测区间的置信度。在输入此值之前必须选择"平均值"或"区间"。典型的置信区间值为 90、95 和 99。

(4) "残差"选项组：即因变量的实际观测值减去按回归方程预测的值。
- "未标准化"：即观测值与模型预测值之间的差。
- "标准化"：即残差除以其标准差的估计。标准化残差也称为 Pearson 残差，它的平均值为 0，标准差为 1。绝对值大于 3 对应的观测值为异常值。
- "学生化"：残差除以其随个案变化的标准差的估计，这取决于每个个案的自变量值与自变量平均值之间的距离。绝对值大于 3 对应的观测值为异常值。
- "删除"：当某个案从回归系数的计算中排除时，该个案的残差。它是因变量的值和调整预测值之间的差。绝对值大于 3 对应的观测值为异常值。
- "学生化已删除"：个案的删除残差除以其标准误差。学生化已删除残差与其相关联的学生化的残差之间的差分指示去除某个个案对其预测产生的差分。

(5) "影响统计"选项组：即由于排除了特定个案而导致的回归系数(DfBeta)和预测值(DfFit)的变化。标准化 DfBeta 和 DfFit 值也可与协方差比率一起使用。
- DfBeta：Beta 值的差分是由于排除了某个特定个案而导致的回归系数的改变。它为模型中的每一项(包括常数项)均计算一个值。
- "标准化 DfBeta"：Beta 值的标准化差分，是由于排除了某个特定个案而导致的回归系数的改变。它为模型中的每一项(包括常数项)均计算一个值。
- DfFit：拟合值的差分是由于排除了某个特定个案而产生的预测变量的更改。
- "标准化 DfFit"：即拟合值的标准化差分，是由于排除了某个特定个案而导致的预测值的改变。可以检查绝对值大于 p/N 的平方根的 2 倍的标准化值，其中 p 是模型中的参数个数，N 是个案数。
- "协方差比率"：即从回归系数计算中排除特定个案的协方差矩阵的行列式与包含所有个案的协方差矩阵的行列式的比率。如果比率接近 1，则说明被排除的个案不能显著改变协方差矩阵。

(6) "系数统计"选项组：选择该项可以将回归系数保存到数据集或数据文件。可以在同一会话中继续使用数据集，但不会将其另存为文件，除非在会话结束之前明确将其保存为文件。数据集名称必须符合变量命名规则。

(7) "将模型信息输出到 XML 文件"选项组：将参数估计值及其协方差(可选)导出到指定的 XML(PMML)格式的文件。可以使用该模型文件以应用模型信息到其他数据文件用于评分目的。

本案例无须保存任何数据到原始数据文件，因此对该对话框不做选择。单击"继续"

按钮返回主对话框。

6) 选项设置

单击"选项"按钮,打开"线性回归:选项"对话框(见图9-7)。该对话框用于为变量进入方程设置F检验统计量的标准值以及确定缺失值的处理方式。

图9-6 "线性回归:保存"对话框

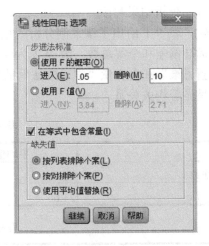

图9-7 "线性回归:选项"对话框

(1) "步进法标准":这些选项在已指定向前、向后或逐步式变量选择法的情况下适用。变量可以进入到模型中,或者从模型中移去,这取决于F值的显著性(概率)或者F值本身。

- "使用F的概率":如果变量的F值的显著性水平小于"进入"值,那么将该变量选入到模型中;如果该显著性水平大于"删除"值,那么将该变量从模型中移去。"进入"值必须小于"删除"值,且两者均必须为正数。要将更多的变量选入到模型中,可以增加"进入"值。要将更多的变量从模型中移去,可以降低"删除"值。系统默认值分别为0.05和0.10。

- "使用F值":如果变量的F值大于"进入"值,那么该变量输入模型,如果F值小于"删除"值,那么该变量从模型中移去。"进入"值必须大于"删除"值,且两者均必须为正数。要将更多的变量选入到模型中,请降低"进入"值。要将更多的变量从模型中移去,请增大"删除"值。这两个值的系统默认值分别为3.84和2.71。

(2) "在等式中包含常量":缺省情况下,回归模型包含常数项。取消选择此选项可强制使回归通过原点,实际上很少这样做。某些通过原点的回归结果无法与包含常数的回归结果相比较。

(3) "缺失值"设置:可以选择以下选项之一。

- "按列表排除个案":只有所有变量均取有效值的个案才包含在分析中。
- "按对排除个案":使用变量对中具有完整数据的个案来进行回归分析。自由度基于最小成对 N。
- "使用平均值替换":将所有个案用于计算,用变量的平均值替换缺失观察值。

本案例的选择如图 9-7 所示。设置完成后,单击"继续"按钮返回"线性回归"对话框。

7) 输出分析结果

单击"完成"按钮,SPSS 的查看器输出分析结果(见表 9-1 至表 9-7 和图 9-8 至图 9-11)。

8) 分析结果解读

(1) 表 9-1 给出了该案例分析的描述性统计量。它显示了本案例中的两个变量的平均值、标准偏差和个案总数。表 9-2 为该案例分析的相关性矩阵。从表中可以看出,因变量"创新思维"和自变量"学习方法"的相关系数为 0.435,显著性检验 P 值为 0.000,表明两者呈显著相关关系。

表 9-1 描述统计量

	平均值	标准偏差	数 字
创新思维	20.48	3.897	285
学习方法	21.00	4.971	285

表 9-2 相关性矩阵

		创新思维	学习方法
Pearson 相关性	创新思维	1.000	.435
	学习方法	.435	1.000
显著性 (单尾)	创新思维	.	.000
	学习方法	.000	.
数字	创新思维	285	285
	学习方法	285	285

(2) 表 9-3 给出了进入模型和被删除的变量的信息。在本案例中,只有一个自变量。因此,在已输入的变量中只有"学习方法",没有删除的变量,使用的方法是"输入"。表 9-4 为回归模型的摘要表,该表列出了模型数量、模型的 R(自变量和因变量之间的相关系数)、R^2(拟合线性回归的判定系数)、调整后的 R^2 和标准估算的错误值。R^2 值越大,表示模型与数据的拟合优度越高。可以看出,自变量"学习方法"和因变量"创新思维"之间的相关系数 R 为 0.435,判定系数 R^2 为 0.190,表示该线性模型可以解释因变量 19%的变异量,调整后的 R^2 为 0.187,标准估算的错误值为 3.514。

表 9-3 输入/删除变量表[a]

模 型	已输入变量	已除去变量	方 法
1	学习方法[b]	.	输入

注：a. 因变量：创新思维。
　　b. 已输入所有请求的变量。

表 9-4 模型摘要[b]

模 型	R	R^2	调整后的 R^2	标准估算的错误
1	.435[a]	.190	.187	3.514

注：a. 预测变量：(常量)，学习方法。
　　b. 因变量：创新思维。

(3) 表 9-5 为本案例的方差分析表，是回归方程显著性检验结果。该表列出了回归平方和 817.804，残差平方和 3495.298，其自由度分别为 1 和 283，回归和残差的均方分别为 817.804 和 12.351，变异量显著性检验的 F 值为 66.214，显著性水平为 0.000，表示回归模型整体解释变异量达到显著水平，也就是所建立的回归方程有效，自变量和因变量呈线性关系。

表 9-5 方差分析表[a]

模 型		平方和	自由度	均 方	F	显著性
1	回归	817.804	1	817.804	66.214	.000[b]
	残差	3495.298	283	12.351		
	总计	4313.102	284			

注：a. 因变量：创新思维。
　　b. 预测变量：(常量)，学习方法。

(4) 表 9-6 为案例分析的回归系数的 T 检验结果。该表列出了非标准化回归系数、标准化回归系数、回归系数的显著性检验 t 值和显著性水平。可以看出，该模型的非标准化回归系数 B 的估计值为 0.341，标准错误为 0.042；标准化回归系数为 0.435，回归系数的显著性检验 T 统计量的值为 8.137，对应的显著性水平 P 值为 0.000，表明被解释变量和解释变量之间存在显著性线性关系。标准化回归系数贝塔取值范围为-1～1，它的绝对值越大，表示自变量对因变量的影响越大，其解释因变量的变异量也越大。

对回归方程的显著性检验和对回归系数的显著性检验都表明该案例的回归方程显著。从表中可知，$\hat{\beta}_0$(常量)=13.307，$\hat{\beta}_1$=0.431，由一元线性回归方程 $\hat{y} = \hat{\beta}_0 + \hat{\beta}_1 x$ 可以得到本案例的回归方程为

$$\hat{y} = 13.307 + 0.341x$$

即

创新思维=13.307+0.341×学习方法

表 9-6 回归系数表 [a]

模型		非标准化系数		标准系数	t	显著性
		B	标准错误	贝塔		
1	(常量)	13.307	.905		14.697	.000
	学习方法	.341	.042	.435	8.137	.000

注：a. 因变量：创新思维。

(5) 表 9-7 是残差统计表。残差就是模型中的预测值和实际观察值之间的离差。从表中可以看出，预测值的最小值为 15.70，最大值为 25.26；平均值为 20.48；标准偏差为 1.697。标准残差的绝对值最大为 2.696，小于 3，说明样本数据中没有异常值。

表 9-7 残差统计表 [a]

	最小值	最大值(X)	平均值	标准偏差	数字
预测值	15.70	25.26	20.48	1.697	285
残差	-9.476	9.231	.000	3.508	285
标准预测值	-2.817	2.816	.000	1.000	285
标准残差	-2.696	2.627	.000	.998	285

注：a. 因变量：创新思维。

(6) 图 9-8 和图 9-9 分别是该案例分析的回归标准化残差的直方图和正态 P-P 图。从图 9-8 可以看出，回归标准化残差的频率分布和附于其上的正态分布曲线十分吻合，说明残差分布服从正态分布；同样从图 9-9 看来，回归标准化残差的累积概率点都均匀地分布于直线两侧，无异常值，说明残差分布非常服从正态性。综合两图，我们可以认为残差分布服从正态分布。

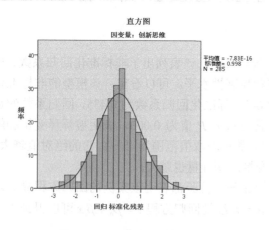

图 9-8 回归标准化残差直方图

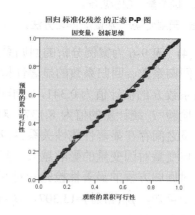

图 9-9 回归标准化残差正态 P-P 图

(7) 图 9-10 是标准化残差的散点图。可以看出，大多数残差散点与因变量"创新思维"有良好的线性相关。双击 SPSS 的查看器窗口中的散点图，打开"图表编辑器"窗口，选择"元素"|"总体拟合线"命令，打开"属性"对话框，切换到"拟合线"选项卡(见

图 9-11)。在"拟合方法"选项组中选中"线性"单选按钮,"置信区间"选中"单值"单选按钮,并选择系统默认值 95%。最后,选中"将标签附加到线"复选框。选择完毕,单击"应用"按钮,可以将拟合线显示到散点图中(见图 9-11)。从图 9-11 可以更确切地看到,多数散点均位于 95%置信区间内。

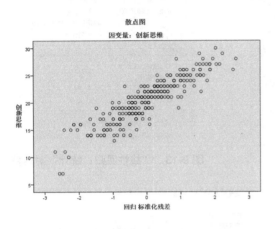

图 9-10 "因变量-标准化残差"散点图

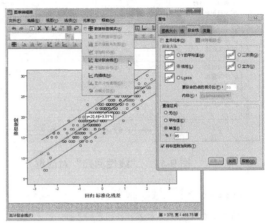

图 9-11 编辑后的散点图

案例 2:案例 1 中,我们通过一元线性回归分析得知,创新思维和学习方法有很大的线性关系。也就是说,学习方法对创新思维能够产生显著的影响。然而,我们的调查中还包括很多项目,它们是否也会对创新思维产生影响呢?我们将通过多元线性回归分析确定创新思维和调查中的哪几项关系密切。

本案例具体分析步骤如下。

1) 回归分析变量设置

打开文件"学习心理调查.sav",选择"分析"|"回归"|"线性"命令,打开"线性回归"对话框。选择"创新思维",单击 图标将其选入"因变量"列表框。分别选择变量"学习方法"、"学习动机"、"学习态度"、"学习兴趣"、"学习目标"、"学习归因"、"学习意志"和"应试心理",单击 图标将其选入"自变量"列表框。在"方法"下拉列表框中选择"逐步",以便查看哪些自变量被删除出模型(见图 9-12)。"逐步"是最常用的变量选择方法。

2) 统计量设置

单击 Statistics 按钮,打开"线性回归:统计"对话框。本案例的统计量选择如图 9-13 所示。单击"继续"按钮,返回"线性回归"对话框。

3) 绘图设置

单击"绘图"按钮,打开"线性回归:图"对话框。分别选择"DEPENDNT(因变量)"和"*ZPRED(标准化预测值)"作为"散点 1 的 1"中的 Y 轴和 X 轴(见图 9-14);单击"下一页"按钮,选择"*ZRESID (标准化残差)"和"*ZPRED(标准化预测值)"作为"散点 2 的 2"中的 Y 轴和 X 轴(见图 9-15)。选中"直方图"和"正态概率图"复选框。单击"继续"按钮返回主对话框。其他各项选择系统默认设置。

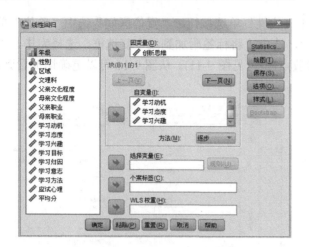

图 9-12 "线性回归"对话框

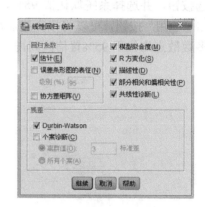

图 9-13 "线性回归：统计"对话框

图 9-14 "线性回归：图"对话框(1)

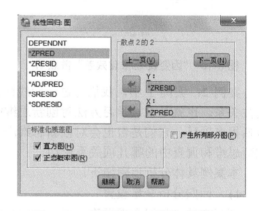

图 9-15 "线性回归：图"对话框(2)

4) 输出分析结果

单击"确定"按钮，SPSS 输出案例分析结果(见表 9-8 至表 9-15 和图 9-16 至图 9-19)。

5) 解释分析结果

(1) 表 9-8 是该案例分析的描述性统计量表，包括各个分析项目的平均值、标准偏差和有效个案数。表 9-9 包括所分析的各个项目的相关性矩阵、相关系数显著性检验概率 P 值和有效个案数。从中可以看出预测变量和因变量关系的强弱及方向，也可以看出预测变量之间的相关情况，并由此预测变量之间的共线性问题。从矩阵可知，各个自变量之间的相关系数的绝对值在 0.068～0.743 之间，而因变量"创新思维"与各个自变量都有一定的关系，其中"创新思维"和"学习方法"的相关系数最高为 0.435，和"学习归因"的相关系数最低为-0.003。从相关系数的显著性检验结果看，因变量"创新思维"和自变量"学习动机"、"学习态度"、"学习归因"、"应试心理"的相关系数显著性均大于 0.05，表明因变量"创新思维"和这些自变量之间关系不是很密切。相反，"创新思维"和"学习方法"及"学习目标"的相关系数分别为 0.435 和 0.372，显著性 P 值均达到 0.000，表明"创新思维"和这两个自变量关系较为紧密。另外，自变量"学习态度"和"学习兴趣"的相关系数高达 0.743，说明二者有可能存在共线性问题。

表 9-8 描述性统计量

	平均值	标准偏差	数字
创新思维	20.4772	3.89705	285
学习动机	18.8596	3.49062	285
学习态度	16.3860	4.95669	285
学习兴趣	15.7474	4.69785	285
学习目标	19.1719	3.90403	285
学习归因	14.9684	4.07531	285
学习意志	20.4702	3.78237	285
学习方法	21.0035	4.97069	285
应试心理	19.6702	5.03963	285

图 9-9 相关性矩阵

		创新思维	学习动机	学习态度	学习兴趣	学习目标	学习归因	学习意志	学习方法	应试心理
Pearson 相关性	创新思维	1.000	.031	.089	.111	.372	-.003	.099	.435	-.032
	学习动机	.031	1.000	.568	.491	.308	.339	.387	.281	.121
	学习态度	.089	.568	1.000	.743	.477	.521	.437	.365	.300
	学习兴趣	.111	.491	.743	1.000	.536	.442	.369	.431	.366
	学习目标	.372	.308	.477	.536	1.000	.315	.393	.439	.347
	学习归因	-.003	.339	.521	.442	.315	1.000	.279	.158	.279
	学习意志	.099	.387	.437	.369	.393	.279	1.000	.369	.199
	学习方法	.435	.281	.365	.431	.439	.158	.369	1.000	.068
	应试心理	-.032	.121	.300	.366	.347	.279	.199	.068	1.000
显著性(单尾)	创新思维	.	.304	.068	.030	.000	.480	.048	.000	.294
	学习动机	.304	.	.000	.000	.000	.000	.000	.000	.021
	学习态度	.068	.000	.	.000	.000	.000	.000	.000	.000
	学习兴趣	.030	.000	.000	.	.000	.000	.000	.000	.000
	学习目标	.000	.000	.000	.000	.	.000	.000	.000	.000
	学习归因	.480	.000	.000	.000	.000	.	.000	.004	.000
	学习意志	.048	.000	.000	.000	.000	.000	.	.000	.000
	学习方法	.000	.000	.000	.000	.000	.004	.000	.	.127
	应试心理	.294	.021	.000	.000	.000	.000	.000	.127	.

(2) 表 9-10 给出了选入模型和删除的变量。从表中可以看出，在共计 8 个自变量中，只有 3 个被选入模型，5 个被删除。表中的"方法"列给出了选入或删除的标准。从中可知，自变量进入模型的标准是 F 概率值≤0.05，而删除的标准是 F 概率值≥0.1。

表 9-10　选入/删除的变量表 [a]

模型	已输入变量	已除去变量	方　法
1	学习方法	.	步进(准则：F-to-enter 的概率 <= .050，F-to-remove 的概率 >= .100)。
2	学习目标	.	步进(准则：F-to-enter 的概率 <= .050，F-to-remove 的概率 >= .100)。
3	学习兴趣	.	步进(准则：F-to-enter 的概率 <= .050，F-to-remove 的概率 >= .100)。

注：a. 因变量：创新思维。

(3) 表 9-11 是多元线性回归分析的模型摘要表。从中可以看出，由于选择了"逐步"进入的方法，回归模型会依据预测变量对因变量的预测能力的高低依次逐个选入模型。当预测变量的回归系数达不到显著水平时，将被排除在模型之外。

表 9-11　模型摘要 [d]

模型	R	R^2	调整后的 R^2	标准估算的错误	更改统计量					Durbin-Watson(U)
					R^2 变化	F 更改	df1	df2	显著性 F 更改	
1	.435[a]	.190	.187	3.51438	.190	66.214	1	283	.000	
2	.480[b]	.230	.225	3.43109	.041	14.906	1	282	.000	
3	.516[c]	.266	.258	3.35615	.036	13.734	1	281	.000	1.830

注：a. 预测变量：(常量)，学习方法。
　　b. 预测变量：(常量)，学习方法，学习目标。
　　c. 预测变量：(常量)，学习方法，学习目标，学习兴趣。
　　d. 因变量：创新思维。

由表可知，模型 1 中，自变量"学习方法"和因变量"创新思维"之间的复相关系数 R 为 0.435，判定系数 R^2 为 0.190，表示该线性模型可以解释因变量 19% 的变异量，调整后的 R^2 为 0.187。同样，模型 2 中，自变量"学习方法"和"学习目标"与因变量"创新思维"之间的相关系数 R 为 0.480，判定系数 R^2 为 0.230，表示增加了自变量"学习目标"后该线性模型可以解释因变量 23% 的变异量，调整后的 R^2 为 0.225。模型 3 中，三个自变量"学习方法"、"学习目标"和"学习兴趣"与因变量"创新思维"之间的相关系数 R 为 0.516，判定系数 R^2 为 0.266，也就是说，增加了自变量"学习目标"和"学习兴趣"后的模型 3 可以解释因变量 26.6% 的变异量，调整后的 R^2 为 0.258。(注：解释量到底依据 R^2 还是调整后的 R^2 要看自变量之间是否存在共线性关系，如果存在就要将调整后的 R^2 作为该预测变量对因变量的解释量。)

"更改统计量"列给出的是模型中每次增加自变量带来的 R 方变化和 F 更改量。根据"更改统计量"列的数据，模型 1 增加自变量成为模型 2 后，R^2 由 0.190 增加了 0.041，F 统计量也由 66.214 增加了 14.906；同样，由模型 2 变模型 3 后，R^2 又增加了 0.036，F 统计量也增加了 13.734。每次模型的改变所带来的这些增加就是新增自变量的解释量。可见，三个预测变量"学习方法"、"学习目标"和"学习兴趣"对因变量的预测力分别为 19%、4.1% 和 3.6%，共同解释因变量 26.6% 的变异量；而它们三者进入回归模型后各自改变的 F 值分别为 66.214，14.906 和 13.734，且显著性水平 P 值均为 0.000，表明每个自变量进入模型后增加的个别解释力都达到显著水平。

Durbin-Watson 检验统计量用于检测模型中是否存在自相关。当预测变量的样本观测值之间存在某种程度的线性关系时其自相关系数不为 0。D-W 统计量数值越接近 2，表示自相关系数越接近 0，变量之间越不存在自相关。本案例的 D-W 检验结果为 1.830，接近 2，表明自变量之间可能不存在严重的共线性关系，因此，采用 R^2 更加可靠。R^2 越大表示模型和数据的拟合优度越高。

(4) 表 9-12 所示的方差分析表给出了 3 个模型的显著性检验结果。显然，3 个模型的方差检验 F 值分别为 66.214、42.187 和 33.973，显著性 P 值均为 0.000，表示 3 个回归模型整体解释变异量都达到显著水平。也就是说，零假设：$\beta_i=0$，即各个偏回归系数同时与零无显著差异不成立。回归方程中至少有一个回归系数不等于 0，或者全部回归系数都不等于 0，即至少有一个预测变量会达到显著。至于哪些自变量对因变量有显著影响，还需要对每个回归系数进行显著性检验才能加以判断。

表 9-13 所示就是各模型的回归系数及其显著性 t 检验的结果。其中包括各个模型的非标准化回归系数 B 和标准错误、标准化系数、每个回归系数的 t 检验结果、相关性及共线性检验。标准化回归系数 B 的取值范围为$-1\sim 1$，它的绝对值越大，表示预测变量对因变量的影响越大，其解释因变量的变异量也越大。模型 1 中，自变量"学习方法"的非标准化回归系数为 0.341，t 值为 8.137，显著性概率 P 值为 0.000，容差(容许度)为 1.000，VIF 值为 1.000。模型 2 的两个自变量的非标准化回归系数分别为 0.264 和 0.224，回归系数 t 检验均为显著；容差为 0.808，VIF 值为 1.238。而模型 3 的三个自变量非标准化回归系数分别为 0.308、0.324 和-0.193。三个模型的回归系数 t 检验的结果也都显示为显著；容差和方差膨胀系数 VIF 值均表示模型无多元共线性问题。(注：容差越接近 0，表示变量间存在多元共线性的可能性越大；或者 VIF 大于 10，表示变量间存在多元共线性。)

根据表 9-12 和表 9-13 的分析，多元线性回归模型通过了整体的方差 F 检验和单个回归系数 t 检验，说明模型为显著。因此，从回归系数表可以得出非标准化的回归方程如下：

$$\hat{y} = 10.828 + 0.308x_1 + 0.324x_2 - 0.193x_3$$

即

创新思维=10.828+0.308×学习方法+0.324×学习目标-0.193×学习兴趣

然而，由于非标准化回归方程包含常数项(截距)，无法比较预测变量的相对重要性，因而通常会按标准系数将原始回归方程转化为标准化回归方程：

$$\hat{y} = 0.393x_1 + 0.324x_2 - 0.232x_3$$

即

创新思维=0.393×学习方法+0.324×学习目标-0.232×学习兴趣。

此外，表 9-13 还给出了相关性信息，包括零阶相关系数、部分相关系数和偏相关系数。所谓零阶相关系数就是自变量与因变量之间的简单相关系数，即不对任何变量进行控制时的相关系数；部分相关系数是指排除了其他自变量对某个自变量的影响后，这个自变量进入回归方程后 R^2 的增加量；偏相关系数是在排除了已进入模型的自变量的线性影响后，每个自变量与因变量的相关系数。比如，在模型 1 中，只有一个自变量，因此以上三个系数相同，"学习方法"和因变量的部分相关系数和偏相关系数都是零阶相关系数 0.435；而在模型 2 中，增加了一个自变量"学习目标"，"学习方法"和因变量之间的部分相关系数和偏相关系数分别由 0.435 变成了 0.326 和 0.303；反之，在排除"学习方法"的影响后，"学习目标"由零阶相关系数 0.372 变成了部分相关系数 0.224 和偏相关系数 0.202。而在模型 3 中，由于有 3 个自变量，因此"学习方法"和因变量之间的部分相关系数和偏相关系数分别由 0.435 变为 0.370 和 0.341。对其他两个自变量的解释也是一样。

表 9-12　方差分析统计表 [a]

模型		平方和	自由度	均方	F	显著性
1	回归	817.804	1	817.804	66.214	.000[b]
	残差	3495.298	283	12.351		
	总计	4313.102	284			
2	回归	993.288	2	496.644	42.187	.000[c]
	残差	3319.813	282	11.772		
	总计	4313.102	284			
3	回归	1147.983	3	382.661	33.973	.000[d]
	残差	3165.119	281	11.264		
	总计	4313.102	284			

注：a. 因变量：创新思维。
　　b. 预测变量：(常量)，学习方法。
　　c. 预测变量：(常量)，学习方法，学习目标。
　　d. 预测变量：(常量)，学习方法，学习目标，学习兴趣。

表 9-13　回归系数表 [a]

模型		非标准化系数		标准系数	t	显著性	相关性			共线性统计	
		B	标准错误	贝塔			零阶	分部	部件	容许	VIF
1	(常量)	13.307	.905		14.697	.000					
	学习方法	.341	.042	.435	8.137	.000	.435	.435	.435	1.000	1.000
2	(常量)	10.633	1.123		9.468	.000					
	学习方法	.264	.046	.337	5.796	.000	.435	.326	.303	.808	1.238
	学习目标	.224	.058	.224	3.861	.000	.372	.224	.202	.808	1.238
3	(常量)	10.828	1.100		9.846	.000					
	学习方法	.308	.046	.393	6.681	.000	.435	.370	.341	.754	1.327
	学习目标	.324	.063	.324	5.154	.000	.372	.294	.263	.659	1.517
	学习兴趣	−.193	.052	−.232	−3.706	.000	.111	−.216	−.189	.665	1.504

注：a. 因变量：创新思维。

(5) 表 9-14 列出了模型所排除的变量。在用"逐步"法选择变量时，首先选择的是回归系数最高、且 t 检验结果为显著的"学习方法"进入模型，构成模型 1；之后再次选择剩余 7 个预测变量中回归系数最高、且 t 检验结果为显著的"学习目标"进入模型，构成模型 2；然后再次选择剩余 6 个预测变量中回归系数最高、且 t 检验结果为显著的"学习兴趣"进入模型，构成模型 3。这时，在剩余的 5 个变量中，没有一个变量的回归系数的 t 检验结果为显著($P<0.05$)，到此回归过程终止。当然，被选入的 3 个变量的偏相关也最高，共线性问题也最低。最终，3 个预测变量"学习方法"、"学习目标"和"学习兴趣"被选入模型，其余 5 个变量被排除。

表 9-14 模型排除的变量 [a]

模 型		输入贝塔	t	显著性	偏相关	共线性统计		
						容许	VIF	最小容差
1	学习动机	-.099[b]	-1.792	.074	-.106	.921	1.086	.921
	学习态度	-.081[b]	-1.418	.157	-.084	.867	1.154	.867
	学习兴趣	-.094[b]	-1.587	.114	-.094	.814	1.228	.814
	学习目标	.224[b]	3.861	.000	.224	.808	1.238	.808
	学习归因	-.074[b]	-1.363	.174	-.081	.975	1.026	.975
	学习意志	-.071[b]	-1.240	.216	-.074	.864	1.157	.864
	应试心理	-.062[b]	-1.157	.248	-.069	.995	1.005	.995
2	学习动机	-.151[c]	-2.750	.006	-.162	.879	1.138	.770
	学习态度	-.191[c]	-3.201	.002	-.188	.742	1.348	.691
	学习兴趣	-.232[c]	-3.706	.000	-.216	.665	1.504	.659
	学习归因	-.141[c]	-2.591	.010	-.153	.900	1.111	.745
	学习意志	-.142[c]	-2.454	.015	-.145	.798	1.253	.746
	应试心理	-.153[c]	-2.759	.006	-.162	.871	1.148	.706
3	学习动机	-.087[d]	-1.484	.139	-.088	.752	1.330	.569
	学习态度	-.085[d]	-1.109	.269	-.066	.439	2.277	.393
	学习归因	-.082[d]	-1.428	.154	-.085	.792	1.263	.585
	学习意志	-.113[d]	-1.956	.051	-.116	.779	1.283	.635
	应试心理	-.107[d]	-1.887	.060	-.112	.810	1.234	.619

注：a. 因变量：创新思维。

b. 模型中的预测变量：(常量)，学习方法。

c. 模型中的预测变量：(常量)，学习方法，学习目标。

d. 模型中的预测变量：(常量)，学习方法，学习目标，学习兴趣。

(6) 表 9-15 给出了该案例分析的共线性诊断统计。模型 1 因为只有一个预测变量，因此不存在共线性问题；模型 2 给出了"学习方法"和"学习目标"之间的共线性诊断结果；模型 3 给出了"学习方法"、"学习目标"和"学习兴趣"之间的共线性诊断结果。当然，所有诊断结果都表明这 3 个预测变量之间不存在共线性问题，因为本案例选择了"逐步"法为模型输入变量，因此存在共线性问题的预测变量在此过程中早已被删除了。也就是，在"逐步"法中，进行共线性诊断已没有实际意义。本案例之所以预设输出共线性诊断结果，只是为了全面呈现多元线性回归分析的全部过程与结果。(注：特征值小于 0.01 或条件指数 CI 值大于 30，则解释变量之间有严重的多重共线性。)

表 9-15　共线性诊断表[a]

模型	维度	特征值	条件指数	方差比例			
				(常量)	学习方法	学习目标	学习兴趣
1	1	1.973	1.000	.01	.01		
	2	.027	8.582	.99	.99		
2	1	2.951	1.000	.00	.00	.00	
	2	.029	10.148	.22	.99	.16	
	3	.020	12.139	.78	.00	.84	
3	1	3.908	1.000	.00	.00	.00	.00
	2	.045	9.308	.15	.08	.00	.84
	3	.029	11.679	.23	.91	.13	.00
	4	.018	14.669	.62	.00	.87	.16

注：a. 因变量：创新思维。

(7) 表 9-16 是案例分析的残差统计。它给出了回归方程的预测值、残差、标准预测值和标准残差的最大值、最小值、平均值及标准偏差。

表 9-16　残差统计表[a]

	最小值	最大值(X)	平均值	标准偏差	数字
预测值	14.5516	25.5442	20.4772	2.01052	285
残差	-9.05556	9.55153	.00000	3.33838	285
标准预测值	-2.947	2.520	.000	1.000	285
标准残差	-2.698	2.846	.000	.995	285

注：a. 因变量：创新思维。

(8) 图 9-16 和图 9-17 为回归标准化残差直方图和 P-P 图。可以看出，图 9-16 中的标准化残差值的频率分布与正态分布曲线基本吻合，说明样本观测值大致符合正态性分布的假设。同样，图 9-17 中，标准化残差值的累积可行性概率点较为均匀地分布于 45 度角的直线两侧附近，说明观测值很接近正态分布的假设。综合两图，我们可以认为残差分布服从正态分布，也就是说，样本观测值基本呈正态分布。

(9) 图 9-18 和图 9-19 分别是因变量"创新思维"和回归标准化预测值的交叉散点图、标准化残差和标准化预测值的散点图。从图 8-18 可以看出，因变量和标准化预测值成多元线性关系，而且方向一致。而图 9-19 可用于检验样本观测值是否符合正态分布的假设并检验残差值是否符合方差齐性的假设。若散点随机地分布于 $e=0$ 的横线上下，说明样本观测值符合正态分布及方差齐性假设。由图可知，交叉散点图随机地分布于 0 值上下，因此符合以上假设，也就是残差符合正态分布并且方差齐性。

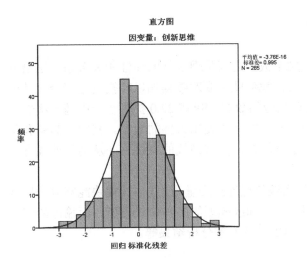

图 9-16　回归标准化残差直方图

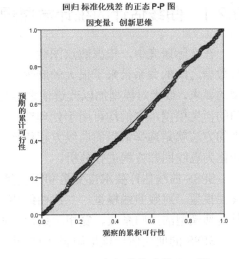

图 9-17　回归标准化残差 P-P 图

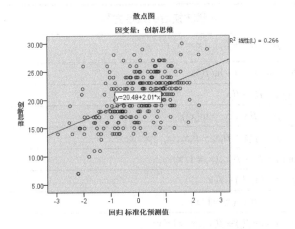

图 9-18　"因变量-标准化预测值"散点图

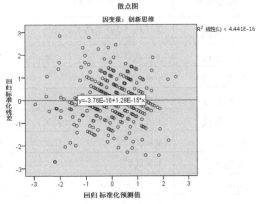

图 9-19　"标准化残差-标准化预测值"散点图

9.2　曲线估计

在 9.1 节中，我们进行了一元线性回归和多元线性回归的分析，但同时我们也发现线性回归模型的应用必须要有一些先决条件做铺垫，如因变量和自变量之间必须有明确的线性关系、残差必须正态性分布等。但事实上，往往有很多事物之间的关系并非简单的线性关系，而是呈现某种非线性关系。这种非线性关系可划分为本质线性关系和本质非线性关系。所谓本质线性关系是指变量关系在形式上虽然呈现非线性关系，但我们可以通过变量转换转化为线性关系，并最终进行线性回归分析；而本质非线性关系指的是变量关系不仅形式呈现非线性关系，而且无法通过变量转换转化为线性关系，最终也无法进行线性回归分析的情况。本节重点要解决本质线性关系问题，解决方法就是曲线估计。

9.2.1 曲线估计的统计学原理

在实际研究中，依据散点图往往不能判定数据之间呈现很好的线性相关关系，这给分析数据之间的关系带来了很大的麻烦。此时，我们就需要对数据加以转换使之符合线性模型的要求，或者对模型加以改进使之能处理相应的数据。SPSS 22.0 提供了一些基于线性回归的衍生模型，它们均可用于处理违反线性回归的某些使用条件的数据。其中最简单和常用的方法就是选择恰当的曲线方程将变量进行转换，实现曲线的直线化，从而将曲线方程转化为直线回归方程进行分析。

SPSS 曲线估计要求自变量和因变量均为数值型连续变量。曲线估计模块能够自动拟合线性模型、对数曲线模型、二次曲线模型、指数曲线模型等多种曲线模型，而输出的统计量包括模型的回归系数、复相关系数、调整的 R^2 及方差分析结果等。

SPSS 的曲线估计模型如表 9-17 所示。

表 9-17 常用曲线模型

模型名称	回归方程	变量转换后的线性方程
二次曲线	$y = \beta_0 + \beta_1 x + \beta_2 x^2$	$y = \beta_0 + \beta_1 x + \beta_2 x_1, (x_1 = x^2)$
复合曲线	$y = \beta_0 \beta_1^x$	$\ln(y) = \ln(\beta_0) + \ln(\beta_1) x$
增长曲线	$y = e^{\beta_0 + \beta_1 x}$	$\ln(y) = \beta_0 + \beta_1 x$
对数曲线	$y = \beta_0 + \beta_1 \ln(x)$	$y = \beta_0 + \beta_1 x_1, (x_1 = \ln(x))$
三次曲线	$y = \beta_0 + \beta_1 x + \beta_2 x^2 + \beta_3 x^3$	$y = \beta_0 + \beta_1 x + \beta_2 x_1 + \beta_3 x_2, (x_1 = x^2, x_2 = x^3)$
S 曲线	$y = e^{\beta_0 + \beta_1 / x}$	$\ln(y) = \beta_0 + \beta_1 x_1, (x_1 = 1/x)$
指数曲线	$y = \beta_0 e^{\beta_1 x}$	$\ln(y) = \ln(\beta_0) + \beta_1 x$
逆函数	$y = \beta_0 + \beta_1 / x$	$y = \beta_0 + \beta_1 x_1, (x_1 = 1/x)$
幂函数	$y = \beta_0 x^{\beta_1}$	$\ln(y) = \ln(\beta_0) + \beta_1 x_1, (x_1 = \ln(x))$
逻辑函数	$y = \dfrac{1}{1/\mu + \beta_0 \beta_1^x}$	$\ln\left(\dfrac{1}{y} - \dfrac{1}{\mu}\right) = \ln(\beta_0 + \ln(\beta_1) x)$

上述方程中，x 为时间或自变量，y 为因变量，β_0 为常数，$\beta_1, \beta_2, \beta_3$ 为回归系数。

SPSS 将自动完成模型的参数估计，显示 R^2、F 检验值和相伴概率 P 值等统计量，并以此为依据进行预测分析。

曲线估计的一般步骤如下：
(1) 绘制散点图，并观察散点图的分布特征以判断类似于何种函数。
(2) 根据所选定的函数进行变量转换。
(3) 对转换后的数据建立直线回归模型。
(3) 拟合多个模型，并通过比较各模型之间的拟合优度选择最合适的模型。

9.2.2 SPSS 曲线回归的案例应用

案例：数据文件"汽车销售统计.sav"记录了很多汽车制造商不同型号的汽车的销量和售价。请尝试以该文件为依据确定汽车销售价格和销量之间的关系。

本案例具体分析步骤如下。

1. 构建散点图

打开文件"汽车销售统计.sav"，选择"图形"|"旧对话框"|"散点/点状"命令。点击选择"简单分布"并定义"价格"为 X 轴、"销售量"为 Y 轴。单击"确定"按钮，SPSS 输出价格与销售量散点图如图 9-20 所示。

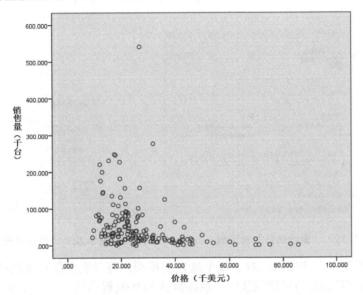

图 9-20 "价格-销售量"散点图

本案例首先构建散点图的目的在于，分析之前预先初步判断自变量和因变量之间的关系走向，以便选择适合的分析方法。从图 9-20 可以看出，自变量和因变量之间显然不存在简单线性关系，因此我们不能通过一元线性回归分析来构建它们之间函数关系的模型。根据该散点图，我们选择曲线估计来尝试找出汽车销售量与汽车销售价格之间的关系模型。

2. 设置变量

打开文件"汽车销售统计.sav"，选择"分析"|"回归"|"曲线估计"命令，打开"曲线估计"对话框。分别选择"价格"和"销售量"，单击 图标将其选入"变量"和"因变量"列表框(见图 9-21)。

(注：因变量可以选择多个，但自变量只能选择一个。如果从活动数据集中选择时间作为自变量，那么曲线估计过程将生成个案之间时间长度均匀的时间变量。如果选择了时间，那么该因变量应为时间序列度量。时间序列分析需要这样一种数据文件结构：其中每个个案(行)代表不同时间的一组观察值，而个案之间的时间长度是均匀的。)

3. 设置估计模型

根据散点图选择曲线模型。本例选择的曲线估计模型如图 9-21 所示。此外，选中"在等式中包含常量"和"根据模型绘图"复选框。

(**注**：曲线估计所面临的最大问题是曲线模型的选取。作为非统计专业人士，我们在不能肯定究竟哪个模型更接近样本数据的情况下，只能选取多种可能合适的模型。然后，利用 SPSS 自动计算模型的参数，并输出回归方程显著性检验的 F 统计量观测值和对应的概率 P 值，以及判定系数 R^2 等统计量；最后以判定系数为主要依据选择其中最优的模型，并进行预测分析。)

4. 保存设置

单击"保存"按钮，打开"曲线估计：保存"对话框(见图 9-22)。该对话框包括如下两个选项组。

图 9-21　"曲线估计"对话框

图 9-22　"曲线估计：保存"对话框

(1) "保存变量"选项组：对于每个选定的模型，可以选择保存预测值、残差(因变量的观察值减去模型预测值)和预测区间，系统默认为 95% 置信区间。新变量名称和描述标签显示在输出窗口中的表中。

(2) "预测个案"选项组：在活动数据集中，如果选择时间而不是变量作为自变量，那么可以指定如下的超出时间序列结尾的预测期。

- "从估计期到最后一个个案的预测"：在估计期内的个案的基础上预测文件中所有个案的值。显示在对话框底端的估计期可通过"数据"菜单上的"选择个案"选项的"选择"复选框来定义。如果未定义任何估计期，则使用所有个案来预测值。
- "预测范围"：根据估计期中的个案，预测指定日期、时间或观察范围内的值。此功能可用于预测超出时间序列中最后一个个案的值。可将当前定义的确定日期变量输入"观测值"文本框以预测范围。如果没有已定义的日期变量，则可以自定义观测值以预测范围。

本案例无须保存变量，因此该项不予设置。单击"继续"按钮，返回主对话框。

5. 输出初步分析结果

单击"确定"按钮，SPSS 输出分析结果(见表 9-18 和图 9-23)。

6. 初步分析结果解读

从初步分析结果来看,在所有曲线模型中复合曲线的 R^2 最大,为 0.305,F 检验值为 67.238,检验概率 P 值为 0.000,达到显著程度。可知,复合曲线较好地拟合了汽车价格和销售量之间的关系。从曲线估计拟合图上也可以看出,复合曲线与散点的拟合度最高。因此,根据分析结果,我们将采用复合曲线来建立自变量和因变量之间的回归方程。

表 9-18 曲线估计模型摘要和参数估算表

因变量:销售量(千台)

方程式	模型摘要					参数估计值			
	R^2	F	df1	df2	显著性	常量	b1	b2	b3
线性(L)	.093	15.663	1	153	.000	93.026	-1.452		
对数	.095	16.150	1	153	.000	201.594	-46.358		
二次项(Q)	.100	8.404	2	152	.000	114.625	-2.853	.018	
立方(U)	.101	5.646	3	151	.001	95.054	-.926	-.035	.000
复合(U)	.305	67.238	1	153	.000	109.123	.950		

自变量为:价格(千美元)。

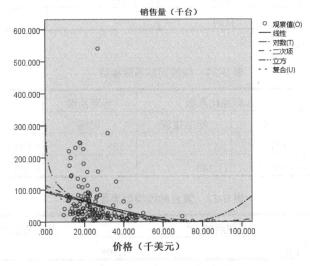

图 9-23 曲线估计拟合图(1)

7. 重建拟合图

由于初步分析只是为了确定哪种曲线模型适合用作该案例的回归模型,因此选择的曲线模型较多,为了更清楚地表现所确定的复合曲线的拟合程度,需要再次构建拟合图。重复步骤 3,这次只选择"线性"和"复合"两种模型,同时选中"显示 ANOVA 表格"复选框。单击"确定"按钮,SPSS 输出二次分析结果(见表 9-19 至表 9-24 和图 9-24)。

8. 最终分析结果解读

由表 9-19 至表 9-24 的对比可以看出两种回归模型的区别很大。复合曲线的拟合度远远好于线性模型,其 R^2 为 0.305,调整后的 R^2 为 0.301,说明该模型可以解释因变量的 30.1% 的变异量;复合曲线模型的方差分析 F 检验的显著性和回归系数 t 检验的显著性均为 0.000,达到显著水平,表明复合曲线方程显著。从图 9-24 可以清楚地看出复合曲线的拟合好于线性模型。

因此,如果采用复合曲线作为汽车价格和销售量的关系模型,由复合曲线模型变量转换后的线性方程 $\ln(y) = \ln(\beta_0) + \ln(\beta_1)x$ 可得

$$汽车销售量 = 109.123 + 0.950 \times 汽车价格$$

表 9-19 线性模型摘要

R	R^2	调整后的 R^2	标准估算的错误
.305	.093	.087	65.357

注:自变量为价格(千美元)。

表 9-20 线性回归模型方差分析

	平方和	自由度	均方	F	显著性
回归(R)	66902.899	1	66902.899	15.663	.000
残差	653543.735	153	4271.528		
总计	720446.634	154			

注:自变量为价格(千美元)。

表 9-21 线性回归系数检验

	非标准化系数		标准系数	t	显著性
	B	标准错误	贝塔		
价格(千美元)	-1.452	.367	-.305	-3.958	.000
(常量)	93.026	11.340		8.203	.000

表 9-22 复合曲线模型摘要

R	R^2	调整后的 R^2	标准估算的错误
.553	.305	.301	1.108

注:自变量为价格(千美元)。

表 9-23 复合曲线模型的方差分析

	平方和	自由度	均方	F	显著性
回归(R)	82.489	1	82.489	67.238	.000
残差	187.702	153	1.227		
总计	270.191	154			

注:自变量为价格(千美元)。

表 9-24　复合曲线回归系数检验

	非标准化系数		标准系数	t	显著性
	B	标准错误	贝塔		
价格(千美元)	.950	.006	.575	160.795	.000
(常量)	109.123	20.971		5.204	.000

注：因变量为 ln(销售量(千台))。

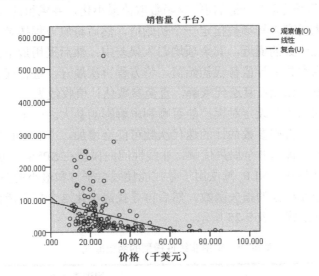

图 9-24　曲线估计拟合图(2)

9.3　非线性回归分析

上节中我们已经介绍过，非线性关系可划分为本质线性关系和本质非线性关系。可以通过变量转换转化为线性关系，并最终进行线性回归分析的叫本质线性关系；而无法通过变量转换转化为线性关系，最终也无法进行线性回归分析的叫本质非线性关系。我们平时所讲的非线性回归就是本质非线性关系。曲线估计只能用于一个自变量和因变量相关关系的模型的分析判别，而非线性回归分析可以用来探讨因变量和一组自变量之间的非线性相关模型。线性回归模型要求变量之间必须是线性关系，曲线估计只能处理能够通过变量转换转化为线性关系的非线性问题，因此这些方法都有一定的局限性。相反，非线性回归可以估计因变量和自变量之间任意关系的模型，我们可以根据自身需要随意设定估计方程的具体形式。因此，本方法在实际应用中实用价值更大，应用范围更广。

9.3.1　非线性回归分析的统计学原理

非线性回归分析要求自变量和因变量均为数值型变量，如果是分类变量，应该将其重新编码为数值型变量。非线性回归模型一般可以表示为如下形式：

$$y_i = \hat{y}+e_i = f(x,\theta) + e_i$$

其中，$f(x,\theta)$ 为期望函数，该模型的结构和线性回归模型非常相似，所不同的是期望函数 $f(x,\theta)$ 可能为任意形式，在有的情况下甚至于可以没有显式表达式。

前一节已经提到，曲线估计就是通过变量转换的方式实现使模型线性化的。然而，在精度要求较高，或者模型较复杂的非线性回归问题中，采用曲线直线化来估计非线性方程并不可取，因为这样会造成巨大的误差。

非线性模型的参数估计的基本原理也是先给出一个表示估计误差的函数，即损失函数(损失函数为残差绝对值平方和)，然后使得该函数取值最小化，并求得此时的参数估计值。其基本思路是：首先为所有未知参数指定一个初始值，然后将原方程按泰勒级数展开，并只取一阶各项作为线性函数的逼近，其余项均归入误差中；然后采用最小二乘法对该模型中的参数进行估计；用参数估计值替代初始值，将方程再次展开，进行线性化，从而又可以求出一批参数估计值。如此反复迭代求解，直至参数估计值收敛为止。

在这一过程中，初始值的设定对模型能否顺利求解影响甚大。一个好的初始值不应该偏离真实的参数值太远，否则参数估计的迭代次数可能会增加，或者迭代根本无法收敛，亦或收敛到一个局部最优解而非全局最优解。非线性回归模型在 SPSS 中可以采用 NLR 和 CNLR 两种算法来估计参数，NLR 算法用于寻找能使残差平方和最小的参数估计，CNLR 算法则是首先建立一个非线性的损失函数，然后再寻找最小化这个损失函数的参数估计。常用非线性模型的函数形式如表 9-25 所示。

表 9-25　常用非线性模型的函数形式

名　称	模型表达式
渐近回归	$b_1 + b_2 * \exp(b_3 * x)$
渐近回归	$b_1 - (b_2 * (b_3 ** x))$
密度(D)	$(b_1 + b_2 * x) ** (-1 / b_3)$
Gauss	$b_1 * (1 - b_3 * \exp(-b_2 * x ** 2))$
Gompertz	$b_1 * \exp(-b_2 * \exp(-b_3 * x))$
Johnson-Schumacher	$b_1 * \exp(-b_2 / (x + b_3))$
对数修改	$(b_1 + b_3 * x) ** b_2$
对数 Logistic	$b_1 - \ln(1 + b_2 * \exp(-b_3 * x))$
Metcherlich 的收益递减规律	$b_1 + b_2 * \exp(-b_3 * x)$
Michaelis Menten	$b_1 * x / (x + b_2)$
Morgan-Mercer-Florin	$(b_1 * b_2 + b_3 * x ** b_4) / (b_2 + x ** b_4)$
Peal-Reed	$b_1 / (1+ b_2 * \exp(-(b_3 * x + b_4 * x ** 2 + b_5 * x ** 3)))$
三次比	$(b_1 + b_2 * x + b_3 * x ** 2 + b_4 * x ** 3) / (b_5 * x ** 3)$
四次比	$(b_1 + b_2 * x + b_3 * x ** 2) / (b_4 * x ** 2)$
Richards	$b_1 / ((1 + b_3 * \exp(-b_2 * x)) ** (1 / b_4))$
Verhulst	$b_1 / (1 + b_3 * \exp(-b_2 * x))$
Von Bertalanffy	$(b_1 ** (1 - b_4) - b_2 * \exp(-b_3 * x)) ** (1 / (1 - b_4))$
韦伯	$b_1 - b_2 * \exp(-b_3 * x ** b_4)$
产量密度	$(b_1 + b_2 * x + b_3 * x ** 2) ** (-1)$

9.3.2 SPSS 非线性回归分析的案例应用

案例：现有试验田施肥量及对应的作物产量数据文件一份，试根据该数据文件推定二者之间的关系。

本案例的分析步骤如下。

1. 构建散点图

打开文件"作物产量.sav"文件，构建散点图(见图 9-25)，散点图的具体构建步骤参见 9.1.2 节。

2. 估计初始值

根据图 9-25 所示，施肥量和产量之间似乎存在线性关系。但是根据实际经验可知，这种推断不正确，因为作物产量不可能随着施肥量的增加而一直增加下去，当产量达到一定水平时，施肥量的增加不会带来产量的进一步提高，二者的关系可以用渐进回归模型 $y=b_1 + b_2 * \exp(b_3 * x)$ 来表达。

要确定出施肥量和产量之间的回归方程，我们首先要估算出参数 b_1, b_2, b_3 的初始值。从图 9-25 可以看出，产量的最大值接近 13，我们就设 b_1=13；x=0 时，y=6，故 b_2=6-13=-7；b_3 为散点图中两个分隔较宽的点之间的连线的斜率的倒数，在此我们取 b_3=-1.5。

3. 参数设置

选择"分析"|"回归"|"非线性"命令，打开"非线性回归"对话框。将变量"作物产量"输入"因变量"列表框。在"模型表达式"列表框中输入所选择模型的表达式 $b_1 + b_2 * \exp(b_3 * x)$。选择"施肥量"，单击 图标将其选入模型表达式以代替表达式中的"x"(见图 9-26)。单击"参数"按钮，打开"非线性回归：参数"对话框，设置初始值(见图 9-27)。参数是非线性回归过程模型的组成部分，可以是模型中的常数、系数或指数。定义的所有参数都将显示(带有其初始值)在主对话框中的"参数"列表中。在"名称"文本框中分别输入模型表达式的参数名 b1、b2、b3，并分别定义其初始值为 13、-7、-1.5，单击"添加"按钮将其依次输入右侧方框内。单击"更改"或"删除"按钮可以对所输入的参数值进行修改。输入完毕后单击"继续"按钮，返回"非线性回归"对话框。所定义的参数值将显示在主对话框的"参数"列表框中，如图 9-26 所示。

4. 损失函数设置

单击"损失"按钮，打开"非线性回归：损失函数"对话框(见图 9-28)，设置损失函数。所谓损失函数是指一个包括当前工作文件中的变量以及所设定的参数并通过算法使之最小化的函数。系统默认状态下，非线性回归过程根据算法将残差平方和最小化为损失函数。如果选择"用户定义的损失函数"，可自定义损失函数。可以在"用户定义的损失函数"列表框中键入一个表达式，也可以将表达式的成分粘贴到该列表框中。字符串常数必须包含在引号或撇号中，数字常数必须以美式格式键入，并用句点作为小数分隔符。本案例选择系统默认设置。单击"继续"按钮返回。

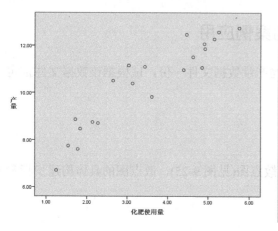

图 9-25 施肥量*产量散点图

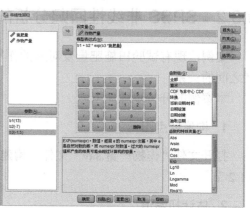

图 9-26 "非线性回归"对话框

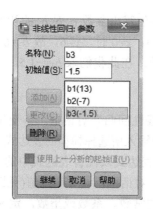

图 9-27 "非线性回归：参数"对话框

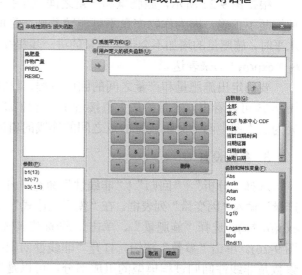

图 9-28 "非线性回归：损失函数"对话框

5. 参数约束设置

单击"约束"按钮，打开"非线性回归：参数约束"对话框(见图 9-29)，定义参数约束。"约束"是在对解的迭代搜索过程中对参数所允许值的限制。该对话框有两个设置选项："未约束"和"定义参数约束"。

(1) "未约束"：系统默认设置。

(2) "定义参数约束"：在被激活的约束条件文本框中进行约束编辑。每个等式或不等式都要求使用下列元素：

● 至少包含模型中一个参数的表达式。可以使用计算机键盘键入表达式，也可以使用对话框中的小键盘键入，通过对话框中的小键盘可以将数字、运算符或括号粘贴到表达式中。所需的参数既可以与表达式的其余部分一起键入，也可以从左侧的"参数"列表中进行粘贴，但不能在约束中使用一般变量。

● 三个逻辑运算符之一：<=、= 或 >=。

- 数字常数。数字常数必须以美式格式键入，并使用句点作为小数分隔符。

本案例选择"定义参数约束"，然后依次选择"参数"列表框中的 b1、b2、b3，并分别输入它们的约束条件 b1>=0，b2<=0，b3<=0，并依次单击"添加"按钮，将其输入列表框中。单击"继续"按钮，将出现如图 9-30 所示的警告框，提示将用序列二次规划算法进行参数估计。单击"确定"按钮，返回"非线性回归"对话框。

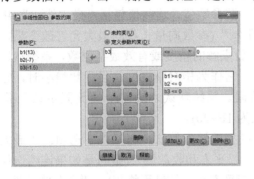

图 9-29　"非线性回归：参数约束"对话框　　　　图 9-30　警告框

6. 保存设置

单击"保存"按钮，打开"非线性回归：保存新变量"对话框(见图 9-31)，该对话框提供了 4 种用于保存的数据类型，允许作为新变量的观测值保存于当前文件中。

(1) "预测值"：新变量名为 Pred_。

(2) "残差"：新变量名为 Resid_。

(3) "导数"：关于预测模型各个参数的一阶导函数在自变量各取值处的导数值，新变量为相应参数名的前 6 个字符并加上前缀"d."构成。

(4) "损失函数值"：该项只在选择了自定义损失函数时才有效，新变量名为 loss_。

本案例选择"预测值"和"残差"。单击"继续"按钮，返回"非线性回归"对话框。

7. 算法选项设置

单击"选项"按钮，打开"非线性回归：选项"对话框(见图 9-32)。该对话框用于设置参数估计的算法和算法的迭代次数、迭代步长和收敛性条件等。

图 9-31　"非线性回归：保存新变量"对话框　　　　图 9-32　"非线性回归：选项"对话框

(1) "标准误差的 Bootstrap 估计":根据原始数据集使用重复抽样估计标准误差的方法,选择此项需要连续二次规划算法的支持。

(2) "估计方法"选项组:包括"序列二次编程"和 Levenberg-Marquardt。

- "序列二次编程":该估计方法对约束模型和无约束模型均有效,如果指定了约束模型、自定义损失函数或选择了估计标准误差,该项将自动运用。选择该项后,可以在"序列二次编程"选项组中设置一些参数值,这些值包括"最大迭代"(用于指定算法的最大迭代步数)、"步长限制"(参数向量长度的最大允许改变量,系统默认为 2)、"最大优容差"(目标函数求解的精度或有效数字位数,系统默认为缺省)、"函数精度"(当函数最大时,它作为相对精确度;当函数最小时,它作为绝对精确度。它必须小于最优容许限。系统默认为缺省)、"无限步长"(即参数的一步迭代中的改变量,系统默认为 1E+20)。

- Levenberg-Marquardt:该算法是无约束模型的缺省算法,包括以下选项:"最大迭代"(用于指定算法的最大迭代步数)、"平方和收敛性"(指的是如果连续迭代失败,可通过下拉列表调整比例值来改变平方和,使过程终止)、"参数收敛性"(指的是如果连续迭代失败,可通过变更这个比例值来改变参数值,使过程终止)。

本例算法选项保持系统默认设置。单击"继续"按钮,返回"非线性回归"对话框。

8. 输出分析结果

设置完毕后,单击"确定"按钮,SPSS 的查看器输出分析结果(见表 9-26 至表 9-29)。

9. 分析结果解读

(1) 如表 9-26 所示,该案例经过多达 20 步的迭代估计之后,找到模型的最优解,即表 9-27 所示的 b1、b2、b3 的参数估计值 13.348、-10.783 和-0.418,此外表 9-27 还给出了三个参数值的标准误差和 95%置信区间。表 9-28 给出了三个参数估计值的相关系数,可以看出各个参数值之间的相关性很高,尤其 b1 和 b3 的相关系数达到 0.968,属非常显著的相关关系。

(2) 表 9-29 所示是回归模型的方差分析结果。该表给出了方差分析的回归平方和、残差平方和、自由度和相应的均方值。表格中"回归"行的平方和 2309.329 代表该回归模型所能解释的模型的方差变化,而"残差"行的平方和 6.161 代表该非线性回归模型所不能解释的方差的变化。二者的和即为"未修正的总计"2315.490,它是总的残差平方和。而 R^2=1-(残差平方和)/(已更正的平方和)=0.907,说明该模型能解释因变量 90.7%的变异量,也就是说,该非线性模型的拟合优度很高。

根据以上分析我们可以确定,该分析所获得的回归模型显著。根据模型 $y=b_1+b_2*\exp(b_3*x)$可得

$$作物产量=13.348-10.783e^{-0.418*施肥量}$$

这就是作物产量和施肥量之间关系的回归方程式。

(3) 在案例分析中我们设置保存"预测值"、"残差"为新变量,该数据保存于当前文件中,即图 9-33 所示的 PRED_和 RESID_两列数据。

表 9-26 迭代历史记录表[b]

迭代编号[a]	残差平方和	参数		
		b1	b2	b3
0.3	175.705	13.000	−7.000	−1.500
1.2	39.852	10.435	−8.004	−1.204
2.2	27.989	10.656	−8.894	−.814
3.1	12.859	11.694	−15.866	−.778
4.1	8.595	11.931	−18.037	−.897
5.1	8.420	11.931	−17.410	−.875
6.1	7.505	12.050	−13.039	−.708
7.1	7.108	12.200	−12.305	−.647
8.1	6.787	12.577	−12.507	−.572
9.1	6.445	12.745	−10.753	−.496
10.1	6.361	12.732	−11.803	−.545
11.1	6.253	12.871	−11.347	−.501
12.1	6.216	13.071	−10.813	−.451
13.1	6.185	13.091	−10.935	−.456
14.1	6.167	13.207	−10.914	−.440
15.1	6.162	13.305	−10.788	−.424
16.1	6.161	13.339	−10.788	−.420
17.1	6.161	13.347	−10.784	−.419
18.1	6.161	13.348	−10.783	−.418
19.1	6.161	13.348	−10.783	−.418

注：导数将进行数值计算。

a. 主迭代数在小数左侧显示，次迭代数在小数右侧显示。

b. 19 次迭代后运行停止。已找到最优解。

表 9-27 参数估计值

参数	估算	标准错误	95% 置信区间	
			下限值	上限
b1	13.348	1.041	11.161	15.535
b2	−10.783	1.195	−13.293	−8.273
b3	−.418	.156	−.745	−.092

表 9-28 参数估计值的相关性

	b1	b2	b3
b1	1.000	.561	.968
b2	.561	1.000	.732
b3	.968	.732	1.000

表 9-29　方差分析表 [a]

源	平方和	自由度	均　方
回归	2309.329	3	769.776
残差	6.161	18	.342
未修正总体	2315.490	21	
校正后的总变异	66.309	20	

注：因变量：产量。

a. R^2 = 1-(残差平方和)/(已更正的平方和)= .907。

图 9-33　预测值和残差

9.4　思　考　题

1. 一元和多元线性回归的适用条件是什么，两者有什么差异？曲线估计和非线性回归分析有何联系与区别？

2. 就数据文件"能源消耗与工业产值.sav"做一元线性回归分析，求二者之间的回归方程。

3. 就"粮食产量的影响因素.sav"使用"逐步"法进行多元线性回归分析，找出与粮食产量关系最为密切的变量，并建立它们之间的回归方程。

4. 某实验室为观察菌群的活性，对菌群的培养天数及其活性做了数据记录，见本章文件夹内"细菌活性.sav"，请就该文件进行以下操作：

(1) 采用曲线估计法，估计参数估计值及相应的经验统计量。

(2) 绘制曲线模型拟合曲线及观察值的散点图，分析细菌活性和培养天数之间的关系。

5. 蝇幼虫在不同温度条件下的发育速率见表 9-30。请就该表进行非线性回归分析，并找出温度和发育速率之间的关系模型的参数值并给出回归方程。

表 9-30　蝇幼虫在不同温度下的发育速率

温度/℃	17.5	20	22.5	25	27.5	30	35
发育速率	0.0638	0.0826	0.1100	0.1327	0.1667	0.1859	0.1572

第 10 章　聚类分析和判别分析

日常研究中，常常要对事物进行分类比较，而要想实现按照多标准多指标对事物进行科学合理的分类，就要使用统计学中的聚类分析和判别分析。所谓聚类分析，也称集群分析、分类分析或数值分类，是根据事物本身的特征，通过统计分析对事物进行分类的一种多元统计方法。而判别分析则是在类别数确定的前提下，根据某一研究对象的各种特征来判断其类别归属的一种多变量统计分析方法。在实际应用中，聚类分析和判别分析往往是相辅相成、协同使用的。如果数据没有分类信息，就应该先进行聚类分析，获得类别信息；之后，再依据所获得的类别信息用判别分析建立判别函数或判别准则，实现对新观察的对象进行分类的目的。

10.1　聚类分析的统计学原理

聚类分析的实质就是按照"距离"的远近将数据分为若干个类别，以使得类别内数据的"差异"尽可能小，类别间"差异"尽可能大。这里所说的"距离"是广义上的距离，是从相似性和不相似性的角度来讲的，包括一般的距离和相似性系数两种类型。在聚类分析中最重要的问题就是如何描述"差异"，为此，统计学家发明了多达 30 余种描述数据间的距离和相似性系数的方法。距离用来度量样本之间的相似性，而相似性系数常用来度量变量之间的相似性。它们通常要求样本或变量的数据为定距类。在分类结束以后，要求同类的对象相似，而不同类的对象差别显著。使用不同的聚类分析方法，往往分析的结果也有所差异，因此聚类分析是一种探索性分析。

SPSS 中提供了 3 种聚类分析程序：系统聚类分析、K 平均值聚类分析和二阶聚类分析。其中，系统聚类分析根据分析的对象又可分为 Q 型聚类(样本聚类)和 R 型聚类(变量聚类)。

10.1.1　定距数据的聚类分析

为了将样品或指标进行分类，就需要研究样品之间的关系。目前用得最多的方法有两个：一种方法是将一个样品看作 P 维空间的一个点，并在空间定义距离，距离较近的点归为一类，距离较远的点归为不同的类。另一种方法是用相似系数，性质越接近的样品，它们的相似系数的绝对值越接近 1；而彼此无关的样品，它们的相似系数的绝对值接近于零。比较相似的样品归为一类，不怎么相似的样品归为不同的类。但相似系数和距离有各种各样的定义，而这些定义与变量的类型关系极大。

1. 距离

假设一个样品有 p 个变量，则可以将 n 个样品看成是各自拥有 p 维空间的 n 个点，样品和样品之间的距离就是 p 维空间上点和点之间的距离，这反映了样品之间的亲疏程度，

一般令 d_{ij} 表示样品 x_i 与 x_j 的距离。聚类时，点和点之间距离相近的样品属于一个类，距离远的样品属于不同类。SPSS 中常用的距离计算方法有如下几种。

1) 明氏距离(Minkowski)

其公式为

$$d_{ij}(q) = \left(\sum_{k=1}^{p} |x_{ik} - x_{jk}|^q\right)^{\frac{1}{q}}$$

明氏距离其实是一类距离的总称，随着参数 q 取不同的自然数，明氏距离就有不同的三种形式。

- 当 $q=1$ 时，称为绝对距离，也称块距离(Block)，其定义为

$$d_{ij}(1) = \sum_{k=1}^{p} |x_{ik} - x_{jk}|$$

- 当 $q=2$ 时，称为欧氏距离(Euclidean)，这是统计学中使用最广的距离，因此通常情况所说的距离就是欧氏距离，其定义为

$$d_{ij}(2) = \sqrt{\sum_{k=1}^{p} (x_{ik} - x_{jk})^2}$$

- 当 $q=\infty$ 时，称为切比雪夫距离(Chebychev)，它常用于图像处理和模式识别中，强调最大的差异，有时也称最大距离，其定义为

$$d_{ij}(\infty) = \max_{1 \leq k \leq p} |x_{ik} - x_{jk}|$$

明氏距离主要有以下两点不足之处：

- 明氏距离的值与各指标的量纲有关；
- 明氏距离的定义没有考虑各个变量之间的相关性。

实际上，明氏距离是把各个变量都同等看待，将两个样品在各个变量上的离差进行了简单综合。因此，当各个变量单位不同或者对于不同的 k，离差 $|x_{ik} - x_{jk}|$ 相差很大时，不宜直接采用明氏距离，而是首先要将各个变量实施标准化处理，保证各个变量的离差接近，再用标准化的数据计算距离。常用的标准化处理是：

$$x_{ij}^* = \frac{x_{ij} - \overline{x}_j}{\sqrt{s_{jj}}}$$

式中，x_{ij}^* 是 x_{ij} 标准化以后的值，$\overline{x}_j$ 是变量 j 的均值，s_{jj} 是变量的样本方差。标准化就是减去均值除以标准差。

2) 兰氏距离

这是兰思和维廉姆斯(Lance & Williams)所给定的一种距离，其计算公式为

$$d_{ij}(L) = \sum_{k=1}^{p} \frac{|x_{ik} - x_{jk}|}{x_{ik} + x_{jk}}$$

这是一个自身标准化的量，由于它对大的奇异值不敏感，这使得它特别适合于处理高度偏倚的数据。虽然这个距离有助于克服明氏距离的第一个缺点，但它也没有考虑指标之间的相关性。

3) 马氏距离

这是印度著名统计学家马哈拉诺比斯(P.C.Mahalanobis)所定义的一种距离，其计算公式为

$$d_{ij}(M) = \sqrt{(x_i - x_j)' \Sigma^{-1} (x_i - x_j)}$$

式中，$\boldsymbol{x}_i = (x_{i1}, x_{i2}, \cdots, x_{ip})'$，$\boldsymbol{x}_j = (x_{j1}, x_{j2}, \cdots, x_{jp})'$分别表示第$i$个样品和第$j$个样品的$p$个指标观测值所组成的列向量，即样本数据矩阵中第$i$个和第$j$个行向量的转置，$\Sigma$表示观测变量之间的协方差矩阵。在实践应用中，若总体协方差矩阵Σ未知，则可用样本协方差矩阵$\boldsymbol{S}$作为估计代替计算。

马氏距离有一个缺陷就是公式中的$\boldsymbol{S}$难以确定。因此，在聚类分析的实际应用中，马氏距离使用较少。

2. 相似系数

聚类分析方法不仅可以用于分析样本的聚类，而且可以用来分析变量的聚类，在对变量进行聚类时，一般不采用距离，而是用相似系数。相似系数用于描述观测指标(变量)之间的相关程度，取值范围是-1～+1，相似系数绝对值越大，变量之间的相似性越高。聚类时，要求相似性高的变量分为一类，而相似性弱的变量分到不同的类。

两变量的相似系数一般应满足下面的三个条件：

(1) $c_{ij} = \pm 1$时，表明两变量完全相关，即$x_i = a + bx_j$，式中a、b是常数；

(2) $|c_{ij}| \leqslant 1$，即相似系数在-1到1之间变化；

(3) $c_{ij} = c_{ji}$，即相似系数具有对称性。

常用的相似系数有以下两种：

(1) Pearson相关系数：两变量的相关系数在第8章已做过分析说明，这里不再赘述，只给出多元分析中的计算公式

$$\gamma_{ij} = \frac{\sum_{k=1}^{p}(x_{ik} - \bar{x}_i)(x_{jk} - \bar{x}_j)}{\sqrt{[\sum_{k=1}^{p}(x_{ik} - \bar{x}_i)^2][\sum_{k=1}^{p}(x_{jk} - \bar{x}_j)^2]}}$$

其中，x_{ij}表示样本i在变量k上的值，$\bar{x}_i$表示所有变量在样本i上的均值，$-1 \leqslant r_{ij} \leqslant 1$。

(2) 夹角余弦距离：两变量的夹角余弦定义为

$$c_{ij} = \cos\theta_{ij} = \frac{\sum_{k=1}^{p} x_{ik} x_{jk}}{\sqrt{\sum_{k=1}^{p} x_{ik}^2 \sum_{k=1}^{p} x_{jk}^2}}$$

它是两变量观测值$(x_{i1}, \cdots, x_{ip})$、$(x_{j1}, \cdots, x_{jp})$之间夹角θ_{ij}的余弦函数，从数据矩阵来看，就是数据矩阵第i列和第j列向量的夹角余弦。$-1 \leqslant \cos\theta_{ij} \leqslant 1$，夹角余弦越大，两个变量之间越相似。

10.1.2 定序或定类数据的聚类分析

定序或定类数据之间的距离一般用卡方距离或 Phi 平方度量来衡量。

1. 卡方距离

此测量基于对两组频率等同性的卡方检验，其定义为

$$\text{CHISQ}(x, y) = \sqrt{\frac{\sum_{i=1}^{k}(x_i - E(x_i))^2}{E(x_i)} + \frac{\sum_{i=1}^{k}(y_i - E(y_i))^2}{E(y_i)}}$$

2. Phi 平方度量

此度量等于由组合频率的平方根标准化的卡方测量。计算公式为

$$\text{PHISQ}(x, y) = \sqrt{\frac{\dfrac{\sum_{i=1}^{k}(x_i - E(x_i))^2}{E(x_i)} + \dfrac{\sum_{i=1}^{k}(y_i - E(y_i))^2}{E(y_i)}}{n}}$$

10.1.3 二值变量的聚类分析

所谓二值变量就是指只有 0 和 1 两个值的数据。我们在统计中将一个数值指定为 1，其他的数据值将被指定为 0。SPSS 提供了很多衡量二值变量之间的距离的方法，比较常用的有欧式(Euclidean)距离平方(参见 8.4.2 节)、简单匹配系数和雅可比系数。

1. 简单匹配系数

简单匹配系数是建立在两个个体的 k 个变量值同时为 0 或 1 和同时不为 0 或 1 的频数表基础之上的。该频数表如表 10-1 所示。

表 10-1　简单匹配系数频数表

		个体 y	
		1	0
个体 x	1	a	b
	0	c	d

简单匹配系数用于考察两个个体的差异性，其数学公式为

$$S(x, y) = \frac{b+c}{a+b+c+d}$$

SPSS 计算的是 $1 - S(x, y)$，即 x 和 y 的相似性。

2. 雅可比系数

雅可比系数和简单匹配系数类似，只是它忽略了两个个体同为 0 的频数，其公式定义为

$$J(x,y) = \frac{b+c}{a+b+c}$$

10.2 系统聚类

系统聚类法也常称为层次聚类法、分层聚类法，顾名思义，层次聚类就是按照一定的层次进行聚类，这是聚类分析中使用广泛的一种方法。它有两种类型，一种是对研究对象即样本本身进行分类，称为 Q 型聚类，也叫样本聚类；另一种是对研究对象的观察指标即变量进行分类，称为 R 型聚类，也叫变量聚类。Q 型聚类使具有相似特征的样本聚集在一起，差异性大的样本分离开来，目的是找到不同样本之间的共同特征；R 型聚类使具有相似特征的变量聚集在一起，差异性大的变量分离开来，目的是整合出事物特征中有代表性的指标。层次聚类法的优点是，可以对变量或样品进行聚类，变量可以为连续变量也可以是分类变量，提供的距离测量方法和结果表示方法也非常丰富。

10.2.1 系统聚类的统计学原理

根据聚类过程的不同，系统聚类方法可分为分解法和凝聚法。分解法就是开始时把所有个体(观测量或变量)都视为同属一大类，然后根据距离和相似性逐层分解，直到参与聚类的每个个体自成一类为止。凝聚法则是开始时把参与聚类的每个个体(观测量或变量)视为一类，根据两类之间的距离或相似性逐步合并，直到合并为一个大类为止。

1. 系统聚类的算法步骤

SPSS 中的系统聚类法采用的是凝聚法，它的算法步骤具体如下。

(1) 首先将每个数据作为一类(n 个个体共有 n 类)，按照所定义的距离计算各数据点之间的距离，形成一个距离阵；

(2) 将距离最近的两个数据并为一类，从而成为 $n-1$ 个类别，然后接着计算新产生的类别与其他各个类别之间的距离或相似度，形成新的距离阵；

(3) 按照和第二步相同的原则，再将距离最接近的两个类别合并，这时如果类的个数仍然大于 1，则继续重复这一步骤，直到所有的数据都被合并成一个类别为止。整个聚类过程可绘制成聚类图。

可以看出，在系统聚类法中，当每个类别由多于一个的数据点构成时，就会涉及如何定义两个类之间的距离的问题。不同的类间距离的定义方法，也会造成系统聚类分析的结果不同。SPSS 提供了多达 7 种之多的聚类方法来定义类与类之间的距离。

2. 系统聚类法的聚类方法

SPSS 系统聚类的常用方法有如下 7 种。

(1) 最近邻元素法(Nearest Neighbor)：用两个类别中各个数据点之间最短的距离来表示两个类别之间的距离。

(2) 最远邻元素法(Furthest Neighbor)：用两个类别中各个数据点之间最长的距离来表

示两个类别之间的距离。

(3) 组间链接法(Between-Groups Linkage)：又被称为类平均法，是用两个类别间各个数据点两两之间的距离的平均值来表示两个类别之间的距离，这是 SPSS 默认的方法。它克服了前两种方法易受极端值影响的不足。

(4) 组内链接法(Within-Groups Linkage)：又被称为类内平均法，是用所有类内和类间对的距离的均值作为两个类之间的距离。

(5) 质心聚类法(Centroid Clustering)：用两个类别的重心之间的距离来表示两个类别之间的距离。

(6) 中位数聚类法(Median Clustering)：用两个类的中位数点之间的距离作为两个类之间的距离。

(7) Ward 的方法(Ward's Method)：该方法由 Joe Ward 首先提出，又称离差平方和法，因为这一方法的思想直接来自方差分析，它使得各类内离差平方和较小，而类间的离差平方和较大，该方法可使小类内离差平方和增加最小的两类合并为一类。使用该方法，将倾向于使得各个类别间的样本量尽可能相近。

尽管 SPSS 提供了很多聚类方法，但到底选择哪一种作为分析手段，要取决于所分析的数据的类型和分析目的。

10.2.2 SPSS 系统聚类案例应用

系统聚类按分析对象可以分为对样本个案分析的 Q 型聚类和对变量分析的 R 型聚类。为使读者对这两种分析的区别与联系有一个清晰的认识，本节将分别举例加以说明。

案例 1(Q 型聚类)：现有几个国家的森林覆盖面积和草场覆盖面积的数据若干，我们将其汇总为"各国植被覆盖统计表.sav"文件，请根据该文件按植被覆盖面积将各国家进行分类。

提示：该案例是通过数据分析对样本中的个案进行分类，故可以使用样本聚类的方法。

其分析步骤如下。

1) 启动程序

打开数据文件"各国植被覆盖统计表.sav"，选择"分析"|"分类"|"系统聚类"命令，打开"系统聚类分析"对话框。

2) 选择变量

分别选择左侧变量列表中的"森林面积"、"森林覆盖率"、"林木储蓄量"和"草原面积"，单击图标将其选入"变量"列表框；选择"国别"，单击图标将其选入"标注个案"框。"聚类"选项组内的"个案"和"变量"分别对应"Q 型聚类"和"R 型聚类"。本例选择"个案"，并选择"输出"选项组中的 Statistics 和"图"复选框(见图 10-1)。

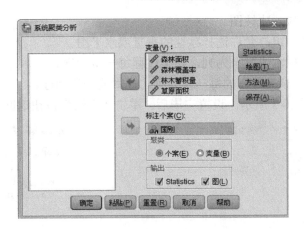

图 10-1 "系统聚类分析"对话框

3) 统计量输出设置

单击 Statistics 按钮，打开"系统聚类分析：统计"对话框(见图 10-2)。该对话框包括"合并进程表"和"近似值矩阵"两个选项及"聚类成员"选项组，分别介绍如下。

(1) 合并进程表：显示在每个阶段合并的个案或聚类、所合并的个案或聚类之间的距离以及个案(或变量)与聚类相联结时所在的最后一个聚类级别。

(2) "近似值矩阵"：给出各项之间的距离或相似性。

(3) "聚类成员"选项组：显示在合并聚类的一个或多个阶段中，每个个案被分配所属的聚类。共包括以下 3 个选项。

- "无"：不输出样本个案的分类表，该项为系统默认设置。
- "单一方案"：选择此项将激活"聚类数"文本框，输入一个大于 1 小于样本个案数的整数表示输出分类表的分类数。
- "方案范围"：选择此项将激活"最小聚类数"和"最大聚类数"两个文本框，分别输入两个数值，结果将显示从最小聚类数到最大聚类数之间的各种分类表。

本案例选择"方案范围"，并将"最小聚类数"和"最大聚类数"分别设置为 2 和 5。单击"继续"按钮返回。

4) 绘图设置

单击"绘图"按钮，打开"系统聚类分析：图"对话框(见图 10-3)。在该对话框中可以选择输出的图形及其方向，包括如下选项。

(1) "谱系图"：谱系图可用于评估所形成的聚类的凝聚性，并且可以提供关于要保留的适当聚类数目的信息。该图能非常直观地显示聚类分析的结果，系统自动按比例将各类之间的距离转换为 0～25 之间的数值。

(2) "冰柱"选项组：冰柱图显示关于在分析的每次迭代时如何将个案合并到聚类的信息。

- "所有聚类"：显示聚类的全过程。
- "聚类的指定全距"：选择该项，将激活下边的三个文本框，在"开始聚类"和"停止聚类"中分别填入开始显示和结束显示的聚类数，并在"排序标准"中输入跨度和步长。

- "无": 不显示冰柱图。
(3) "方向"选项组: 允许选择冰柱的垂直或水平图。
- "垂直": 样本或变量为列, 聚类过程每一步为行。
- "水平": 聚类过程的每一步为列, 样本或变量为行。

本例的选项如图 10-3 所示。设置完毕后, 单击"继续"按钮返回。

图 10-2 "系统聚类分析: 统计"对话框　　图 10-3 "系统聚类分析: 图"对话框

5) 聚类方法设置

单击"方法"按钮, 打开"系统聚类分析: 方法"对话框, 设置聚类方法(见图 10-4)。该对话框包括以下几项。

(1) "聚类方法"下拉列表框: 可在下拉列表框中选择聚类分析所需的样本间距离的计算方法。包括"最近邻元素法"、"最远邻元素法"、"组间链接法"、"组内链接法"、"质心聚类法"、"中位数聚类法"和"Ward 的方法"。关于这几种方法的含义参见 10.2.1 节的说明, 在此不再重复。

(2) "测量"选项组: 用于指定聚类中使用的距离或相似性测量方法, 包括 3 种选择。

- "区间": 如果测量指标是连续变量, 则选择此项, 该项为系统默认设置。其下拉列表中包含以下距离测量方法: "Euclidean 距离"、"平方 Euclidean 距离"、"余弦"、"Pearson 相关性"、Chebychev、"块"、Minkowski 及"定制"。各方法的具体含义参见 8.4.2 节及 10.1.1 节的相关介绍。

- "计数": 用于对定序或定类变量的计数统计, 测量两个变量的不相似性, 可在其下拉列表中选择距离测量方法: "卡方度量"或"Phi 平方度量"。计算方法参见 10.1.2 节的原理介绍。

- "二分类"选项组: 如果测量指标为二值变量, 则要选择此项, 并在下拉列表中选择二值变量的不相似测量方法。系统给出的二分类距离测量方法有很多: "Euclidean 距离"、"平方 Euclidean 距离"、"大小差值"、"模式差值"、"方差"、"离差"、"形状"、"简单匹配"、"Phi4 点相关性"、lambda、Anderberg's D、Dice、Hamann、Jaccard、Kulczynski 1、Kulczynski 2、"Lance 和 Williams"、Ochiai、"Rogers 和 Tanimoto"、"Russel 和 Rao"、"Sokal 和

Sneath 1"、"Sokal 和 Sneath 2"、"Sokal 和 Sneath 3"、"Sokal 和 Sneath 4"、"Sokal 和 Sneath 5"、"Yule'sY"以及"Yule'sQ"。系统默认选择"平方 Euclidean 距离"。"二分类"下拉列表的下方有"存在"和"不存在"两个文本框,用于输入不同数值分别表示"存在某特征"和"不存在某特征"。系统默认为"1"表示存在、"0"表示不存在。

(3) "转换值"选项组:当研究中的各变量的量纲不统一时,需要进行变量值的转换使量纲达到一致才能进行运算,这就需要对个案或值进行数据值标准化(对二分类数据不可用)。可用的标准化方法包括"Z 分数"、"范围-1 至 1"、"范围 0 至 1"、"1 的最大范围"、"1 的平均值"以及"1 的标准差"。该下拉列表中的各选项的具体含义如下。

- "无":默认选择,不对变量值进行标准化。
- "Z 分数":将变量值标准化为均值为 0、标准差为 1 的 Z 分数。计算方法为将各变量值减去均值后除以标准差。
- "范围-1 至 1":将变量值标准化为-1 到 1 之间。计算方法为将各变量值除以全距。它适用于变量值中有负值的情况。
- "范围 0 至 1":将变量值标准化为 0 到 1 之间。计算方法为将各变量值减去最小值后除以全距。
- "1 的最大范围":将变量值标准化为最大值为 1。计算方法为将各变量值除以最大值。
- "1 的平均值":将变量值标准化为均值为 1。计算方法为将各变量值除以均值。
- "1 的标准差": 将变量值标准化为标准差为 1。计算方法为将各变量值除以标准差。

(4) "转换测量"选项组:转换距离测量所生成的值,在计算了距离测量之后应用这些转换。可用选项包括"绝对值"、"更改符号"以及"重新标度到 0-1 全距"。

- "绝对值":将距离取绝对值,当只关心数值大小而不关注方向时可以勾选此项。
- "更改符号":将相似性值变成不相似值或相反。
- "重新标度到 0-1 全距":将测量指标重新调整到 0~1 之间,计算方法是先减去最小值再除以全距。

本案例的聚类方法的设置均使用系统默认值(见图 10-4)。设置完毕后,单击"继续"按钮返回"系统聚类分析"对话框。

6) 保存设置

单击"保存"按钮,打开"系统聚类分析:保存"对话框(图 10-5),为单个解或一定范围的解保存聚类成员,以便于在随后的分析中使用所保存的变量来探索各组之间的其他差别。该选项组有 3 个选项。

(1) "无":不保存聚类成员。
(2) "单一方案":选择该项将激活"聚类数"文本框,输入最小为 2 且小于样本或变量数目的数值 n,在原文件中将会建立一个聚为 n 类显示聚类成员的新变量。
(3) "方案范围":选择该项将激活"最小聚类数"和"最大聚类数"两个文本框,分别输入两个最小为 2 的不同数值,则原文件中会建立类别数在两值之间的各种聚类变量。

图 10-4　"系统聚类分析：方法"对话框

图 10-5　"系统聚类分析：保存"对话框

本案例选择"方案范围"，并将"最小聚类数"和"最大聚类数"分别设置为 2 和 5。单击"继续"按钮返回"系统聚类分析"对话框。

7) 输出分析结果

所有设置定义完成后，单击"确定"按钮，SPSS 输出分析结果(见表 10-2、表 10-3 和图 10-6、图 10-7)。

8) 分析结果解读

(1) 表 10-2 是本案例的聚类过程，显示聚类分析过程各个阶段及所聚类的集群。其中，第 1 列为聚类步骤数，本次聚类共进行了 20 步；第 2 和 3 列显示对应的步骤中哪些或个体变量进行了合并，可以看出首先被合并的是距离最近的第 7 号和第 15 号样品，然后依次进行距离较近的对象的合并；第 4 列系数显示被合并的两个对象之间的距离，随着聚类进程的发展，系数也在变得越来越大，说明聚类样品或变量之间的差异也在加大，这种变化正好体现了聚类分析的基本原理。第 5 列和第 6 列的"首次出现阶段集群"显示的是参与聚类的是样品还是小类(所谓小类，是在聚类过程中根据样本之间亲疏程度形成的中间类)，0 表示样品，数字 n(非零)表示第 n 步聚类产生的小类参与了本步聚类。最后一列"下一个阶段"表示本步聚类结果下一次将在第几步与其他小类合并。比如，第 5 行表示在第 5 步合并第 11 号和第 13 号样品，而第 5 列的 2 表示第 11 号样品出现在第 2 阶段、第 6 列的 0 说明第 13 号是首次出现，其合并结果将在第 7 个阶段用到。同样，第 11 行表示在第 11 步将合并第 4 号和第 6 号样品，而第 5 列的 9 表示第 4 号样品出现在第 9 阶段、第 6 列的 10 说明第 6 号出现在第 10 阶段，其合并结果将在第 12 个阶段用到。

表 10-2 聚类过程表

阶段	组合的集群		系　数	首次出现阶段集群		下一个阶段
	集群 1	集群 2		集群 1	集群 2	
1	7	15	4580.650	0	0	6
2	11	16	6395.170	0	0	5
3	4	14	11551.170	0	0	4
4	4	12	61130.685	3	0	6
5	11	13	72812.905	2	0	7
6	4	7	114992.105	4	1	7
7	4	11	410706.019	6	5	9
8	6	18	532624.580	0	0	10
9	4	5	871022.475	7	0	11
10	6	19	959232.110	8	0	11
11	4	6	2810959.030	9	10	12
12	3	4	3764010.613	0	11	13
13	3	17	34176880.902	12	0	14
14	3	20	60118208.169	13	0	18
15	1	9	178051698.960	0	0	18
16	2	8	473998139.930	0	0	17
17	2	21	853922083.445	16	0	19
18	1	3	1542260836.373	15	14	19
19	1	2	1829449692.582	18	17	20
20	1	10	8299084550.993	19	0	0

(2) 表 10-3 是聚类分析的结果，即聚类成员表。由于我们将"聚类成员"的"方案范围"的"最小聚类数"和"最大聚类数"分别设置为 2 和 5。因此，聚类成员表给出了类别数分别为 2、3、4 和 5 的类别归属结果。不同的类别数，个案的类别归属也不相同。

表 10-3 聚类成员表

个　案	5 个集群	4 个集群	3 个集群	2 个集群
1:中国	1	1	1	1
2:美国	2	2	2	1
3:日本	3	3	1	1
4:德国	3	3	1	1
5:英国	3	3	1	1
6:法国	3	3	1	1
7:意大利	3	3	1	1
8:加拿大	2	2	2	1
9:澳大利亚	1	1	1	1

续表

个 案	5 个集群	4 个集群	3 个集群	2 个集群
10:苏联	4	4	3	2
11:捷克	3	3	1	1
12:波兰	3	3	1	1
13:匈牙利	3	3	1	1
14:南斯拉夫	3	3	1	1
15:罗马尼亚	3	3	1	1
16:保加利亚	3	3	1	1
17:印度	3	3	1	1
18:印度尼西亚	3	3	1	1
19:尼日利亚	3	3	1	1
20:墨西哥	3	3	1	1
21:巴西	5	2	2	1

(3) 图 10-6 是通过组间链接法聚类的各类之间的垂直冰柱图。图中的列表示个案(包括个案名称和个案序号)，行代表聚类的步数。两个个案之间有一个冰柱，其长短用以标度二者之间的相似性或距离的大小。比如，15(罗马尼亚)和 7(意大利)之间没有冰柱，说明二者距离最近，因此最先被聚为 1 类；接下来是 16(保加利亚)和 11(捷克)之间的冰柱最短，说明二者之间的距离非常近，因此在第 2 步被聚类；依次类推，直到聚类结束。从冰柱来看，第 10 个个案(苏联)和第 21 个个案(巴西)距离最远，差异最大。这一切信息从聚类过程表和聚类成员表中都可以得到证实。

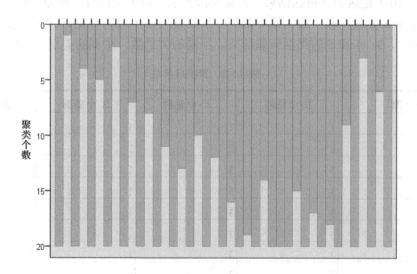

图 10-6　聚类分析冰柱图

(4) 图 10-7 是直观反映聚类结果的谱系图,或称树状图,个案之间的层次关系非常明确。从图中可以看出,该样本聚类为 4 类比较合适。如果聚为 2 类,那么除苏联外其他国家均被聚为一类,这样无法看清它们之间的差别;同样分为 3 个集群也是很难区分大多数国家,因此分为 4 个集群较为合适,因为继续分为 5 类和分为 4 类区别不大。这样,个案 1 和 9 为第一类,个案 2、8 和 21 为第二类,个案 3、4、5、6、7、10、11、12、13、14、15、16、17、18、19 和 20 为第三类,个案 10 为第四类。

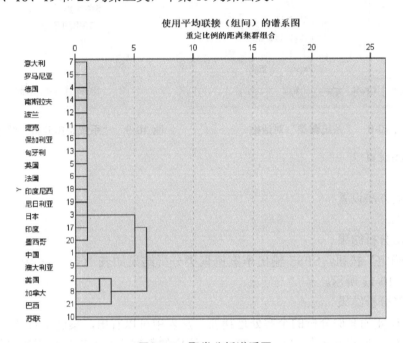

图 10-7 聚类分析谱系图

案例 2(R 型聚类):现有我国一些重要城市多年的月平均气温统计表一份。请用系统聚类的方法按月平均气温对这些城市进行分类。

提示:该案例是对观察值的指标变量进行分类,使具有共同特征的变量聚为一类,故可以使用变量聚类的方法。

其分析步骤如下。

1) 启动程序

打开文件"各主要城市月平均气温统计表",选择"分析"|"分类"|"系统聚类"命令,打开"系统聚类"对话框。

2) 选择变量

分别选择左侧变量列表中的 12 个城市,单击 图标将其选入"变量"列表框。在"聚类"选项组选择"变量",并选择"输出"选项组中的 Statistics 和"图"复选框(见图 10-8)。

3) 统计量输出设置

单击 Statistics 按钮,打开"系统聚类分析:统计"对话框(见图 10-9)。本案例选择"单一方案"并将聚类数设置为 4,其他保持系统默认值。单击"继续"按钮返回。

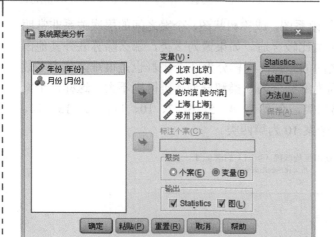 

图 10-8 "系统聚类"对话框　　　　图 10-9 "系统聚类分析：统计"对话框

4) 绘图设置

同案例 1。

5) 聚类方法设置

同案例 1。

6) 输出分析结果

单击"确定"按钮，SPSS 输出本案例聚类分析结果如表 10-4、表 10-5、表 10-6 和图 10-10、图 10-11 所示。

7) 解释分析结果

(1) 表 10-4 为案例分析的个案处理摘要。从表中可以看出，案例中有部分数据缺失，占总体的 7.5%，有效个案为 111，占 92.5%。这样的数据状况不影响分析结果的可信度。

表 10-4　个案处理摘要 [a]

个 案						
有 效		缺 失		总 计	
数字	百分比	数字	百分比	数字	百分比
111	92.5%	9	7.5%	120	100.0%

注：a. 平方欧氏距离已使用。

(2) 表 10-5 给出了本案例分析的过程明细。可知，该案例的聚类过程共分 11 步，所有个案中个案 1 和 2 距离最近，1 和 3 距离最远。表 10-6 是聚类成员表，可以看出，北京、天津、上海、郑州、武汉、成都和昆明为第一集群，哈尔滨和乌鲁木齐为第二集群，广州为第三集群，兰州和拉萨为第四集群。

表 10-5 聚类过程表

阶段	组合的集群		系 数	首次出现阶段集群		下一个阶段
	集群 1	集群 2		集群 1	集群 2	
1	1	2	114.240	0	0	4
2	4	6	257.030	0	0	3
3	4	8	506.395	2	0	7
4	1	5	541.896	1	0	7
5	10	12	1713.298	0	0	9
6	3	11	1891.690	0	0	11
7	1	4	2059.585	4	3	8
8	1	9	3441.655	7	0	9
9	1	10	5300.325	8	5	10
10	1	7	11025.038	9	0	11
11	1	3	14652.629	10	6	0

表 10-6 聚类成员表

个 案	4 个集群
北京	1
天津	1
哈尔滨	2
上海	1
郑州	1
武汉	1
广州	3
成都	1
昆明	1
兰州	4
乌鲁木齐	2
拉萨	4

(3) 图 10-10 为冰柱图，在 SPSS 的查看器窗口的冰柱图上单击右键选择"显示数据标签"命令，冰柱图将显示个案之间的距离标签。标签按距离由远到近排序。从图中可以看出，哈尔滨和广州之间的冰柱标签为 1，说明二者差异最大；天津和北京之间的冰柱为空白，标签为 11，说明二者距离最小。

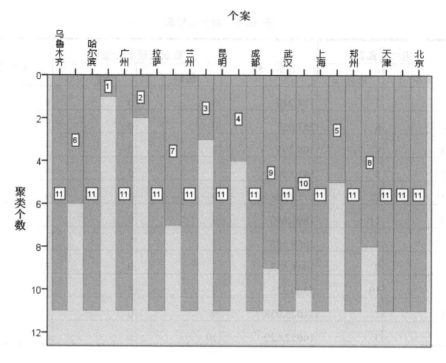

图 10-10 聚类分析冰柱图

(4) 图 10-11 为分析结果显示的谱系图,它可以将聚类成员表通过树状图直观地表现出来。

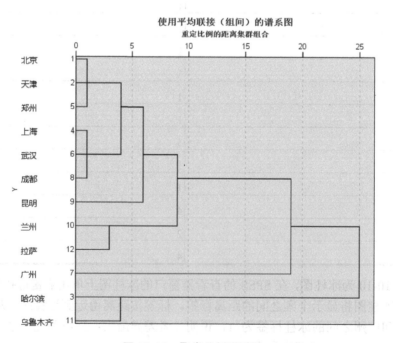

图 10-11 聚类分析谱系图

10.3 K 平均值聚类

K 平均值聚类法(K-Means Cluster)又叫快速聚类法或动态聚类法，是一种非分层聚类分析方法，适合于较大样本的样品的聚类分析。使用这种方法要求聚类指标为数值变量。

10.3.1 K 平均值聚类的统计学原理

K 平均值聚类法解决的问题是：假如有 n 个样品(个案)，要把它们分为 k 类，使得每一类中的元素都是聚合的，并且类与类之间还能很好地区别开。K 平均值聚类法将这 n 个样品看成是 k 维空间上的 n 个数据点，以欧氏距离为标准进行聚类分析。K 均值聚类分析的基本步骤如下。

1. 指定聚类数目 k

由研究者自行指定需要聚类的类别数，最终也只能输出关于它的唯一解，这点不同于层次聚类。在实际分析过程中，往往需要研究者根据问题，反复尝试把数据分成不同的类别数，并进行比较，从而找出最优的方案。

2. 确定 k 个初始类中心

初始类中心的确定方式有两种：一种是自行指定，二是由 SPSS 程序根据数据本身结构的中心初步确定每个类别的原始中心点。

3. 根据距离最近原则进行分类

逐一计算每个样品数据点到各个类中心的欧氏距离，把样品按照距离最近的原则归入各个类别，并计算新形成类别的类中心。欧氏距离的计算公式为

$$\text{EUCLID} = \sqrt{\sum_{i=1}^{k}(x_i - y_i)^2}$$

4. 重新归类

按照新的类中心位置，重新计算每个样品数据点到类中心的距离，并重新进行归类。

5. 完成聚类

重复步骤 4，直到达到一定的收敛标准，或者达到分析者事先指定的迭代次数为止。因此，这种方法也常称为逐步聚类分析，即先把被聚对象进行初始分类，然后逐步调整，得到最终分类。

和层次聚类法相比，快速聚类法的计算量非常小，适合于较大样本的样品的聚类分析。但是，该方法的应用范围比较有限：要求用户事先知道需要将样品分为多少类，只能对样本进行聚类而不能对变量聚类，而且所使用的变量必须都是连续性变量。另外，由于类别数是自行指定的，因此判断这样的分类结果是否合适需要进行方差检验。如果不同类别中大部分样本数据差异显著，说明分类有效，如果不同类别中的大部分数据检验差异不显著，

就应该尝试定义其他类别数,再次进行聚类分析并检验。

10.3.2　SPSS K 平均值聚类案例应用

案例：在 10.2.2 节的案例 1 中,我们曾将案例"聚类成员"的"方案范围"定义为"最小聚类数"为 2、"最大聚类数"为 5。通过系统聚类分析我们最终确定该案例的最佳聚类数为 4。然而,这种判断只是根据分析结果的一种直观断定,它是否能够区分各国在植被覆盖上的差异性,最好经过检验。本节将用 K 平均值聚类法对"各国植被覆盖统计表.sav"重新进行聚类分析,并通过方差检验来确定根据 10.2.2 节的分析结果将其类别数定义为 4 是否合适。

该案例的分析步骤如下。

1. 启动程序

打开数据文件"各国植被覆盖统计表.sav",选择"分析"|"分类"|"K 平均值聚类"命令,打开"K 平均值聚类分析"对话框(见图 10-12)。

2. 选择变量

分别选择左侧变量列表中的"森林面积"、"森林覆盖率"、"林木储蓄量"和"草原面积",单击图标将其选入"变量"列表框,选择"国别",单击图标将其选入"标注个案"框。"聚类数"文本框输入 4(该项系统默认值为 2,研究者可自行定义)。该对话框还包括以下两个选项组。

(1) "方法"选项组：可以选择一种聚类方法。
- "迭代与分类"：此项为系统默认设置,在聚类的迭代过程中使用 K 平均值算法不断计算类中心,并根据计算结果不断更换类中心,把观测量分派到与之最近的以类中心为标志的类中。
- "仅分类"：根据初始类中心进行聚类,在聚类过程中不改变类中心。

(2) "聚类中心"选项组：包括两个选项。
- "读取初始聚类中心"：选择此项并单击"外部数据文件"的"文件"按钮,可以打开选择文件对话框,选择事先保存有初始聚类中心数据的文件,该文件的观测量将作为当前聚类分析的初始聚类中心。
- "写入最终聚类中心"：选择该项并单击"数据文件"的"文件"按钮,可以打开保存文件对话框,指定保存路径和文件名,将当前分析的最终聚类中心数据保存到文件中,提供给别的样本聚类分析时作为初始聚类中心数据使用。

本案例不需此项设置,对"聚类中心"不做选择。

3. 迭代设置

单击"迭代"按钮,打开"K 平均值聚类分析：写入文件"对话框(见图 10-13)。该对话框包括以下设置。

(1) "最大迭代次数"：用以限制 K 平均值算法中的迭代次数。即使尚未满足收敛性准则,达到迭代次数之后迭代也会停止。此数字必须在 1 到 999 之间。系统默认值为 2。

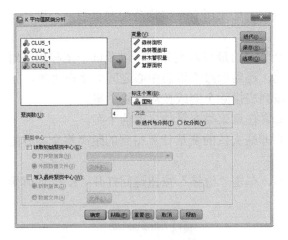 

图 10-12 "K 平均值聚类分析"对话框　　图 10-13 "K 平均值聚类分析：写入文件"对话框

(2) "收敛性标准"：确定迭代何时停止。它表示初始聚类中心之间的最小距离的比例，因此必须大于 0 且小于等于 1。例如，如果准则等于 0.02，那么(当任何聚类中心都无法通过完整的迭代移动任意初始聚类中心之间最小距离的 2%时)，迭代停止。

(3) "使用运行平均值"：选择此项可以在分配了每个个案之后更新聚类中心。如果不选择此选项，那么会在分配了所有个案之后计算新的聚类中心，这样可以节省迭代时间。

本案例的迭代设置选择系统默认设置。设置完成后，单击"继续"按钮返回打开"K 平均值聚类分析"对话框。

4. 保存设置

单击"保存"按钮，打开"K-Means 聚类：保存新变量"对话框(见图 10-14)。该对话框包括"聚类成员"和"与聚类中心的距离"两个选项。

(1) "聚类成员"：选择该项将在原数据文件中建立新变量"QCL_1"，其值为各样品的类别。

(2) "与聚类中心的距离"：选择此项将在原数据文件中建立新变量"QCL_2"，其值为各样品与所属类的类中心之间的欧氏距离。

我们选择保存这两项为新变量。设置完成后，单击"继续"按钮返回"K 平均值聚类分析"对话框。

5. 选项设置

单击"选项"按钮，打开"K 平均值聚类分析：选项"对话框(见图 10-15)。该对话框包括 Statistics 和"缺失值"两个选项组。

(1) Statistics 选项组：可以选择下列统计：初始聚类中心、ANOVA 表以及每个个案的聚类信息。

- "初始聚类中心"：每个聚类的变量平均值的第一个估计值。缺省情况下，从数据中选择与聚类数相等的分布良好的多个个案。初始聚类中心用于第一轮分类，然后再更新。
- "ANOVA 表"：显示方差分析表，该表包含每个聚类变量的一元 F 检验。F 检验只是描述性的，不应解释生成的概率。如果所有个案均分配到单独一个聚类，那么 ANOVA 表不显示。
- "每个个案的聚类信息"：显示每个个案的最终聚类分配，以及该个案和用来对个案分类的聚类中心之间的欧氏距离，还显示最终聚类中心之间的欧氏距离。

(2) "缺失值"选项组：可用的选项为按列表排除个案或按对排除个案。
- "按列表排除个案"：从分析中排除含任意聚类变量缺失值的个案。
- "按对排除个案"：根据从所有具有非缺失值的变量计算得到的距离将个案分配到聚类。

本例的设置如图 10-15 所示。设置完成后，单击"继续"按钮返回打开"K 平均值聚类分析"对话框。

图 10-14 "K-Means 聚类：保存新变量"对话框   图 10-15 "K 平均值聚类分析：选项"对话框

6. 输出分析结果

单击"确定"按钮，SPSS 输出分析结果(见表 10-7 至表 10-13)。

7. 解释分析结果

(1) 表 10-7 给出了初始聚类中心数目。在所有结果中，首先给出的是初始的聚类中心，列出每一类别初始定义的中心点。在本例中，我们指定了聚类数为 4，所以表中给出了 4 个初始类中心点。如果没有自定义初始聚类数，SPSS 会按照距离最近原则从当前数据集中确定初始聚类中心。

表 10-7 初始聚类中心表

	聚 类			
	1	2	3	4
森林面积(万公顷)	10700	92000	57500	161
森林覆盖率(%)	13.9	41.1	67.6	17.4
林木蓄积量(亿立方米)	10.5	841.5	238.0	2.5
草原面积(万公顷)	45190	37370	15900	129

(2) 表 10-8 是 K 平均值聚类分析的迭代历史记录表。从表中可以看出，因为事先指定了初始聚类数，所以本次聚类分析只经过两次迭代。

表 10-8 迭代历史记录表[a]

迭代	聚类中心的更改			
	1	2	3	4
1	13196.496	.000	14159.990	1804.597
2	.000	.000	.000	.000

注:a. 由于聚类中心无更改或只有小的更改,因此达到了汇合。任何中心的最大绝对坐标更改为 .000。当前迭代为 2。初始中心之间的最小距离是 40639.584。

(3) 表 10-9 是聚类分析结果汇总,即聚类成员的汇总表。从表中可以清楚地看到各个成员所属的类别以及与所属类的中心点的距离。其中,"聚类"和"距离"两列数据作为新变量保存到了原文件之中。我们通过将该聚类成员表和 10.2.2 节的案例 1 的分析结果所呈现的"聚类成员表"作比较可以看出,两种聚类分析方法的分析结果略有差异。根据 K 平均值聚类分析的结果,我们将中国、美国和澳大利亚归为第一类;苏联为第二类;加拿大和巴西为第三类;其余国家归为第四类。在 10.2.2 节的案例 1 中,美国和加拿大、巴西归为一类。

表 10-9 聚类成员表

个案号	国别	聚类	距离
1	中国	1	5344.088
2	美国	1	15078.524
3	日本	4	1408.725
4	德国	4	833.169
5	英国	4	1426.075
6	法国	4	213.910
7	意大利	4	1196.065
8	加拿大	3	14159.990
9	澳大利亚	1	13196.496
10	苏联	2	.000
11	捷克	4	1545.619
12	波兰	4	1083.064
13	匈牙利	4	1804.597
14	南斯拉夫	4	882.748
15	罗马尼亚	4	1234.767
16	保加利亚	4	1582.169
17	印度	4	5112.463
18	印度尼西亚	4	548.084
19	尼日利亚	4	932.667
20	墨西哥	4	7055.729
21	巴西	3	14159.990

(4) 表 10-10 给出了经过调整之后的最终聚类中心。可以看出，表 10-10 和表 10-7 相比，最终聚类中心坐标(质心)发生了很大的变化，说明在聚类分析过程中，初始聚类中心的坐标进行了很大的调整。

表 10-10 最终聚类中心表

	聚 类			
	1	2	3	4
森林面积(万公顷)	17041	92000	45057	1636
森林覆盖率(%)	18.9	41.1	50.2	31.7
林木蓄积量(亿立方米)	102.0	841.5	215.4	13.6
草原面积(万公顷)	33617	37370	9143	1169

(5) 表 10-11 给出了最终聚类中心之间的距离。从表中可知，第一类和第二类、第三类、第四类的中心坐标之间的距离分别为 75056.189、37200.549 和 35919.867。其他中心坐标间的距离参见表格。

表 10-11 最终聚类中心之间的距离

聚 类	1	2	3	4
1		75056.189	37200.549	35919.867
2	75056.189		54780.252	97349.426
3	37200.549	54780.252		44147.328
4	35919.867	97349.426	44147.328	

(6) 表 10-12 给出了方差分析结果，这实际上就是对聚类分析后的所有自变量依次进行的单因素方差分析。从中可以看出哪些变量在各类间的差异具有统计学意义，我们可以根据 F 值的大小近似地看出哪个变量在聚类分析中的作用更大。表中的每一行给出相应变量的分析结果。以第一行为例，自变量是"森林面积"，其组间平均平方和为 3423804705.357，组内平均平方和为 32575546.265。F 统计量为 105.104，显著性概率值为 0.000。综合这些数据，可以认为，将所有国家分为 4 类后，在"森林面积"这一项上差异显著。"森林面积"可以作为对国家进行分类的依据。同样，所有国家分为 4 类后，在"林木蓄积量"和"草原面积"上的差异也是显著的。然而，从表中的数据可知，4 个类别在"森林覆盖率"上的差异并不明显。也就是说，"森林覆盖率"作为聚类分析的依据不是很合适。但是，由于各分类在多数的自变量上差异显著，说明将所有国家分为 4 类是合理有效的，是可以接受的。

(7) 表 10-13 给出了各个分类中的个案的数目。显然，第一类有 3 个国家，第二类有 1 个国家，第三类有 2 个国家，第四类有 15 个国家，全部样本共计 21 个有效个案，无缺失值。

表 10-12 方差分析表

	聚 类		误 差		F	显著性
	均 方	df	均 方	df		
森林面积(万公顷)	3423804705.357	3	32575546.265	17	105.104	.000
森林覆盖率(%)	418.260	3	364.440	17	1.148	.358
林木蓄积量(亿立方米)	227878.874	3	1252.546	17	181.933	.000
草原面积(万公顷)	1177383619.706	3	21892517.010	17	53.780	.000

表 10-13 各聚类的个案量

聚类	1	3.000
	2	1.000
	3	2.000
	4	15.000
有效		21.000
缺失		.000

10.4 二阶聚类

二阶聚类也叫两步聚类，属于近年来才发展起来的智能聚类方法的一种，用于解决海量数据、复杂类别结构时的聚类分析问题，也是一种探索性聚类方式。和之前的系统聚类法和 K 平均值聚类法相比，二阶聚类法有着鲜明的优势。

(1) 用于聚类的变量可以是连续变量也可以是分类变量，在进行聚类之前不必对分类变量进行连续化。

(2) 相比其他聚类算法，二阶聚类法占用内存资源少，对于大数据量，运算速度较快。这些特性都是由二阶聚类法的先进算法原理决定的。

(3) 真正利用统计量作为距离指标进行聚类，可以根据一定的统计标准自动确定最佳类别数，分析结果更准确。

(4) 可以通过构造一个 CF 树来描述整个聚类过程，CF 树包含所有观察变量的信息。

正是因为该方法有上述优点，因此在 1996 年被提出之后，二阶聚类获得很快的发展和推广。SPSS 在 11.5 版中将其引入，到 13.0 版时得到较大的完善，现在的二阶聚类分析已经非常成熟。

10.4.1 二阶聚类的统计学原理

二阶聚类可用于非常庞大的数据的聚类分析，数据集可以同时包含定距变量和定类变量，这时的距离测度使用的是对数相似值，如果只有数值变量，也可以选用欧氏距离进行分析。顾名思义，二阶聚类就是分两个阶段进行聚类，故也称两步聚类，这两步分别是预聚类和正式聚类。

1. 预聚类

构建和修改聚类特征树(Cluster Feature Tree，CF)，将所有观察值事先分为许多小亚类。开始第一个观测值在树根部的一个叶节点上，该节点包含这个观测值的变量信息。随后每个观测值按照相似性原则(距离测度的大小)被添加到一个已存在的节点上或形成一个新的节点，而每一个叶子节点代表一个亚类，有多少个叶子就有多少个亚类，而那些非叶子节点和其中的条目则用来指引新进入的观测值应该进入哪个叶子节点。每个条目中的信息就是所谓的聚类特征，包括针对连续变量的均值和方差以及针对离散变量的计数。因此，CF树给出了整个数据文件的变量信息。当所有观测值都通过以上方式进入聚类特征树后，预聚类过程结束。叶子节点的数量就是预聚类数量。

2. 正式聚类

CF 树构造完成后，程序会将第一步的亚类进行再聚类，即用凝聚聚类算法将 CF 树的全部叶子节点分组。该算法可以产生一个聚类数的范围。为确定最优聚类数，可以用 AIC (Akaike Information Criterion)或者 BIC (Schwartz Bayesian Information Criterion)两种信息准则作为标准。这两个指标越小，说明聚类效果越好。如果我们事先没有指定聚类数，SPSS 二阶聚类法会根据 AIC 和 BIC 的大小，以及类间最短距离的变化情况来确定最优的聚类数。

假定聚类数为 J，则 BIC 和 AIC 的计算公式分别为

$$\text{BIC} = -2\sum_{j=1}^{j} \xi_j + m_j \log N$$

和

$$\text{AIC} = -2\sum_{j=1}^{j} \xi_j + 2m_j$$

$$m_j = J\left\{2K^A + \sum_{K=1}^{K^B}(L_K - 1)\right\}$$

其中，N 为样本容量，K^A 是聚类使用的连续变量的数量，K^B 是聚类中使用的分类变量的数量，L_K 代表第 K 个分类变量的编号。

10.4.2 SPSS 二阶聚类案例应用

案例：人口状况往往能够反映一个国家的经济、社会乃至政治状况。现有世界各国人口状况调查数据一份，试对该数据进行二阶聚类分析，从人口状况的角度对这些国家进行分类，并考虑这种分类方法能否和我们从经济角度对这些国家的分类相一致。该数据资料包括各国的出生率、死亡率、平均寿命、识字率等项目(见图10-16)。

第 10 章 聚类分析和判别分析

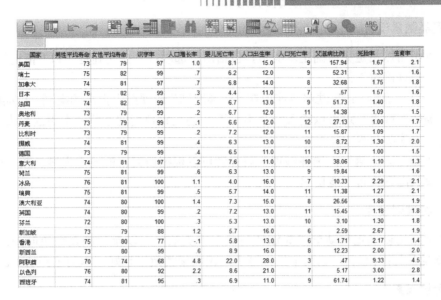

图 10-16 各国人口状况调查表

提示：由于我们要通过变量分析来对国家分类，故此该案例中既有连续变量(人口状况数据)，又有分类变量(国家)，二阶聚类能够同时处理两种变量，因此我们将通过二阶聚类对该数据文件进行分析。

具体分析步骤如下。

1. 启动程序

打开数据文件"各国人口状况调查表.sav"，选择"分析"|"分类"|"两步聚类"命令，打开"二阶聚类分析"对话框(见图 10-17)。

2. 选择变量

选择列表框中的变量"国家"，单击 图标将其选入"分类变量"列表框；选择其他所有变量，分别单击 图标将其选入"连续变量"列表框。

3. 距离测量设置

该选项组包括"对数相似值"和 Euclidean 两个选项，用以确定如何计算两个聚类之间的相似性。本例选择"对数相似值"。

(1) "对数相似值"：该似然度假设变量服从某种概率分布，假设连续变量是正态分布，同时假设分类变量是多项分布，并假设所有变量均是独立的。该项是系统默认设置。它是基于距离的概率值，同时适用于连续变量和分类变量。

(2) Euclidean：测量两个聚类之间的"直线"距离。它只能用于聚类变量全部是连续变量的情况。

4. 连续变量计数

该项自动显示要标准化的连续变量的数量和已经标准化的连续变量的数量。连续变量是否标准化，要在单击图 10-17 中的"选项"按钮打开的对话框中进行设置。

5. 聚类数量设置

该选项组用以指定如何确定聚类数,包括两个选项:"自动确定"和"指定固定值"。本例选择"自动确定"。

(1) "自动确定":此过程将使用在"聚类准则"选项组中指定的准则,自动确定"最好"的聚类数。或者,还可以输入一个不小于 2 的正整数指定过程应考虑的最大聚类数,系统默认最大聚类数为 15。

(2) "指定固定值":选择该项,研究者可以根据研究目的自定义聚类数。如果选择该项,"聚类准则"将不能使用。

6. 聚类准则设置

该选项组用以确定自动聚类算法如何确定聚类数,可以指定施瓦兹贝叶斯准则(BIC)或 Akaike 信息标准(AIC)。这两个指标越小,说明聚类效果越好。本例选择 AIC。

7. 选项设置

单击"选项"按钮,打开"二阶聚类:选项"对话框(见图 10-18)。该对话框可以对离群值处理、内存分配和连续变量的标准化进行设置。

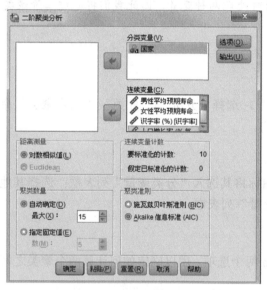

图 10-17 "二阶聚类分析"对话框　　　　图 10-18 "二阶聚类分析:选项"对话框

(1) "离群值处理"选项组:该组允许在聚类特征(CF)树填满的情况下,在聚类过程中专门处理离群值。如果 CF 树的叶节点中不能接受更多的个案,且所有叶节点均不能拆分,则说明 CF 树已满。如果选择噪声处理且 CF 树填满,那么在将稀疏叶子中的个案放到"噪声"叶子中后,树将重新生长。如果某个叶子包含的个案数占最大叶大小的百分比小于指定的百分比(系统默认值 25%,研究者可自行设置),则将该叶子视为稀疏的。树重新生长之后,如有可能,离群值将放置在 CF 树中。否则,将放弃离群值。如果不选择噪声处理且 CF 树填满,那么它将使用较大的距离更改阈值来重新生长。最终聚类之后,不能分配到聚类的变量标记为离群值。离群值聚类被赋予标识号-1，并且不会包括在聚类数的计数中。

(2)"内存分配"选项组：此项允许以兆字节(MB)为单位，指定聚类算法应使用的最大内存量。如果聚类分析过程超过了此最大值，将使用磁盘存储内存中放不下的信息。请指定大于等于4的数。系统默认为分配64MB。

(3)"连续变量的标准化"选项组：二阶聚类分析在默认设置下需要先标准化连续变量。任何未标准化的连续变量都应保留为"要标准化的计数"列表中的变量。为了节省部分时间和计算工作，可以将"要标准化的计数"列表中的任何变量选入"假定已标准化的计数"列表中。本案例中共有10个连续变量，这就意味着，默认状态下，这10个变量都将被标准化。

(4)"高级"按钮：单击"二阶聚类：选项"对话框中的"高级"按钮，展开高级选项部分。该部分包括"CF树调节准则"和"聚类模型更新"两个选项组。

- "CF树调节准则"选项组：该项包括4个参数设置。
  - "初始距离更改阈值"：这是用来使CF树生长的初始阈值。如果将给定的个案插入CF树的叶子中将生成小于阈值的紧度，那么不会拆分叶子。如果紧度超过阈值，那么会拆分叶子。系统默认阈值为0。
  - "最大分支(每个叶节点)"：叶节点可以具有的最大子节点数。系统默认为8。
  - "最大树深度"：CF树可以具有的最大级别数。系统默认为3。
  - "可能的最大节点数"：表示聚类过程可能生成的最大CF树节点数，该最大节点数的数量要依据函数$(b^{d+1}-1)/(b-1)$来确定，其中b是最大分支数，d是最大树深度。但是，非常大的CF树可能会耗尽系统资源，从而对聚类过程的性能产生不利影响。每个节点最少需要16个字节。
- "聚类模型更新"：可以先导入之前分析中生成的XML格式的CF树，然后使用活动文件中的数据更新聚类模型。

注意：要更新的模型的变量名要和导入的CF树中的变量名顺序相同；用于模型更新中的个案与创建原始模型的个案来必须自同一总体，也就是，连续变量的平均值和方差以及分类变量的级别在两个个案组上必须相同。

本例选择"使用噪声处理"，其他各项保留系统默认设置。单击"继续"按钮返回"二阶聚类分析"对话框。

8. 输出设置

单击"输出"按钮，打开"二阶聚类分析：输出"对话框(见图10-19)，设置输出内容。该对话框包括以下3个选项组。

(1)"输出"选项组：用以设置模型查看器中可以显示的聚类结果。
- "透视表"：选择该项时结果将显示在透视表中。
- "图表和表格(在模型查看器中)"：选择该项可将"变量"列表框中的一些变量选入"评估字段"列表框。它们将作为聚类描述符显示在模型查看器中。带有缺失值的字段将被忽略。

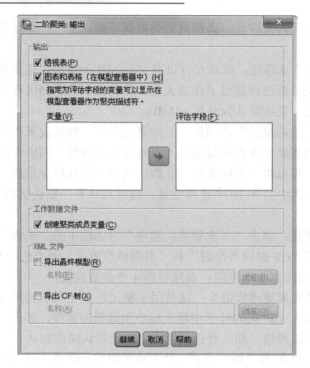

图 10-19 "二阶聚类分析：输出"对话框

(2) "工作数据文件"设置：该项允许将聚类结果作为新变量保存到活动数据集。

"创建聚类成员变量"：如果选择该项，则新创建变量包含每个个案的聚类标识号。此变量的名称为"TSC_n"，其中 n 是一个正整数，表示在给定会话中由此过程完成的活动数据集保存操作的序数。

(3) "XML 文件"选项组：用以设置导出二阶聚类模型，有两种形式可供选择。

- "导出最终模型"：选择该项可将最终聚类模型以 XML (PMML)格式导出到指定文件中，并且可以将该模型文件中的信息应用于其他数据文件以做评分之用。
- "导出 CF 树"：选择此项可以保存聚类树的当前状态，并在以后使用较新的数据对其进行更新。

本例选中"透视表"、"图表和表格"和"创建聚类成员变量"三个复选框。选择完成后，单击"继续"按钮返回。

9. 输出分析结果

所有设置完成后，单击"确定"按钮，SPSS 输出案例分析结果(见表 10-14、表 10-15、表 10-16 和图 10-20)，另外工作数据文件中还会生成"聚类成员变量"，变量名为"TSC_5510"。

10. 分析结果解读

(1) 表 10-14 给出了二阶聚类过程中各类别数所对应的信息准则统计量 AIC 的数值。本例选择系统自动确定聚类数量，系统默认最大聚类数为 15，因此表中列出从最大聚类数 15 到将全部个案聚为 1 类所产生的 AIC 数值及其变化情况。AIC 最小的数值所对应的聚类数为最优聚类数。从表中可以看出，当聚类数为 3 时，AIC 最小。因此，系统自动确定 3 为最优聚类数。

表 10-14 自动聚类信息准则

聚类数	Akaike 信息标准 (AIC)	AIC 更改 [a]	AIC 更改比率 [b]	距离度量比率 [c]
1	2024.460			
2	1848.892	−175.568	1.000	1.506
3	1817.664	−31.228	.178	2.780
4	1969.067	151.402	−.862	1.533
5	2156.149	187.083	−1.066	1.099
6	2349.241	193.092	−1.100	1.211
7	2552.926	203.685	−1.160	1.124
8	2762.161	209.235	−1.192	1.046
9	2973.343	211.183	−1.203	1.387
10	3196.475	223.131	−1.271	1.015
11	3420.054	223.579	−1.273	1.071
12	3645.637	225.583	−1.285	1.140
13	3874.718	229.081	−1.305	1.056
14	4105.111	230.393	−1.312	1.262
15	4340.411	235.301	−1.340	1.093

注：a. 更改来源于表中先前的聚类数。

b. 更改比率与两个聚类解决方案的更改相关。

c. 距离度量的比率基于当前聚类数与先前聚类数。

(2) 表 10-15 为聚类分布表，给出了最终聚得的 3 个类别各自的个案数及所占组内比例。可以看出，第一类包括 45 个国家占总体的 41.3%；第二类包括 22 个国家，占全部个案的 20.2%；第三类包括 42 个国家，占全部个案的 38.5%。全部个案共计 109 个。

表 10-15 聚类分布表

		数字	占组合的百分比	占总数的百分比
聚类	1	45	41.3%	41.3%
	2	22	20.2%	20.2%
	3	42	38.5%	38.5%
	混合	109	100.0%	100.0%
总计		109		100.0%

(3) 表 10-16 给出了各个质心(各个自变量)在各类别中的均值和标准偏差等信息。可以看出，3 个类别在各个自变量上差异较大，比如，"男性平均预期寿命"在第一类中是 66.20，在第二类中是 49.41，而在第三类中是 71.67。三者差异显著，这说明将全部国家分为 3 类

是合理可行的。其他预测变量的解读类似。在 SPSS 的查看器中双击表 10-16 进入图 10-20 所示的编辑状态，点击"设置工具栏格式"中的"翻转控制"图标，打开"透视托盘"对话框。在"透视"图中任意拖动带有"翻转控制"图标的名称到"行"或"列"，可变化表格输出形式。比如，将"统计"和"连续变量"拖至"行"栏，将得到更为直观的表 10-17。

表 10-16 质心统计量表(1)

		男性平均预期寿命		女性平均预期寿命		识字率(%)		人口增长率(%每年)		婴儿死亡率(每1000新生儿)	
		平均值(E)	标准偏差	平均值(E)	标准偏差	平均值(E)	标准偏差	平均值(E)	标准偏差	平均值(E)	标准偏差
聚类	1	66.20	4.357	71.18	4.619	78.96	14.217	2.321	.8891	41.111	18.0104
	2	49.41	5.893	52.09	6.023	43.23	15.489	2.752	.5179	105.091	24.0276
	3	71.67	3.288	78.52	2.222	96.48	4.764	.438	.3780	10.717	6.0668
	混合	64.92	9.273	70.16	10.572	78.50	22.733	1.682	1.1976	42.313	38.0792

每千人人口出生率		每千人人口死亡率		艾滋病人数/100000人		婴儿出生死亡率		生育率：儿童均数	
平均值(E)	标准偏差	平均值(E)	标准偏差	平均值(E)	标准偏差	平均值(E)	标准偏差	平均值(E)	标准偏差
28.822	6.6342	6.44	1.676	8.8424	18.30397	4.8938	2.15221	3.792	1.3097
43.773	5.0231	15.64	4.520	63.6883	85.11377	3.0085	.88753	6.291	.8756
13.467	1.7849	9.62	1.889	18.9444	33.18319	1.4541	.43539	1.869	.4176
25.923	12.3609	9.52	4.247	23.8047	48.88391	3.1879	2.12140	3.556	1.8891

表 10-17 质心统计量表(2)

		聚 类			
		1	2	3	混合
平均值(E)	男性平均预期寿命	66.20	49.41	71.67	64.92
	女性平均预期寿命	71.18	52.09	78.52	70.16
	识字率(%)	78.96	43.23	96.48	78.50
	人口增长率 (% 每年)	2.321	2.752	.438	1.682
	婴儿死亡率(每1000新生儿)	41.111	105.091	10.717	42.313
	每千人人口出生率	28.822	43.773	13.467	25.923
	每千人人口死亡率	6.44	15.64	9.62	9.52
	艾滋病人数/100000 人	8.8424	63.6883	18.9444	23.8047
	婴儿出生死亡率	4.8938	3.0085	1.4541	3.1879
	生育率：儿童均数	3.792	6.291	1.869	3.556

续表

		聚 类			
		1	2	3	混合
标准偏差	男性平均预期寿命	4.357	5.893	3.288	9.273
	女性平均预期寿命	4.619	6.023	2.222	10.572
	识字率（%）	14.217	15.489	4.764	22.733
	人口增长率（% 每年）	.8891	.5179	.3780	1.1976
	婴儿死亡率(每 1000 新生儿)	18.0104	24.0276	6.0668	38.0792
	每千人人口出生率	6.6342	5.0231	1.7849	12.3609
	每千人人口死亡率	1.676	4.520	1.889	4.247
	艾滋病人数 / 100000 人	18.30397	85.11377	33.18319	48.88391
	婴儿出生死亡率	2.15221	.88753	.43539	2.12140
	生育率：儿童均数	1.3097	.8756	.4176	1.8891

（4） 图 10-20 包括"模型概要"和"聚类质量"两部分。"模型概要"显示本案例的算法为两步聚类，输入变量数为 11，即 11 个变量参与了聚类，最终聚类数为 3，即系统自动确定的最优聚类数为 3 类。"聚类质量"通过不同的颜色来表示聚类质量的"差"、"良好"和"较佳"三个等级。蓝色条带表示聚类质量达到的等级。将鼠标指针放于其上将显示"平均 Silhouette=0.6"。Silhouette(轮廓)系数值为 1 表示所有个案值将位于其聚类中心上，值为-1 表示所有个案都位于另外某些聚类的聚类中心，值为 0 表示在正常情况下个案到其自身聚类中心与到最近的其他聚类中心是等距的。可以看出，该案例分析的结果是聚类质量良好，这说明该案例中系统自动确定聚类数为 3 是合理的。

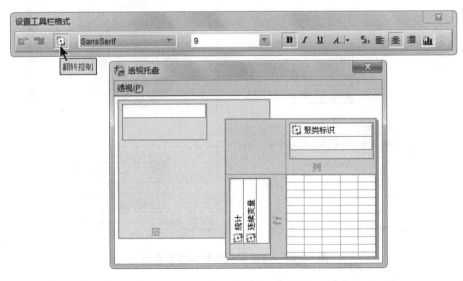

图 10-20　表格设置工具栏和透视托盘

(5) 双击"查看器"中的图 10-21，打开模型查看器(见图 10-22)。"模型查看器"包含两个面板，主视图位于左侧，辅助视图位于右侧。主视图包括"模型概要"和"聚类质量"两个部分，点击左下角"查看"下拉菜单可以进行选择；右侧的辅助视图给出了"聚类大小"的饼形图，从中可以看出，所有个案分为 3 类，分别占总体的 41.3%、20.2%和 38.5%；最小聚类大小和最大聚类大小的比率是 2.05。点击左下角的"查看"下拉菜单可以选择链接，包括"预测变量重要性"、"聚类大小"、"单元格分布"和"聚类比较"共 4 个。

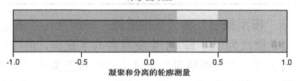

图 10-21　模型概要与聚类质量

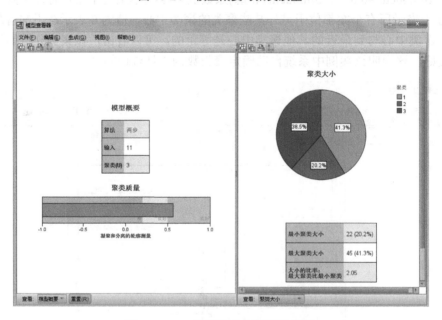

图 10-22　二阶聚类分析模型查看器

(6) 点击主视图左下角的"查看"下拉菜单选择"聚类"，主视图将显示如 10-23 所示的聚类网格视图。该视图包括"聚类"(各个分类的类别数)、"标签"(类别标签)、"描述"(类别描述)、"大小"(类别大小)和"输入"(预测变量和类别变量)等内容。双击"标签"和"描述"对应的单元格可以添加标签名称和描述信息。每一列是一个类别，每一行是一个预测变量(或称分类指标)。将鼠标指针停留在任意预测变量上,将显示其名称、重要性和平均值。比如,图 10-23 中鼠标指针所在位置显示了第一类中"男性平均预期寿命"的信息。预测变量网格颜色有深浅之分,颜色越深,表示其特征值的重要性越大。系统默认聚类网格视图的预测变量按重要性大小排列。网格最后一行是二阶聚类分析的分类变量(即国家),将鼠标指针停留在任意类别变量上,也将显示其相关信息。

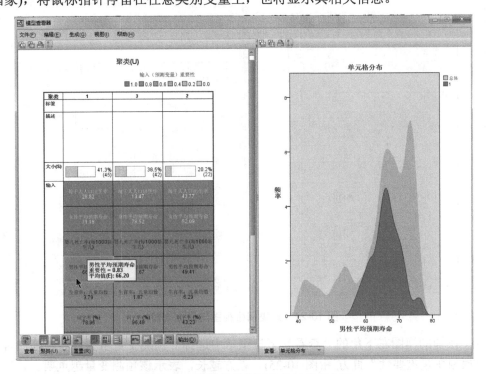

图 10-23　聚类网格视图与单元格分布图

(7) 单击图 10-23 中聚类网格视图中的任一预测变量,右侧辅助视图将显示该预测变量的单元格分布图,比如单击第一类的"男性平均预期寿命",右侧显示如图 10-23 所示。其中深色部分为"男性平均预期寿命"在第一类中的数据分布,背景中的浅色代表该指标的总体数据分布。深浅颜色的应用有助于直观地比较图中所示的数据分布。

(8) 在聚类网格视图中,按住 Ctrl 或 Shift 选中多个类别,可以进行聚类比较。选中聚类 1 和聚类 2,右侧辅助视图将显示这两个类别的聚类比较图(图 10-24)。该图中,蓝色表示聚类 1,红色表示聚类 2。聚类比较按预测变量的重要性由大到小上下排列,比较结果显示为箱图。方框代表该预测变量总体的数据分布,其中间的黑色竖线为中位数,左右边界为四分位距。将鼠标指针分别放于黑竖线和边界上,视图将自动显示相关数值。蓝色直线和红色直线分别表示该预测变量在聚类 1 和聚类 2 的数据分布状况,每条线上的小箱体表示中位数,直线的长短代表了四分位距的大小。同样,将鼠标指针分别放置于蓝线和红线的位置将显示相应的数值。这样可以非常方便地比较每一预测变量在各聚类中的数据分布和在总体中的数据分布。以"婴儿出生死亡率"为例,方框显示其总体中位数=2.68,总体分位数 25=1.51,总体分位数 75=4.16;聚类 1 的中位数=4.34,分位数 25=3.73,分位数 75=5.79;聚类 2 的中位数=2.85,分位数 25=2.37,分位数 75=3.56。这样,可以清楚地看出，聚类 1 的婴儿出生死亡率远远高于总体情况，而聚类 2 和总体差别不太大。聚类比较的最后一行为分类变量，其结果显示为圆点，圆点的大小代表各类的众数。

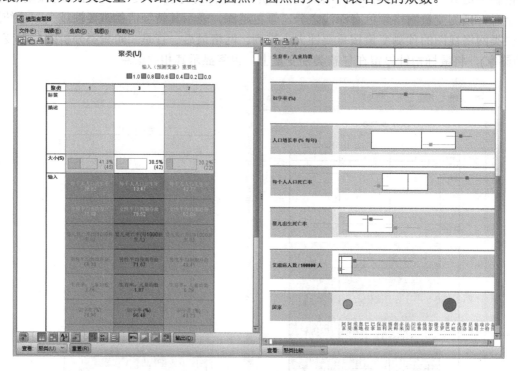

图 10-24　聚类网格视图与聚类比较

(9)　在辅助视图左下角的"查看"下拉菜单中选择"预测变量重要性"，辅助视图将显示"预测变量重要性"直方图(图 10-25)。直方越长，表示该预测变量越重要。将鼠标指针放在直方上将显示该直方的重要性系数。从图中可以看出"每千人人口出生率"和"女性平均预期寿命"的重要性系数为 1，而"艾滋病人数"的重要性系数最小，为 0.11。预测变量重要性直方图的底部是一个游标卡尺图，每个刻度代表一个预测变量，其重要性从左到右依次递增，滑动它可以显示相应的预测变量。从直方图中我们可以清楚地判断，哪些因素对该案例的二阶聚类至关重要，哪些因素可以忽略不计。从图中显示的数据来看，"艾滋病人数"的重要性远远小于其他因素，对分类影响不大，可以忽略。在解释(6)中我们已经提到，聚类网格视图中的预测变量默认按重要性排列，并且以颜色的深浅来表示其重要性的大小。因此，"预测变量重要性"直方图就是聚类网格视图的直观表示。

(10) 模型查看器底部的工具栏是更改聚类网格视图样式和内容的重要手段。工具栏共有 12 个图标和 1 个输出按钮。这 12 个图标从左到右可分为 4 类：转换聚类和输入( )、输入排序方式( )、聚类排序方式( )和单元格显示设置( )。将鼠标指针放置图标之上将显示该图标的功能(图 10-26)。这些工具的具体功能如下。

- 转换聚类和输入：默认情况下，聚类显示为列，输入显示为行。为翻转这种显示，可以单击"变换聚类和输入"按钮。例如，当显示许多聚类时，研究者可能想要进行此操作，以减少查看数据所需的水平滚动量。

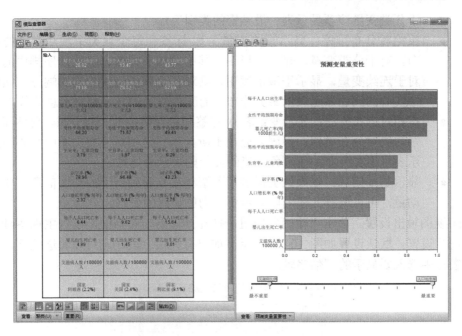

图 10-25 聚类网格视图与预测变量重要性

图 10-26 模型查看器工具栏

- 输入排序方式：通过输入排序方式按钮可以选择预测变量单元格的显示方式。
    - 按总体重要性排序：这是默认的排序方式。预测变量以总体重要性的升序进行排序，排序方式在各聚类间相同。如果有预测变量具有相同重要性，则按照预测变量名称的升序排序。
    - 聚类内重要性排序：预测变量按照其相对于每个聚类的重要性进行排序。如果有预测变量具有相同的重要性，则按照预测变量名称的升序列出。当选中此选项时，排序顺序通常因聚类而异。
    - 按名称排序：预测变量按照名称的字母顺序进行排序。
    - 按数据顺序排序：预测变量按照其在数据集中的顺序进行排序。
- 聚类排序方式：通过预测变量排序方式按钮可以选择预测变量单元格的显示方式。
    - 按大小排序：各聚类类别按样本容量及其在总体中的比例排序，该项为系统默认设置。如本例，聚类类别的排序为 1、3、2。
    - 按名称排序：将各聚类按类别名称排序。如本案例，可点击该图标按名称排序为 1、2、3。
    - 按标签排序：如果对各类别创建了标签，可将聚类按标签的字母顺序排序。
- 单元格显示设置：通过单元格按钮能够更改预测变量和评估字段的单元格内容的显示。
    - 显示聚类中心：默认情况下，单元格显示预测变量名称、重要性系数和均值(对于分类变量该项显示为"最频繁的类别")。

- 按绝对分布排序：显示预测变量名称/标签和每个聚类中预测变量的绝对分布。对于分类变量，显示条形图，其中叠放了按数据值的升序排序的类别。对于连续变量，显示平滑密度图，其对每个聚类使用相同的端点和间隔。图中实心的红色显示表示聚类分布，而颜色较淡的显示则表示总体数据。
- 按相对分布排序：显示变量名称/标签和单元格中的相对分布。总体而言，显示与绝对分布类似，不同之处在于所显示的是相对分布。图中实心的红色显示表示聚类分布，而颜色较淡的显示则表示总体数据。
- 显示基本信息：如果聚类很多，不滚动很难看到所有的详细信息。要减少滚动量，可以选择此视图以显示更改为更紧凑的表格。

(11) 视图输出设置。单击"输出"按钮，打开"输出"对话框，以对主视图显示的视图信息进行设置。默认设置如图 10-27 所示。如果有评估字段，则可以勾选此项，并在下边的列表框中选入要显示的评估字段。

图 10-27　主视图输出设置

(12) 从图 10-28 所示的二阶聚类分析所生成的类别变量 TSC_5510 可以看出，聚类 1 中的国家多数都是经济处于上升中的发展中国家，聚类 2 中的国家多是亚非地区相对落后的国家，而聚类 3 中的国家则多是欧美发达国家。可见，从人口状况的角度对全球多数国家进行分类也能大体反映出这些国家的经济状况，这种分类基本符合我们对全球各个国家"发达"与"欠发达"的一般概念，从而也从另一个角度证明了二阶聚类分析结果的可靠性。

国家	男性平均寿命	女性平均寿命	识字率	人口增长率	婴儿死亡率	人口出生率	人口死亡率	欠债病比例	死婴率	生育率	TSC_5510
德国	73	79	99	.4	6.5	11.0	11	13.77	1.00	1.5	3
奥地利	73	79	99	.2	6.7	12.0	11	14.38	1.09	1.5	3
乌拉圭	71	77	96	.8	17.0	17.0	10	14.66	1.70	2.4	3
英国	74	80	99	.2	7.2	13.0	11	15.45	1.18	1.8	3
比利时	73	79	99	.2	7.2	12.0	11	15.87	1.09	1.7	3
委内瑞拉	70	76	88	2.2	28.0	26.0	5	16.48	5.20	3.1	1
哥斯达黎加	76	79	93	2.3	11.0	26.0	4	17.79	6.50	3.1	1
葡萄牙	71	78	85	.4	9.2	12.0	10	18.29	1.20	1.5	3
荷兰	75	81	99	.6	6.3	13.0	9	19.84	1.44	1.6	3
墨西哥	69	77	87	1.9	35.0	28.0	5	19.99	5.60	3.2	1
哥麦隆	55	58	54	2.9	77.0	41.0	12	23.45	3.42	5.7	2
埃塞俄比亚	51	54	24	3.1	110.0	45.0	14	23.47	3.21	6.8	2
巴拿马	71	78	88	1.9	16.5	25.0	5	24.77	5.00	2.9	1
冈比亚	48	52	27	3.7	124.0	46.0	16	26.33	2.88	6.3	2
澳大利亚	74	80	100	1.4	7.3	15.0	8	26.56	1.88	1.9	3
丹麦	73	79	99	.2	6.5	12.0	12	27.13	1.00	1.7	3
多米尼加	66	70	83	1.8	51.5	25.0	6	30.17	4.17	2.8	1
巴西	57	67	81	1.3	66.0	21.0	9	31.49	2.33	2.7	1
加拿大	74	81	97	.7	6.8	14.0	7	32.68	1.75	1.8	3
加纳	52	58	61	1.5	94.0	28.0	14	36.31	2.00	4.0	2
意大利	74	81	97	.2	7.6	11.0	10	38.06	1.10	1.3	3
布基纳法索	47	50	18	2.8	118.0	47.0	18	41.93	2.61	6.9	2
法国	74	82	99	.5	6.7	13.0	9	51.73	1.40	1.8	3
瑞士	75	82	99	.6	6.2	12.0	9	52.31	1.33	1.6	3

图 10-28　二阶聚类分析的类别变量

10.5 判 别 分 析

在社会生活中,我们常常要根据已有的一些研究结果来判断某种情况或现象的归类问题。比如,依据我国的若干现有的经济指标,判断下一步的经济走向;根据某些病理特征,判断某个病人是否患有某种疾病;根据气象资料,判断未来天气状况等等。这些问题都需要用统计学的判别分析加以解决。

10.5.1 判别分析的统计学原理

判别分析是在分类条件确定的前提下,根据某一研究对象的各种特征值来判断其类别归属的一种统计方法。判别分析最初是由费希尔(R. A. Fisher)于1936年在生物学上植物分类中提出来的,称为Fisher判别分析(典型判别),它与20世纪50年代出现的贝叶斯(Bayes)判别分析成为最常用的判别分析方法。

判别分析与聚类分析同属多元分类统计方法。二者的区别在于:聚类分析在分析之前对研究对象及其分类一无所知,只能依据分析结果把研究对象按照相似性或距离的大小进行分类,而且类别数不确定,属于"无监督的分析方法"。而判别分析则是根据已有的分类数据提取出类的特征,总结判别规则,建立判别函数,并以此对新的还没有分类的对象进行分类,故此属于"有监督的分析方法"。从这个意义上说,判别分析和聚类分析是两个相反的分类过程。在实际应用中,二者往往是相辅相成、协同使用的。

判别分析的因变量是定类或者定序变量,以此把样本划分为不同的组类,而自变量可以是任何尺度的变量,只是定性变量需要以虚拟变量的方式进入模型。判别分析的目的在于建立一种线性组合,用最优化的模型来概括分类之间的差异。判别分析的方法很多,如常用的有距离判别法、Fisher判别法、Bayes判别法及逐步判别法等,相对应的判别准则也很多,如马氏距离最小准则、Fisher准则、平均损失最小准则、最小平方准则、最大似然准则和最大概率准则等。

SPSS 22.0中的判别分析分为一般判别分析和步进法判别分析两种方法。

1. 一般判别分析

一般判别分析是在已知分类的前提下,对未知分类的观测量进行判别以使其归入已有分类的一种多元统计分析方法。其基本原理是:首先依据一定的判别准则建立一个或多个判别函数,然后通过已知所属分类的观测量确定判别函数中的待定系数,最后通过判别函数对未知分类的观测量进行归类。所谓判别函数就是基于一定的判别准则计算出的用于衡量新样品与各已知组别接近程度的描述指标。常用的判别方法有距离判别法、Fisher判别法和Bayes判别法。

1) 距离判别法

距离判别法的基本思想是计算样本到各个总体中心(聚核)的位置,然后根据样本到所有聚核的距离,将样本分到离它最近的中心所在的类中。

马氏距离公式为

$$d^2(x,G) = (x-\mu)'\Sigma^{-1}(x-\mu)$$

两总体的距离判别规则为

$$\begin{cases} x \in G_1, & \text{如} d^2(x,G_1) < d^2(x,G_2) \\ x \in G_2, & \text{如} d^2(x,G_2) < d^2(x,G_1) \\ \text{待判}, & \text{如} d^2(x,G_1) = d^2(x,G_2) \end{cases}$$

在方差相等的情况下，利用马氏距离能得到线性的判别函数：

$$W(x) = 2(\mu_1 - \mu_2)'\Sigma^{-1}\left[x - \frac{\mu_1 + \mu_2}{2}\right] = \alpha'(x - \bar{\mu})$$

判别规则简化为

$$\begin{cases} x \in G_2, & \text{如} W(x) < 0 \\ x \in G_1, & \text{如} W(x) > 0 \\ \text{待判}, & \text{如} W(x) = 0 \end{cases}$$

如果是多分类，类方差相等的判别需要计算如下的统计量：

$$f_i(x) = x'\Sigma^{-1}\mu_i - 0.5\mu_i'\Sigma^{-1}\mu_i, i=1,2,\cdots,k$$

将样本分给 $f_i(x)$ 取值最大的总体，式中 μ_i、Σ 分别表示第 i 个分类的类均值和方差阵。

如果是多分类，且类方差不相等，就要逐一计算距离，将样本判给距离最小的分类。

2) Fisher 判别法

Fisher 判别法是利用投影的方法使多维问题简化为一维问题来处理。它对总体的分布没有特定要求。其基本思想是：从两个总体中抽取具有 p 个指标的样本观测数据，借助方差分析的思想确定一个判别函数式 $y = \alpha + t_1 x_1 + t_2 x_2 + \cdots + t_p x_p$，其中判别系数 $t_1, \cdots, t_p$ 确定的原则是使组间区别最大、组内离差最小。将一个新样品的 p 个指标代入判别函数式中取得 y 值，然后将其与判别临界值相比较，就可以判别该样品所归属的类别。

3) Bayes 判别法

Bayes 判别法的基本思想是根据先验概率分布求出后验概率分布，并依据后验概率分布做出统计判别，实质上就是当出现样本 x_0 时，求 x_0 属于某种类别的概率。假设有总体 $G_i(i=1,2,\cdots,k)$，设有 k 个总体 $G_1, G_2, \cdots, G_k$，它们的先验概率分别为 $q_1, q_2, \cdots, q_k$，各总体的密度函数分别为 $f_1(x), f_2(x), \cdots, f_k(x)$。由 Bayes 公式计算后验概率

$$P(G_i|x_0) = \frac{q_i f_i(x_0)}{\Sigma q_j f_j(x_0)}$$

判别准则为

$$P(G_i|x_0) = \frac{q_i f_i(x_0)}{\Sigma q_j f_j(x_0)} = \max_{1 \leq i \leq k} \frac{q_i f_i(x_0)}{\Sigma q_j f_j(x_0)}$$

简言之，就是将样本后验概率最大的分类。式中 $i=1,2,\cdots,k; j=1,2,\cdots,k; i \neq j$。$q_i$ 和 $f_i(x_0)$ 分别是第 i 个分类的先验概率和样本在第 i 个分类下总体的多元分布。如果 $f_i(x_0)$ 为多元正态分布，则根据推导，Bayes 判别的最终判别式为

$$D_i = \ln q_i - \frac{1}{2}\ln|\Sigma_i| - \frac{1}{2}(x-\bar{x}_i)'\Sigma_i^{-1}(x-\bar{x}_i)$$

式中，$\bar{x}_i$、Σ_i 分别为第 i 个分类的类中心和方差阵。

三种判别方法各有优缺点：距离判别是最简单的判别法，但是很多软件没有专门提供距离判别法，应用受到限制；Fisher 判别法对分类分布无要求，因此分布未知时可采用此判别法；而 Bayes 判别法要求各分类分布已知，因此只有在分布已知情况下才能使用。

2. 逐步判别分析

逐步判别分析分为两步，首先根据自变量和因变量之间的相关性对自变量进行筛选，然后使用选定的变量进行判别分析。逐步判别是在判别分析的基础上采用淘汰法，把判别能力强的变量指标引入判别式，同时将判别能力最差的指标剔除。最终在判别式中只保留数量不多但判别能力很强的变量。变量指标对判别能力有无贡献可通过 F 检验确认。

3. 判别分析的假设前提

判别分析只有在满足以下假设前提时，才能获得理想的、可靠的分析结果。这些假设前提包括：

(1) 自变量和因变量之间符合线性关系假设。
(2) 因变量的取值事先确定而且独立。
(3) 自变量服从多元正态分布且彼此之间不存在多元共线性相关关系。
(4) 所有自变量在各组之间的方差齐性假设成立，协方差矩阵相等。

当然，在实际的统计分析中，以上假设很难完全满足，我们可以通过增加样本量、使用不同的分析方法等途径使这些不利因素的影响尽量降低，以求获得最佳分析效果。

10.5.2 SPSS 判别分析案例应用

案例：某体育学院在运动员级别选拔测试中，根据运动员在 6 项测试中的成绩将 53 人分别评定为一级运动员和健将级运动员。但是由于某种原因，仍有 14 名运动员在测试中只记录了成绩，没有给出评级的结果。请依据该文件"运动员成绩.sav"进行判别分析，以确定这 14 名运动员应该属于哪个级别。

该案例的分析步骤如下。

1. 启动程序

打开文件"运动员成绩.sav"，选择"分析"|"分类"|"判别"命令，打开"判别分析"对话框(见图 10-29)。

2. 选择变量

选择列表框中的变量"组别"，单击图标将其选入"分组变量"列表框，此时"组别"将显示为如图 10-30 所示。单击"定义范围"按钮，打开"判别分析：定义范围"对话框(见图 10-31)定义"组别"的范围。因为我们要将未归类的运动员分为 2 类，因此"最小值"和"最大值"分别输入"1"和"2"，输入完毕后，单击"继续"按钮返回，定义过的"组别"将显示为如图 10-29 所示。分别选择变量"项目 1"到"项目 6"，单击图标将其选入"自变量"列表框。

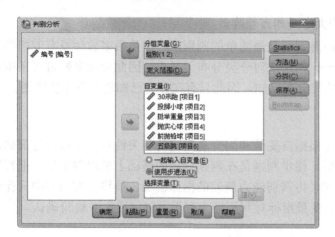

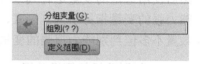

图 10-29 "判别分析"对话框   图 10-30 分组变量设置

如果需要对变量进行筛选,可以将标识变量移入下方的"选择变量"列表框,单击"值"按钮,打开对话框指定变量的取值(见图 10-32)。这样,只有指定的观测变量才参与判别式的推导。本案例不需此项设置。

图 10-31 "判别分析:定义范围"对话框   图 10-32 "判别分析:设置值"对话框

3. 定义判别方法

"判别分析"对话框中的"自变量"列表框下有两个选项用于定义判别方法:"一起输入自变量"和"使用步进法"。它们的含义分别说明如下。

(1) "一起输入自变量":同时输入所有满足容差标准的自变量。当假设所有自变量都有很强的判别能力时,可以选择该项建立所有自变量的判别函数式。该项是系统默认设置。

(2) "使用步进法":使用逐步式分析控制变量的输入与移出。步进法的基本思想是每次选择一个判别能力最显著的变量进入判别函数,而且每次在选入变量之前对已进入判别函数的变量逐个进行检验,如果某个变量因新变量的进入变得不显著,就将其移除,直到判别函数中仅保留有显著判别能力的变量为止。如果事先对自变量的判别能力不够了解或者没有把握,可以选择该项,通过逐步判别筛选出判别能力最显著的变量,建立最优判别函数。该案例选择"使用步进法"进行判别。

4. 定义统计量

单击 Statistics 按钮,打开"判别分析:统计"对话框,定义输出统计量(图 10-33)。该对话框包括 3 个选项组:"描述性"、"函数系数"和"矩阵"。

(1) "描述性"选项组:选择设置输出的描述性统计量,可用选项有"平均值(包括标准差)"、"单变量 ANOVA"以及 Box's M 检验。

- "平均值":显示自变量的总平均值、组平均值和标准差。
- "单变量 ANOVA":为每个自变量的组平均值的等同性执行单向方差检验分析。
- Box's M:输出组协方差矩阵的等同性假设检验。对于足够大的样本,如果检验结果为不显著,则表示断定矩阵不同的证据不足。该检验对于偏离多变量正态性很敏感。

(2) "函数系数"选项组:用以输出判别函数的系数,可用的选项有 Fisher's 的分类系数和"未标准化"的系数。

- Fisher's:显示可以直接用于分类的 Fisher 分类函数系数。每个组别都将获得各自的分类函数系数。如果要将一个个案分配给某个组别,该个案必须对该组具有最大的判别系数,即分类函数值。
- "未标准化":显示未标准化的判别函数系数。

(3) "矩阵"选项组:该项用以输出自变量的系数矩阵,可用的自变量系数矩阵有"组内相关性"矩阵、"组内协方差"矩阵、"分组协方差"矩阵和"总体协方差"矩阵。

- "组内相关性"矩阵:显示汇聚的组内相关性矩阵,获取该矩阵的方法是在计算相关性之前,求得所有组的单个协方差矩阵的平均值。
- "组内协方差"矩阵:显示汇聚的组内协方差矩阵,该矩阵与总协方差矩阵可能不同。获取该矩阵的方法是,求得所有组的单个协方差矩阵的平均值。
- "分组协方差"矩阵:显示每个组的分离协方差矩阵。
- "总体协方差"矩阵:显示来自所有个案的协方差矩阵。

本案例选择输出所有判别分析统计量,如图 10-33 所示。定义完成后,单击"继续"按钮返回。

5. 判别方法设置

选择"使用步进法"将激活"方法"按钮。单击"方法"按钮,打开"判别分析:步进法"对话框(图 10-34)。该对话框包括 3 个设置选项组:"方法"、"标准"和"输出"。

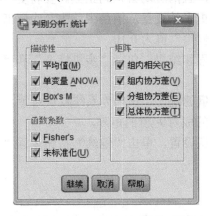

图 10-33 "判别分析:统计"对话框

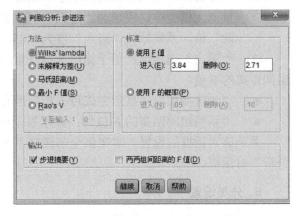

图 10-34 "判别分析:步进法"对话框

(1) "方法"选项组:设置步进法判别分析的方法,可用分析方法有 Wilks' lambda、

"未解释方差"、"马氏距离"、"最小 F 值"以及 Rao's V。

- Wilks' lambda：这是一种用于步进法判别分析的变量选择方法，它基于变量能在多大程度上降低 Wilks' lambda 来选择要输入到方程中的变量。在每一步，均是输入能使总体 Wilks' lambda 最小的变量。Wilks' lambda 的取值范围为 0～1，取值越小，说明变量对模型的影响越显著。
- "未解释方差"：如果选择该项，在每一步，均是输入能使组间未解释变动合计最小的变量。
- "马氏距离"：用以测量自变量上个案的值与所有个案的平均值的相异程度。大的马氏距离表示个案在一个或多个自变量上具有极值。每一步都选择邻近类间马氏距离最大的变量进入判别函数式。
- "最小 F 值"：每一步都选择基于从组间马氏距离计算得到的 F 比最大的变量进入判别式。
- Rao's V：它是组平均值之间的差分的测量，也称为 Lawley-Hotelling 轨迹。在每一步，能使 Rao 的 V 增加最大的变量被选入判别式。选择此选项之后，将激活"V 至输入"文本框，输入要进入判别分析的变量必须具有的最小值。当某变量导致的 V 值增量大于指定值时，该变量就进入判别函数。

(2) "标准"选项组：该项用于设置步进法判别分析过程中判别停止的条件，可用的备用项包括"使用 F 值"和"使用 F 的概率"。

- "使用 F 值"：该项为默认项。如果变量的 F 值大于"进入"值，那么该变量输入模型，如果 F 值小于"删除"值，那么该变量从模型中移去。"进入"值必须大于"删除"值，且两者均必须为正数。要将更多的变量选入到模型中，应降低"进入"值；要将更多的变量从模型中移去，应增大"删除"值。系统默认"进入"值为 3.84，"删除"值为 2.71。
- "使用 F 的概率"：选择该项表示如果变量的 F 值的显著性水平小于"进入"值，则将该变量选入模型中；如果该显著性水平大于"删除"值，则将该变量从模型中移去。"进入"值必须小于"删除"值，且两者均必须为正数。要将更多的变量选入模型中，应增加"进入"值；要将更多的变量从模型中移去，应降低"删除"值。系统默认"进入"值为 0.05，"删除"值为 0.10。

(3) "输出"选项组：用于输出选择变量的过程和结果，包括"步进摘要"和"两两组间距离的 F 值"。

- "步进摘要"：显示完成每一步后所有变量的统计。该项为系统默认设置。
- "两两组间距离的 F 值"：显示每一组对的成对 F 值的矩阵。

关于该对话框的设置，本案例全部选择系统默认设置。单击"继续"按钮返回"判别分析"对话框。

6. 分类设置

单击"分类"按钮，打开"判别分析：分类"对话框(见图 10-35)。该对话框包括 4 个选项组和 1 个复选框。

(1) "先验概率"选项组：此选项组用以确定先验概率的计算方法。

- "所有组相等"：选择该项表示假设各组的先验概率都相等。该项是默认设置。
- "根据组大小计算"：基于各组观测量在总观测量中所占的比例来计算先验概率。例如，如果分析中50%的观测量属于第一组，25%属于第二组，25%属于第三组，那么会调整分类系数以增加第一组相对于其他两组的成员身份可能性。

(2) "使用协方差矩阵"选项组：此选项组用于设置协方差矩阵的计算方法。

- "在组内"：该项表示使用组内协方差矩阵对个案分类。
- "分组"：该项表示使用分组协方差矩阵对个案分类。由于分类基于判别函数(而非基于原始变量)，因此该选项并不总是等同于二次判别。

(3) "输出"选项组：该选项组用于设置输出结果，可用的显示选项有个案结果、摘要表和留一分类。

- "个案结果"：为每个个案显示实际组的代码、预测组、后验概率和判别分数。如果选择此项，则"将个案限制在前"选项被激活，在其后的文本框输入整数 n，表示仅输出前 n 个观测量。
- "摘要表"：输出基于判别分析，正确地和不正确地指定给每个组的个案数。有时称为"混乱矩阵"。
- "留一分类"：输出判别分析中每个个案由除该个案之外的所有其他个案生成的函数来进行分类的结果。这也称为"U方法"。

(4) "图"选项组：用于设置输出的图形，可用的选项有"合并组"、"分组"和"面积图"。

- "合并组"：创建前两个判别函数值的所有组散点图。如果只有一个函数，则转而显示一个直方图。
- "分组"：创建前两个判别函数值的分组散点图。如果只有一个函数，则转而显示直方图。
- "面积图"：基于判别函数将个案分组，图中面积的个数与分组数相同，每一分组的平均值在其面积的边界内用一个星号表示。如果只有一个判别函数，则不显示面积图。

(5) "使用平均值替换缺失值"复选框：选择该选项，仅在分类阶段用自变量的平均值代替缺失值。

本案例对于分类的选项设置如图10-35所示。设置完毕后，单击"继续"按钮返回。

7．保存设置

单击"保存"按钮，打开"判别分析：保存"对话框(见图10-36)。该对话框用于向活动数据文件保存新变量，可用的选项有"预测组成员"、"判别分数"和"组成员概率"。

- "预测组成员"：选择此项将建立新变量"Dis_1"，用于保存预测变量所属类别数。
- "判别分数"：选择此项将建立新变量保存判别分数。
- "组成员概率"：选择此项将建立新变量保存各观察量所属类别的概率值。
- "将模型信息输出到XML文件"：可以将模型信息导出到指定的XML格式文件，以便将该模型文件中的信息应用于其他数据文件充当评分依据。

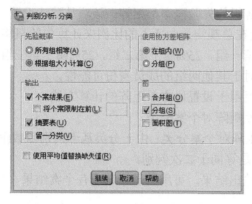

图 10-35 "判别分析：分类"对话框

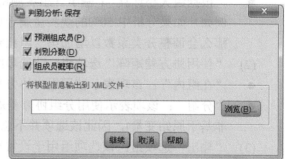

图 10-36 "判别分析：保存"对话框

对于该设置，我们选择保存前 3 个项目。完成设置后，单击"继续"按钮返回"判别分析"对话框。

8. 输出分析结果

全部设置完成后，单击"确定"按钮，SPSS 输出判别分析的结果(见表 10-19 至表 10-40，图 10-37 至图 10-39)。

9. 分析结果解读

(1) 表 10-18 是案例分析的个案处理摘要。从摘要中可以看出，本案例共计个案 67 个，有效 53 个，占总体的 79.1%，排除个案(即有缺失值的无效个案)14 个，占 20.9%。这 14 个未被处理的个案正是我们要通过判别分析予以分类的个案。

表 10-18 个案处理摘要

未加权的个案		数字	百分比
有效		53	79.1
除外	缺失或超出范围组代码	14	20.9
	至少一个缺失差异变量	0	.0
	两个缺失或超出范围组代码和至少一个缺失差异变量	0	.0
	总计	14	20.9
总计		67	100.0

(2) 表 10-19 是案例中个案分组统计表。表中给出了每一组(共 2 组)的平均值、标准偏差和有效个案数。从中我们可以看出 2 组运动员在各个变量上的差异。

表 10-19 组统计表

组 别		平均值	标准偏差	有效 N(成列)	
				未加权	加权
一级运动员	30 米跑	3.4332	.20937	28	28.000
	投掷小球	4.2800	.18239	28	28.000

续表

组 别		平均值	标准偏差	有效 N(成列)	
				未加权	加权
一级运动员	挺举重量	85.8586	3.43070	28	28.000
	抛实心球	77.1429	8.96790	28	28.000
	前抛铅球	97.3214	12.05559	28	28.000
	五级跳	18.7414	.96900	28	28.000
健将级运动员	30 米跑	3.3524	.25005	25	25.000
	投掷小球	4.0848	.21886	25	25.000
	挺举重量	102.3428	7.57679	25	25.000
	抛实心球	85.1000	9.90791	25	25.000
	前抛铅球	109.0000	11.36515	25	25.000
	五级跳	23.5214	1.63031	25	25.000
总计	30 米跑	3.3951	.23082	53	53.000
	投掷小球	4.1879	.22149	53	53.000
	挺举重量	93.6342	10.08088	53	53.000
	抛实心球	80.8962	10.15616	53	53.000
	前抛铅球	102.8302	13.02769	53	53.000
	五级跳	20.9962	2.74182	53	53.000

(3) 表 10-20 为组平均值等同检验表。它反映的是各组在不同分类指标的平均值上的差异。从表中可以清楚地看出，"30 米跑"的 Wilks' lambda 值最高，为 0.969(Wilks' lambda 的取值范围为 0~1，值越小，说明该变量对模型的影响越显著)；F 值仅 1.639，概率 P 值为 0.206，远远大于 0.05 的水平。这说明"30 米跑"的组间差异不显著，不适合作为判别分析的变量。其他 5 项的平均值等同检验结果的 P 值均小于 0.05，说明它们的组间差异达到显著或非常显著，适合进行判别分析。

表 10-20 组平均值等同检验表

	Wilks' Lambda	F	df1	df2	显著性
30 米跑	.969	1.639	1	51	.206
投掷小球	.803	12.533	1	51	.001
挺举重量	.321	107.948	1	51	.000
抛实心球	.844	9.420	1	51	.003
前抛铅球	.796	13.079	1	51	.001
五级跳	.228	172.651	1	51	.000

(4) 表 10-21 为组内协方差和相关系数矩阵列表，表 10-22 为组间协方差矩阵。判断函数的系数就是通过协方差矩阵计算而来的。从表 10-21 的相关系数来看，有些自变量之间的相关系数较大，比如五级跳和挺举重量之间相关系数为 0.806，前抛铅球和抛实心球之

间的相关系数为 0.738。这说明它们之间有较强的线性相关关系。表 10-22 的组间协方差同样表明，前抛铅球和抛实心球之间无论是在一级运动员(类别 1)中还是在健将级运动员(类别 2)中都呈很强的正相关。另外，表 10-21 和表 10-22 还表明，一些项目之间呈负相关关系，如 30 米跑几乎和其他所有项目都呈负相关。从而表 10-23 则是对数决定因子表，它给出了各组和共享的组内行列式的自然对数值和相应的等级。一级运动员(类别 1)的行列式的自然对数值为 0.789，健将级运动员(类别 2)的行列式的自然对数值为 2.255，共享的组内行列式的自然对数值为 1.792。

表 10-21 组内协方差和相关系数矩阵列表[a]

		30 米跑	投掷小球	挺举重量	抛实心球	前抛铅球	五级跳
协方差	30 米跑	.053	-.003	-.430	-.655	-1.039	-.120
	投掷小球	-.003	.040	.390	-.207	.158	.084
	挺举重量	-.430	.390	33.246	13.138	30.717	6.145
	抛实心球	-.655	-.207	13.138	88.773	81.632	4.413
	前抛铅球	-1.039	.158	30.717	81.632	137.728	8.459
	五级跳	-.120	.084	6.145	4.413	8.459	1.748
相关系数	30 米跑	1.000	-.066	-.325	-.303	-.386	-.395
	投掷小球	-.066	1.000	.337	-.110	.067	.317
	挺举重量	-.325	.337	1.000	.242	.454	.806
	抛实心球	-.303	-.110	.242	1.000	.738	.354
	前抛铅球	-.386	.067	.454	.738	1.000	.545
	五级跳	-.395	.317	.806	.354	.545	1.000

注：a. 协方差矩阵具有 51 个自由度。

表 10-22 组间协方差矩阵[a]

组别		30 米跑	投掷小球	挺举重量	抛实心球	前抛铅球	五级跳
一级运动员	30 米跑	.044	.002	-.658	-1.233	-1.667	-.170
	投掷小球	.002	.033	-.028	.061	-.052	-.002
	挺举重量	-.658	-.028	11.770	20.177	28.144	2.915
	抛实心球	-1.233	.061	20.177	80.423	95.767	5.928
	前抛铅球	-1.667	-.052	28.144	95.767	145.337	8.384
	五级跳	-.170	-.002	2.915	5.928	8.384	.939
健将级运动员	30 米跑	.063	-.008	-.175	-.005	-.333	-.063
	投掷小球	-.008	.048	.859	-.509	.395	.181
	挺举重量	-.175	.859	57.408	5.218	33.611	9.778
	抛实心球	-.005	-.509	5.218	98.167	65.729	2.709
	前抛铅球	-.333	.395	33.611	65.729	129.167	8.544
	五级跳	-.063	.181	9.778	2.709	8.544	2.658

续表

组别		30米跑	投掷小球	挺举重量	抛实心球	前抛铅球	五级跳
总计	30米跑	.053	.001	-.760	-.806	-1.259	-.216
	投掷小球	.001	.049	-.435	-.598	-.424	-.155
	挺举重量	-.760	-.435	101.624	46.201	79.023	26.040
	抛实心球	-.806	-.598	46.201	103.148	103.665	13.989
	前抛铅球	-1.259	-.424	79.023	103.665	169.721	22.475
	五级跳	-.216	-.155	26.040	13.989	22.475	7.518

注：a. 总协方差矩阵具有 52 个自由度。

表 10-23 对数决定因子

组别	等级	对数决定因子
一级运动员	3	.789
健将级运动员	3	2.255
共享的组内	3	1.792

(5) 表 10-24 是协方差矩阵相等的 Box's M 检验结果。从表中数据看来，Box's M 的统计量为 16.012＞0.05，接受协方差矩阵相等的假设，因此在显著性水平为 0.05 的临界值上认为各组的协方差矩阵相等(组间均值存在显著差异和组间协方差相等是获得可靠判别结果的重要条件)。另外，F 检验显著性概率值 0.02＜0.05，表明判别分析显著，错判率将很小。

表 10-24 Box's M 检验结果

		测试结果
Box's M(B)		16.012
F	上次读取的	2.497
	df1	6
	df2	18167.377
	显著性	.020

注：检验等同物填充协方差矩阵的空假设。

(6) 10-25 是判别分析的各个步骤中输入/删除变量列表。可以看出，该案例的判别分析过程共有 3 步：在第一步中，输入变量"五级跳"，Wilks' lambda 值为 0.228，精确 F 值显著性检验结果为 0.000，达到非常显著；同样，在第二步和第三步分别输入"投掷小球"和"前抛铅球"后的 Wilks' lambda 值分别为 0.176 和 0.160，显著性检验结果达到非常显著。这说明，以上 3 个指标对判别分析效果显著。

表 10-25　输入/删除变量列表 [a,b,c,d]

步长(T)	已输入	Wilks' Lambda				精确 F			
		统计	df1	df2	df3	统计	df1	df2	显著性
1	五级跳	.228	1	1	51.000	172.651	1	51.000	.000
2	投掷小球	.176	2	1	51.000	116.963	2	50.000	.000
3	前抛铅球	.160	3	1	51.000	85.601	3	49.000	.000

注：在每个步骤中，输入最小化总体 Wilks' Lambda 的变量。
　　a. 步骤的最大数为 12。
　　b. 要输入的最小部分 F 为 3.84。
　　c. 要卸下的最大部分 F 为 2.71。
　　d. 进一步计算的 F 级别、容许或 VIN 不足。

(7) 表 10-26 给出了参与分析的变量列表，表 10-27 给出了未参与分析的变量列表。二表是相对应的，也是相反的。从表 10-26 可知，第一步"五级跳"进入分析，第二步"投掷小球"又被加入，第三步"前抛铅球"也被输入。至此，判别函数中共有 3 个自变量。而表 10-27 则给出了相反的过程，在步骤 0 时(即开始分析之前)，共有 6 个变量都未参与分析，步骤 1 时，"五级跳"消失了，说明它已经进入了分析。同样，步骤 2 时，"投掷小球"消失，步骤 3 时，"前抛铅球"消失。最终，共有 3 个变量"30 米跑"、"挺举重量"和"抛实心球"被留下，没有参与分析。

表 10-26　参与分析的变量列表

步长(T)		容　许	要卸去的 F	Wilks' Lambda
1	五级跳	1.000	172.651	
2	五级跳	.900	177.916	.803
	投掷小球	.900	14.745	.228
3	五级跳	.624	149.776	.650
	投掷小球	.884	15.565	.211
	前抛铅球	.690	4.852	.176

表 10-27　未参与分析的变量列表

步长(T)		容　许	最小容许	要输入的 F	Wilks' Lambda
0	30 米跑	1.000	1.000	1.639	.969
	投掷小球	1.000	1.000	12.533	.803
	挺举重量	1.000	1.000	107.948	.321
	抛实心球	1.000	1.000	9.420	.844
	前抛铅球	1.000	1.000	13.079	.796
	五级跳	1.000	1.000	172.651	.228
1	30 米跑	.844	.844	4.057	.211
	投掷小球	.900	.900	14.745	.176

续表

步长(T)		容 许	最小容许	要输入的 F	Wilks' Lambda
1	挺举重量	.350	.350	.026	.228
	抛实心球	.874	.874	.643	.225
	前抛铅球	.703	.703	4.003	.211
2	30 米跑	.840	.759	3.937	.163
	挺举重量	.343	.343	.123	.176
	抛实心球	.820	.746	2.509	.168
	前抛铅球	.690	.624	4.852	.160
3	30 米跑	.801	.588	2.134	.153
	挺举重量	.342	.305	.189	.160
	抛实心球	.429	.362	.007	.160

(8) 表 10-28 是 Wilks' Lambda 值及 F 检验统计表。Wilks' Lambda 的检验结果用于检验各个判别函数有无统计学上的显著意义。从表中看出，随着分析步骤的推进和变量数的增加，Wilks' Lambda 的值越来越小，表明判别函数越来越显著成立。精度 F 检验显著性均为 0.000，表明判别函数达到极其显著的统计学意义。

表 10-28 Wilks' Lambda 值及 F 检验统计表

步长(T)	变量数	Lambda(L)	df1	df2	df3	精确 F			
						统计	df1	df2	显著性
1	1	.228	1	1	51	172.651	1	51.000	.000
2	2	.176	2	1	51	116.963	2	50.000	.000
3	3	.160	3	1	51	85.601	3	49.000	.000

(9) 表 10-29 和表 10-30 分别给出了判别函数的特征值及其显著性检验结果。函数特征值越大，表示该函数越有区别力。表 10-29 表明，该判别函数的特征值为 5.241，典型(规范)相关系数为 0.916，达到显著相关，典型相关系数表示判别函数分数与组别间的关联程度。表 10-30 给出了判别函数特征值的显著性检验，其中 Wilks' Lambda 值达到很小的 0.160，卡方统计量为 90.640，显著性检验概率 P 值为 0.000。由此，我们断定判别函数显著有效。

表 10-29 判别函数的特征值

函 数	特征值	方差百分比	累积 %	规范相关性
1	5.241[a]	100.0	100.0	.916

a. 在分析中使用第一个规范判别式函数 1。

表 10-30 判别分析的特征值的显著性检验

函数检验	Wilks' Lambda	卡 方	自由度	显著性
1	.160	90.640	3	.000

(10) 表 10-31 为标准化的典型(规范)判别式函数系数。可以看出，进入判别式的 3 个自

变量的标准化判别系数分别是-0.570，-0.394和1.199。标准化判别系数越大，表示该变量和判别函数的相关性越大。由此可得本案例的标准化判别函数为Function=-0.570x 投掷小球-0.394x 前抛铅球+1.199x 五级跳。表10-32的结构矩阵给出的是判别变量与标准化典型判别式函数之间共享的组内相关性。相关系数绝对值越大，表示该变量对判别函数的影响越大。可见，"五级跳"对判别函数的影响最大，其次为"挺举重量"，影响最小的是"抛实心球"。同时，结构矩阵还标出了分析中未使用的变量。

表10-31　标准化的典型判别式函数系数

	函　数
	1
投掷小球	-.570
前抛铅球	-.394
五级跳	1.199

表10-32　结构矩阵

	函　数
	1
五级跳	.804
挺举重量 [a]	.595
30米跑 [a]	-.284
前抛铅球	.221
投掷小球	-.217
抛实心球 [a]	.196

注：差异变量和标准规范判别式函数之间共享的组内相关性。
　　按函数内相关性绝对大小排序的变量。
　　a. 分析中未使用此变量。

(11) 表10-33给出的是非标准化的函数系数。标准化的判别函数系数需要在使用前将原始变量标准化，而非标准化函数系数可直接使用原始变量进行计算。根据表中所列非标准化函数系数，我们可将非标准化判别函数表达如下：Function=-3.679-2.844x 投掷小球-0.034x 前抛铅球+0.907x 五级跳。表10-34是按非标准化判别函数计算出的组质心中的函数，即利用判别函数在各类均值处的判别分数值。

表10-33　非标准化的典型判别式函数系数

	函　数
	1
投掷小球	-2.844
前抛铅球	-.034
五级跳	.907
(常量)	-3.679

注：非标准系数。

表 10-34 组质心中的函数

组 别	函 数
	1
一级运动员	-2.122
健将级运动员	2.377

注：组平均值中评估的非标准规范判别式函数

(12) 表 10-35 给出了判别分析的分类处理摘要。可以看出，全部 67 个个案均被处理，没有个案被排除。

表 10-35 分类处理摘要

已处理		67
除外	缺失或超出范围组代码	0
	至少一个缺失差异变量	0
输出中使用的		67

(13) 表 10-36 列出了组的先验概率。显然，类别 1(一级运动员)的先验概率为 0.528，类别 2(健将级运动员)的先验概率为 0.472。表 10-37 所示为 Fisher 线性判别式各类别的函数系数。至此，我们可以建立类别 1 和类别 2 的判别模型如下：

- F_1=-263.930+95.723x 投掷小球+0.314x 前抛铅球+4.608x 五级跳。
- F_2=-281.168+82.929x 投掷小球+0.162x 前抛铅球+8.689x 五级跳。

表 10-36 组的先验概率

组 别	先 验	已在分析中使用的个案	
		未加权	加 权
一级运动员	.528	28	28.000
健将级运动员	.472	25	25.000
总计	1.000	53	53.000

表 10-37 分类函数系数

	组 别	
	一级运动员	健将级运动员
投掷小球	95.723	82.929
前抛铅球	.314	.162
五级跳	4.608	8.689
(常量)	-263.930	-281.168

注：Fisher 的线性判别式函数。

(14) 表 10-38 是案例分析的个案统计表。表中第一列为个案编号，共 67 个个案；第二列为个案的实际组别，接下来是最高组和第二最高组的相应指标和每个个案的判别得分。最高组的预测结果就是判别分析想要得到的结果。可以看出，除了原始分组又被重新进行判别分析外，未分组的 14 名运动员也根据判别分析进行了分组。值得注意的是，40 号个案的实际组别与预测组别不同，表格予以了双星号标注。

表 10-38 个案统计表

	个案编号	实际组	最高组				第二最高组			判别得分
			预测组	$P(D>d \backslash G=g)$		$P(G=g \backslash D=d)$	到质心的马氏距离的平方	分组	$P(G=g \backslash D=d)$	到质心的马氏距离的平方	函数 1
				p	自由度						
原始	1	1	1	.991	1	1.000	.000	2	.000	20.343	-2.134
	2	1	1	.853	1	1.000	.034	2	.000	18.608	-1.937
	3	1	1	.557	1	1.000	.345	2	.000	25.871	-2.710
	4	1	1	.374	1	.998	.791	2	.002	13.026	-1.233
	5	1	1	.824	1	1.000	.049	2	.000	18.286	-1.900
	6	1	1	.165	1	1.000	1.926	2	.000	34.648	-3.510
	7	1	1	.303	1	.996	1.061	2	.004	12.030	-1.092
	8	1	1	.508	1	1.000	.439	2	.000	26.637	-2.785
	9	1	1	.145	1	1.000	2.129	2	.000	35.493	-3.581
	10	1	1	.944	1	1.000	.005	2	.000	20.870	-2.192
	11	1	1	.695	1	1.000	.154	2	.000	23.925	-2.515
	12	1	1	.355	1	1.000	.855	2	.000	29.412	-3.047
	13	1	1	.928	1	1.000	.008	2	.000	21.057	-2.212
	14	1	1	.949	1	1.000	.004	2	.000	19.668	-2.058
	15	1	1	.386	1	.998	.753	2	.002	13.183	-1.254
	16	1	1	.201	1	.989	1.636	2	.011	10.365	-.843
	17	1	1	.133	1	.970	2.253	2	.030	8.986	-.621
	18	1	1	.556	1	1.000	.347	2	.000	25.881	-2.711
	19	1	1	.065	1	1.000	3.396	2	.000	40.214	-3.965
	20	1	1	.633	1	1.000	.228	2	.000	16.170	-1.645
	21	1	1	.577	1	1.000	.310	2	.000	25.560	-2.679
	22	1	1	.897	1	1.000	.017	2	.000	21.424	-2.252
	23	1	1	.920	1	1.000	.010	2	.000	19.348	-2.022
	24	1	1	.894	1	1.000	.018	2	.000	21.451	-2.255
	25	1	1	.261	1	.994	1.264	2	.006	11.387	-.998
	26	1	1	.581	1	1.000	.305	2	.000	15.573	-1.570

第 10 章 聚类分析和判别分析

续表

个案编号		实际组	最高组				第二最高组			判别得分
			预测组	$P(D>d \mid G=g)$		$P(G=g \mid D=d)$	分组	$P(G=g \mid D=d)$	到质心的马氏距离的平方	函数 1
				p	自由度	到质心的马氏距离的平方				
原始	27	1	1	.904	1	1.000	.015	2	.000	21.337	-2.243
	28	1	1	.505	1	.999	.444	2	.001	14.685	-1.456
	29	2	2	.172	1	1.000	1.870	1	.000	34.409	3.744
	30	2	2	.670	1	1.000	.181	1	.000	24.248	2.802
	31	2	2	.828	1	1.000	.047	1	.000	22.240	2.594
	32	2	2	.114	1	1.000	2.503	1	.000	36.974	3.959
	33	2	2	.427	1	1.000	.630	1	.000	28.006	3.170
	34	2	2	.864	1	1.000	.029	1	.000	21.807	2.548
	35	2	2	.278	1	.994	1.178	1	.006	11.651	1.291
	36	2	2	.815	1	1.000	.055	1	.000	18.184	2.142
	37	2	2	.077	1	1.000	3.131	1	.000	39.287	4.146
	38	2	2	.088	1	1.000	2.905	1	.000	38.477	4.081
	39	2	2	.157	1	.975	2.000	1	.025	9.514	.962
	40	2	1**	.024	1	.516	5.110	2	.484	5.009	.139
	41	2	2	.367	1	.997	.813	1	.003	12.939	1.475
	42	2	2	.293	1	.995	1.104	1	.005	11.888	1.326
	43	2	2	.204	1	.986	1.614	1	.014	10.420	1.106
	44	2	2	.578	1	.999	.309	1	.001	15.543	1.821
	45	2	2	.637	1	1.000	.222	1	.000	16.219	1.905
	46	2	2	.616	1	1.000	.252	1	.000	25.003	2.878
	47	2	2	.175	1	1.000	1.836	1	.000	34.264	3.732
	48	2	2	.052	1	.778	3.782	1	.222	6.522	.432
	49	2	2	.427	1	.998	.632	1	.002	13.716	1.582
	50	2	2	.494	1	1.000	.467	1	.000	26.851	3.060
	51	2	2	.208	1	1.000	1.584	1	.000	33.143	3.635
	52	2	2	.934	1	1.000	.007	1	.000	19.499	2.294
	53	2	2	.830	1	1.000	.046	1	.000	22.218	2.592
	54	未分组的	1	.864	1	1.000	.029	2	.000	18.727	-1.951
	55	未分组的	1	.695	1	1.000	.153	2	.000	23.914	-2.514
	56	未分组的	1	.952	1	1.000	.004	2	.000	19.694	-2.061
	57	未分组的	1	.900	1	1.000	.016	2	.000	19.122	-1.996
	58	未分组的	1	.047	1	.786	3.942	2	.214	6.316	-.136

续表

个案编号	实际组	最高组				第二最高组			判别得分
		预测组	$P(D>d \mid G=g)$ p	自由度	$P(G=g \mid D=d)$	到质心的马氏距离的平方	分组	$P(G=g \mid D=d)$	到质心的马氏距离的平方	函数 1
59	未分组的	1	.238	1	.993	1.391	2	.007	11.017	-.943
60	未分组的	1	.920	1	1.000	.010	2	.000	19.348	-2.022
61	未分组的	2	.063	1	.839	3.447	1	.161	6.980	.520
62	未分组的	2	.003	1	1.000	9.007	1	.000	56.246	5.378
63	未分组的	1	.149	1	.977	2.084	2	.023	9.333	-.678
64	未分组的	2	.221	1	.989	1.498	1	.011	10.723	1.153
65	未分组的	2	.532	1	.999	.391	1	.001	15.002	1.751
66	未分组的	2	.160	1	.976	1.973	1	.024	9.573	.972
67	未分组的	2	.055	1	.799	3.674	1	.201	6.665	.460

注：**. 误分类个案。

(15) 表10-39为最终的分类结果。从表中可以看出，原始分组中类别1的28名一级运动员在预测组中仍划分为类别1，而原始分组中类别2的25名健将级运动员有一名(即40号个案)出现分类失误，经过判别分析，在预测组中被划分到了类别1。因此，原始分组的正确率为98.1%。在未分组的14名运动员中，经过判别分析，有8名归为类别1，6名归为类别2。表格还给出了各个类别个案所占的比例。

表10-39 分类结果 [a]

		组 别	预测组成员资格		总 计
			一级运动员	健将级运动员	
原始	计数	一级运动员	28	0	28
		健将级运动员	1	24	25
		未分组的个案	8	6	14
	%	一级运动员	100.0	.0	100.0
		健将级运动员	4.0	96.0	100.0
		未分组的个案	57.1	42.9	100.0

注：a. 98.1% 正确分类的原始分组个案。

(16) 图10-37至10-39分别给出了类别1、类别2和未分组的个案的函数值的分布的直方图，可以看出类别1和类别2的平均值分别为-2.12和2.38，差异非常显著。而未分组个案的平均值为-0.15，介于类别1和类别2之间。这说明未分组的个案中有的属于类别1，有的属于类别2。直方图清楚地显示，未分组的函数值分布有既与类别1重叠的部分，也有与类别2重叠的部分。

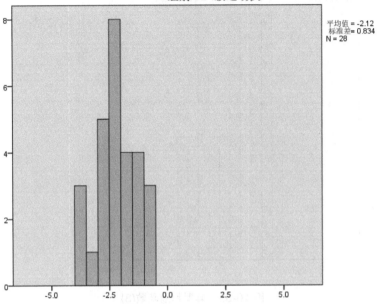

图 10-37 典型判别函数(1)

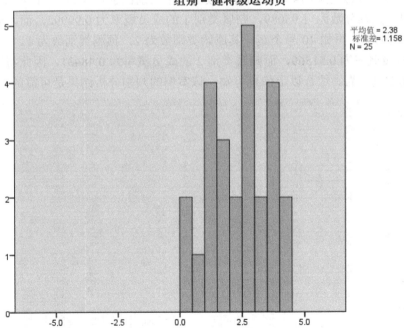

图 10-38 典型判别函数(2)

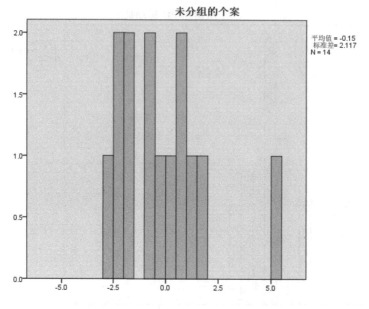

图 10-39　典型判别函数(3)

(17) 由于在设置中我们选择的保存变量是“预测组成员”、“判别分数”和“组成员概率”，因此在活动数据文件中新增图 10-40 所示的 4 个变量。它们分别是 Dis_1(预测组成员)，Dis1_1(函数 1 的判别分数)、Dis1_2(类别 1 的成员概率)和 Dis2_2(类别 2 的成员概率)。从表中可知，未分组的 14 名运动员均被赋予了类别标示。以 54 号个案为例，其预测分组为类别 1，判别分数为-1.95089，归属类别 1 的成员概率为 0.99992，而归属类别 2 的成员概率为 0.00008。再如 40 号个案，其原始类别数为 2，预测类别数为 1。由于 40 号归属类别 1 的成员概率为 0.51569，而归属类别 2 的成员概率为 0.48431，因此将其归于类别 1 比归于类别 2 更可靠。综合以上信息可知，该案例的判别分析结果是可靠的。

	编号	组别	项目1	项目2	项目3	项目4	项目5	项目6	Dis_1	Dis1_1	Dis1_2	Dis2_2
37	37	2	3.30	3.90	109.00	100.00	120.00	25.30	2	4.14593	.00000	1.00000
38	38	2	3.10	3.95	98.40	95.00	115.00	25.20	2	4.08098	.00000	1.00000
39	39	2	3.14	3.90	95.30	90.00	110.00	21.42	2	.96250	.02549	.97451
40	40	2	3.60	4.30	93.60	75.00	85.00	20.84	1	.13855	.51569	.48431
41	41	2	3.12	3.90	95.80	80.00	105.00	21.80	2	1.47514	.00260	.99740
42	42	2	3.00	3.90	93.80	85.00	90.00	21.08	2	1.32594	.00507	.99493
43	43	2	3.40	3.91	96.30	110.00	120.00	21.98	2	1.10609	.01352	.98648
44	44	2	3.63	3.78	98.56	85.00	120.00	22.36	2	1.82050	.00055	.99945
45	45	2	3.30	3.98	97.40	85.00	100.00	22.34	2	1.90537	.00038	.99962
46	46	2	3.30	4.40	112.00	75.00	110.00	25.10	2	2.87837	.00000	1.00000
47	47	2	3.50	4.10	107.70	87.50	110.00	25.10	2	3.73161	.00000	1.00000
48	48	2	3.40	4.20	92.10	80.00	120.00	22.15	2	.43186	.22155	.77845
49	49	2	3.60	4.10	99.48	85.00	120.00	23.10	2	1.58160	.00161	.99839
50	50	2	3.10	4.40	116.00	75.00	110.00	25.30	2	3.05978	.00000	1.00000
51	51	2	3.12	4.00	102.70	80.00	110.00	24.68	2	3.63507	.00000	1.00000
52	52	2	3.60	4.10	115.00	85.00	115.00	23.70	2	2.29379	.00007	.99993
53	53	2	3.50	4.30	97.80	75.00	100.00	24.10	2	2.59166	.00002	.99998
54	54	.	3.50	4.10	85.30	75.00	105.00	18.65	1	-1.95089	.99992	.00008
55	55	.	3.40	4.40	85.40	75.00	95.00	18.60	1	-2.51357	.99999	.00001
56	56	.	3.60	4.30	85.36	75.00	90.00	18.60	1	-2.06119	.99995	.00005
57	57	.	3.60	4.10	83.70	75.00	105.00	18.60	1	-1.99624	.99994	.00006
58	58	.	3.20	4.10	89.35	75.00	95.00	20.28	1	-.13648	.78585	.21415
59	59	.	3.40	4.15	86.28	60.00	77.50	18.90	1	-.94256	.99280	.00720
60	60	.	3.60	4.20	84.10	80.00	100.00	18.70	1	-2.02199	.99994	.00006
61	61	.	3.10	4.10	98.00	95.00	130.00	22.30	2	.52004	.16066	.83934
62	62	.	3.00	4.10	122.00	100.00	115.00	27.10	2	5.37775	.00000	1.00000
63	63	.	3.20	4.30	92.68	80.00	105.00	20.68	1	-.67841	.97675	.02325
64	64	.	3.10	4.20	91.76	85.00	100.00	22.20	2	1.15268	.01099	.98901
65	65	.	3.30	4.20	98.40	65.00	100.00	22.86	2	1.75133	.00075	.99925
66	66	.	3.30	4.60	92.00	80.00	95.00	23.07	2	.97212	.02443	.97557
67	67	.	3.40	4.30	97.36	75.00	110.00	22.12	2	.45978	.20064	.79936

图 10-40　判别分析结果的变量保存

10.6 思 考 题

1. 常用的聚类分析有哪几种？它们之间有什么区别？
2. 聚类分析和判别分析有何区别与联系？
3. 熟练掌握二阶聚类分析和步进法判别分析的一般步骤和结果解读。
4. 根据文件"城市分类.sav"中的各种指数对所列城市进行系统聚类分析。
5. 针对大学生的就业观，我们做了关于未来职业认同感的调查，整理获得数据文件"职业认同感调查.sav"，请就该文件进行 K 平均值聚类分析，将全体受试者分为 4 类。
6. 现有数据文件"入学体检报告.sav"一份，请就该文件依据各身体指标进行二阶聚类分析，详细解释分析结果并将各身体指标在二阶聚类分析中按重要性排序。
7. 现有某校某专业的"英语专业成绩单.sav"一份，我们通过聚类分析将他们总体上分为两类。由于某种原因，该班内部分同学没有被分类，请依据该成绩单进行判别分析以确定这些未分类的同学的组别归属，并尝试为两个类别分别建立判别式。

第 11 章 主成分分析与因子分析

在社会、政治、经济和医学等领域的研究中往往需要对反映事物的多个变量进行大量的观察，并收集大量的数据资料以便进行统计分析并寻找事物的内在关系和规律。然而，在第 9 章的回归分析中，我们已经知道，在上述研究中经常会遇到因为变量较多而产生多元共线性的问题。这样带来的直接后果就是因为变量信息的过度重叠而导致分析结果不够准确或产生巨大的误差。在统计学中，解决这个问题的主要方式就是主成分分析和因子分析。通过主成分分析和因子分析，我们能够将原来彼此关联的多个变量浓缩至尽量少的彼此不相关的变量，但同时又能够保留原变量指标中所蕴含的大部分信息。这样的数据整合方式在 SPSS 中称之为降维，常用于对问卷等社科领域的测量工具的结构效度分析。

11.1 主成分分析

在多变量分析中的最大问题莫过于经常发生于它们之间的多元线性问题。SPSS 降维分析中的主成分分析就可以很好地解决这个问题。所谓主成分分析(principal components analysis, PCA)，也称主分量分析，是由 Karl Pearson 在 1901 年提出并由霍特林(Hotelling, 1933)加以发展的，它旨在利用降维的思想，把多个变量指标转化为少数几个综合指标，使问题的分析变得更加容易。

11.1.1 统计学原理

主成分分析就是将多个变量指标通过线性变换浓缩为少数几个主成分指标的多元统计分析方法。它的基本思想是把原来多个相关性较强的变量，重新整合为一组互不相关的新的综合指标来代替原来的变量。它是借助于一个正交变换，将其分量相关的原随机向量转化成其分量不相关的新随机向量，这在代数上表现为将原随机向量的协方差阵变换成对角形阵，在几何上表现为将原坐标系变换成新的正交坐标系，使之指向样本点散布最开的 p 个正交方向，然后对多维变量系统进行降维处理，使之能以一个较高的精度转换成低维变量系统，再通过构造适当的价值函数，进一步把低维系统转化成一维系统。方差较大的几个新变量能够综合反映原来多个变量所包含的主要信息。这几个新变量就是主成分。主成分分析的一般目的是变量降维和主成分评价。

1. 主成分分析的统计学原理表述

主成分分析的统计学原理可表述为：假定有 n 个样本，每个样本共有 p 个变量，构成一个 $n \times p$ 阶的资料矩阵：

$$X = \begin{bmatrix} x_{11} & x_{12} & \cdots & x_{1p} \\ x_{21} & x_{22} & \cdots & x_{2p} \\ \vdots & \vdots & & \vdots \\ x_{n1} & x_{n2} & \cdots & x_{np} \end{bmatrix}$$

记原变量指标为 $x_1, x_2, \cdots, x_p$，设它们降维处理后的综合指标，即新变量为 $z_1, z_2, z_3, \cdots, z_m (m \leqslant p)$，则

$$\begin{cases} z_1 = l_{11}x_1 + l_{12}x_2 + \cdots + l_{1p}x_p \\ z_2 = l_{21}x_1 + l_{22}x_2 + \cdots + l_{2p}x_p \\ \cdots\cdots\cdots\cdots \\ z_m = l_{m1}x_1 + l_{m2}x_2 + \cdots + l_{mp}x_p \end{cases}$$

主成分表达式中的系数 l_{ij} 的确定原则是：

(1) z_i 与 $z_j (i \neq j;\ i,j = 1,2,\cdots,m)$ 相互无关；

(2) z_1 是 $x_1, x_2, \cdots, x_p$ 的一切线性组合中方差最大者，称第一主成分；z_2 是与 z_1 不相关的 $x_1, x_2, \cdots, x_p$ 的所有线性组合中方差最大者，称第二主成分；z_m 是与 $z_1, z_2, \cdots, z_{m-1}$ 都不相关的 $x_1, x_2, \cdots, x_p$ 的所有线性组合中方差最大者，称第 m 主成分。

新变量指标 z_m 分别称为原变量指标 $x_1, x_2, \cdots, x_p$ 的第1，第2，……，第 m 主成分。

从以上的分析可以看出，主成分分析的实质就是确定原来变量 $x_j (j = 1, 2, \cdots, p)$ 在各个主成分 $z_i (i = 1, 2, \cdots, m)$ 上的载荷 $l_{ij} (i = 1, 2, \cdots, m; j = 1, 2, \cdots, p)$。它们分别是相关矩阵 m 个较大的特征值所对应的特征向量。

2. 主成分数量的筛选依据

(1) 累积方差贡献率：当前 m 个主成分的累积方差贡献率达到某一特定值(一般要80%以上)，就可以保留前 m 个主成分。

(2) 特征值：一般选取特征值$\geqslant 1$的主成分。

(3) 碎石图：一般选取碎石图的曲线上由陡峭变舒缓的节点前的碎石为主成分。

3. 主成分分析中的主要统计量

1) 方差贡献率

它指的是一个主成分所能解释的方差占全部方差的比例。这个值越大，说明这个主成分综合原始变量的信息的能力越强。方差贡献率的计算公式为

$$\frac{\lambda_i}{\sum_{k=1}^{p} \lambda_k} \quad (i = 1, 2, \cdots, p)$$

相应地，主成分筛选中所确定的前 m 个主成分所能解释的全部方差占总方差的比例称为累积方差贡献率。其计算公式为

$$\frac{\sum_{k=1}^{i} \lambda_k}{\sum_{k=1}^{p} \lambda_k} \quad (i=1,2,\cdots,p)$$

第一主成分的方差贡献率最大，它解释原始变量 $x_1, x_2, \cdots, x_p$ 的能力最强，而第二、第三、……、第 p 个主成分的解释能力依次递减。一般选取累计贡献率达 80%以上的特征值所对应的第 1、第 2、……、第 $m(m \leqslant p)$ 个主成分。

2) 特征值

特征值被看作是衡量主成分影响力的重要指标，它代表引入该主成分可以解释平均多少原始变量的信息。求出特征值后要按大小予以排列：$\lambda_1 \geqslant \lambda_2 \geqslant \cdots \geqslant \lambda_p \geqslant 0$。如果特征值小于 1，表示该主成分解释力非常低，一般以特征值大于 1 为筛选主成分的标准。

4. 主成分分析的适合度检验

确定一份数据是否适合进行主成分分析的常用检验方法有 Bartlett 球形检验和 KMO 取样适合度检验统计量。

1) Bartlett 球形检验

主成分分析主要用于将众多相关性很强的变量转化为少数不相关的变量。因此，原始变量之间存在相关性是进行主成分分析的首要条件。否则，原始变量无法进行降维处理。那么，如何确定原始变量之间是否存在相关性呢？为此，Bartlett 在 1950 年提出了著名的 Bartlett 球形检验的方法，用于检验变量相关系数矩阵是否为单位矩阵。

设变量相关系数矩阵为 R，Bartlett 球形检验的统计量为

$$x^2 \left[\frac{(p^2-p)}{2}\right] = -\left[(n-1) - \frac{(2p-5)}{6}\right] \ln|R|$$

公式中的 $\ln|R|$ 是相关系数矩阵行列式的自然对数；p 为原始变量个数；n 为样本容量。

如果原始变量之间相互独立，那么它们的相关系数矩阵 R 接近一个单位矩阵。此时，$|R|$ 接近 1，$\ln|R| \approx 0$；如果原始变量之间有相关关系，$|R|$ 接近 0，$\ln|R| \approx -\infty$。此时，SPSS 输出相关系数矩阵的行列式的值，即 $|R|$ 值。

Bartlett 球形检验的假设为：

H_0：相关系数矩阵是单位矩阵(变量不相关)。

H_1：相关系数矩阵不是单位矩阵(变量相关)。

SPSS 将输出 Bartlett 球形检验的卡方统计量、自由度和显著性值。如果显著性值 $P \leqslant 0.05$，则认为相关系数矩阵不是单位矩阵，可以进行主成分分析。同时，卡方值越大，说明变量之间相关性越强。

2) KMO 取样适合度检验统计量

KMO 取样适合度检验统计量通过比较样本间的相关系数平方和和偏相关系数平方和的大小以检验样本是否适合进行主成分分析。如果变量之间的相关系数的绝对值较大，而偏相关系数绝对值较小，则表明变量之间的高度相关可能与第三变量有关，存在多元线性相关的可能性较大，适合进行主成分分析或因子分析。KMO 统计量的定义如下：

$$\text{MSA}_i = \frac{\sum\sum_{i \neq j} r_{ij}^2}{\sum\sum_{i \neq j} r_{ij}^2 + \sum\sum_{i \neq j} p_{ij}^2}$$

其中，r_{ij} 为第 i 个变量与第 j 个变量的简单相关系数；p_{ij} 为第 i 个变量与第 j 个变量在控制了剩余变量之后的偏相关系数。

KMO 统计量 MSA 的取值为 0~1，越接近 1 说明变量间的相关度越强而偏相关度越低，样本数据越适合做主成分分析和因子分析。根据 Kaiser 的研究经验：MSA>0.9 以上表示非常合适；0.8~0.9 表示合适；0.7~0.8 表示一般；0.6~0.7 表示尚可；0.5~0.6 表示不太合适；0.5 以下表示极不合适。

11.1.2 SPSS 主成分分析案例应用

案例：在当前大学生就业困难的背景下，仍有很多大学生存在不恰当的就业观。对此我们做过关于未来就业展望方面的"未来就业认同调查"。该调查包括 26 个题目，从多方面多角度对调查主题进行了评测。现以该调查为依据进行主成分分析，尝试从众多变量指标中抽取出能够包含原始变量大多数信息的少数综合指标，以简化问题的研究。

提示：主成分分析模块在 SPSS 中是被有机地嵌入因子分析中的。因此，我们要通过因子分析程序来实现主成分分析。

案例分析步骤如下。

1. 启动程序

打开"未来就业认同调查.sav"文件，选择"分析"|"降维"|"因子分析"命令，打开"因子分析"对话框。

注意：鉴于主成分分析只是嵌入因子分析模块中的部分功能，因此该案例分析只介绍主成分分析的步骤及结果解读，不详细解释"因子分析"对话框的各种按钮所包含的设置和统计量的具体用法和含义。关于这些设置和统计，请参考下一节"因子分析"中的详细说明。

2. 选择变量

分别选择左侧列表框中的变量"题 1"到"题 26"，单击图标将其选入"变量"列表框(图 11-1)。

3. 统计量设置

单击"描述"按钮，打开"因子分析：描述统计"对话框(图 11-2)。该对话框包括 Statistics 和"相关性矩阵"两个选项组。本案例选择系统默认设置"原始分析结果"和"KMO 和 Bartlett 的球形度检验"。单击"继续"按钮返回。

图 11-1 "因子分析"对话框

图 11-2 "因子分析：描述统计"对话框

4. 主成分抽取设置

单击"抽取"按钮，打开"因子分析：抽取"对话框，该对话框的设置如图 11-3 所示。单击"继续"按钮返回。

5. 旋转方式设置

单击"旋转"按钮，打开"因子分析：旋转"对话框(图 11-4)。该对话框用于因子分析时的旋转方式设置。因此，本案例不做选择，保持系统默认设置"无"。单击"继续"按钮返回。

图 11-3 "因子分析：抽取"对话框

图 11-4 "因子分析：旋转"对话框

6. 得分保存设置

单击"得分"按钮，打开"因子分析：因子得分"对话框(图 11-5)。选中"保存为变量"复选框，将主成分分析得分保存于工作数据中，方法选择"回归"；然后选中"显示因子得分系数矩阵"复选框。单击"继续"按钮，返回"因子分析"对话框。

7. 选项设置

单击"选项"按钮，打开"因子分析：选项"对话框(图 11-6)。该对话框用于对缺失值的处理和系数显示格式的设置。单击"继续"按钮,返回"因子分析"对话框。

图 11-5 "因子分析:因子得分"对话框

图 11-6 "因子分析:选项"对话框

8. 输出分析结果

对话框设置完毕,单击"确定"按钮,SPSS 输出分析结果(见表 11-1 至表 11-5、图 11-7)。

9. 分析结果解读

(1) 表 11-1 是案例分析的 KMO 和 Bartlett 检验结果。从中可以看出,KMO 取样适合度检验统计量为 0.891,接近 0.9 的高水平,说明案例中的变量之间信息重叠程度很高,相关度很大。Bartlett 球形检验卡方值 3144.735,显著性值 P 为 0.000,达到极其显著的水平。两种检验都表明,该案例适合于主成分分析。

表 11-1 KMO 和 Bartlett 检验结果

KMO 取样适切性量数		.891
Bartlett 的球形度检验	上次读取的卡方	3144.735
	自由度	253
	显著性	.000

(2) 表 11-2 给出了公因子方差。公因子方差表示各变量所包含的信息能被提取的主成分所表示的程度,也称为共同度。"初始值"表示每个变量的原始信息均为 1,即 100%;而"提取"栏表示该变量的方差能够被主成分所表示的程度。可以看出,多数变量的方差均可被主成分解释 60%左右。公因子方差的最大值为题 15 的 0.701,最小值为题 4 的 0.315。

表 11-2 公因子方差

	初始值	提 取
题 1	1.000	.618
题 2	1.000	.657
题 3	1.000	.509
题 4	1.000	.315

续表

	初始值	提 取
题 5	1.000	.646
题 6	1.000	.638
题 7	1.000	.612
题 8	1.000	.496
题 9	1.000	.606
题 10	1.000	.488
题 11	1.000	.609
题 12	1.000	.484
题 13	1.000	.548
题 14	1.000	.616
题 15	1.000	.701
题 16	1.000	.604
题 17	1.000	.614
题 18	1.000	.671
题 19	1.000	.642
题 20	1.000	.673
题 21	1.000	.660
题 22	1.000	.529
题 23	1.000	.603

注：提取方法为主成分分析。

(3) 表 11-3 则给出了提取的主成分的方差总解释量。可以看出，每个主成分所能解释的方差的比例不同。第 1 主成分特征值为 7.643，解释原始变量的方差比例为 33.231%；特征值和方差解释比例逐级下降，第 23 个主成分的特征值为 0.197，方差解释比例为 8.57%。系统提取了特征值大于 1 的前 5 个主成分。它们能够共同解释总方差的 58.854%，这个方差贡献率并不是很高。

表 11-3　总方差解释量

组件	初始特征值			提取载荷平方和		
	总　计	方差百分比	累积 %	总　计	方差百分比	累积 %
1	7.643	33.231	33.231	7.643	33.231	33.231
2	1.615	7.020	40.251	1.615	7.020	40.251
3	1.568	6.816	47.067	1.568	6.816	47.067
4	1.412	6.138	53.205	1.412	6.138	53.205
5	1.299	5.649	58.854	1.299	5.649	58.854
6	.933	4.057	62.911			

续表

组件	初始特征值			提取载荷平方和		
	总计	方差百分比	累积/%	总计	方差百分比	累积/%
7	.892	3.877	66.788			
8	.785	3.412	70.200			
9	.716	3.113	73.313			
10	.672	2.923	76.236			
11	.632	2.747	78.983			
12	.598	2.599	81.581			
13	.554	2.409	83.991			
14	.526	2.288	86.279			
15	.466	2.028	88.306			
16	.456	1.984	90.291			
17	.435	1.890	92.181			
18	.386	1.678	93.859			
19	.359	1.561	95.419			
20	.310	1.346	96.765			
21	.287	1.250	98.015			
22	.259	1.127	99.143			
23	.197	.857	100.000			

注：提取方法：主成分分析。

(4) 表 11-4 给出了 5 个主成分的成分矩阵，也称因子载荷，实质是指各主成分和各原始变量的相关系数。每一列就是一个主成分作为原始变量线性组合的系数(比例)。如果用 $x_1, x_2, x_3, \cdots, x_{23}$ 来表示 23 个原始变量，用 y_1, y_2, y_3, y_4, y_5 表示抽取的 5 个主成分，那么我们就可以得到每个主成分的表达式。以第一和第二主成分为例：

$$y_1 = 0.643 x_1 + 0.626 x_2 + 0.497 x_3 + \cdots + 0.733 x_{23}$$
$$y_2 = -0.198 x_1 - 0.297 x_2 - 0.480 x_3 + \cdots + 0.059 x_{23}$$

主成分表达式中的相关系数绝对值越大，表示该主成分对原始变量的代表性越大。可以看出，第一主成分 y_1 与各原始变量的相关系数是 5 个主成分中最大的，说明它对原始变量的解释量最多。

表 11-4 成分矩阵[a]

	组件				
	1	2	3	4	5
题 1	.643	−.198	.116	−.030	−.387
题 2	.626	−.297	.384	.007	−.174
题 3	.497	−.480	.134	−.118	−.009

续表

	组件				
	1	2	3	4	5
题 4	.451	-.198	-.087	.063	-.247
题 5	.709	-.084	-.251	.271	.026
题 6	.664	-.125	-.340	.253	.033
题 7	.707	.136	-.091	.280	-.084
题 8	.519	-.207	-.277	.287	.160
题 9	.434	-.103	-.462	.434	-.074
题 10	.534	.239	.237	.086	-.287
题 11	.548	.239	.331	-.132	-.353
题 12	.355	.580	-.056	.122	.054
题 13	.250	.590	.113	.348	.055
题 14	.456	-.078	-.331	-.499	.207
题 15	.580	.109	-.293	-.438	.273
题 16	.545	.385	-.171	-.251	.258
题 17	.727	.003	.080	-.280	-.032
题 18	.783	.122	.157	-.105	-.085
题 19	.781	.117	.125	-.050	-.021
题 20	.239	.047	.549	.120	.546
题 21	.415	-.214	.303	.299	.511
题 22	.595	-.278	.209	-.010	.231
题 23	.733	.059	-.124	-.215	-.016

注：提取方法：主成分分析。

a. 已提取 5 个成分。

(5) 表 11-5 给出了 5 个主成分相应的得分系数。这样，依据主成分得分系数，我们就可以计算出每个同学在 5 个主成分上的得分。假设用 $X_1, X_2, X_3, \cdots, X_{23}$ 表示所有标准化的原始变量，用 F_1, F_2, F_3, F_4, F_5 表示主成分得分，那么就可以得出如下的得分函数。

$$F_1=0.084 X_1+0.082 X_2+0.065 X_3+\cdots+0.096 X_{23}$$
$$F_2=-0.122 X_1-0.184 X_2-0.297 X_3+\cdots+0.037 X_{23}$$
$$\vdots$$
$$F_5=-0.298 X_1-0.134 X_2-0.007 X_3-\cdots-0.012 X_{23}$$

将 23 个题目的标准化变量值分别代入 5 个得分函数中，就可以得出每个同学的 5 个主成分得分。

5 个主成分的得分保存在工作资料中，变量名分别为 FAC1_1、FAC2_1、FAC3_1、FAC4_1 和 FAC5_1，如图 11-8 所示。

表 11-6 是成分得分的协方差矩阵。由于 5 个主成分互不相关，并且经过标准化，因此成分得分的协方差矩阵为单位矩阵，即主成分之间的协方差均为 0，每个主成分的方差均为 1。

表 11-5 成分得分系数矩阵

	组 件				
	1	2	3	4	5
题 1	.084	−.122	.074	−.022	−.298
题 2	.082	−.184	.245	.005	−.134
题 3	.065	−.297	.086	−.083	−.007
题 4	.059	−.123	−.056	.044	−.190
题 5	.093	−.052	−.160	.192	.020
题 6	.087	−.077	−.217	.180	.025
题 7	.092	.084	−.058	.198	−.065
题 8	.068	−.128	−.177	.203	.123
题 9	.057	−.064	−.294	.308	−.057
题 10	.070	.148	.151	.061	−.221
题 11	.072	.148	.211	−.093	−.272
题 12	.046	.359	−.035	.086	.042
题 13	.033	.365	.072	.247	.042
题 14	.060	−.049	−.211	−.353	.159
题 15	.076	.067	−.187	−.310	.210
题 16	.071	.239	−.109	−.178	.198
题 17	.095	.002	.051	−.198	−.024
题 18	.102	.076	.100	−.075	−.065
题 19	.102	.073	.080	−.035	−.016
题 20	.031	.029	.350	.085	.420
题 21	.054	−.133	.193	.212	.393
题 22	.078	−.172	.133	−.007	.178
题 23	.096	.037	−.079	−.152	−.012

注：提取方法：主成分分析。

组件评分。

表 11-6 成分得分协方差矩阵

组 件	1	2	3	4	5
1	1.000	.000	.000	.000	.000
2	.000	1.000	.000	.000	.000
3	.000	.000	1.000	.000	.000
4	.000	.000	.000	1.000	.000
5	.000	.000	.000	.000	1.000

注：提取方法：主成分分析。

组件评分。

(6) 图 11-7 是案例分析所得的碎石图。它显示了各主成分的重要程度，横轴为主成分序号，纵轴为特征值大小。碎石图按主成分大小排序，从中我们可以直观地看出哪些主成分为最重要的主成分。可见，第一个主成分的特征值远远大于其他主成分。系统选取的是特征值大于 1 的前 5 个主成分。

总之，主成分分析本质上是一种矩阵变换，通过矩阵变换，获得主成分的载荷矩阵，并据此推导出主成分的共同度、方差贡献率等统计量，它并不要求各主成分具有实际意义。比如，本例中的主成分就没有明确的含义。然而，主成分分析在综合评定和主成分回归分析(即用主成分来代替原始变量用于回归分析以消除原始变量之间存在的多元共线性带来的负面效应)中还是很有用处的。

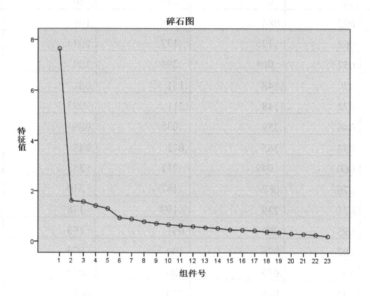

图 11-7 碎石图

题22	题23	FAC1_1	FAC2_1	FAC3_1	FAC4_1	FAC5_1
5.00	5.00	1.82630	.13857	-.13148	.93567	.76579
5.00	5.00	1.76089	1.30729	-.26276	.71625	-.10227
5.00	5.00	1.75896	.35994	.46478	.38846	.72145
5.00	5.00	1.71283	-.20461	.37242	-.23683	.36869
5.00	5.00	1.71105	-.09189	.66524	1.29375	1.33031
5.00	5.00	1.70305	-.72222	-.60099	-.05256	-.44955
5.00	5.00	1.69491	-.28944	.86559	.31057	1.07429
5.00	5.00	1.67070	-.97261	.01876	.24232	.37035
5.00	5.00	1.65697	.35613	.74518	.10254	.49791
5.00	5.00	1.61720	.13544	.88289	.34690	1.66020
4.00	5.00	1.55707	.05738	.32084	1.06425	.61356
5.00	5.00	1.53862	.05567	-.81306	.42610	-.95701
5.00	5.00	1.48897	.39089	.60197	.13591	1.19593
4.00	4.00	1.48830	.63791	.83217	.59849	.59117
5.00	5.00	1.48618	-1.42433	1.01154	.66295	.91926
5.00	5.00	1.48417	-1.91124	-.67594	-.00316	-.27128
5.00	5.00	1.47928	.59172	.16917	.79855	.89926
5.00	5.00	1.43758	.54664	.85345	-.18674	.77814
5.00	5.00	1.41819	-.07743	.57053	-.59050	-.01404
5.00	5.00	1.40085	-.80600	-.46279	.07544	-.36227
5.00	5.00	1.39877	-1.41184	.29567	-.30851	1.74122
4.00	5.00	1.39287	.89714	-1.08095	.33495	-.76031

图 11-8 主成分得分

11.2 因子分析

在日常的科学研究中，尤其是在社会学领域，有些研究对象非常抽象，甚至是看不见摸不着的东西，如人际关系、幸福感、心理素质、学习能力等等，这些现象都不是能够直接进行量度的。通常情况，我们会通过一些能够体现或代表以上抽象事物的可测度的变量指标来间接地对它们进行研究。这时，我们会通过对可测度指标数据进行分析，从中提取出能够体现这些指标主要信息的被称为"因子"的抽象变量来反映它们的本质和内部关系，从而实现对抽象事物的研究。这种研究方法在统计学上称为因子分析。可见，所谓因子分析，就是一种用于提取多个变量之间共存的潜在公因子的统计分析方法。在因子分析中，那些可以直接测度的直观变量被称为"显变量"，而那些不能直接进行测度的抽象指标被称为"潜变量"。因子就是一种潜变量。

因子分析是由 Charles Spearman 在 1904 年首次提出的。因子分析可以看作是主成分分析的推广、扩展和深化。因子分析通过从众多相关联的变量中抽取少量"公因子"，也起到了减少变量数量的作用，因此也是数据降维的一种途径。

因子分析是问卷、量表等社会科学领域内数据收集手段的结构效度分析的主要方法。所谓效度是指测量工具对测量对象的测量能力，也就是说，测量工具能在多大程度上准确地测量到想要的东西。问卷的效度评价主要是指问卷的结构效度分析。结构效度不是指问卷本身的结构，而是指问卷能够测量出某种理论特质或概念的程度，也就是实际的测量分数能够解释多少某一心理特质。结构效度的检验主要靠统计分析来检验问卷或量表的每一个结构对观测现象的整体方差的贡献大小，而这种统计方法就是因子分析。因子分析通过研究众多问卷项目(表现为统计数据就是变量)之间的内部相关关系，探讨观测数据的内在结构，将彼此相关的变量转化为少数有概念意义、彼此独立并能反映全体变量所代表的主要信息的"潜变量"，即因子。这些公因子能够代表数据的基本结构，反映数据信息的本质特征。本节将通过实例来演示如何通过因子分析对问卷的结构效度进行检验。除效度分析外，评价问卷质量的另一重要标准是信度分析。要想获得良好的调查效果，所使用的问卷或量表必须具有高效度和高信度。信度是基础，效度是目的。问卷的信度分析见第 12 章。

11.2.1 因子分析的统计学原理

因子分析和上一节的主成分分析同属数据降维的统计方法，可以看作是主成分分析的推广、扩展和深化。在进行因子分析之前，我们首先要明确一下因子分析的基本统计学原理。

1. 因子分析和主成分分析的联系与区别

(1) 主成分分析把具有一定相关性的众多原始变量通过变换矩阵的方式重新整合为几个互不相关的新的综合指标来代替原来的变量，这个过程注重转换；而因子分析则是对原始变量的相关关系矩阵的内部结构进行研究，抽取能够代表所有原始变量的几个公因子来描述原始变量之间的相关关系，这个过程注重剖析。

(2) 主成分分析只是将原来具有相关性的变量综合成一组不相关的新指标，所用方法是线性变换。因此，有多少原始变量，就能转换成多少叫作"成分"的新指标，我们一般只对几个方差解释能力较强的主成分进行分析和研究；而因子分析是根据相关性大小将原始变量分组，并提高组内相关性，降低组间相关性，从而每组中都能够抽取一个叫作"公因子"的潜变量，所用的方法是因子旋转，并建立因子模型。因子数量远远少于原始变量的数量。

(3) 二者的目的都是用较少的变量来反映多个原始变量的信息。但是，主成分分析的重点在于解释各变量的总方差，主成分能解释全部变异；而因子分析重点在于解释各变量之间的协方差，公因子只能解释大部分变异而非全部。

(4) 主成分分析是方差导向的统计方法，重点在于解释数据的变异量；因子分析是共同变量导向的统计方法，重点在于解释变量间的相关性。

(5) 主成分分析中的成分数量是确定的，它和原始变量的数量相同；而因子分析中抽取的因子个数可以由系统默认方式指定或研究者给予一定的标准来自定义指定，不同的指定方式抽取的公因子数量可能不同。

2. 因子分析的类型

根据不同的分类依据，因子分析可以分为不同的类别，一般情况有以下两种类别。

1) R 型因子分析和 Q 型因子分析

因子分析按照分析的对象不同可分为 R 型因子分析和 Q 型因子分析。前者是对变量进行因子分析，主要研究变量相关系数矩阵的内部结构；后者是对样本进行因子分析，主要研究样本的相似系数矩阵。

2) 探索性因子分析和验证性因子分析

根据原始变量之间是否有先验的关系结构，因子分析可分为探索性因子分析(Exploratory Factor Analysis，EFA)和验证性因子分析(Confirmatory Factor Analysis，CFA)。前者是对一组显变量的特征、性质和内部关系进行探索，并揭示有多少主要的潜在因子可能对这些显变量产生影响。在探索性因子分析之前，研究者不清楚到底有几个可能的潜在因子，也不对因子结构有事先假设，而是根据因子分析的结果去决定，因此是一种探索行为。后者则是在分析之前有相应的理论依据和因子结构假设，只是通过因子分析来验证这些假设的合理性。SPSS 中介绍的因子分析主要是探索性因子分析，因为后者需要通过结构方程模型来验证，需要相应的如 LISREL、AMOS 等软件。

3. 因子分析的数学模型

设有 n 个样本，每个样本有 p 个观察变量，这 p 个变量之间有较强的关联性。$X=(X_1,X_2,\cdots,X_p)'$ 为标准化的变量。如果每个变量都可以有 m 个潜变量 $(F_1,F_2,\cdots,F_m)$，那么因子分析的模型可以表示为

$$\begin{cases} X_1 = a_{11}F_1 + a_{12}F_2 + \cdots + a_{1m}F_m + \varepsilon_1 \\ X_2 = a_{21}F_1 + a_{22}F_2 + \cdots + a_{2m}F_m + \varepsilon_2 \\ \qquad \vdots \\ X_p = a_{p1}F_1 + a_{p2}F_2 + \cdots + a_{pm}F_m + \varepsilon_p \end{cases}$$

或者用矩阵表示为

$$\begin{pmatrix} X_1 \\ X_2 \\ \vdots \\ X_p \end{pmatrix} = \begin{pmatrix} a_{11} & a_{12} & \cdots & a_{1m} \\ a_{21} & a_{22} & \cdots & a_{2m} \\ \vdots & \vdots & \vdots & \vdots \\ a_{p1} & a_{p2} & \cdots & a_{pm} \end{pmatrix} \begin{pmatrix} F_1 \\ F_2 \\ \vdots \\ F_m \end{pmatrix} + \begin{pmatrix} \varepsilon_1 \\ \varepsilon_2 \\ \vdots \\ \varepsilon_p \end{pmatrix}$$

简单表示为

$$X = AF + \varepsilon$$

潜变量 $F = (F_1, F_2, \ldots, F_m)'$ 就是公因子，是不可观测的变量；矩阵系数 A 称为因子载荷；ε 是特殊因子，是不能被前 m 个公因子包含的部分。

因子分析模型要满足以下条件：

(1) $m \leq p$，说明因子分析能起到降维的作用，一般来说，变量越多(p 越大)，m 和 p 的差异越大；

(2) $E(F) = 0$，公因子的均值为 0；

(3) $\mathrm{Cov}(F, \varepsilon) = 0$，说明公因子和特殊因子是不相关的，两者互不影响；

(4) $\mathrm{Var}(F) = I_m$，公因子的方差矩阵为 m 阶单位矩阵。也就是说，公因子互不相关，且方差都为 1；

(5) $E(\varepsilon) = 0$，特殊因子均值为 0；

(6) $\mathrm{Var}(\varepsilon) = \mathrm{diag}(\sigma_1^2, \sigma_2^2, \cdots, \sigma_p^2)$，特殊因子的方差矩阵是对角阵。也就是说，特殊因子间互不相关，且方差不相等。

对因子分析中抽取的公因子，需要观察它们在哪些变量上的载荷较大，并据此说明该公因子的实际含义(公因子命名)。然而，得到初始因子模型后，因子载荷矩阵往往比较复杂，不利于因子的解释。这时必须通过因子旋转，使得载荷矩阵中的各元素数值向 0 和 1 两个极端分化，同时保持同一行中各元素的公因子方差不变。这样，通过因子旋转，各变量在因子上的载荷更加明显，有利于对各公共因子给出更加明确合理的解释。旋转的方法有正交旋转法、斜交旋转法、最大方差法等，比较常用的是最大方差法。

抽取公因子后，还可以用回归估计等方法求出因子得分的数学模型，将各公因子表示成变量的线性形式，并进一步计算出因子得分，从而解决公因子不可测度的问题，实现对各样本进行综合评价的目的。因子得分函数为

$$F_i = b_{i1}X_1 + b_{i2}X_2 + \cdots + b_{ip}X_p \qquad (i = 1, 2, 3, \cdots, m)$$

以上也是因子分析的基本过程。

4. 因子分析中的重要统计量

1) 因子载荷

所谓因子载荷就是因子结构中原始变量与因子分析时所抽取的公因子之间的相关系数。因子载荷是因子分析模型中一个非常重要的统计量。在各公因子不相关的条件下，因子载荷 a_{ij} 就是第 i 个原始变量和第 j 个公因子的相关系数，即 x_i 在第 j 个公因子上的相对重要性。因子载荷用公式表示就是 $a_{ij} = \mathrm{Cov}(X_i, F_j)$。

因子载荷 a_{ij} 的统计意义就是表明了变量 X_i 和公因子 F_j 的协方差，当变量 X_i 是标准化

变量时，协方差等于相关系数。概括来说，因子载荷表明了变量和因子的相关程度，因子载荷 a_{ij} 的绝对值越接近 1，则因子 F_j 能说明变量 X_i 的信息越多，一般来说，因子载荷大于等于 0.3 才有意义；同时，变量 X_i 也是公因子 F_j 含义的重要组成部分，我们可以根据因子在哪些变量上载荷较大来发掘因子的含义，对因子进行命名。

2) 变量共同度

变量共同度，也称公因子方差，是每个变量在每个公因子上的载荷量的平方和，也就是全部公因子对原始变量 x_i 的总方差的解释比例。它的意义在于说明如果用公因子来代替原始变量后，原始变量能被保留的程度。变量的方差可以归结为 $\sigma_{ii} = \alpha_i'\alpha_i + \sigma_i^2$，即公因子能解释的变量的信息和特殊因子能解释的变量的信息之和，则变量共同度定义如下：

$$h_i^2 = \alpha_i'\alpha_i = \sum_{j=1}^{m} a_{ij}^2，从而 \sigma_{ii} = h_i^2 + \sigma_i^2$$

共同度 h_i^2 是因子载荷矩阵 A 的第 i 行的元素的平方和。假定 X_i 是标准化的变量，则上述公式转化为

$$1 = h_i^2 + \sigma_i^2$$

变量共同度 h_i^2 的统计意义就是随机变量的信息(方差)中，公因子能够解释说明的部分。相对应地，特殊因子说明的部分称为特性方差 σ_i^2。按照因子分析的目的，要求共同度大而特性方差小，我们可以根据共同度和特性方差的比例说明变量被公因子说明的程度。h_i^2 越接近 1，说明公因子解释原始变量的成分越多。一般情况，变量共同度 h_i^2 高于 0.8，就表示因子分析的效果较好。因此，变量共同度是衡量因子分析效果的一个重要指标。

3) 公因子 F_j 的方差贡献

公因子 F_j 的重要性的统计特征用方差贡献来表示，定义为

$$S_j^2 = \sum_{i=1}^{p} a_{ij}^2$$

从定义可以看出，方差贡献是因子载荷矩阵中各列元素的平方和，是第 j 个公因子和所有的原始变量的相关系数的平方，用以衡量公因子 F_j 的相对重要性。

4) 因子的累积方差贡献率

所有公因子的方差贡献的总和，就是公因子的累积方差贡献。累积方差贡献在因子分析中可用来确定因子个数，当累积方差贡献率大于 80%，即只损失 20% 的信息时，就可以认为因子个数足够。累积方差贡献率的定义如下：

$$\sum_{i=1}^{m} S_j^2 / \sum_{i=1}^{p} \sigma_{ii}$$

当变量被标准化时，上式简化为

$$\sum_{i=1}^{m} S_j^2 / p$$

5. 因子分析的适合度检验

和主成分分析一样，因子分析也要对数据进行适合度检验。检验方法除了主成分分析中使用的 Bartlett 球形检验和 KMO 取样适合度检验外，还有反映像相关矩阵检验。

(1) Bartlett 球形检验(参见主成分分析原理介绍部分)
(2) KMO 取样适合度检验(参见主成分分析原理介绍部分)
(3) 反映像相关矩阵检验

以变量的偏相关系数矩阵为基础，将偏相关系数矩阵的每个元素取反得到反映像相关矩阵。如果反映像相关矩阵的主对角线的元素大都绝对值较小，对角线的元素绝对值越接近 1，表示这些变量的偏相关性越强，因此存在公因子的可能性越大，这些变量越适合进行因子分析。否则，就不适合进行因子分析。

主对角线的元素为某变量的 MSA 定义为

$$\text{MSA}_i = \frac{\sum_{j \neq i} r_{ij}^2}{\sum_{j \neq i} r_{ij}^2 + \sum_{j \neq i} p_{ij}^2}$$

式中，r_{ij} 是变量 x_i 和 x_j 的简单相关系数，p_{ij} 是在控制了其他变量影响之下的 x_i 和 x_j 的偏相关系数。MSA_i 的取值为 0~1，越接近 1，表示 x_i 和 x_j 的偏相关越强，越适合因子分析；反之，MSA_i 越接近 0，越不适合因子分析。

6. 因子数量的筛选依据

1) 因子的累积方差贡献率

累积方差贡献在因子分析中用来确定因子个数，一般当累积方差贡献率大于 80%，即只损失 20%的信息时，就可以认为因子个数足够。然而，在自然科学领域，由于要求精度较高，因此公因子的累积解释方差贡献率一般要达到 95%以上；而在社会科学领域，对精确度要求不如前者高，因而公因子的累积解释方差贡献率能达到 60%以上就可以接受。

2) 因子特征值

系统默认特征值大于 1 为公因子的抽取标准，小于 1 的一般不作为公因子。当然，研究者也可以自己确定抽取标准。一般情况下，当变量数目或题项数目介于 10 到 50 之间时，特征值为 1 作为因子萃取标准是最可靠的。

3) 碎石图

一般选取碎石图的曲线由陡峭变舒缓的节点前的碎石为公因子。该方法并不十分准确。

7. 因子分析的假定条件

(1) 参与因子分析的变量应该是定量变量。分类数据(例如：宗教、国家/地区)不适合因子分析。
(2) 对于每对变量，数据应具有二元正态分布，且观察值应是独立的。
(3) 因子分析模型指定变量是由公因子和特殊因子确定的。
(4) 计算的估计值所基于的假设是所有唯一因子相互之间不相关并与公因子不相关。

11.2.2 SPSS 因子分析案例应用

案例：某公司为了激发员工活力和工作积极性，对员工做了一次工作积极性影响因素的抽样调查，该调查包括 40 个问题，希望以此全面了解员工的工作心理。请就该调查进行因子分析，以弄清影响员工积极性的因素有哪些，并分析该问卷的结构效度的优劣。

提示：该案例是要通过若干显变量(问卷题目)来测度无法直接予以测量的潜变量(工作积极性)。因此，我们可以通过因子分析抽取几个能够体现问卷内容大部分信息的"公因子"来作为工作积极性的影响指标，并在公司管理中加以关注。

该案例的具体分析步骤如下。

1. 启动程序

打开数据文件"公司调查.sav"，选择"分析"|"降维"|"因子分析"命令，打开"因子分析"对话框(见图11-9)。

2. 选择变量

分别选择左侧列表框中的变量"题1"到"题40"，单击 图标将其选入"变量"列表框，如图11-9所示。如果需要在分析中使用其他变量，可以从左侧列表框中选择一个变量作为"变量"列表框所列变量的指标，并单击 图标将其选入"选择变量"框内。单击"值"按钮，打开如图11-10所示的对话框，在"选定变量的值"文本框中输入一个能够标记部分变量的变量值，这样，只有符合限定标准的变量才进入分析程序，单击"继续"按钮返回。如果要使用全部变量进行分析，该步骤无须设置。本例对"选择变量"不予设置。

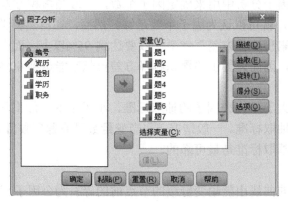

图11-9 "因子分析"对话框

3. 统计量设置

单击"描述"按钮，打开"因子分析：描述统计"对话框(见图11-11)。该对话框包括Statistics和"相关性矩阵"两个选项组。它们的含义和用法解释如下。

(1) Statistics 选项组：用于输出因子分析的统计量，包括"单变量描述性"和"原始分析结果"两个选项。

- "单变量描述性"：包括每个变量的平均值、标准偏差和有效个案数。
- "原始分析结果"：此项为系统默认设置，用以输出初始公因子方差(共同度)、特征值和已解释方差的百分比。

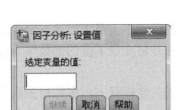 

图 11-10 "因子分析：设置值"对话框　　　图 11-11 "因子分析：设置值"对话框

(2) "相关性矩阵"选项组：该选项组包括"系数"、"显著性水平"、"行列式"、"KMO 和 Bartlett 球形度检验"、"逆模型"、"再生"和"反映象"。

- "系数"：输出变量的相关系数矩阵。
- "显著性水平"：输出相关系数矩阵中相关系数为 0 的单尾检验显著性水平。
- "行列式"：输出相关系数矩阵的行列式。
- "KMO 和 Bartlett 球形度检验"：KMO 给出取样适合度检验统计量，检验变量之间的偏相关性是否较小，一般情况，KMO 值为 0.5 以下表示不适合因子分析；Bartlett 的球形度检验可检验相关性矩阵是否为单位矩阵，给出检验的卡方值和显著性 P 值，该检验可以指示因子模型是否适当。
- "逆模型"：输出相关系数矩阵的逆矩阵。
- "再生"：输出因子分析后的估计相关系数矩阵以及残差矩阵(即原始相关矩阵与再生相关矩阵的差)。
- "反映象"：包括反映象相关性矩阵和反映象协方差矩阵。反映象相关性矩阵包含偏相关系数的相反数，而反映象协方差矩阵包含偏协方差的相反数。在一个好的因子模型中，大部分非对角线的元素将会很小。变量的取样适合度度量显示在反映象相关性矩阵的对角线。

本案例选择系统默认设置"原始分析结果"和"KMO 和 Bartlett 的球形度检验"两项。单击"继续"按钮返回。

4. 因子分析方法设置

单击"抽取"按钮，打开"因子分析：抽取"对话框(见图 11-12)。该对话框的设置是因子分析中最重要的设置之一，给出了很多因子抽取方法，以及分析方式、输出内容和因子抽取的限定条件设置等。

(1) "方法"选择：该下拉列表中包括 7 种因子抽取方法。

- "主成分分析法"：该方法用于形成观察变量的不相关的线性组合。第一个成分具有最大的方差，后面的成分对方差的解释的比例逐渐变小，它们相互之间均不相关。主成分分析用来获取最初因子解，可以在相关系数矩阵是奇异矩阵时使用。
- "未加权的最小平方法"：该方法可以使观察的相关性矩阵和再生的相关性矩阵之间的差的平方值之和最小(忽略对角线)。

- "综合最小平方法"：该方法可以使观察的相关性矩阵和再生的相关性矩阵之间的差的平方值之和最小。相关系数要进行加权，权重为变量单值的倒数。这样，单值高的变量的权重比单值低的变量的权重小。
- "最大似然"：在样本来自多变量正态分布的情况下，最大似然法生成的参数估计最有可能形成观察到的相关性矩阵。该方法是将变量单值的倒数作为权重对相关性进行加权，并使用迭代算法。
- "主轴因子法"：如果选择该方法，在初始相关性矩阵中，多元相关系数的平方将被放置于对角线作为公因子方差的初始估计值，用来估计被对角线中的旧公因子方差估计值所替换的新公因子方差。然后，继续迭代，直到某次迭代和下次迭代之间公因子方差的改变幅度能满足抽取的收敛性条件。
- "Alpha 因子法"：该方法将分析中的变量视为一个来自潜在变量全体的样本，并能使因子的 Alpha 值可靠性最大。
- "图像因子法"：该方法是由 Guttman 开发的基于映射理论的因子抽取方法。该方法将变量的公共部分(称为偏映像)定义为其对剩余变量的线性回归，而非假设因子的函数。

以上分析方法中，最常用的是"主成分分析法"和"主轴法"。本案例选择"主成分分析法"。

(2) "分析"设置：可以指定输出相关性矩阵或协方差矩阵。本案例选择"相关性矩阵"。

- "相关性矩阵"：选择该项，系统将以分析变量的相关性矩阵作为提取公因子的方式。它适用于分析中使用不同的刻度测量变量的情况。
- "协方差矩阵"：选择该项，系统将以分析变量的协方差矩阵作为提取公因子的方式。当因子分析应用于每个变量具有不同方差的多个组时可以选择该项。

(3) "输出"设置：可以指定输出"未旋转的因子解"和特征值的"碎石图"。本案例选择输出两项分析结果。

- "未旋转的因子解"：显示未旋转的因子载荷(因子模式矩阵)、公因子方差和因子解的特征值。
- "碎石图"：与每个因子相关联的方差的图。该图用于确定应抽取的因子个数。通常该图显示大因子的陡峭斜率和剩余因子平缓的尾部之间明显的折点，该折点前的碎石数即为最终抽取的因子的数量的参考。

(4) "抽取"设置：该选项给出了抽取因子的两种原则。可以选择保留特征值超过指定值的所有因子，系统默认保留特征值大于 1 的因子，也可以选择保留特定数量的因子，此时研究者可以自己定义保留因子数。本案例选择系统默认设置。

(5) "最大收敛性迭代次数"设置：可以指定算法估计解的过程所采取的最大步骤数，系统默认为 25 步。本案例选择系统默认设置。设置完毕，单击"继续"按钮返回。

5. 旋转方法设置

单击"旋转"按钮，打开"因子分析：旋转"对话框(图 11-13)。该对话框用于设置因子分析旋转方式及输出成分。

第 11 章 主成分分析与因子分析

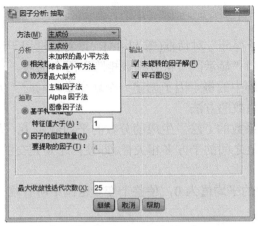

图 11-12 "因子分析:抽取"对话框

图 11-13 "因子分析:旋转"对话框

(1) "方法"选项组:用于选择因子旋转的方法。可用的方法有"最大方差法"、"直接 Oblimin 法"、"最大四次方值法"、"最大平衡值法"或"最优斜交法(Promax)"。

- "无":系统默认设置,不进行因子旋转。
- "最大方差法":这是一种正交旋转方法,可以使得对每个因子有高负载的变量的数目达到最小。该方法简化了因子的解释。这是社科领域最常用的因子旋转方法。
- "直接 Oblimin 法":这是一种斜交(非正交)旋转方法。当 delta 等于 0(缺省值)时,解是最斜交的。Delta 越是负值,因子的斜交度越低。要覆盖缺省的 delta 值 0,请输入小于等于 0.8 的数。
- "最大四次方值法":该方法可以使解释每个变量所需的因子最少。该方法简化了观察到的变量的解释,适合于找出一个最强效的因子。
- "最大平衡值法":它是简化因子的最大方差法与简化变量的最大四次方值法的组合。它可以使得高度依赖因子的变量的个数以及解释变量所需的因子的个数最少。
- "最优斜交法(Promax)":该方法也是斜交旋转,可使因子相关联。该旋转可比直接最小斜交旋转更快地计算出来,因此适用于大型数据集。

(2) "输出"选项组:可以选择输出"旋转解"以及"载荷图"。

- "旋转解":必须选择旋转方法才能获得旋转解。对于正交旋转,会显示已旋转的模式矩阵和因子转换矩阵。对于斜交旋转,会显示模式、结构和因子相关性矩阵。
- "载荷图":输出前三个因子的三维因子载荷图。对于双因子解,将显示二维图。如果只抽取了一个因子,就不显示载荷图。如果要求旋转,那么图会显示旋转解。

本案例选择"最大平衡值法",并选中"旋转解"复选框。设置完成后,单击"继续"按钮返回。

6. 得分保存设置

单击"得分"按钮,打开"因子分析:因子得分"对话框(图 11-14)。该对话框用于选择因子得分的保存方式,包括"保存为变量"和"显示因子得分系数矩阵"两个选项。

(1) "保存为变量":选中该项将为最终解中的每个因子创建一个新变量,同时"方法"选项框将被激活,用于选择估计因子得分系数的方法。

- "回归法":这是一种估计因子得分系数的方法。生成的分数的平均值为 0,方差等于估计的因子分数和真正的因子值之间的平方多相关性。即使因子是正交的,分数也可能相关。
- "Bartlett 得分":该方法所产生分数的平均值为 0,使整个变量范围中所有唯一因子的平方和达到最小。
- Anderson-Rubin:它对 Bartlett 方法做了修正,从而可以确保被估计的因子的正交性。生成的分数平均值为 0,标准偏差为 1,且不相关。

(2) "显示因子得分系数矩阵":选中该项将显示与变量相乘以获取因子得分的系数和因子得分之间的相关性。

本例选中"保存为变量"复选框,将主成分分析得分保存于工作数据中,方法选择"回归";再选中"显示因子得分系数矩阵",单击"继续"按钮,返回"因子分析"对话框。

7. 选项设置

单击"选项"按钮,打开"因子分析:选项"对话框(图 11-15)。该对话框用于设置对缺失值的处理和因子载荷系数的显示格式。

图 11-14 "因子分析:因子得分"对话框　　图 11-15 "因子分析:选项"对话框

(1) "缺失值"选项组:用于指定如何处理缺失值。可用选项为"按列表排除个案"、"按对排除个案"或"使用平均值替换"。本例选择"按列表排除个案"。

(2) "系数显示格式"选项组:用于设置载荷系数的显示格式。

- "按大小排序":选择该项,则在成分矩阵中同一因子具有高载荷的变量按系数大小一起显示。这样有利于对结果的观察和得出结论。
- "取消小系数":勾选该项,激活"绝对值如下"文本框。可在文本框中输入指定的绝对值,在成分矩阵中将不显示绝对值小于指定值的系数,这样有利于简化显示结果。系数指定值为 0~1，系统默认为 0.10。我们可以根据实际情况提高指定值。

本例选择"按大小排序"，并选中"取消小系数"复选框，将显示系数的绝对值指定为 0.35(图 11-15)。单击"继续"按钮，返回"因子分析"对话框。

8. 输出分析结果

单击"确定"按钮，SPSS 输出因子分析结果(见表 11-7 至表 11-12 和图 11-16)。

9. 分析结果解读

(1) 表 11-7 给出了 KMO 和 Bartlett 检验结果。根据表格，KMO 的值 MSA=0.944，说明变量之间的偏相关度很高，这表明该因子分析的样本取样适合度非常高。Bartlett 检验的卡方值为 16292.375，显著性检验 P 值为 0.000，达到极其显著的水平。两个检验结果都表明该案例适合进行因子分析。

表 11-7 KMO 和 Bartlett 检验

KMO 取样适切性量数		.944
Bartlett 的球形度检验	上次读取的卡方	16292.375
	自由度	780
	显著性	.000

(2) 表 11-8 给出了总方差解释量。该表包括组件(成分)、初始特征值、提取载荷平方和和旋转载荷平方和。可以看出，本案例中初始特征值大于 1 的成分共计 8 个，也就是说，因子分析共抽取公因子 8 个。表 11-8 详细列出了这 8 个公因子各自所解释的方差百分比和累积方差百分比。显然，第一个公因子的特征值为 14.424，解释方差百分比为 36.059，都远远高于其他因子。根据旋转载荷平方和，第一个公因子特征值为 4.583，解释方差的比例为 11.458，也都是最高值。因子分析抽取的 8 个公因子的方差解释总量为 65.345%。

表 11-8 总方差解释量

组件	初始特征值			提取载荷平方和			旋转载荷平方和		
	总计	方差百分比	累积/%	总计	方差百分比	累积/%	总计	方差百分比	累积/%
1	14.424	36.059	36.059	14.424	36.059	36.059	4.583	11.458	11.458
2	2.725	6.813	42.872	2.725	6.813	42.872	4.419	11.046	22.504
3	1.975	4.938	47.810	1.975	4.938	47.810	4.136	10.339	32.843
4	1.835	4.587	52.397	1.835	4.587	52.397	3.273	8.182	41.025
5	1.574	3.936	56.333	1.574	3.936	56.333	3.116	7.789	48.814
6	1.363	3.406	59.739	1.363	3.406	59.739	2.690	6.724	55.539
7	1.180	2.949	62.689	1.180	2.949	62.689	2.484	6.210	61.749
8	1.063	2.656	65.345	1.063	2.656	65.345	1.438	3.596	65.345
9	.972	2.429	67.774						

续表

组件	初始特征值			提取载荷平方和			旋转载荷平方和		
	总计	方差百分比	累积/%	总计	方差百分比	累积/%	总计	方差百分比	累积/%
10	.883	2.206	69.980						
11	.788	1.970	71.950						
12	.765	1.913	73.863						
13	.715	1.786	75.650						
14	.707	1.769	77.418						
15	.655	1.638	79.056						
16	.590	1.475	80.531						
17	.539	1.347	81.878						
18	.502	1.254	83.132						
19	.488	1.221	84.353						
20	.449	1.122	85.476						
21	.446	1.115	86.591						
22	.438	1.095	87.686						
23	.417	1.043	88.729						
24	.397	.992	89.721						
25	.382	.955	90.677						
26	.363	.909	91.585						
27	.336	.840	92.425						
28	.318	.795	93.220						
29	.316	.790	94.010						
30	.305	.762	94.771						
31	.292	.731	95.502						
32	.270	.675	96.177						
33	.251	.627	96.804						
34	.231	.577	97.382						
35	.223	.557	97.938						
36	.202	.504	98.443						
37	.184	.461	98.904						
38	.161	.401	99.305						
39	.143	.357	99.662						
40	.135	.338	100.000						

注：提取方法：主成分分析。

(3) 图 11-16 给出了因子分析的碎石图。通过该图可知，由于该案例题目较多，成分密集，在抽取的 8 个因子和其他因子之间并没有形成明显的折点，因此碎石图只是确定因子数量的一个参考。根据碎石图的曲线走向，结合表 11-8，我们可以自定义因子数量，如 5、6 或 7。感兴趣的读者可分别尝试，并比较它与本案例分析结果的异同。

（4）表 11-9 为成分矩阵，表 11-10 为旋转后的成分矩阵。根据设置，所有成分矩阵都是按照因子系数大小排列的，并只显示绝对值大于 0.35 的系数。从表 11-9 可知，第 1 个因子在 40 个变量中的 38 个上有载荷，并且较高，而在其他因子上的载荷相对少得多，在第 8 个因子上根本没有载荷，这样不便于对因子进行解释。因此，通过因子旋转使得因子载荷两极分化，获得表 11-10 的旋转后因子载荷矩阵，可以更好地对公因子进行解释。从表 11-10 可知，经过旋转后，因子载荷发生了变化，不同变量的因子归属也更加明确。这时，就可以根据各个因子在哪些变量上有较高的载荷而对因子进行命名了。因子 1 基本反映的是工作伙伴和团队成员的良好合作，因此命名为"团队合作愉快"；因子 2 的载荷基本都表现在主管的态度表现上，因此可以命名为"主管态度良好"；同样道理，因子 3 命名为"学习机会丰富"；因子 4 命名为"工作环境和谐"；因子 5 命名为"工作自主性强"；因子 6 命名为"管理理念先进"；因子 7 命名为"信息资源便利"；因子 8 命名为"工作氛围恶劣"。这样，通过因子命名，影响员工工作积极性的主要因素就非常明确了。值得注意的是，前 7 个因素是积极因素，能够提高员工的工作积极性；而第 8 个因素却是消极因素，说明员工工资积极性也会因为一些消极因素而受到打击。

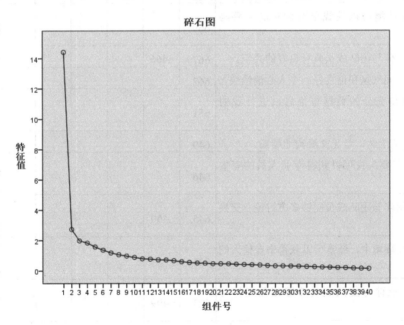

图 11-16 因子分析碎石图

从因子旋转后的成分矩阵来看，该量表通过因子旋转共获得 8 个因子。它们共同解释方差总量的 65.345%，这 8 个因子中最少的也能包含 3 个变量，最多的能包含 6 个变量。它们的因子载荷介于 0.403 和 0.830 之间，都大于 0.30 的最小可接受值。这说明该问卷的结构效度很高。

注意：如果因子旋转的结果中某个因子所包含的变量(即题项)太少，要考虑删除该因子。因子删除后的问卷或量表要重新进行因子分析，重新检验其结构效度，直到所得到的因子达到要求为止。

表 11-9 成分矩阵[a]

	组 件							
	1	2	3	4	5	6	7	8
24 我的主管能够尊重与支持我在工作上的创意。	.742							
26 我的主管能够尊重不同的意见与异议。	.730		-.471					
25 我的主管拥有良好的沟通协调能力。	.725		-.447					
27 我的主管能够信任部属、适当地授权。	.721		-.431					
16 对于我们工作上的需要,公司会尽量满足我们。	.708							
38 我有一个舒适自由、令我感到满意的工作空间。	.694				-.368			
18 我的工作伙伴与团队成员具有一致的目标。	.687	-.404						
32 我的公司重视信息收集与新知的获得与交流。	.685			-.390				
28 我的主管以身作则、是一个良好的工作典范。	.681		-.398					
38 我的工作环境可以使我更有创意的灵感与启发。	.669							
17 我的工作伙伴与团队成员具有良好的共识。	.667	-.466						
36 我的工作空间气氛和谐良好、令人心情愉快。	.662							
13 我可以获得充分的数据与信息以进行我的工作。	.651						-.352	
2 我们公司下情上达、意见交流沟通顺畅。	.649							
14 只要我有需要，我可以获得专业人员的有效协助。	.646							
20 我的工作伙伴与团队成员能够多方讨论、交换心得。	.645	-.460						
40 在我的工作环境中，经常可以获得来自他人的肯定与支持。	.641							
19 我的工作伙伴与团队成员能够相互支持与协助。	.623	-.499						
1 我们公司重视人力资产、鼓励创新思考。	.623							
7 我们公司崇尚自由开放与创新变革。	.622							
21 我的工作伙伴与团队成员能以沟通协调来化解问题与冲突。	.617	-.404						
31 人员的教育训练是我们公司的重要工作。	.609			-.519				
35 公司经常办理研讨活动、鼓励观摩别人的作品与经验。	.605			-.359				

续表

	组件							
	1	2	3	4	5	6	7	8
9 我的工作内容有我可以自由发挥与挥洒的空间。	.603							
30 我的公司提供充分的进修机会、鼓励参与学习活动。	.590							
34 热衷进修与学习的同仁可以受到公司的支持与重用。	.582							
12 我拥有足够的设备器材以进行我的工作。	.563							
33 我的公司重视客户的反应与相关厂商或单位的意见。	.556							
23 我的工作伙伴与团队成员分工明确、责任清楚。	.551							
4 我们公司能够提供诱因鼓励创新的构想。	.549	.387						
8 当我有需要,我可以不受干扰地独立工作。	.535							
11 我的工作十分具有挑战性。	.515							
39 我可以自由安排与布置我的工作环境。	.504							
10 我可以自由地设定我的工作目标与进度。	.493							
5 我们公司鼓励尝试在错误中学习的认真精神。	.461							
15 我经常获得其他机构或单位厂商的支持而有效推动工作。	.448							
29 我的主管控制欲望强烈、作风专制武断。	.377		−.470					
3 我们公司心态保守、开创性不足。	.440					.497		
6 我们公司对于风险相当在意、忌讳犯错。						.486		
22 我的工作伙伴与团队成员恶性竞争、批判性浓厚。		−.362				.411		

注:提取方法:主成分分析。

a. 已提取 8 个成分。

表 11-10 旋转后的成分矩阵 [a]

	组件							
	1	2	3	4	5	6	7	8
19 我的工作伙伴与团队成员能够相互支持与协助。	.830							
20 我的工作伙伴与团队成员能够多方讨论、交换心得。	.803							
17 我的工作伙伴与团队成员具有良好的共识。	.769							
21 我的工作伙伴与团队成员能以沟通协调来化解问题与冲突。	.747							
18 我的工作伙伴与团队成员具有一致的目标。	.745							
23 我的工作伙伴与团队成员分工明确、责任清楚。	.403							

续表

	组件							
	1	2	3	4	5	6	7	8
26 我的主管能够尊重不同的意见与异议。		.792						
25 我的主管拥有良好的沟通协调能力。		.783						
27 我的主管能够信任部属、适当地授权。		.776						
28 我的主管以身作则,是一个良好的工作典范。		.741						
24 我的主管能够尊重与支持我在工作上的创意。		.661						
31 人员的教育训练是我们公司的重要工作。				.785				
35 公司经常办理研讨活动、鼓励观摩别人的作品与经验。				.719				
34 热衷进修与学习的同仁可以受到公司的支持与重用。				.668				
32 我的公司重视信息收集与新知的获得与交流。				.657				
30 我的公司提供充分的进修机会、鼓励参与学习活动。				.653				
33 我的公司重视客户的反应与相关厂商或单位的意见。				.449				
38 我有一个舒适自由、令我感到满意的工作空间。			.745					
38 我的工作环境可以使我更有创意的灵感与启发。			.696					
36 我的工作空间气氛和谐良好、令人心情愉快。			.648					
39 我可以自由安排与布置我的工作环境。			.640					
40 在我的工作环境中,经常可以获得来自他人的肯定与支持。			.573					
10 我可以自由地设定我的工作目标与进度。					.742			
9 我的工作内容有我可以自由发挥与挥洒的空间。					.702			
8 当我有需要,我可以不受干扰地独立工作。					.610			
11 我的工作十分具有挑战性。					.578			
5 我们公司鼓励尝试在错误中学习的认真精神。					.452	.397		
15 我经常获得其他机构或单位厂商的支持而有效推动工作。					.448		.421	
1 我们公司重视人力资产、鼓励创新思考。						.679		
7 我们公司崇尚自由开放与创新变革。						.666		
3 我们公司心态保守、开创性不足。						.615		.378
4 我们公司能够提供诱因鼓励创新的构想。				.377		.614		
2 我们公司下情上达、意见交流沟通顺畅。						.592		
13 我可以获得充分的数据与信息以进行我的工作。							.768	
12 我拥有足够的设备器材以进行我的工作。							.754	
14 只要我有需要,我可以获得专业人员的有效协助。							.715	
16 对于我们工作上的需要,公司会尽量满足我们。							.486	
22 我的工作伙伴与团队成员恶性竞争、批判性浓厚。	.370							.686
6 我们公司对于风险相当在意、忌讳犯错。								.665
29 我的主管控制欲望强烈、作风专制武断。				.518				.622

注:提取方法:主成分分析。

旋转方法:Kaiser 标准化等量最大法。

a. 旋转在 13 次迭代后已收敛。

(5) 表 11-11 是成分得分系数矩阵。根据该表格我们可以计算出各因子的得分。

$$F_1=0.006\,X_1+0.008\,X_2-0.059\,X_3+\cdots-0.044\,X_{40}$$
$$F_2=-0.033\,X_1+0.051\,X_2-0.046\,X_3+\cdots+0.035\,X_{40}$$
$$\vdots$$
$$F_8=-0.024\,X_1-0.133\,X_2+0.191\,X_3+\cdots-0.031\,X_{40}$$

该案例选择保存因子得分为新变量。因此，在工作数据中生成的新变量为 FAC1_1、FAC2_1、…、FAC8_1 的数据，显示了问卷中的每个问题的因子得分情况(图 11-17)。

表 11-11 成分得分系数矩阵

	组件							
	1	2	3	4	5	6	7	8
1 我们公司重视人力资产、鼓励创新思考。	.006	-.033	-.015	-.073	-.032	.340	-.050	-.024
2 我们公司下情上达、意见交流沟通顺畅。	.008	.051	-.084	.015	-.093	.317	-.021	-.133
3 我们公司心态保守、开创性不足。	-.059	-.046	-.116	.053	-.189	.359	-.032	.191
4 我们公司能够提供诱因鼓励创新的构想。	.006	-.036	.044	-.110	.003	.296	-.010	-.129
5 我们公司鼓励尝试在错误中学习的认真精神。	.003	-.068	.010	-.124	.162	.132	-.027	.059
6 我们公司对于风险相当在意、忌讳犯错。	-.108	-.136	-.011	.036	.104	-.057	-.044	.484
7 我们公司崇尚自由开放与创新变革。	-.031	-.024	-.148	.031	.036	.345	-.072	.004
8 当我有需要，我可以不受干扰地独立工作。	-.020	-.059	-.064	.080	.251	.004	-.070	.031
9 我的工作内容我可以自由发挥与挥洒的空间。	.002	.022	-.043	.028	.312	-.013	-.106	-.088
10 我可以自由的设定我的工作目标与进度。	-.017	-.015	-.033	-.020	.356	-.109	-.050	.043
11 我的工作十分具有挑战性。	.049	.041	-.008	-.136	.270	-.070	.013	-.060
12 我拥有足够的设备器材以进行我的工作。	-.074	-.070	-.077	-.016	-.077	-.048	.442	.051
13 我可以获得充分的数据与信息以进行我的工作。	-.025	-.057	-.033	-.077	-.081	-.041	.439	-.007
14 只要我有需要，我可以获得专业人员的有效协助。	.025	-.030	-.050	-.101	-.047	-.044	.401	-.055
15 我经常获得其他机构或单位厂商的支持而有效推动工作。	-.062	-.029	.007	-.080	.172	-.132	.209	.043
16 对于我们工作上的需要，公司会尽量满足我们。	-.039	-.034	.004	-.070	-.010	.048	.204	.065
17 我的工作伙伴与团队成员具有良好的共识。	.242	-.028	-.071	-.007	-.008	.025	-.011	-.038
18 我的工作伙伴与团队成员具有一致的目标。	.234	-.026	-.035	-.022	.005	.048	-.067	-.023
19 我的工作伙伴与团队成员能够相互支持与协助。	.277	-.068	-.032	-.043	-.008	-.001	-.020	.013
20 我的工作伙伴与团队成员能够多方讨论、交换心得。	.263	-.058	-.009	-.036	.009	-.030	-.013	-.017
21 我的工作伙伴与团队成员能以沟通协调来化解问题与冲突。	.243	-.077	.004	-.053	.023	-.040	-.012	.050
22 我的工作伙伴与团队成员恶性竞争、批判性浓厚。	.092	-.075	.003	-.103	-.079	-.073	.015	.468
23 我的工作伙伴与团队成员分工明确、责任清楚。	.086	.039	.026	.060	-.015	-.068	-.009	-.051
24 我的主管能够尊重与支持我在工作上的创意。	-.037	.216	.000	-.032	.103	-.047	-.059	-.023
25 我的主管拥有良好的沟通协调能力。	-.046	.273	-.033	-.019	-.011	.006	-.039	-.032

续表

	组件							
	1	2	3	4	5	6	7	8
26 我的主管能够尊重不同的意见与异议。	-.051	.277	-.042	-.054	.001	.028	-.033	-.020
27 我的主管能够信任部属、适当地授权。	-.054	.267	-.036	-.009	-.002	-.033	-.017	-.009
28 我的主管以身作则,是一个良好的工作典范。	-.032	.255	-.035	-.005	-.038	-.014	-.004	-.048
29 我的主管控制欲望强烈、作风专制武断。	-.069	.148	-.024	-.069	-.068	-.096	.002	.391
30 我的公司提供充分的进修机会、鼓励参与学习活动。	-.058	-.043	.260	-.038	.000	-.071	.026	.061
31 人员的教育训练是我们公司的重要工作。	-.004	-.034	.331	-.057	-.051	-.041	-.049	.017
32 我的公司重视信息收集与新知的获得与交流。	-.002	-.016	.238	-.040	-.063	.004	-.009	.014
33 我的公司重视客户的反应与相关厂商或单位的意见。	.013	.033	.154	-.032	-.070	-.025	.032	-.028
34 热衷进修与学习的同仁可以受到公司的支持与重用。	-.040	-.007	.281	.069	-.007	-.093	-.095	-.011
35 公司经常办理研讨活动、鼓励观摩别人的作品与经验。	-.033	-.075	.301	.006	.029	-.103	-.014	.011
36 我的工作空间气氛和谐良好、令人心情愉快。	.005	-.011	.029	.305	-.089	-.038	-.094	-.001
38 我有一个舒适自由、令我感到满意的工作空间。	-.031	-.042	-.003	.356	-.097	-.007	-.052	-.012
38 我的工作环境可以使我更有创意的灵感与启发。	-.037	-.049	-.038	.321	-.022	-.013	-.030	-.013
39 我可以自由安排与布置我的工作环境。	-.067	-.081	-.103	.309	.009	-.001	.018	.033
40 在我的工作环境中,经常可以获得来自他人的肯定与支持。	-.044	.035	.044	.254	.040	-.121	-.078	-.031

注:提取方法:主成分分析。

旋转方法:Kaiser 标准化等量最大法。

题39	题40	FAC1_1	FAC2_1	FAC3_1	FAC4_1	FAC5_1	FAC6_1	FAC7_1	FAC8_1
5	6								
5	5	-2.16076	-1.31781	2.97455	1.80534	-.03288	-2.20414	-.15764	.53355
3	3	-.25979	-.62626	.09369	-.87306	-.62649	.05585	-.35163	-.33869
4	4	-.17371	.51005	.07553	.35371	-.86919	-.43370	-.35722	.70751
4	4	-1.01825	-.15473	.18591	.04975	-.50755	.49021	-.08668	-.44769
4	4	-.70300	-.05558	.05062	.04586	.28027	-.27339	-.01017	-.40038
5	5	.04832	.85061	.17473	.85592	-.09075	-.05507	.26729	-.44549
4	4	.53821	.12564	.52589	.09292	.23269	-1.15494	.99006	-.12475
4	4	-1.43656	-.11208	-.11535	.36633	.01029	.20597	.08922	.06452
3	3								
4	4	-.66507	-.55524	.02476	.07108	.23978	.32715	1.35998	-1.02645
4	3	-.74866	-.66394	-.07708	-.25375	-.39197	-.41522	.25113	.10324
4	3	-.86456	-.21650	-.22696	.10062	-.30585	-.10404	.61851	.19992
4	3	-1.09899	-.11948	-.05793	-.50080	-.23430	.50185	-.27732	-.13848
4	4	-1.16760	-.02398	-.52098	.24132	-.14161	-.07077	.03560	.22617
4	3	-.58377	-.98411	-.47768	.00514	-.16917	-.17739	-.34652	.30564
4	4	-.87121	.73046	.15883	.12092	-.16929	-.42166	-.02231	.01848
4	3	.37657	.47562	.09587	-.34253	-.27891	1.18778	-.60998	-.18262
4	3	-1.22789	-.11626	-.14009	-.09601	-.62306	-.44540	-.03595	-.00476
3	3	-1.09494	-.46518	-1.15452	-.38540	-.03243	-.18265	.79563	-.62369
2	2	-.30783	-.60538	-.23827	-2.67329	-.64060	-.04906	1.62085	.71563
5	3	-.01371	.64011	1.78050	.28919	-.73386	-.61510	-.47649	-.35063

图 11-17 因子得分表

(6) 表 11-12 给出了成分得分协方差矩阵。由于 8 个公因子互不相关,因此成分得分的协方差矩阵为单位矩阵,即因子之间的协方差均为 0,每个因子的方差均为 1。成分得分的协方差矩阵反过来也可以证明因子分析抽取的 8 个因子是不相关的。

表 11-12 成分得分协方差矩阵

组 件	1	2	3	4	5	6	7	8
1	1.000	.000	.000	.000	.000	.000	.000	.000
2	.000	1.000	.000	.000	.000	.000	.000	.000
3	.000	.000	1.000	.000	.000	.000	.000	.000
4	.000	.000	.000	1.000	.000	.000	.000	.000
5	.000	.000	.000	.000	1.000	.000	.000	.000
6	.000	.000	.000	.000	.000	1.000	.000	.000
7	.000	.000	.000	.000	.000	.000	1.000	.000
8	.000	.000	.000	.000	.000	.000	.000	1.000

注:提取方法为主成分分析。

旋转方法为 Kaiser 标准化最大方差法。

11.3 思 考 题

1. 何为主成分分析?何为因子分析?二者有什么联系与区别?
2. 因子分析中有哪些抽取公因子的方法?
3. 因子分析中有哪些重要的统计量?它们各自有什么含义?
4. 本章文件夹中有数据文件"运动员成绩.sav"一份,请对该文件进行主成分分析,并计算出每个运动员的主成分得分以比较他们的运动成绩的优劣。
5. 本章文件夹中有数据文件"学习成绩影响因素调查.sav"一份,这是某高中为了激励学生的学习主动性和积极性对全校同学做的一次抽样调查。调查内容涉及学校、老师、家长、同学等诸多方面。该文件"学习成绩影响因素调查.sav"附本章文件夹中。请就该文件进行因子分析,尝试找出影响学生学习成绩的几个重要因素,并分析该问卷的效度。

第 12 章 信度分析

问卷调查是社会科学领域采集数据、进行统计分析的首选方式。因此,问卷设计的合理与否将直接关系到我们采集的数据的可靠性,进而影响到分析结果的可信度。也就是说,要想取得一份可信度很高的统计分析结果首先必须要有一份可信度很高的问卷。这就涉及问卷的信度问题。在统计分析的过程中,为了获得有效数据我们常常会用到对问卷或量表的信度分析。

12.1 信度分析的统计学原理

信度这一概念最初是由 Spearman 于 1904 年提出并用于心理测量的。所谓信度是指由若干题目所构造的测验、量表或问卷所测得的结果的稳定性和一致性,一般用信度系数来表示。稳定性是指同一受试群体在不同的时空条件下,接受同一测量工具测试的结果前后差异很小;一致性是指同一受试群体接受性质相同、题型相同、目的相同的不同问卷测试后,各测试结果之间显示较强的正相关性。信度是判断问卷编制优劣的一个重要指标。通常,信度系数越高,说明问卷或量表越科学合理,测试结果自然越可靠。

12.1.1 信度分析的基本统计学概念

信度分析是由真分数经典测量理论发展而来的,它可以被界定为真实分数的方差和观察分数的方差的比例。公式如下:

$$r_{xx} = \frac{S_T^2}{S_X^2} = \frac{S_X^2 - S_E^2}{S_X^2} = 1 - \frac{S_E^2}{S_X^2}$$

式中,r_{xx} 为信度系数,S_T^2 为真分数的方差,S_X^2 为实得分数的方差,S_E^2 为误差分数的方差。其中 $S_X^2 = S_T^2 + S_E^2$。

根据以上公式,信度系数可以解释为真分数方差在样本测验分数的方差中所占的比例,用以测量测试结果的稳定性和一致性。因此它是衡量测量工具优劣的重要指标,只有信度达到一定的标准,该测量工具才是可靠的。

问卷的信度分析按照所侧重的对象不同可分为内在信度分析和外在信度分析。

(1) 内在信度分析

内在信度分析的是调查表中的一组问题(或整个调查表)是否是测量的同一个主题,也就是这些问题之间(或整个调查表)是否存在内在的一致性。通常信度系数在 0.8 以上,就可以认为内在一致性较高。常用的内在信度分析方法有 Cronbach α 系数和半分信度分析。

(2) 外在信度分析

外在信度则是分析同一份调查表在不同时间进行测量的结果是否存在一致性。最常用的外在信度分析方法是重测信度分析。

无论是哪种信度分析，如果信度系数达到 0.9 以上，就意味着该调查表信度很高；如果信度系数在 0.8 以上则表示该调查表可以接受；如果信度系数在 0.7 以上，则说明该调查表有一定的可行性，但应该进行较多的修改；如果在 0.7 以下，那该调查表基本就失去了使用价值。

12.1.2 信度分析的方法

下面我们对常用的信度分析方法逐一进行介绍。

(1) Cronbach α 系数

Cronbach α 系数是内在信度分析的方法之一，是由 L. J. Cronbach 于 1951 年提出的一种 α 系数检测方法，检测的是问卷调查内部的一致性。内部一致性又称同质性。一致性越高，问卷的测试结果越可靠。该方法常被用于对利克特量表内部一致性的检测。Cronbach α 系数的计算公式为

$$\alpha = \frac{k}{k-1}\left(1 - \frac{\sum_{i=1}^{k} S_i^2}{S_X^2}\right)$$

其中，k 为量表包含的总题数；S_i^2 为第 i 题的总得分方差，S_X^2 为量表的总得分方差。α 系数是最常用的信度系数，其值界于 0~1 之间。从公式中可以看出，量表的题目数 k 越多，$\frac{k}{k-1}$ 的值越接近 1，$\frac{\sum_{i=1}^{k} S_i^2}{S_X^2}$ 的值越接近 0，α 系数越接近 1，此时调查表内部一致性越高。另外，题目间的相关系数越高，α 系数也会越高。一般认为 0.7 是一个较低但可以接受的 α 系数的边界值。如果 α 系数用于量表一致性的检测，有一个问题值得注意。那就是，如果量表中的反向题没有转换为一致的计分方向，则可能会出现部分题目和其他题目的相关系数为负值，此时求得的 α 系数也会为负值。因此，如果 α 系数出现负值要注意查看量表的题项的计分方向是否一致。

另外，在 SPSS 信度分析中，分析结果会呈现 α 系数和标准化的 α 系数两个值。二者略有不同，当研究者使用测试题的标准分数的总和作为量表分数时，就应该查看标准化的 α 系数值；当研究者使用测试题的原始分数的总和作为量表分数时，就应该查看 α 系数值。

在一般的社会科学领域，α 系数会受到题项数目、题项间相关系数的平均值和向度数目的影响。正常情况下，量表的题项数目越多，相对的 α 系数会越大；试题间相关系数的平均值增加，α 系数会增加；当量表的向度越多时，α 系数会越小。

由于社会科学领域的调查中，一般每份量表都会包括几个子量表(分层面)，因而在对整个量表进行信度分析时，也要提供各子量表的信度系数。量表和它的子量表的信度系数要求可参考表 12-1。

表 12-1 信度系数表

内部一致性信度系数值	子量表或分层面	总量表
α系数<0.50	不理想，舍弃	非常不理想，舍弃
0.50≤α系数<0.60	可接受，但要增加题项或修改语句	不理想，要重新编制或修订

续表

内部一致性信度系数值	子量表或分层面	总量表
0.60≤α系数<0.70	可以接受	勉强接受，最好增加题项或修改语句
0.70≤α系数<0.80	好(信度高)	可以接受
0.80≤α系数<0.90	理想(很好，信度很高)	好(信度高)
α系数≥0.90	非常理想(信度极高)	非常理想(信度很高)

(2) 半分信度分析

所谓半分信度(Split-half Reliability)是指将一份测验或量表按奇偶数题项拆分或从中间一分为二，形成两个子量表，然后计算它们的相关系数，此系数就是该量表的半分信度系数。由于半分信度检测的是一个量表的两部分之间的一致性，因此也是内在信度分析的一种方式。但是这样做，通常会降低原量表的检测信度，因此要使用斯布校正公式(Spearman-Brown formula)加以校正，将半分信度进行还原估计。斯布校正公式定义为

$$r_{xx} = \frac{2r_{hh}}{1+r_{hh}}$$

式中，r_{xx} 为校正后的相关系数，即整个量表的信度；r_{hh} 为两个子量表之间的相关系数，也就是半分信度。

斯布校正公式的使用有一个假设前提，那就是两个子量表的方差必须相等，即必须满足方差同质性的假设，否则就会高估量表的信度。这就要求拆分量表时要尽量做到两个子量表题目相似，且它们的得分平均值和标准差相近。如果方差同质性假设无法满足，就要选用以下的公式

$$r_{xx} = 2\left(1 - \frac{S_a^2 + S_b^2}{S_X^2}\right) \quad \text{或者} \quad r_{xx} = 1 - \frac{S_d^2}{S_X^2}$$

前者称 Flanagan 校正公式，后者称 Rulon 校正公式。公式中，r_{xx} 为校正后的相关系数，即整个量表的信度；$S_a^2 + S_b^2$ 为两个子量表得分方差之和；S_X^2 为量表的总得分方差；S_d^2 为同一组受试者的两个子量表得分之差的方差。

内部一致性系数的估计，用 α 系数优于半分信度分析，因为任何长度的量表都有许多种折半方法，相同的数据不同的折半方法得出的估计值会有所不同。

(3) 库德-理查德森信度分析

以上的 Cronbach α 系数和半分信度分析常用于对利克特量表等多重计分的测试表的信度检验。然而，有时候，我们在问卷中还会出现非此即彼的二元化计分方式(是非题，通常用 1 和 0 表示)。这时内部一致性的检测通常采用的信度分析方法为库理信度系数(G. F. Kuder 和 M. W. Richardson 提出，简称 K-R 信度)。其计算公式为库理 20 号公式 KR20，即

$$r_{kk} = \frac{k}{k-1}\left(1 - \frac{\sum p_i q_i}{S_X^2}\right)$$

式中，k 为题目数，p_i 是答对第 i 题的人数比例(1 的比例)，q_i 是未答对第 i 题的人数比例(0 的比例)，S_X^2 为量表的总得分方差。

如果二元化计分的测验中题目的难度相差不大，或平均难度值接近 0.50(难易适中)，此时可以采用以下的库理 21 号公式 KR21，即

$$r_{kk} = \frac{k}{k-1}\left(1 - \frac{k\overline{pq}}{S_X^2}\right) = \frac{kS_X^2 - \overline{X}(k-\overline{X})}{(k-1)S_X^2}$$

式中，$\overline{p}$ 和 $\overline{q}$ 分别表示题目的平均通过率和平均失败率，$\overline{X}$ 表示测验总分的平均数，其他指标含义同 20 号公式。

实际上，Cronbach α 系数和库理 20 号公式的区别就在于前者用于计算多分变量的量表，而后者专门用于计算二分变量的量表，因此是 Cronbach α 系数一种特例。在具体的数值上，用 Cronbach α 系数计算二分变量的量表与用 KR20 公式计算结果完全一样。

(4) 重测信度分析

重测信度(Test-retest Reliability)反映的是测验跨越时空的稳定性和一致性。它是指同一群受试者在同一测验上第一次得分与第二次得分的积差相关系数，反映的是测验分数的稳定程度，因此也称稳定系数。一般来说，时间隔得越久，稳定系数越低，因此重测信度间隔时间以一两周为宜。它的系数也要求最低在 0.7 以上。重测信度的计算公式为

$$r_{xx} = \frac{\frac{\sum X_1 X_2}{N} - \overline{X}_1 \overline{X}_2}{S_1 S_2}$$

式中，r_{xx} 为信度；X_1 和 X_2 为同一受试者的两次测验得分；$\overline{X}_1$ 和 $\overline{X}_2$ 为两次测验的平均得分；S_1 和 S_2 为两次测验的得分的标准差；N 为受试者人数。

除进行重测信度分析外，有时候我们还要进行复本信度分析。所谓复本信度是指两个平行测验(比如考试中的 A、B 卷)测量同一批被试对象所得结果的一致程度，其大小等于同一组被试对象在两个复本测验上所得分数的积差相关系数。计算公式同重测信度。重测信度和复本信度都可以通过"双变量相关分析"来求得两次测验的相关度。

(5) 评分者信度分析

除了问卷和量表之类的调查表的信度分析外，还有一种经常用到的信度分析，那就是评分者信度(Scorer Reliability)分析。所谓评分者信度指的是多个评分者对同一批受试者进行评分时的一致性程度。在日常工作中，我们常常会遇到教师阅卷、评委打分之类的难免受到主观因素影响的情况。那我们如何评判他们的评分都是公正合理的呢？这就要涉及对评分者信度的分析。

评分者信度是考察不同评分者之间对实际得分的影响。它的分析方法和重测信度分析所采用的统计方法相同，均采用相关分析。如果评分者为二人，我们可以采用 Pearson 积差相关或 Spearman 等级相关来分析评分者信度；如果评分者为三人以上，并且采用等级评分方式，那我们可以用 Kendall 协同系数来分析。Kendall 协同系数的公式为

$$W = \left[\sum R_i^2 - \frac{(\sum R_i)^2}{N}\right] \Big/ \frac{1}{12}K^2(N^3 - N)$$

式中，K 为评分者人数，N 为被评分者人数，R_i 为被评分者所得的 K 个等级分数之和。

若被试者的所得评分中存在相同的等级，则使用如下的公式

$$W = \frac{\sum R_i^2 - \frac{(\sum R_i)^2}{N}}{\frac{1}{12}K^2(N^3 - N) - K\sum \frac{(M^3 - M)}{12}}$$

其中，M 为相同等级的个数，其他指标同以上公式。

如果评分者为三人以上，并且评分标准为连续性数据，我们可以采用 Cronbach α 系数的信度分析方式。

12.2 SPSS 信度分析案例应用

本节我们将分别介绍量表的信度分析和评分者信度分析。

12.2.1 量表的信度分析

我们曾经用著名的 Oxford 学习策略量表对某校的大学生进行过问卷调查。该量表共分为 6 个子量表。现以该量表的调查数据为依托进行信度分析，探索该量表的内部一致性。

提示：由于我们没有用 Oxford 学习策略量表进行过重测，因此我们将只通过 Cronbach α 系数和半分信度对它进行信度分析，不再对其进行重测信度分析。该量表包括 6 个子量表(分层面)，因而在对整个量表进行信度分析时，也要给出各子量表的信度系数。

1. 总量表的内部一致性

具体分析步骤如下。

1) 启动程序

打开文件"Oxford 学习策略量表调查.sav"，选择"分析"|"度量"|"可靠性分析"命令，打开"可靠性分析"对话框。

2) 选择变量

分别选择左侧变量列表中"题 1"到"题 50"，单击图标将其全部选入"项目"列表框(见图 12-1)。

3) 选择模型

"模型"下拉菜单中包含 5 种信度分析的模型，它们的具体含义如下。

- Alpha (Cronbach)：此模型是内部一致性模型，基于平均的项间相关性，适用于项目多重计分的测验(主观题)，如果是二分计分，该系数就是 KR20 系数。
- "半分"：此模型将测验拆分成两部分，并检查两部分之间的相关性，计算的是量表的半分信度。SPSS 将输出形式之间的相关性、Guttman 折半信度系数、Spearman-Brown 系数(等长和不等长以及每一半的 α 系数)。
- Guttman：最低下限真实信度法。此模型计算 Guttman 的最低下限以获取真实可靠性，信度系数从 λ_1 到 λ_6，其中 λ_3 就是 Cronbach α 系数，λ_4 就是 Flanagan 校正公式。该模型适合于二值(1 和 0)计分方式的量表。
- "平行"：此模型假设所有项具有相等的方差，并且重复项之间具有相等的误差方差。该方法采用最大似然率估计信度系数。
- "严格平行"：该方法也是采用最大似然率估计信度系数。此模型不仅假设为平行模型，还假设所有项具有相等的平均值。选择"平行"和"严格平行"，SPSS将输出模型拟合度优度检验，误差方差的估计值、公共方差和真实方差，估计的公共项间相关性，估计的可靠性以及可靠性的无偏估计。

本案例首先选用 Cronbach α 系数来进行信度分析。

4) 统计量设置

单击 Statistics 按钮，打开"可靠性分析：统计"对话框(见图12-2)。该对话框用于信度分析输出统计量的设置，包括4个选项组和3个选择项，其含义如下。

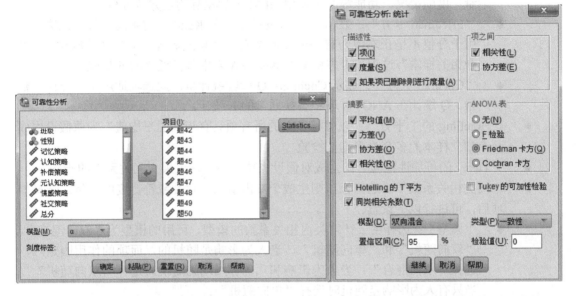

图 12-1　"可靠性分析"对话框　　　　图 12-2　"可靠性分析：统计"对话框

- "描述性"选项组：描述性统计包括以下3项。
  - "项"：呈现各题项的描述性统计量，包括平均值、标准差、有效个案数。
  - "度量"：呈现整个量表或问卷的描述性统计量，包括平均值、标准差、方差、有效个案数。
  - "如果项已删除则进行度量"：显示将每一项与由其他项组成的标度进行比较时的汇总统计。这些统计包括：该项从标度中删除时的标度平均值和方差、该项与由其他项组成的标度之间的相关性，以及该项从标度中删除时的 Cronbach Alpha 值。
- "摘要"选项组：提供量表中所有的题项分布的描述统计，包括的统计量如下。
  - "平均值"：题项平均值的汇总统计。显示项平均值的最小、最大和平均值，项平均值的范围和方差，以及最大项平均值与最小项平均值的比。
  - "方差"：项方差的汇总统计。显示项方差的最小、最大和平均值，项方差的范围和方差，以及最大项方差与最小项方差的比。
  - "协方差"：项间协方差的汇总统计。显示项之间的协方差的最小、最大和平均值，项之间的协方差的范围和方差，以及最大项之间协方差与最小项之间的协方差的比。
- ◆ "相关性"：项之间的相关性的汇总统计。显示项之间的相关性的最小、最大和平均值，项间相关性的范围和方差，以及最大项之间的相关性与最小项之间的相关性的比。
- ● "项之间"选项组：生成项与项之间的相关性矩阵或协方差矩阵。
- ● "ANOVA 表"选项组：该选项组给出了 4 种题项变量均值相等的检验方式。
  - ◆ "无"：不进行均值检验。该项为系统默认设置。
  - ◆ "F 检验"：显示重复测量方差分析表。该方法适用于题目分值为连续性测量尺度的情况，功能等同于调用 GLM 中的重复测量方差分析。
  - ◆ "Friedman 卡方"：显示 Friedman 的卡方与 Kendall 的协同系数。此选项适用于分值不呈正态或为有序分类的量表。其功能等同于非参数检验中的"K 个相关样本"过程。卡方检验在 ANOVA 表中替换通常的 F 检验。
  - ◆ "Cochran 卡方"：显示 Cochrans Q 检验统计量。此选项适用于二分计分数据。Q 统计在 ANOVA 表中替换通常的 F 统计。
- ● "Hotelling 的 T 平方"：以"标度上的所有项具有相同的平均值"为原假设生成两个独立样本的多变量平均值检验。
- ● "Tukey 的可加性检验"：生成对假设"项中不存在可乘交互关系"的检验。
- ● "同类相关系数"：选择该项则生成个案内值的一致性或符合度的测量。选择该项后，可进行以下设置。
  - ◆ "模型"：选择用于计算类内相关系数的模型，可用的模型为"双向混合"、"双向随机"和"单向随机"。当人为影响是随机的，而项的作用固定时，选择"双向混合"；当人为影响和项的作用均为随机时选择"双向随机"；当只有人为影响是随机时选择"单向随机"。
  - ◆ "类型"：选择指标类型。可用的类型有"一致性"和"绝对一致"。
  - ◆ "置信区间"：指定置信区间的置信度。缺省值为 95%。
  - ◆ "检验值"：指定假设检验系数的假设值。该值是用来与观察值进行比较的值，缺省值为 0。

本案例的统计量设置如图 12-2 所示。设置完成后，单击"继续"按钮返回"可靠性分析"对话框。

5) 输出分析结果

单击"确定"按钮，SPSS 输出信度分析的结果(见表 12-2 至表 12-8)。

6) 分析结果解读

(1) 表 12-2 给出了案例分析的个案处理摘要报告。本次分析共有有效个案 82 个，没有无效个案。

(2) 表 12-3 是信度分析的可靠性统计，给出了量表内部一致性的 Cronbach α 系数值。α 系数越高，说明量表的内部一致性越强。本案例的 Cronbach α 系数值为 0.937，说明 Oxford 学习策略量表的内部一致性非常高。表中的"基于标准化项目的克隆巴赫系数"是将样本观察值的各题项的得分标准化(Z 分数)后所得到的信度系数，简称为标准化 α 系数。一般来说，题项的标准化 α 系数和非标准化 α 系数相差不大。如果量表在编制时采用相同的测量单位(如本案例所有题项均为利克特 5 级量表)，则较多采用非标准化的 α 系数作为信度指标；如果一份量表的测量单位不同，则采用标准化的 α 系数较为适宜。

表 12-2 个案处理摘要

个 案	数 字	%
有效	82	100.0
除外 [a]	0	.0
总计	82	100.0

注：a. 基于过程中所有变量的成列删除。

表 12-3 可靠性统计

克隆巴赫系数	基于标准化项目的克隆巴赫系数	项 数
.937	.937	50

(3) 表 12-4 所示是摘要项目统计量。该表给出的是量表中各题项的平均值、最大值、最小值、项目方差和项目间相关度。而表 12-5 所示则是整个量表的标度统计量，给出了所有个案在全部题项上的总得分的平均值、方差、标准偏差。

表 12-4 摘要项目统计量

	平均值	最小值	最大值(X)	范围	最大值/最小值	方差	项数
项平均值	2.914	2.268	3.744	1.476	1.651	.131	50
项方差	1.048	.802	1.291	.489	1.610	.014	50
项间相关度	.231	-.244	.607	.851	-2.492	.019	50

表 12-5 标度统计量

平均值	方 差	标准偏差	项 数
145.71	641.049	25.319	50

(4) 表 12-6 是项目整体统计量表，该表呈现了修定量表所需的重要信息，这是信度分析结果中极其重要的部分。"删除项目后的标度平均值"列的数据为删除该项后量表的其余题项加总后的新平均值。以题项 10 为例，删除题项 10 后的标度平均值为 141.96。根据表 12-5，全部题项上的总得分的平均值为 145.71，删除题项 10 后下降的 3.75 即为题项 10 的得分的平均值。"删除项目后的标度方差"所列出的数据为删除该题项后样本在量表的其余题项加总后的新方差。仍以题项 10 为例，删除后的新方差为 632.159，未删除时的方差为 641.049。可知题项 10 的标度方差为 8.890。

项目整体统计量表最重要的是以下两列："校正后的项目与总分相关性"和"项目删除后的克隆巴赫系数"。这两列是对量表进行修改的主要依据。"校正后的项目与总分相关性"列出了校正后该项与量表其余题项的 Pearson 相关系数，该系数越大，表明该题项与其他题项的内部一致性越高。反之亦然。从表中可以看出，题项 10 与量表的其他题项的相关系数为 0.154，属于低相关。这将是对题项 10 进行删除或修改的重要依据。该列中的其他相关系数都远高于题项 10。"项目删除后的克隆巴赫系数"列出删除该项后，其他题项构成的新量表的内部一致性 α 系数值。比如，删除题项 10 后，α 系数值由原来的 0.937 变为 0.938，也就是，删除题项 10 后量表整体信度上升。一般来说，题项越多，α 系数越高，因此删除题项后，α 系数应该有所降低。如果情况相反的话，那就意味着该题项与量表的其他题项之间的内部一致性较差，也就是相关性较差。该量表的题项 10 正是如此。因此，综合表 12-6 后两列的信息可知，如果对量表题项进行删除或修改，首先应该考虑题项 10。

不过，值得一提的是，虽然 α 系数在删除题项 10 后会稍微有所提高，但提高很小。在量表的信度已经达到很高的程度的情况下，删除题项 10 意义不大。反之，如果原来量表的信度系数较低，可以通过删除或修改相关系数较低的题项来增加量表整体的内部一致性。但是要记住，修改后的量表还要重新进行信度分析。

表 12-6 项目整体统计量

	删除项目后的标度平均值	删除项目后的标度方差	校正后的项目与总分相关性	项目删除后的克隆巴赫系数
1.我会思考在英语中学到的新知识与我已有的知识间的联系。	142.74	613.353	.506	.935
2.为了记忆生词，我尽量使用生词造句。	143.12	616.602	.469	.936
3.我尽量将单词的音、形、义结合起来记忆单词。	142.46	614.869	.507	.935
4.为了记住单词，我经常想想在什么情景下这个单词会用到。	142.44	614.990	.483	.936
5.我用英语的读音来记生词。	142.15	620.793	.378	.936
6.我将生词写在卡片上以便更好地记忆单词。	142.98	612.888	.506	.935
7.我借助肢体语言记忆生词。	143.35	615.170	.466	.936
8.我经常复习英语课文。	142.89	622.790	.363	.936
9.我通过记忆单词在书页、广告牌或路标上的位置来记生词。	142.99	618.629	.464	.936
10.我通过重复读写来记忆单词。	141.96	632.159	.154	.938
11.我尝试像以英语为母语的人一样说英语。	143.09	605.906	.616	.935
12.我经常练习英语的发音。	142.99	599.765	.785	.933
13.我通过多种方式来运用已经掌握的英语单词。	142.77	612.205	.549	.935
14.我尝试用英语交谈。	142.95	606.738	.659	.934
15.我经常看一些英语电视节目或电影。	142.43	615.532	.430	.936
16.用英语阅读对我来说是一种享受。	143.13	608.982	.562	.935
17.我用英语记笔记、写便条、信件或报告等。	143.26	617.329	.459	.936
18.我通常先快速地浏览一下英语短文，再从头仔细地阅读。	142.17	623.674	.304	.937
19.遇到新词时，我通常回想一下它与汉语中哪些词语相对应。	142.68	618.836	.435	.936
20.我注意总结英语句型。	142.87	616.636	.531	.935
21.如果知道单词各部分的含义，我就能知道整个单词的意思。	143.02	611.802	.568	.935

续表

	删除项目后的标度平均值	删除项目后的标度方差	校正后的项目与总分相关性	项目删除后的克隆巴赫系数
22.我尽量不字对字地直译。	142.89	621.087	.393	.936
23.对于听到或读到的英语内容,我要作一下总结。	142.84	620.135	.410	.936
24.对于不太熟悉的单词我就猜它的意思。	142.38	620.139	.364	.937
25.在用英语交谈想不起某些单词时,我就借助手势来表达。	142.68	627.330	.256	.937
26.当不知道应该用哪个单词时,我就用知道的单词间接表述。	142.13	620.216	.395	.936
27.在阅读英语文章时,我不会去查每个生词的意思。	142.24	628.360	.238	.937
28.我尽量预测讲话者将要说什么。	142.34	622.499	.325	.937
29.如果想不起用准确的单词来表达,我就用近义词来代替。	142.30	623.943	.297	.937
30.我通过一切途径来练习英语。	142.91	615.684	.449	.936
31.我通过意识到自己的错误,来提高自己的英语水平。	142.54	614.573	.557	.935
32.有人讲英语时,我的注意力非常集中。	142.68	605.849	.615	.935
33.我试着找出如何学好英语的办法。	142.26	617.057	.453	.936
34.我制定时间表,以便有足够的时间来学习英语。	143.16	616.654	.467	.936
35.我注意寻找那些能够和我用英语交谈的人。	143.15	610.596	.607	.935
36.我寻找一切机会尽可能多地用英语进行阅读。	143.11	610.173	.636	.935
37.对于如何提高自己的英语技能,我有明确的目标。	143.02	616.518	.484	.936
38.我经常回想自己在英语学习中的进步。	142.94	613.984	.550	.935
39.每当感到害怕英语时,我便努力放松自己。	142.70	620.708	.388	.936
40.尽管我害怕出错,但我还是鼓励自己去讲英语。	142.85	610.028	.603	.935
41.每当在英语学习取得进步时,我就奖励自己。	142.98	617.728	.404	.936
42.我尽力去注意在学习或运用英语时自己是否情绪紧张。	142.84	619.839	.410	.936
43.我在日记中写下自己学习英语的感受。	143.44	614.916	.490	.936
44.我与他人交流学习英语的心得体会。	143.27	617.260	.461	.936
45.如果我听不懂,我会请求讲话者放慢速度或重复。	142.43	622.865	.305	.937
46.当我讲英语时,我请别人改正我的错误。	142.74	615.279	.458	.936
47.我与其他同学一起练习英语。	142.99	616.975	.417	.936
48.我经常从英语老师那里寻求帮助。	142.99	615.000	.500	.936
49.我用英语来提问题。	143.06	612.083	.599	.935
50.我努力学习英语国家的文化。	143.35	615.639	.529	.935

(5) 表 12-7 是该案例的方差分析表。该表给出的是 Friedman 卡方检验结果。卡方检验显著性 P 值为 0.000,达到极其显著的水平,说明样本个案在各题项上的看法差异显著,也就是受试者在各题项上的得分差异显著。样本对量表题项的看法或观点越不一致,说明量表信度越高。

表 12-7　方差分析表(带傅莱德曼检验的 ANOVA)

		平方和	自由度	均方	Friedman 卡方	Sig
人与人之间		1038.500	81	12.821		
人员内	项目之间	524.584[a]	49	10.706	564.895	.000
	残差	3206.696	3969	.808		
	总计	3731.280	4018	.929		
总计		4769.780	4099	1.164		

注：总平均值 = 2.91

a. Kendall 协同系数 W=.110。

(6) 表 12-8 给出了同类相关系数。可以看出该表是采用人员效应随机而度量效应固定的双因素混合效应模型来分析的。个案内度量的同类相关系数为 0.229，量表的平均度量的同类相关系数为 0.937，这也就是量表的一致性检测的 Cronbach α 系数值。二者的 F 值检验结果均为 0.000，都达到非常显著的水平。这表明 Oxford 学习策略量表的内部一致性很高。

表 12-8　同类相关系数

	同类相关性[b]	95% 的置信区间		使用真值 0 的 F 检验			
		下限值	上限	值	df1	df2	Sig
单个度量	.229[a]	.179	.298	15.869	81	3969	.000
平均度量	.937[c]	.916	.955	15.869	81	3969	.000

注：人员效应随机而度量效应固定的双因素混合效应模型。

a. 无论是否存在交互作用效应，估计量都相同。

b. 使用一致性定义的 C 类同类相关系数。除数差异中排除了度量间方差。

c. 计算此估值时假定交互作用效应不存在，否则无法估算。

7) 半分信度分析结果解读。

表 12-9 所示是本案例的半分信度分析结果。(注：半分信度的分析步骤和 Cronbach α 系数信度分析的步骤完全相同，只是分析模型各异，因此不再赘述案例的半分信度分析过程，只呈现分析结果。)从表中可以看出，该案例的量表拆分方式是按题项编号将量表分为两个题量相等的子量表，第一个子量表是从题 1 到题 25，第二个自变量是从题 26 到题 50。第一个子量表的 Cronbach α 系数值为 0.888，第二个子量表的 Cronbach α 系数值为 0.887，每个子量表均为 25 项。从 α 系数值看，两个子量表均达到高度的内部一致性。格式之间的相关性也就是两个子量表之间的相关性，为 0.808，表明两个子量表高度相关。接下来表格给出了斯布(Spearman-Brown)校正系数，即分别给出了两个子量表等长和不等长的信度系数。该案例的两个子量表等长，我们要查看"等长"栏信度系数 0.894，这意味着半分信度分析认为 Oxford 学习策略量表的内部一致性很理想。最后一栏是 Guttman 折半信度系数 0.893，也是一个很高的系数值。综合看来，虽然半分信度给出的各系数值和 Cronbach α 系数略有不同，但这些系数都表明，整个量表的一致性很高。

表 12-9 半分信度分析可靠性统计

		值	.888
克隆巴赫系数	第一部分	项数	25[a]
	第二部分	值	.887
		项数	25[b]
	项总数		50
格式之间的相关性			.808
Spearman-Brown 系数	等长		.894
	不等长		.894
Guttman 折半信度系数			.893

注：a. 项目为：题 1～题 25。

b. 项目为：题 26～题 50。

2. 子量表的内部一致性分析

提示：为了使分析方法尽量统一，以获得可比性更高的数据，我们在此仍然全部使用 Cronbach α 系数来检测各子量表的一致性。由于分析方法和上述步骤 1～5 相同，在此我们也不再一一说明，只是给出重要的分析结果 "可靠性统计" 和 "项目总计统计" 两个表格。

Oxford 学习策略量表的 6 个子量表及其包括的题项如下：

记忆策略(子量表 1)：题 1～题 9；

认知策略(子量表 2)：题 10～题 23；

补偿策略(子量表 3)：题 24～题 29；

元认知策略(子量表 4)：题 30～题 38；

情感策略(子量表 5)：题 39～题 44；

社交策略(子量表 6)：题 45～题 50。

1) 记忆策略(子量表 1)的信度分析结果

表 12-10 和表 12-11 所示分别是记忆策略(子量表 1)的可靠性统计和项目总计统计。从表 12-10 可知，子量表 1 的 α 系数为 0.761，项目数为 9。α 系数表明子量表 1 的内部一致性较好。再从表 12-11 来看，各题项的删除项目后的标度平均值相差很小，表明该子量表的题项标度平均值基本相等，都在 23 左右；删除项目后的标度方差也变化不大，表明各题项的得分方差比较均匀；校正后的项目与总分相关性没有极端值，因而项目删除后的 α 系数变化幅度也非常小，都保持在 0.73～0.75 附近，没有超出子量表 1 的整体一致性 α 系数 0.761。总之，子量表 1 的编制比较理想。

表 12-10 子量表 1 可靠性统计

克隆巴赫系数	项 数
.761	9

表 12-11　子量表 1 项目总计统计

	删除项目后的标度平均值	删除项目后的标度方差	校正后项目与总分相关性	项目删除后的克隆巴赫系数
题 1	23.28	24.081	.356	.752
题 2	23.66	23.265	.477	.733
题 3	23.00	22.889	.523	.726
题 4	22.98	23.185	.461	.735
题 5	22.68	23.849	.403	.744
题 6	23.51	22.722	.488	.731
题 7	23.89	22.988	.465	.735
题 8	23.43	24.717	.343	.753
题 9	23.52	23.981	.443	.738

2) 认知策略(子量表 2)的信度分析结果

表 12-12 和表 12-13 所示分别是认知策略(子量表 2)的可靠性统计和项目总计统计。从表 12-12 可知，子量表 2 的 α 系数为 0.827，项目数为 14。由于该子量表的题项数目多于子量表 1，因此它的 α 系数也高于子量表 1，这符合正常规律。α 系数表明子量表 2 的内部一致性也很好。但从各题项的详细统计数据来看，题项 10 的校正相关性仅为 0.036，说明该项与其他题项的相关性极低，而它的项目删除后的 α 系数 0.843 也大于 0.827。同样的情况也表现在题 18 上，它的校正相关性为 0.284，与其他题项相比也较低，它的项目删除后的 α 系数 0.828，略大于 0.827。可见，题 18 与其他题项的相关性要好于题 10。从分析来看，无论是整体量表的一致性检验，还是子量表的一致性检验，题项 10 都与其他题项相关性较低。因此，如果考虑修改子量表 2，应该首先删除题 10 或对其加以改善。当然，就该子量表而言，由于整体的一致性很好(0.827)，删除题 10 意义不大，可以考虑进行语句改善。与题 10 相比，题 18 可以忽略。总之，子量表 2 的整体信度很高，但内部需要优化。

表 12-12　子量表 2 可靠性统计

克隆巴赫系数	项　数
.827	14

表 12-13　子量表 2 项目总计统计

	删除项目后的标度平均值	删除项目后的标度方差	校正后项目与总分相关性	项目删除后的克隆巴赫系数
题 10	37.11	62.148	.036	.843
题 11	38.23	53.341	.561	.808
题 12	38.13	51.155	.769	.793
题 13	37.91	54.968	.511	.812
题 14	38.10	52.706	.672	.801

续表

	删除项目后的 标度平均值	删除项目后的 标度方差	校正后项目与 总分相关性	项目删除后的 克隆巴赫系数
题 15	37.57	55.137	.434	.818
题 16	38.28	54.204	.508	.812
题 17	38.40	56.713	.404	.820
题 18	37.32	57.997	.284	.828
题 19	37.83	56.193	.449	.817
题 20	38.01	56.062	.514	.813
题 21	38.17	54.588	.550	.810
题 22	38.04	57.394	.369	.822
题 23	37.99	57.271	.373	.821

3) 补偿策略(子量表 3)的信度分析结果

表 12-14 和表 12-15 所示分别是补偿策略(子量表 3)的可靠性统计和项目总计统计。从表 12-14 可知，子量表 3 的 α 系数为 0.642，项目数为 6。由于该子量表的题项数目较少，因此它的 α 系数较低。因为，从表 12-15 来看，各列统计数据中除题 25 外都比较均匀，没有极端值。只有题 25 的相关性稍低，为 0.224；而其项目删除后的 α 系数为 0.650，略高于整体一致性 α 系数 0.642。因此可以说，子量表 3 的 α 系数较低的原因在于题量较少，而非题项之间相关性太低造成的。鉴于子量表 3 只是一个分量表，0.642 的 α 系数也是基本可以接受的，不过可以考虑对题 25 进行语句修缮，以进一步提高子量表 3 的信度。

表 12-14 子量表 3 可靠性统计

克隆巴赫系数	项　数
.642	6

表 12-15 子量表 3 项目总计统计

	删除项目后的 标度平均值	删除项目后的 标度方差	校正后项目与 总分相关性	项目删除后的 克隆巴赫系数
题 24	16.83	9.970	.397	.589
题 25	17.13	11.402	.224	.650
题 26	16.59	9.431	.557	.528
题 27	16.70	10.610	.361	.603
题 28	16.79	10.808	.274	.636
题 29	16.76	9.792	.437	.573

4) 元认知策略(子量表 4)的信度分析结果

表 12-16 和表 12-17 所示分别是元认知策略(子量表 4)的可靠性统计和项目总计统计。从表 12-14 可知，子量表 4 的 α 系数为 0.814，项目数为 9。虽然只有 9 个题目，但是子量

表4的信度系数却高达0.814，说明该子量表的信度很理想。从表12-17来看，各列统计数据也非常均匀，没有任何很低的数值，各题项的项目删除后的α系数都在0.80上下，没有一个超过0.814。从各列数据来看，到目前为止，该子量表的编制是最好的。

表12-16 子量表4可靠性统计

克隆巴赫系数	项 数
.814	9

表12-17 子量表4项目总计统计

	删除项目后的标度平均值	删除项目后的标度方差	校正后项目与总分相关性	项目删除后的克隆巴赫系数
题30	22.80	26.579	.465	.802
题31	22.43	27.853	.434	.804
题32	22.57	24.371	.662	.775
题33	22.15	27.484	.415	.807
题34	23.05	27.430	.427	.806
题35	23.04	26.283	.567	.789
题36	23.00	25.802	.645	.780
题37	22.91	27.264	.463	.801
题38	22.83	26.761	.532	.793

5) 情感策略(子量表5)的信度分析结果

表12-18和表12-19所示分别是情感策略(子量表5)的可靠性统计和项目总计统计。从表12-14可知，子量表5的α系数为0.660，也是可以接受的，项目数为6。从表12-19来看，各题项的校正后相关系数比较均匀，从0.315至0.552，无极低的相关性。项目删除后的α系数没有超过0.660。因此，综合该表中的统计数据，可以得出结论，子量表5的α系数较低，主要是由于题项数目较少造成的，子量表内没有与总分相关性很低的题项，无须修改，内部一致性可以接受。

表12-18 子量表5可靠性统计

克隆巴赫系数	项 数
.660	6

表12-19 子量表5项目总计统计

	删除项目后的标度平均值	删除项目后的标度方差	校正后项目与总分相关性	项目删除后的克隆巴赫系数
题39	13.16	10.752	.331	.638
题40	13.32	9.478	.552	.558
题41	13.44	9.830	.417	.608

续表

	删除项目后的 标度平均值	删除项目后的 标度方差	校正后项目与 总分相关性	项目删除后的 克隆巴赫系数
题 42	13.30	10.881	.315	.644
题 43	13.90	10.608	.335	.637
题 44	13.73	10.396	.395	.616

6) 社交策略(子量表 6)的信度分析结果

表 12-20 和表 12-21 所示分别是社交策略(子量表 6)的可靠性统计和项目总计统计。从表 12-20 可知，子量表 6 的 α 系数为 0.694，也是可以接受的，项目数为 6。但从表 12-21 来看，题 45 校正后与总分相关性仅为 0.255，而项目删除后的 α 系数为 0.712，说明该题项和其他各题项的一致性较低。如果要对该子量表进行修改，可以考虑将题 45 删除或修正。

表 12-20 子量表 6 可靠性统计

克隆巴赫系数	项　数
.694	6

表 12-21 子量表 6 项目总计统计

	删除项目后的 标度平均值	删除项目后的 标度方差	校正后项目与 总分相关性	项目删除后的 克隆巴赫系数
题 45	13.40	12.021	.255	.712
题 46	13.72	10.698	.475	.637
题 47	13.96	10.628	.471	.638
题 48	13.96	10.850	.506	.628
题 49	14.04	11.542	.434	.652
题 50	14.33	11.606	.432	.653

总之，通过对 Oxford 学习策略量表的 6 个子量表的内部一致性分析，可以看出，尽管该量表的整体信度很高，α 系数高达 0.937，然而，6 个分量表的信度却差异较大。其中原因之一是各子量表的题项数目不同，通过分析可知，另一个重要原因就是有的量表中存在与其他题项相关性较低的题项。可以通过修改某些题项来提高量表的整体信度。

12.2.2 评分者信度分析

在奥运会比赛当中，每场比赛都有来自不同国家的多名裁判给参赛选手评分。现有某届奥运会的 8 位不同国别的裁判员对 200 名运动员的评分资料一份。试分析这些裁判员的评分标准是否公平。

说明：如果多名裁判参与评分，通常情况下可以利用 Kendall 协同系数来计算他们的评分一致性。如果评分一致性高，说明评分公平；如果一致性低，表示评分差异大，缺乏公平性。评分者信度可通过非参数检验中的多相关样本过程来求得(该过程的详细用法可参考 7.9.1 节的原理介绍)。

该案例的具体分析步骤如下。

1) 启动程序

打开数据文件"裁判评分.sav",选择"分析"|"非参数检验"|"就对话框"|"K 个相关样本"命令,打开"多个关联样本检验"对话框。

2) 选择变量

分别选择左侧列表框中的变量 A 到 H,单击 图标将其全部选入"检验变量"列表框(见图 12-3)。

3) 选择检验类型

检验类型有 Friedman、Kendall' W 和 Cochran's Q 三种。该案例选择 Kendall' W。

4) 输出检验结果

单击"确定"按钮,SPSS 输出分析结果(见表 12-22)。

5) 检验结果解读

从表 12-22 可以看出,案例评分一致性检验的 Kendall 系数为 0.580,卡方显著性检验 P 值为 0.000,达到非常显著的水平。检验结果拒绝"评判者的评判标准不一致"的原假设,认为评判者的评判标准一致。因此,8 位裁判对运动员的评分是公平的。

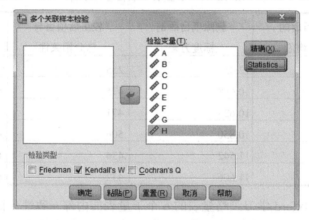

图 12-3 "多个关联样本检验"对话框

表 12-22 检验统计表

数字	200
Kendall 的 W(K)[a]	.580
卡方	811.930
自由度	7
渐近显著性	.000

注:a. Kendall 协同系数。

12.3 思 考 题

1. 信度分析有哪些分类和哪些分析模型？

2. 在第 11 章，我们曾经对"未来就业认同调查"问卷进行过主成分分析。请分别用 α 系数和半分信度对该问卷进行信度分析，比较两种模型的分析结果，并讨论该问卷的内部一致性是否理想，有无改进的可能和必要。

3. 在第 8 章，我们曾经对"书法比赛成绩汇总.sav"做过距离分析，请就该成绩汇总进行信度分析，看三位评委的评分是否具有一致性。

第 13 章　统计图的制作

如何高效呈现统计分析结果是每一个统计分析人员都要考虑的重要问题。通过本书各章的案例应用，我们知道，SPSS 程序会自动输出很多描述性统计表，但这些统计量表，对于初学者来说，不易看清、不易看懂、甚至会看错事物之间的内在关联。因此，除了文字或表格外，我们还可以用统计图的方式对事物之间的各种内在关系加以呈现，这样会更加直观，甚至更加美观。

13.1　SPSS 制图功能简介

SPSS 22.0 有非常强大的统计图制作功能。它不但可以绘制各种常用的统计图乃至复杂的 3D 视图，而且能够由制作者自定义颜色、线条、文字等，使制图变得丰富多彩、赏心悦目。

所谓统计图就是用点的位置、线段的升降、直条的长短或面积的大小等方法表达统计资料的一种形式，其特点是简明生动、形象具体、通俗易懂。统计图可以把数据资料所反映的变化趋势、数量多少、分布状态和相互关系等形象直观地表现出来，以便于阅读、比较和分析。

统计分析中常用的统计图如表 13-1 所示。SPSS 22.0 的统计图制作功能位于"图形"菜单中，包括 3 种不同的制图模块："图表构建器"、"图形画板模板选择程序"和"旧对话框"（图 13-1）。从图 13-1 可以看出，"旧对话框"中的各种统计图的绘制程序各自独立，我们可以非常方便地选择所要绘制的图形类别。该制图模块主要是通过两个对话框的设置来完成统计图的绘制。在绘图前，我们要对所要绘制的图形有清楚的认识。通过"旧对话框"可以制作 11 种统计图。相比之下，"图表构建器"和"图形画板模板选择程序"两个模块的绘图功能是"集成"的。它们里边包含了各种类型的制图方式可供用户选择，尤其是想要绘制较为复杂的可视化交互统计图时，这两种"集成"模块功能更加强大。

表 13-1　常用统计图

图形名称	符号	适用范围
条形图		描述定类或定序变量的分布，长条的高度表示变量不同取值下的频数
线图		描述连续性变量的变化趋势，非连续性变量通常不宜采用
面积图		描述连续性变量的分布，用面积来表示变量在不同取值下的频数
饼图		描述定类变量的分布，圆中扇形面积的大小表示不同类别变量所占的频数
高低图		用于同时描述股(物)价等数据长期和短期变化趋势
帕累托图		描述生产控制过程中各类指标对生产的影响大小
质量控制图		质量控制的常用工具，主要用于提示生产过程中发生的变化和趋势

续表

图形名称	符号	适用范围
箱图		显示变量的中位数、四分位数、极值,显示数据的实际分布
误差条图		显示数据的均值、标准差、置信区间等信息
散点图		直观反映两个或两个以上变量的汇聚大小及相互关系
直方图		描述定距变量的分布。与条形图不同的是,直方图不是用长条的高度来表示变量出现的频数,而是通过长条的面积来表示的
P-P 图		用来直观表示数据是否服从特定分布
Q-Q 图		用来直观表示数据是否服从特定分布
普通序列图		描述一组或几组数据随另一序列性变量变化的趋势
时间序列图		描述与时间相关的变量随着时间变化的趋势

图 13-1 "图形"菜单命令

下面介绍"图表构建器"和"图形画板模板选择程序"的功能和用法。

13.1.1 图表构建器

图表构建器的制图功能可以通过"库"选项卡和"基本元素"选项卡两个途径来实现。用户可以通过将"库"中预定义的图表或"基本元素"中的图表构件(例如,轴和条形)直接拖放到画布上来生成图表。相较而言,对于新用户,使用图库更加便捷。

1. 图表构建器的基本布局

如图 13-2 所示,图表构建器的构成部件有:画布、轴系、图形元素、变量列表和放置区。

- "画布":"图表构建器"对话框中生成图表的区域。可以用鼠标将"图库"或

"基本元素"中的图表直接拖放至画布来生成统计图。
- "轴系":轴系用以定义特定坐标空间中的一个或多个轴。在将图库图表拖到画布上时,系统会自动创建轴系。此外,也可以从"基本元素"选项卡中选择一个轴系。
- "图形元素":图形元素是图表中表示数据的项。这些项为条、点、线等。
- "变量列表":变量列表显示了可用变量。如果在此列表中所选的变量为分类变量,则"类别"列表会显示该变量的已定义类别。(如果看不到"类别"列表,请拖动分隔类别列表和变量列表的分隔条。)同样,也可使用"类别"列表查看构成多响应集的变量。
- "放置区":将图表拖至画布后,每个轴都显示一个用于拖放变量的轴放置区。蓝色文字指示该区域仍需要变量。每个图表都需要将一个变量添加到X轴放置区。某些图库图表(例如,簇状条形图或堆积条形图)包含分组放置区。这些放置区以及面板放置区和点标签放置区也可以从"组/点 ID"选项卡添加。

2. 图表构建方法

SPSS图表构建器的构图方法有两种:一种是直接从"库"中选择统计图;另一种是在"基本元素"中选择轴和元素临时搭建图表。

1) 库

使用图库中的预定义图表生成统计表是最简单的制图方法。具体步骤如下。

(1) 在"选择范围"列表中,选择一个图表类别。每个类别都提供了多种类型的统计图(见图 13-2)。如图中选择的条形图,其右侧方框内就显示了多达 8 种类型。

(2) 将所需图表的图标拖到画布上。也可以双击该图片。如果画布已显示了一个图表,则图库图标会替换该图表上的轴系和图形元素。

(3) 将变量从"变量"列表拖放至轴放置区以及分组放置区(如果有)。只有区域中的文本为蓝色时才需要向该区域添加变量。如果文本为黑色,则表明该区域已包含变量或统计。(注:变量的测量级别很重要。生成图表时,图表构建器根据测量级别设置缺省值。此外,测量级别不同,产生的图表看上去也会不同。可以临时更改变量的测量级别,方法是右键单击该变量,然后选择命令。)如果需要更改统计、修改轴或图注的属性(如刻度范围),请单击"元素属性"按钮在"编辑属性"列表中,选择要更改的项(见图 13-3)。

(4) 如果需要将更多变量添加到图表中,可切换到"组/点 ID"选项卡并选择一个或多个选项(见图 13-4)。然后,将分类变量拖放至画布上显示的新放置区。

(5) 如果要为统计图添加标题或脚注,可切换到"标题/脚注"选项卡进行设置(见图 13-5)。添加的标题或脚注将显示在输出结果中。

(6) 如果要变换图表(例如,使条变为水平的),可以切换到"基本元素"选项卡,然后单击"变换"按钮(见图 13-6)。

(7) 单击确定,创建图表。图表将显示在 SPSS 查看器中。

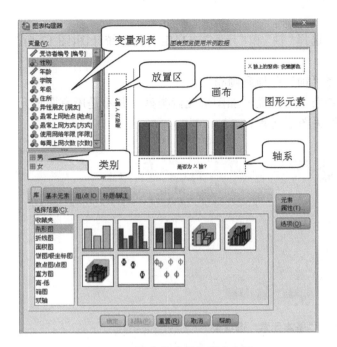

图 13-2 图表构建器的基本布局　　　　图 13-3 "元素属性"对话框

图 13-4 "组/点 ID"选项卡

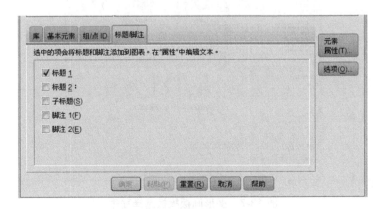

图 13-5 "标题/脚注"选项卡

2) 基本元素

通过"基本元素"选项卡,用户可以选择"轴"和"元素"来自定义构建统计图(图13-6)。具体步骤如下。

(1) 如果画布是空白的,首先选择"轴"并拖到画布上。

(2) 选择并将"图形元素"拖到画布上,从而添加图形元素类型。并不是所有图形元素都可以用于特定轴系。轴系只支持相关图形元素。

(3) 以下步骤同"库"。

图 13-6 "基本元素"选项卡

13.1.2 图形画板模板选择程序

该程序最大的优势在于它能够根据变量的个数和类型自动提供一些合适的图形模板供制图者选择。模板选择器包含"基本"和"详细"两个主选项卡,用以选择可视化模板。这两个选项卡对应于从模板创建可视化的两种不同方法。这些方法并不相互排斥,在创建图形时,可以在两个选项卡之间来回切换。

(1) "基本"选项卡(图13-7)。在"基本"选项卡上,首先选择要分析的数据,然后选择适合这些数据的图形。基本构图步骤如下。

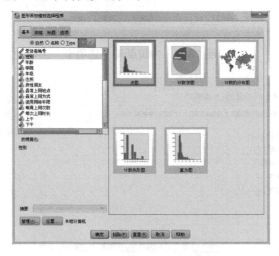

图 13-7 图形画板模板选择程序

- 从列表中选择一个或多个字段(变量)。(注：字段的测量级别决定了可用的可视化类型。可以在列表中右键单击字段并选择一个选项，以更改测量级别。)
- 选择可视化类型。
- 如果要定义多个选项(例如"可选审美原则"和"面板与动画")，请单击"详细"选项卡。

(2) "详细"选项卡(图 13-8)。在"详细"选项卡中，首先选择可视化类型，然后再指定数据。还可以将"基本"选项卡无法提供的信息添加到可视化图形中，如"可选审美原则"和"面板和/或动画"。该选项卡的具体操作如下。

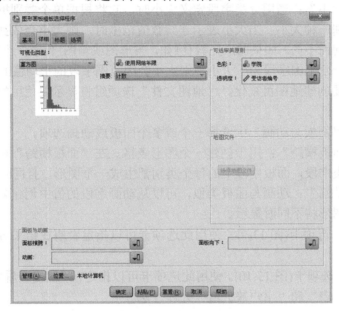

图 13-8 "详细"选项卡

- 如果已在"基本"选项卡上选择了一个可视化类型，"详细"选项卡将自动显示该类型。如果没有在"基本"选项卡上预先选择了一个可视化类型，可以从"可视化类型"下拉列表中选择一个。
- 可视化缩略图的正右侧为指定可视化类型所需字段(变量)的控件。必须指定可视化图形构图所需的所有字段。
- 对于某些可视化类型，可以在"摘要"栏选择一项汇总统计，如平均值、和、中位数、众数、方差等。
- 可以选择一个或多个外观。这些审美原则允许在可视化中包括其他字段，从而添加维度。外观效果(分组、聚类或堆积)取决于可视化类型、字段(变量)类型和图形元素类型以及统计。可用"审美原则"有以下几种：
  - "色彩"：当用分类字段定义色彩时，该字段将根据单个类别拆分可视化图形，每个类别显示一种颜色。当色彩表示连续数值范围时，每个数值范围对应一种颜色。如果图形元素(例如，条形图或箱图)代表多个记录/个案，且一个范围字段用于颜色，则色彩会因范围字段的平均值的不同而不同。
  - "形状"：形状由一个分类字段定义，该分类字段将可视化拆分为不同形状的元素，每个类别对应一种形状。
- "透明度"：当用分类字段定义透明度时，它将根据单个类别拆分可视化，每个类别一个透明度级别。当透明度表示连续数值范围时，每个连续数值范围对应一种透明度。如果图形元素(例如，条形图或箱图)代表多个记录/个案，且一个范围字段用于透明度，则透明度会因范围字段的平均值的不同而不同。处于最大值时，图形元素为完全透明。在最小值处，则完全不透明。
- "数据标签"：数据标签由一个任意类型的字段定义，其值用于创建附加到图形元素中的标签。
- "大小"：当用分类字段定义大小时，它将根据单个类别拆分可视化，每个类别一种大小。当大小表示连续数值范围时，则大小会依据范围字段的值的不同而不同。如果图形元素(例如，条形图或箱图)代表多个记录/个案，且其中一个范围字段用于大小，则大小会因范围字段的平均值的不同而不同。

● 如果需要创建地图可视化，"地图文件"选项组将显示要使用的一个或多个地图文件。

● 可以在"面板与动画"中选择一个或多个面板或动画选项。
- "面板横跨"：用于创建一个图形表格。在"面板横跨"栏为面板选择一个分类字段，面板字段中的每个类别都生成一个图形，且同时显示。
- "动画"：动画与面板类似，可以从动画字段的值中创建多个图形，但是这些图形将不同时显示。

(3) "标题"选项卡(图 13-9)。使用此选项卡可以指定希望在结果可视化中出现的任何标题和脚注。

(4) "选项"选项卡(图 13-10)。使用此选项卡可以指定在"输出查看器"中出现的"输出标签"、"样式表"和"用户缺失值"处理方法。

图 13-9 "标题"选项卡

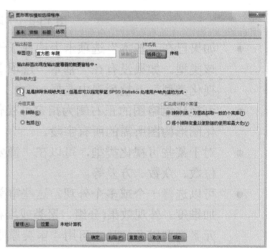

图 13-10 "选项"选项卡

(5) "管理"：管理计算机上的可视化模板与样式表。可以导入、导出、重命名和删除本地计算机上的可视化模板与样式表。

(6) "位置"：更改可视化模板与样式表的存储位置。当前位置列在按钮右侧。

鉴于大多数的 SPSS 教材都将统计图的制作放在对"旧对话框"的介绍上，因此本书将以"图表构建器"的制图操作为主，简单介绍各种常用统计图的制作程序，最后分别举例说明"旧对话框"和"图形画板模型选择程序"的绘图过程。

13.2 条 形 图

条形图是用长短不同的等宽直条来表示独立指标的数值大小的一种统计图，这些指标可以是连续性数据，也可以是分类变量的频数或比例，常用于定类或定序变量的分布比较。比较的指标一般按大小或字母顺序排列。"图表构建器"的图库中共有 8 种类型的条形图：简单条形图、集群条形图、堆积条形图、简单 3-D 条形图、集群 3-D 条形图、堆积 3-D 条形图、1-D 框图简单误差条形图和集群误差条形图。

所谓简单条形图就是用单个直条表示一个类别的观察指标的图形，一般横轴为分类轴，纵轴为计数轴。如果使用一组直条对多个观察指标进行对比就是集群条形图，它适用于多个变量的比较，每组直条中各个变量用不同的颜色予以区分。堆积条形图的用法和集群条形图类似，也是用以描述多个变量的对比，只是将多个变量的取值堆放在一个直条上，并用不同的颜色对其所占比例予以划分。如果在简单条形图的基础上，再添加一个坐标轴 Z，也就是再添加一个分类变量，就是 3-D 条形图。误差条形图由带标记的线条组成，这些标记用于显示数据的统计信息。本节以"大学生网络使用调查.sav"为例选择介绍几种常用的条形图。

13.2.1 简单条形图

我们以"大学生网络使用调查.sav"为例，来绘制大学生上网方式的简单条形图。

1. 选择图形

打开文件"大学生网络使用调查.sav"，选择"图形"|"图表构建器"命令，打开"图表构建器"对话框。单击"库"选项卡"选择范围"栏内的"条形图"，右侧方框中将显示条形图的 8 种类型。选择第一个图标"简单条形图"，将其拖入空白"画布"方框中(图 13-11)。

注意：将鼠标指针停放在"选择范围"右侧方框中的图标上，系统将自动显示该图标的图形名称。

2. 选择变量

选择"变量"列表中的"最常上网方式"变量，用鼠标指针将其拖入 X 轴虚框内，此时"是否为 X 轴"将被该变量代替，同时"是否为 Y 轴"将变为"计数"(图 13-11)。

3. 元素属性设置

变量选择完成，"元素属性"对话框将自动显示为图 13-12(如果没有自动显示，单击

"图表构建器"对话框中的"元素属性"按钮打开)。在"元素属性"对话框中可以更改与图形元素关联的统计,并修改特定于某个图形元素类型的属性。该对话框包括"编辑属性"、Statistics(统计量)、"显示误差条形图"和"条图样式"等选项。

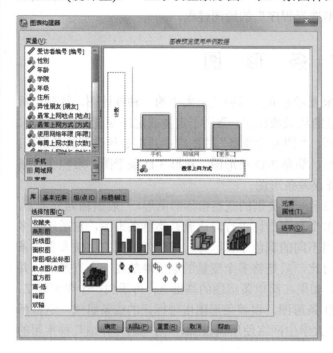

图 13-11 "图表构建器"对话框　　　　图 13-12 "元素属性"对话框

(1)"编辑属性":该列表用于选择要进行编辑设置的元素,可以选择对条形图或 X 轴、Y 轴进行设置。系统默认对条形图进行设置。"编辑属性"列表的右侧至少有一个按钮。使用删除按钮可删除图形元素。对于双 Y 轴图,将显示箭头按钮,这些按钮用于控制元素在图表中的绘制顺序。选择一个元素,然后使用箭头更改顺序后,则最后一个元素将绘制在其他元素之上。

(2) Statistics:用于设置条形图输出的统计量。"统计"下拉列表框中列出了很多常用统计量,可以选择进行输出统计量的修改。

(3)"显示误差条形图":对于汇总分类变量的图表,可以选择显示误差条形图。误差条形图仅适用于平均值、中位数、计数和百分比等统计量。对于平均值,可以选择显示类别平均值周围的置信区间、标准差或标准误差。对于中位数、计数和百分比,只有置信区间是可用的。对于该案例,如果选中"显示误差条形图"复选框就将显示为带有误差标记的简单条形图,也就是 1-D 框图简单误差条形图。

(4)"条图样式":用于选择条形图的形状,下拉列表框中有 3 个选项:"条形图"、"I 梁图"和"细线"。

4. 轴属性设置

1) X 轴属性设置

单击"元素属性"对话框"编辑属性"列表框中的"X-Axis 1(条形图 1)","元素属性"对话框将变为图 13-13 所示样式。

- "轴标签"：设置 X 轴的标签。系统默认使用变量名作为轴标签。可以对该标签进行修改。
- "类别"：用于更改 X 轴的属性，包括"排序依据"和"方向"两个下拉列表框。"排序依据"包括 3 个选项："定制"(使用"顺序"列表中显示的顺序)、"标签"(使用"类别"标签对变量的类别进行排序)、"值"(使用数据集中存储的标签值对变量的类别进行排序)。"方向"包括"升序"和"降序"。 要更改顺序，首先选择一个类别名称，然后单击列表右边的向上或向下箭头。列表中的第一个类别在图表上第一个显示。手动更改顺序时，"排序依据"的值更改为"定制"。
- "已排除"：该列表框显示排除在图表之外的类别。要将类别从图表中排除出去，请在"排序"列表中选择一个类别名称，然后单击删除按钮。要将类别移回来，请在"已排除"列表中选择该类别的名称，然后单击列表右边的箭头。
- "小/空类别"：包括两个选项："显示空标签类别"和"仅显示数据中存在的类别"。如果激活"拼并小类别"，可将最小的类别拼并到单独列出的"其他"类别。此功能仅可用于有限数目的统计：计数、百分比、有效 N 和总和。对于高-低-闭合、差别面积图和双轴图表，以及指定误差条形图的任何图表，此功能不可用。

2) Y 轴属性设置

单击"元素属性"对话框"编辑属性"列表框中的"Y-Axis 1(条形图 1)"，"元素属性"对话框将变为图 13-14 所示样式，可用于更改"轴标签"、"刻度范围"和"刻度类型"。

- "轴标签"：设置 Y 轴的标签。系统默认使用变量名作为轴标签。可以对该标签进行修改。
- "刻度范围"：系统默认自动显示"最大值"、"最小值"、"主增量"和"原点"。取消"自动"，可以定制这些数值。
- "刻度类型"：根据数据的不同，选择合适的刻度类型，包括"线性"、"对数"、"对数(安全)"和"幂"。
    ◆ "线性"：创建线性、未转换的刻度。这是缺省值。
      "对数"(标准)和"对数(安全)"：创建经对数转换的刻度。根据需要，可以输入对数的基数(必须大于 1)。
    ◆ "幂"：创建经指数转换的刻度。根据需要，可以输入指数。缺省值为 0.5，即得出的值为数据的平方根。

元素属性设置如果有更改，要单击"应用"按钮，才能生效。该案例的"元素属性"设置保持系统默认设置。

5. 一般选项设置

单击"图表构建器"对话框中的"选项"按钮，打开"选项"对话框，可进行一般选项的设置(图 13-15)。这些选项适用于整个图表，而不是图表上的特定项。一般选项包含"用户缺失值"、"模板"、"图表大小"和"嵌板"。

  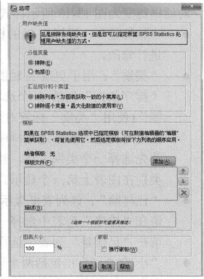

图 13-13　X 轴的属性设置　　图 13-14　Y 轴的属性设置　　图 13-15　"选项"对话框

(1) "用户缺失值"：包括"分组变量"和"汇总统计和个案值"的缺失值处理设置。

(2) "模板"：使用图表模板可以将一个图表的属性应用于另一个图表。在图表编辑器中打开图表时，可以将其保存为模板，然后可以应用该模板，方法是创建时指定该模板，或以后在图表编辑器中应用它。

(3) "图表大小"：指定大于 100 的百分比可将图表放大，指定小于 100 的百分比可将图表缩小。此百分比是相对于缺省的图表大小。

(4) "嵌板"：有很多面板列时，选择"换行嵌板"可允许面板跨行换行，而不是强制放入一个特定的行中。除非选中此选项，否则面板将缩小以强制放入一行中。

本案例保持系统默认设置。单击"确定"按钮返回"图表构建器"对话框。

6. 输出统计图

单击"确定"按钮，SPSS 输出简单条形图(图 13-16)。我们可以从简单条形图上看出大学生上网方式的分布状况。同时，还可以进一步对其进行编辑。

7. 编辑统计图

在 SPSS 的查看器窗口，双击输出的简单条形图打开"图表编辑器"对话框(图 13-17)。可以通过图表编辑器对统计图进行编辑，以增添信息或改变外观。

1) 添加数据标签

图 13-16 给出了大学生上网方式的直观分布状况，但是我们也发现，从该图上只能大概看出各种上网方式的分布，无法获知准确的统计数据，为此，我们要为图表添加统计量显示。单击选中"图表编辑器"中的条形图的直条，选择"元素"|"显示数据标签"命令，或单击图表上方的"显示数据标签"图标。此时，图表的直条上会自动生成计数统计，同时弹出"属性"对话框(图 13-18)。通过"属性"对话框，我们可以对数据标签进行多种属性的设置和修改。

● 标签显示设置。"标签"选项组包括"显示"和"不显示"两个选框。选择"不显示"框中的变量并单击 按钮，可将其选入"显示"框内。变量将显示在简单条形图的标签上。反之，选择"显示"框中的变量，并单击 图标可以将其从标签显示中删除。单击 或 可以改变各变量在标签中显示的上下位置。
- 标签位置设置。"标签位置"选项组包括 3 种选项，系统默认为"自动"，如果改选"手动"，则可以将标签位置在直条上上下拖动，自定义恰当位置。如果选择"定制"，则将激活下边方框。通过单击方框中的图标可以选择将标签置于顶部、中部或底部。
- 显示选项设置。在"显示选项"组中，可根据图表情况自行选择。
- 对"数据值标签"选项卡做任何的改变，都要单击"应用"按钮，才能生效。

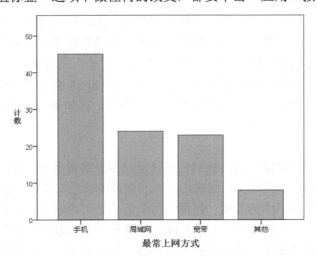

图 13-16　简单条形图

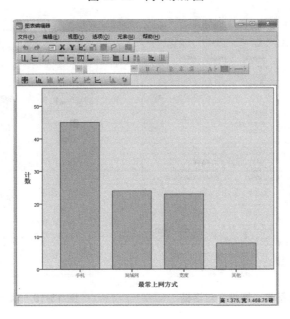

图 13-17　"图表编辑器"对话框

2) 图表颜色与边框设置

图表颜色和边框的设置有 3 种情况，即分别对直条、标签和背景三个组成部分进行颜色和边框的设置。切换到"填充与边框"选项卡(图 13-19)，可以分别单击直条、标签和背景进行设置。比如，单击任意标签，单击"颜色"选项组中的"填充"图标，选择右侧的绿色，再单击"边框"图标，选择红色。"边框样式"的"宽度"设置为 3。单击"应用"按钮，标签将发生相应的变化。同样，分别单击直条和背景进行相应的颜色设置，比如黄和蓝。条形图的编辑效果如图 13-20 所示。

3) 图表类型的转换

图表编辑器不仅可以添加标签数值、更改外观，还可以进行不同类型图表之间的转换。切换到"属性"对话框中的"变量"选项卡(见图 13-21)，可以看到"元素类型"下拉列表框中包括很多可用于改变图表样式的元素。对于简单条形图来说，可用的元素包括"内插线"、"路径"、"标记"和"饼"。我们以常用的"饼"图为例，演示图形类型的转换。选择下拉列表框内的"饼"选项并单击"应用"按钮，SPSS 查看器中的条形图将变换为饼图(图 13-22)。当然，我们还可以对该饼图进一步编辑，比如单击工具栏中的"分解分区"按钮，可以将饼图进一步拆分。

4) 其他设置

从"属性"对话框可以看出，我们还可以通过图表编辑器对图表进行除上述之外的多种设置，比如，图表大小的改变、图表内文本布局的改变及文本样式的改变、Y 轴刻度的改变、条形图变量排列顺序的改变、饼图的拆分等，还可以通过图表编辑器的工具栏为图表插入标题、脚注、文本框等等。本节不再一一演示，感兴趣的读者可动手尝试。(注：接下来的统计图制作介绍也不再进行"图表编辑器"详细演示，各种编辑内容读者可自己分别尝试。)

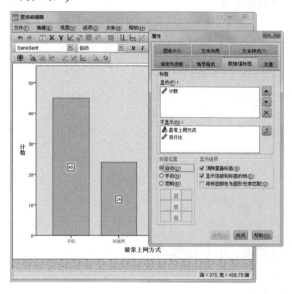

图 13-18 数据标签与"属性"对话框

图 13-19 填充与边框设置

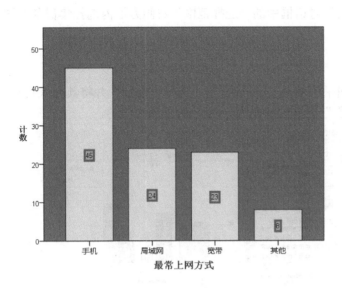

图 13-20 编辑过的简单条形图　　　　图 13-21 变量设置

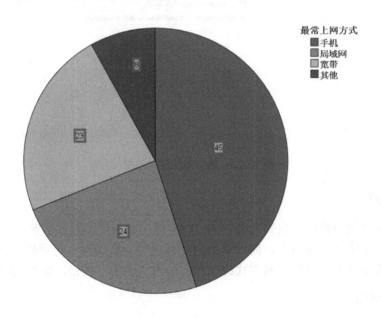

图 13-22 最常上网方式饼图

13.2.2 集群条形图

当需要对一个变量进行分类对比时，就要使用集群条形图。我们已经知道了最常上网方式的分布状况，现在要进一步对比变量"最常上网方式"在男生和女生之间的分布差异。集群条形图的制作程序和简单条形图类似。

1. 选择图形

在图 13-11 所示"图表构建器"对话框中的"选择范围"右侧方框内选择集群条形图,并将其拖入空白画布。

2. 选择变量

选择变量"最常上网方式"并将其拖入 X 轴虚框内,选择"性别"并将其拖入画布右上角的"X 轴上的聚类:设置颜色"虚框内,作为分组变量(见图 13-23)。

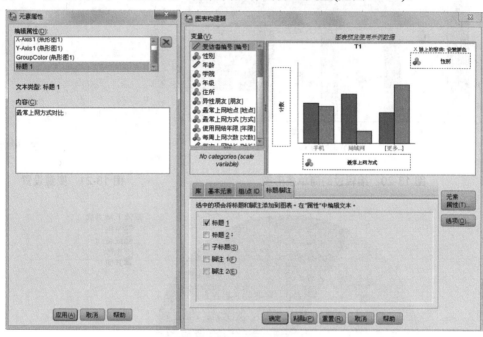

图 13-23 集群条形图的设置

3. 添加标题

完成图形的变量设置后,我们还可以为 SPSS 输出的条形图添加标题。切换到"标题/脚注"选项卡,选中"标题 1",同时系统自动弹出"元素属性"对话框。在该对话框的"内容"文本框中输入"最常上网方式比较",单击"应用"按钮,如图 13-23 所示。

4. 输出统计图

单击"确定"按钮,SPSS 输出集群条形图(图 13-24)。条形图显示各种上网方式的男女生对比情况,并显示标题"最常上网方式对比"。

5. 对比图制作

上面已经通过集群条形图对上网方式在男女生中的分布状况做出了比较。如果我们想在此基础上通过再添加分组的方式对上网方式做更加细致的比较,就需要为集群条形图新添加分组变量,新添加的分组区域变量的值控制分组方式。

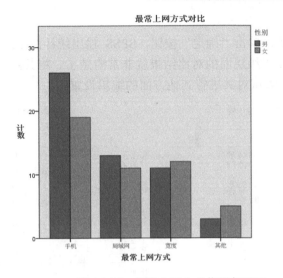

图 13-24　最常上网方式集群条形图

1) 添加分组变量

切换到"组/点 ID"选项卡(图 13-25)。可以看到 6 个选项。对于该集群条形图来说，除"X 轴上的聚类变量"外，只有"行嵌板变量"和"列嵌板变量"可用，也就是说，可以为"行"或"列"添加分组变量。我们选中这两项，画布区域将分别在 X 轴和 Y 轴处显示"嵌板？"虚框，将变量"学院"和"年级"分别拖至 X 轴和 Y 轴的"嵌板？"虚框内。此时，画布上的集群条形图将发生相应变化。同时，"元素属性"对话框中的"编辑属性"列表框中自动添加所选分组变量，如果需要可对其分别进行编辑(见图 13-26)。编辑方式同简单条形图。同样，我们为该条形图添加标题"最常上网方式全方位比较"。

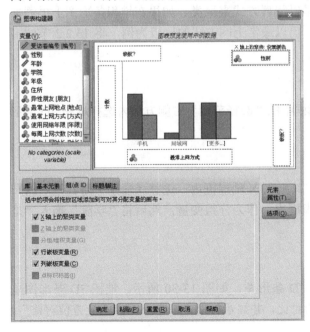

图 13-25　"组/点 ID"选项卡

图 13-26　"元素属性"对话框

2) 输出统计图

完成分组变量的添加后,单击"确定"按钮,SPSS 输出统计图(图 13-27)。这样,最常上网方式在性别、学院和年级层面的对比结果就非常清楚了。将其添加数据标签后显示为图 13-28 所示。读者可以尝试对其进行其他方面的编辑设置。

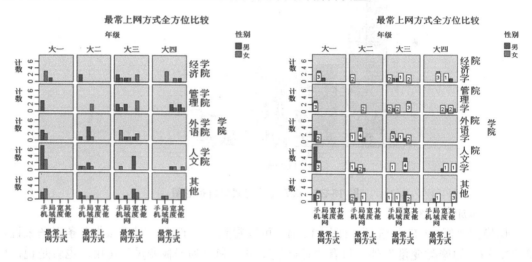

图 13-27 最常上网方式全方位比较(1)　　　　图 13-28 最常上网方式全方位比较(2)

13.2.3 堆积 3D 条形图

堆积条形图和集群条形图的功能是一样的,只是统计量的表达方式不同。堆积条形图是以柱形方式来聚类,而集群条形图则是以簇群方式来聚类。如果在堆积条形图上再添加一个坐标 Z 轴,那就是堆积 3D 条形图。仍以最常上网方式的比较为例,将 13.2.2 节的多重比较以 3D 形式展示出来。

1. 选择图形

在图 13-11 所示"图表编辑器"对话框中的"选择范围"右侧方框内选择堆积 3D 条形图,并将其拖入空白画布。

2. 选择变量

仍然选择变量"最常上网方式"并将其拖入 X 轴虚框内,选择"性别"将其拖入画布右上角的"X 轴上的聚类:设置颜色"虚框内,作为分组变量;然后将"学院"拖入"是否为 Z 轴"虚框内(见图 13-29)。

3. 输出堆积 3D 条形图

单击"确定"按钮,SPSS 输出堆积 3D 条形图,如图 13-30 所示。堆积 3D 条形图显示各种上网方式在学院层面和性别层面的对比,并显示标题"最常上网方式全方位对比"。

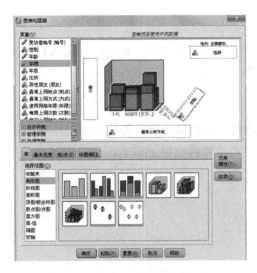
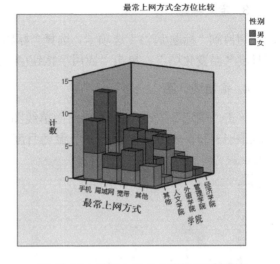

图 13-29　堆积 3D 条形图变量设置　　　　图 13-30　最常上网方式堆积 3D 条形图

关于误差条形图的制作，请参见 13.14 节。

13.3　线　　图

线图是用折线的方式来描述某一变量的变化趋势或某一变量随时间的变化而变化的过程。线图适用于对连续数据的统计分析，通常用以表现两个因素之间的关系，即当一个因素变化时，另一因素也发生相应的变化。SPSS 22.0 的"图表构建器"对话框提供了两种线图：简单线图和多重线图。简单线图使用一条折线来表现一个事物的变化趋势；而多重线图则是用多条折线来表现多种事物的变化趋势。

本节我们将以某年全国主要城市的月度气温变化的统计表为例，来介绍上述两种线图的绘制。

13.3.1　简单线图

下面绘制一幅简单线图来表现北京市一年来的气温变化状况。

1. 选择图形

打开数据文件"全国主要城市气温统计.sav"，选择"图形"|"图形构建器"命令，打开"图形构建器"对话框。切换到"库"选项卡，在"选择范围"列表框中选择"折线图"，右侧方框显示两种线图类型。单击选择简单线图图标并将其拖入空白画布。

2. 选择变量

选择"变量"列表框中的"月份"并将其拖入 X 轴虚框内，选择"北京"并将其拖入 Y 轴虚框内(图 13-31)。

3. 定义标题

切换到"标题/脚注"选项卡,选择"标题 1",在"元素属性"对话框中输入标题"北京月度气温变化图"。单击"应用"按钮(参见图 13-23)。

4. 输出统计图

单击"确定"按钮,SPSS 输出简单线图,通过"图表编辑器"为简单线图添加标签数值(见图 13-32)。这样,北京市的气温随月度的变化趋势就一目了然了。

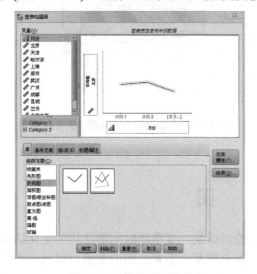
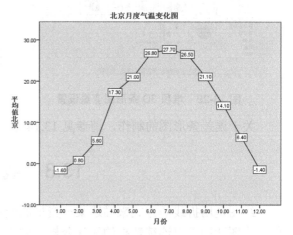

图 13-31　简单线图设置　　　　　图 13-32　北京月度气温变化简单线图

13.3.2　多重线图

多重线图是用多条折线来描述多个不同事物的发展变化趋势。下面选取哈尔滨、上海和广州作为比较对象,看看在月度平均气温上南北城市的差距有多大。

1. 选择图形

仍然打开数据文件"全国主要城市气温统计.sav",选择"图形"|"图形构建器"命令,打开"图形构建器"对话框。切换到"库"选项卡,在"选择范围"列表框中选择"折线图",然后将右侧方框中的多重线图图标拖入空白画布。

2. 选择变量

选择"变量"列表中的"月份"并将其拖入 X 轴虚框内;选择变量"哈尔滨"、"上海"和"广州"并将其拖入 Y 轴虚框内(见图 13-33)。双击 INDEX,打开"分组区域"对话框,在"分组依据"下拉列表框中选择"模式"(见图 13-34)。单击"确定"按钮完成设置。(注:系统默认"分组模式"为"颜色"。)

3. 输出统计图

单击"图表构建器"对话框中的"确定"按钮，SPSS 输出统计图，打开"图表编辑器"，定义标签显示为"变量"，"标签位置"定制为"左下"（见图 13-35）。设置完成后的多重线图显示如图 13-36 所示。

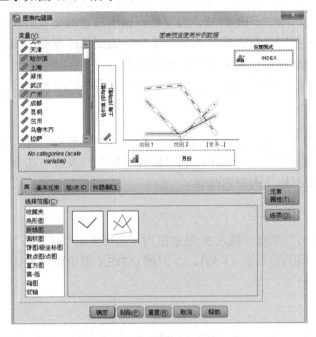

图 13-33 多重线图的设置

图 13-34 分组设置

图 13-35 标签设置

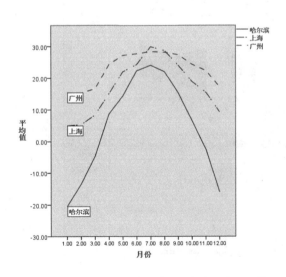

图 13-36 气温比较多重线图

13.4 面 积 图

面积图与线图的本质相同,也是用来描述某一变量随时间或其他变量的变化而变化的过程。面积图通过面积的变化来反映连续变量的分布形状或变化趋势。从外表来看,面积图就是用不同的颜色来填充折线和 X 轴之间的区域。面积图根据所描述的变量的多少分为简单面积图和堆积面积图。简单面积图是用面积来表现一个变量的变化;堆积面积图用来表现多个变量的变化趋势。它们分别相当于简单线图和多重线图。

本例中,我们尝试将 13.3.2 节的多个城市的气温比较多重线图用面积图表现出来。

1. 选择图形

打开数据文件"全国主要城市气温统计.sav",选择"图形"|"图形构建器"命令,打开"图形构建器"对话框。切换到"库"选项卡,在"选择范围"列表框中选择"面积图",将右侧方框中的堆积面积图图标拖入空白画布。

2. 选择变量

选择"变量"列表框中的"月份"并将其拖入 X 轴虚框内,选择变量"哈尔滨"、"上海"和"广州"并将其拖入 Y 轴虚框内(见图 13-37)。本例的 INDEX 采用系统默认设置,以颜色为分类指示。

3. 输出统计图

单击"图表构建器"对话框中的"确定"按钮,SPSS 输出统计图,添加标签后如图 13-38 所示。

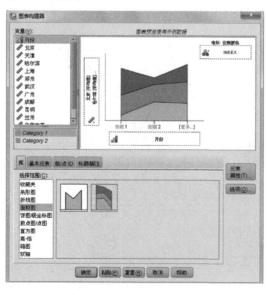

图 13-37 堆积面积图的设置

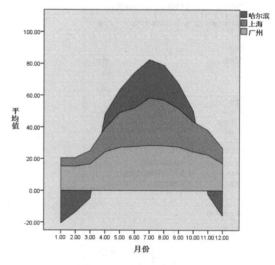

图 13-38 气温比较堆积面积图

13.5 饼 图

饼图和面积图一样也是用面积来表现数据的变化，不同的是前者用来表现连续性数据的变化趋势，而后者常用来表现离散型数据在总体中所占比例的大小，同时也便于数据的比较。

本例将以"大学生网络使用调查.sav"文件为依据，通过饼图来分析男女大学生对网络交友安全性的看法。

1．选择图形

打开数据文件"大学生网络使用调查.sav"，选择"图形"|"图形构建器"命令，打开"图形构建器"对话框。切换到"库"选项卡，在"选择范围"列表框中选择"饼图"，将右侧方框的饼图图标拖入空白画布。

2．选择变量

选择"变量"列表框中的"网络交友不安全"并将其拖入 X 轴虚框内。

3．构建对比图

选中"组/点 ID"选项卡中的"行嵌板变量"复选框，然后将变量"性别"拖入"嵌板？"虚框内(图 13-39)。

4．输出统计图

单击"图表构建器"对话框中的"确定"按钮，SPSS 输出统计图，添加数据标签后如图 13-40 所示。从图上可以看出男女同学对"网络交友不安全"的看法差异不太大。但是我们也看到，选择"有点同意"的比例男女生都最高。没有人选择"非常同意"，这两点说明大学生对网络交友的安全性认识不够。

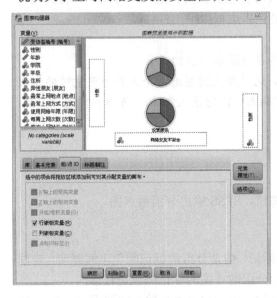

图 13-39　饼图的设置

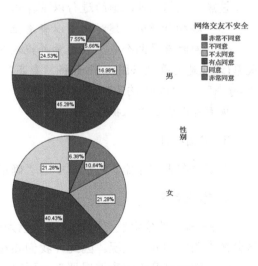

图 13-40　网络交友安全性饼图

13.6 散点图/点图

散点图/点图是以散点的分布来反映变量之间的相关关系的一种统计图。它适用于描述测量数据的原始分布状况，通过散点的位置和密度来判断观测值高低、大小、变化的趋势或范围。与之前的几种统计图相比，散点图更适宜于较大的数据量，这样更容易反映出变量之间的关系或数据的分布状况。SPSS 22.0 的图表构建器提供了多达 8 种的散点图/点图类型：简单散点图、分组散点图、简单3D散点图、组3D散点图、摘要点图、简单点图、散点图矩阵和垂线图。

本节我们将以"身体指标的地区差异.sav"文件为例，介绍常用的散点图/点图的制作。

13.6.1 分组散点图

简单散点图用以显示两个变量之间的相关关系。在第 8 章"相关分析"中我们已经做过一些介绍，本章不再重复解释。在简单散点图的基础上再添加一个分组变量就构成了分组散点图。现以"身体指标的地区差异.sav"文件为例，使用分组散点图描述身高和体重的关系在性别上的差异。

1. 选择图形

打开数据文件"身体指标的地区差异.sav"，选择"图形"|"图形构建器"命令，打开"图形构建器"对话框。切换到"库"选项卡，在"选择范围"列表框中选择"散点图/点图"，将右侧方框中的分组散点图图标拖入空白画布。

2. 选择变量

选择"变量"列表框中的"体重"并将其拖入 X 轴虚框内，选择"身高"并将其拖入 Y 轴虚框内，选择"性别"并将其拖入"设置颜色"虚框内(图 13-41)。

注意：我们还可以继续进行以下操作：

① 添加行嵌板构建对比图以查看上述信息在地区水平上的差异。

② 同时选择两个或更多变量并拖入 Y 轴，通过散点图查看两个或多个变量对的相关关系(这就是重叠散点图)。比如将"身高"和"胸围"同时选入 Y 轴，可以同时查看"体重-身高"、"体重-胸围"的相关关系。

读者可以尝试以上操作。

3. 输出统计图

单击"图表构建器"对话框中的"确定"按钮，SPSS 输出分组散点图。

4. 标记着色

SPSS 输出的分组散点图默认以颜色为分组标记，但是分组的标记颜色不够鲜明，难以区分散点图中的分组状况。因此，我们要对原始分组散点图的标记颜色进行修改。

(1) 双击打开"图表编辑器"，再双击性别标记中标记"女"的小圆圈(图 13-42)，打开"属性"对话框，如图13-43所示。

(2) 切换到"标记"选项卡，单击"颜色"组中"填充"前的小方块，在色板中单击选择一种颜色，本例选择"黑"；单击"边框"前的小方块，在色板中单击选择一种颜色，本例选择"红"。单击"应用"按钮，然后单击"关闭"按钮完成标记颜色设置(图13-44)。

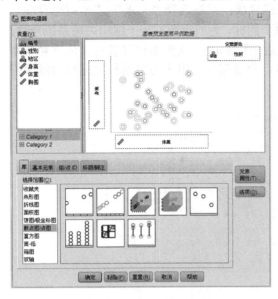

图 13-41　分组散点图的设置　　　　　图 13-42　分组散点图图表编辑器

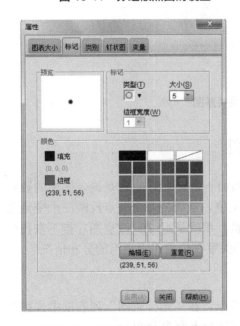
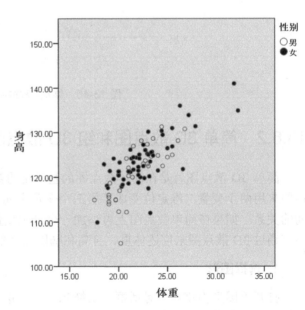

图 13-43　分组散点图的标记着色　　　　图 13-44　体重-身高分组散点图

5. 添加标题

在"图表编辑器"中选择"选项"|"标题"命令，或直接单击工具栏中的"标题"图

标,为散点图添加标题"体重-身高相关关系图"。

6. 添加拟合线

在"图表编辑器"中选择"元素"|"总计拟合线"命令,或直接单击工具栏中的"添加总计拟合线"图标,为散点图添加相关关系拟合线;然后选择"元素"|"子组拟合线"命令,或直接单击工具栏中的"添加子组拟合线"图标,为散点图添加子组相关关系拟合线。

至此,一个比较完整的分组散点图制作完成(图 13-45)。从图中可以看出,体重和身高成线性相关,函数为:$y = 90.85 + 1.45x$。同时,散点图还给出了男生组和女生组的线性相关情况。

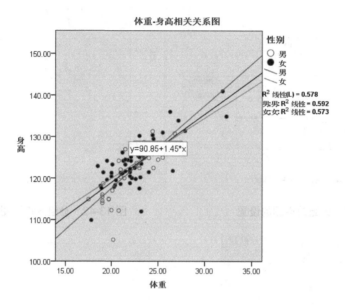

图 13-45　体重-身高相关关系图

13.6.2　简单 3D 散点图和组 3D 散点图

简单 3D 散点图就是在简单散点图的基础上再添加一个 Z 轴,也就是说,图中的散点由原来用两个变量二维定位变成了用三个变量空间定位,从而使每个散点反映三个变量之间的关系。如果在简单散点图上再添加一个分组变量,那就是组 3D 散点图。接下来我们尝试通过 3D 散点图来描述体重、身高和胸围之间的关系在男生和女生组的分布情况。

1. 选择图形

打开"图形构建器"对话框,切换到"库"选项卡,在"选择范围"列表框中选择的"散点图/点图",将右侧方框中的简单 3D 散点图图标拖入空白画布。

2. 选择变量

选择"变量"列表框中的"体重"并将其拖入 X 轴虚框内,选择"身高"并将其拖入 Y 轴虚框内,选择"胸围"并将其拖入 Z 轴虚框内。

3. 添加分组

切换到"组/点 ID"选项卡，选中"分组/堆积变量"，此时画布的右上角会弹出"设置颜色"虚框。将变量"性别"拖入该虚框内，这样，画布上的简单 3D 散点图就变成了组 3D 散点图。然后，选中"点标识标签"，画布上弹出"点 ID"虚框，该虚框用于对散点设置标识。选择"地区"并拖入"点 ID"虚框(见图 13-46)。

4. 输出组 3D 散点图

单击"确定"按钮，SPSS 输出本例组 3D 散点图，经过对散点充色后显示如图 13-47 所示。从图上我们可以看出男生和女生在"体重-身高-胸围"关系上有所不同，地区分布上也有所不同，特别是 1(东部)和 3(西部)之间。

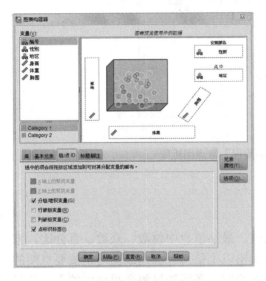

图 13-46　3D 散点图的设置

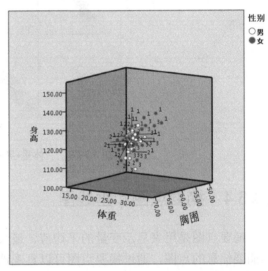

图 13-47　"体重-身高-胸围"3D 散点图

13.6.3　散点图矩阵

散点图矩阵是指将多个变量之间的两两相关关系以矩阵的方式呈现出来。比如，我们可以将"体重-身高-胸围"3D 散点图转换成矩阵的方式呈现出来。

1. 选择图形

打开"图形构建器"对话框，切换到"库"选项卡，在"选择范围"列表框中选择"散点图/点图"，将右侧方框中的散点图矩阵图标拖入空白画布。

2. 选择变量

选中"变量"列表框中的"体重"、"身高"和"胸围"并将其全部拖入"散点矩阵？"虚框内。

3. 输出散点图矩阵

单击"确定"按钮，SPSS 输出本例散点图矩阵如图 13-48 所示。可以看出，三个变量之间两两成正相关关系。

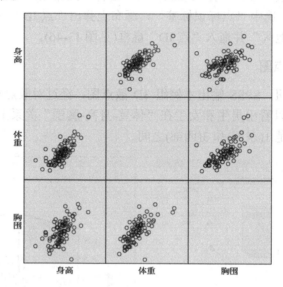

图 13-48 "体重-身高-胸围"散点图矩阵

13.6.4 摘要点图和垂线图

摘要点图是用来显示变量的平均值、最大值、最小值、中位数、众数、百分比、方差等摘要信息的点图，通过摘要点图可以直观地看出以上信息。而垂线图则是摘要点图的一个特例。该图表对摘要点图中的点进行分组，并绘制一条线通过每个组别中的点。垂线图对于比较分类变量的统计非常有用。

本例，我们将通过摘要点图和垂线图对所调查的东、中、西部地区儿童在"体重"、"身高"和"胸围"的平均值上的差异做出描述性分析。

1. 选择图形

打开"图形构建器"对话框，切换到"库"选项卡，在"选择范围"列表框中选择"散点图/点图"，将右侧方框中的摘要点图图标拖入空白画布。

2. 选择变量

将"变量"列表框中的"地区"拖入 X 轴虚框，同时选中"变量"列表框中的"体重"、"身高"和"胸围"并将其全部拖入 Y 轴虚框内(见图 13-49)。

3. 分组标识设置

双击 INDEX 打开"分组区域"对话框，选择"分组依据"下拉列表框中的"模式"，单击"确定"按钮完成设置(见图 13-49)。

4. 输出摘要点图

单击"确定"按钮，SPSS 输出本例摘要点图，添加数据标签后如图 13-50 所示。从图中可以看出"体重"、"身高"和"胸围"的平均值在地区上的差异。

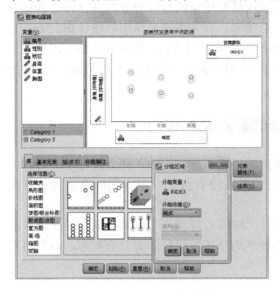

图 13-49 摘要点图的设置

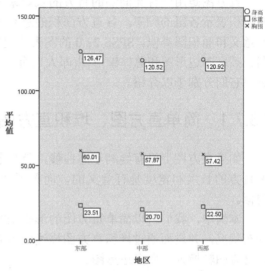

图 13-50 "体重-身高-胸围"地区分布摘要点图

5. 输出垂线图

在步骤 1 选择图形时将垂线图拖入画布，其他步骤不变，SPSS 将输出"体重-身高-胸围"地区分布的垂线图(见图 13-51)。在垂线图中，各地区的三个平均值被一条垂线连接了起来。随着地区的变化，几个均值也将随之发生变化。

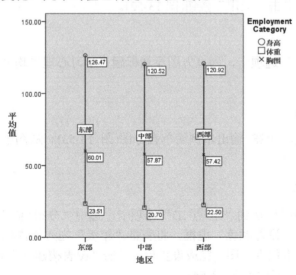

图 13-51 "体重-身高-胸围"地区分布垂线图

13.7 直 方 图

直方图是用一种无间隔的直方的长短来表示连续型变量的数值分布的统计图,各直方的面积表示各组的频率,各直方面积的总和为总频率。直方图是最常用的统计图之一,它的意义和面积图类似。SPSS 22.0 的图表构建器提供了 4 种直方图:简单直方图、堆积直方图、频率多边形图和总体锥形图(即人口金字塔)。本节我们以"学习心理调查.sav"文件为例对它们分别予以介绍。

13.7.1 简单直方图、堆积直方图和频率多边形图

如果直方图上没有绘制正态曲线,就与条形图很相似,它们的不同之处在于,直方图中直方的长度和宽度是有意义的,而条形图上的竖条没有意义。直方图的意义和面积图类似。

本例中,我们将以简单直方图的形式来描述"学习心理调查"中所有同学的平均分的分布状况,并进而通过堆积直方图描述学习心理平均分在年级层面的分布状态,最后将堆积直方图转换为频率多边形图。

1. 选择图形

打开文件"学习心理调查.sav",打开"图形构建器"对话框。切换到"库"选项卡,在"选择范围"列表框中选择"直方图",将右侧方框中的简单直方图图标拖入空白画布。

2. 选择变量

将"变量"列表框中的"平均分"拖入 X 轴虚框,在"元素属性"对话框中选中"显示正态曲线"复选框,单击"应用"按钮(图 13-52)。

3. 标题设置

切换到"标题/脚注"选项卡,为直方图添加标题"学习心理平均分分布",单击"应用"按钮。

4. 输出简单直方图

单击"确定"按钮,SPSS 输出本例简单直方图(图 13-53)。从图中可以看出大学生的学习心理成正态分布。

5. 构建堆积直方图

在步骤 2 选择变量时切换到"组/点 ID"选项卡,选中"分组/堆积变量",此时画布的右上角会弹出"堆积:设置颜色"虚框。将变量"年级"拖入该虚框内,这样,画布上的简单直方图就变成了堆积直方图。完成设置后,单击"图表构建器"对话框中的"确定"按钮,SPSS 输出堆积直方图(见图 13-54)。

从图 13-52 和图 13-54 可以看出,学习心理平均分无论从整体还是从年级的层面上都呈现正态分布。

6. 图表类型的转换

从上面已经知道，直方图的意义和面积图类似。因此，我们可以将直方图转换为面积图。

双击 SPSS 查看器中的图 13-54，打开"图表编辑器"，再次双击打开"属性"对话框。切换到"变量"选项卡，在"元素类型"下拉列表框中选择"区"，单击"应用"按钮，完成转换(见图 13-55)。图 13-54 转换为图 13-56 所示的面积图。可以看出，两图形状类似，分布相同。其实，图 13-56 就是频率多边形图。频率多边形图就是将直方形式变成折线形式来描述变量的变化趋势或变化过程的统计图。它是直方图的一种变体，与典型直方图类似，但使用的是面积图形元素而不是条状图形元素。

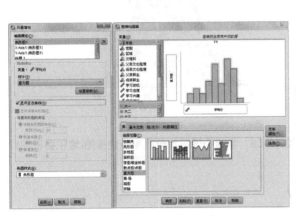

图 13-52　简单直方图的设置　　　　　　图 13-53　学习心理平均分简单直方图

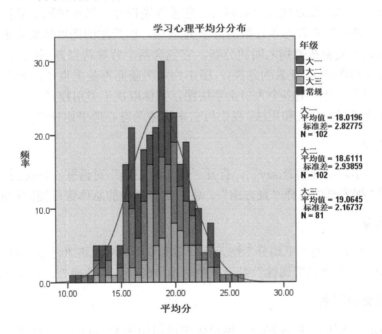

图 13-54　学习心理平均分堆积直方图

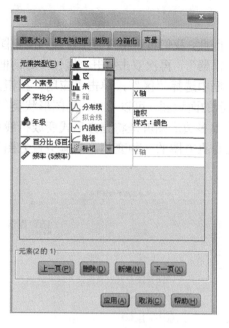

图 13-55　图表类型转换设置

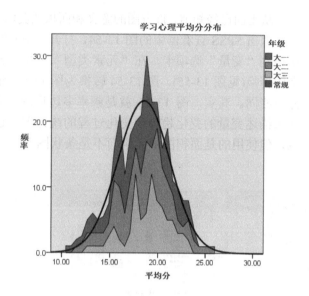

图 13-56　学习心理平均分频率多边形图(堆积面积图)

13.7.2　总体锥形图(人口金字塔)

总体锥形图(人口金字塔)是直方图的另一种变体。它的名称源自于其最常见的用途：对人口数据进行汇总。在处理人口数据时，它按性别拆分，以提供两个紧挨着的有关年龄数据的水平直方图。在人口为年轻型的国家/地区中，所产生的图形呈现金字塔形状。人口金字塔图显示某个变量在类别之间的分布。它包含两个背靠背直方图(分布变量为刻度)，或两个背靠背条形图(分布变量为分类)，图中为水平条而不是垂直条。如果存在两个以上的类别，创建图表时会产生多个人口金字塔图，具体取决于类别数目。

根据总体锥形图的含义和用法，我们用它来描述学习心理平均分在性别上的分布状况。

1．选择图形

打开文件"学习心理调查.sav"，打开"图形构建器"对话框。切换到"库"选项卡，在"选择范围"列表框中选择"直方图"，将右侧方框中的总体锥形图图标拖入空白画布。

2．选择变量

将"变量"列表中的"平均分"拖入"分布变量"虚框，将"性别"拖入"拆分变量"虚框(见图 13-57)。在"元素属性"对话框中选中"显示正态曲线"，单击"应用"按钮。

3．输出总体锥形图

单击"确定"按钮，SPSS 输出本例总体锥形图如图 13-58 所示。从图中可以看出大学生的学习心理在男生和女生层面上都成正态分布。女生的分布好于男生。

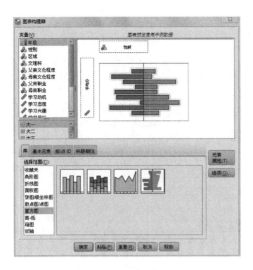

图 13-57 总体锥形图的设置

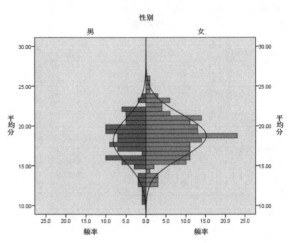

图 13-58 学习心理平均分总体锥形图

13.8 高-低图

高-低图可以用来描述数据的最大值、最小值、最终值等分布状况，呈现数据的集中和离散趋势，也可以用它来表现变量随时间变化的情况。高-低图常被用来描绘股票、外汇、投资、物价等的波动状况。SPSS 22.0 的图表构建器提供了 4 种高-低图：高-低收盘图、简单全距条形图、集群全距条形图和差异面积图。

本节将以股票交易信息为例来说明高-低图的制作。

13.8.1 高-低收盘图

1. 选择图形

打开"股票月交易记录.sav"文件，打开"图形构建器"对话框。切换到"库"选项卡，在"选择范围"列表框中选择"高-低图"，将右侧方框中的高-低收盘图图标拖入空白画布。

2. 选择变量

分别将"变量"列表框中的"收盘价"、"最高价"和"最低价"拖入"关闭变量"、"高变量"和"低变量"三个虚框内，将"日期"拖入 X 轴虚框内(见图 13-59)。

3. 输出高-低收盘图

单击"确定"按钮，SPSS 输出本例高-低收盘图(见图 13-60)。从图中可以看出该股每天的最高价和最低价(线段两端)，线段中间的圆圈代表股票的收盘价，从而也可以看出该股价格一个月来的走向。

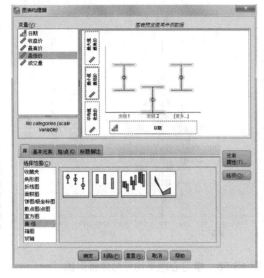 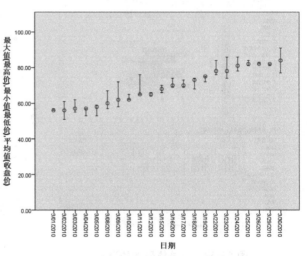

图 13-59　高-低收盘图的设置　　　　图 13-60　股票月交易高-低收盘图

13.8.2　简单全距条形图

简单全距条形图又称为简单极差图或简单范围条形图，表示单位时间内某变量的最高值和最低值。它与高-低收盘图的区别在于它不显示最终值，而是显示最高价和最低价的差异大小，并且图中的线段换成了直条。我们仍以上例中的"股票月交易记录.sav"文件为例制作股票交易月记录的简单全距条形图。

1．选择图形

打开数据文件"股票月交易记录.sav"，打开"图形构建器"对话框。切换到"库"选项卡，在"选择范围"列表框中选择"高-低图"，将右侧方框中的简单全距条形图图标拖入空白画布。

2．选择变量

将"变量"列表中的"最高价"和"最低价"分别拖入"高变量"和"低变量"虚框内，将"日期"拖入 X 轴虚框内(见图 13-61)。

3．输出简单全距条形图

单击"确定"按钮，SPSS 输出本例简单全距条形图(见图 13-62)。该简单全距条形图显示的是这只股票每天交易的最高价和最低价之间的差异。

而集群全距条形图或称复式范围条形图就是在一张全距条形图上显示多组数据的最高值和最低值的统计图，也就是把多张简单全距图表达的内容用一种统计图表示出来。二者的制作过程完全相同。因此，我们不再进行演示。

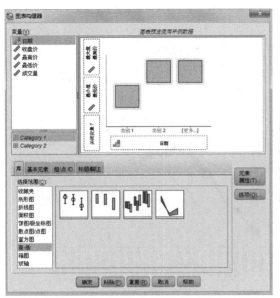

图 13-61　简单全距条形图的设置

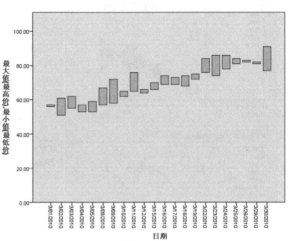

图 13-62　股票月交易简单全距条形图

13.8.3　差异面积图

差异面积图用以表示两个指标在单位时间内的变化趋势,两条曲线之间的面积表示其变化趋势的差异。其实,差异面积图就是将简单高-低条形图上的最大值和最小值之间差异所形成的空间加以填充而已。它的好处在于可以直观地看出事物发展的整体趋势和变化的过程。

本例我们以"股票年交易记录.sav"文件为例来制作差异面积图以呈现该股一年来的变化情况。

1. 选择图形

打开数据"股票年交易记录.sav"文件,打开"图形构建器"对话框。切换到"库"选项卡,在"选择范围"列表框中选择"高-低图",将右侧方框中的差异面积图图标拖入空白画布。

2. 选择变量

将"变量"列表框中的"最高价"和"最低价"分别拖入两个"Y 轴变量"虚框内,将"日期"拖入 X 轴虚框内(见图 13-63)。

3. 输出差异面积图

单击"确定"按钮,SPSS 输出本例差异面积图(见图 13-64)。该差异面积图显示的是一年来该股票交易的最高价和最低价之间的差异状况,从中可以看出该股票的发展趋势和变化情况。

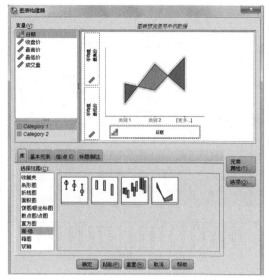

图 13-63　差异面积图的设置

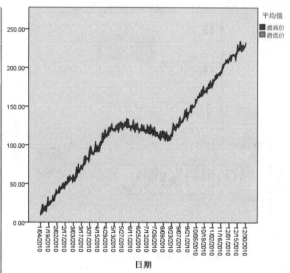

图 13-64　股票年交易差异面积图

13.9　箱　　图

箱图又称箱线图、盒须图，是一种描述连续性数据分布状况的统计图，该图对于显示定距变量的分布情况并确定离群值的位置非常有用。通常它使用定距变量的 5 个百分位点，即两个极端值(2.5% 和 97.5%，即最小值和最大值)、中位数(50%)、两个四分位数(25%和75%)来表现数据的分布形态。其中，两个四分位数(25%和 75%)构成图形的箱体，由 2.5%和 50%、97.5%和 75%之间的连线构成箱体的两条须。箱图中，凡是与四分位数值的距离超过 1.5 倍四分位数间距的都被定义为奇异值，用"。"表示并标注位置；如果超过 3 倍则为极端异常值，用"*"表示并标注位置(见图 13-65)。SPSS 22.0 的图表构建器提供了 3 种箱图：简单箱图、集群箱图和 1-D 箱图。

本节将以第 3 章所使用的"成绩统计.sav"文件为例，来介绍各种箱图的制作。

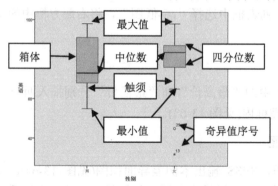

图 13-65　箱图构造示意图

13.9.1 简单箱图

简单箱图,也叫简单框图,用以描述单个连续变量在一个分类变量上的分布情况。本例我们将制作计算机学科成绩在系别上分布的简单箱图。

1. 选择图形

打开数据文件"成绩统计.sav",打开"图形构建器"对话框。切换到"库"选项卡,在"选择范围"列表框中选择"箱图",将右侧方框中的简单箱图图标拖入空白画布。

2. 选择变量

将"变量"列表框中的变量"系别"和"计算机"分别拖入 X 轴和 Y 轴两个虚框内(图 13-66)。

3. 输出简单箱图

单击"确定"按钮,SPSS 输出本例简单箱图(见图 13-67)。从简单箱图的计算机成绩在各系别上的分布状况来看差异较大。

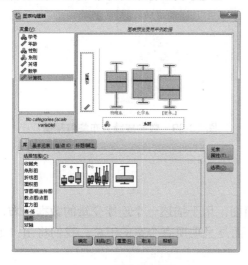

图 13-66　简单箱图的设置

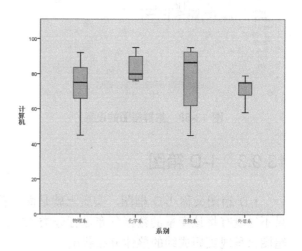

图 13-67　计算机成绩分布简单箱图

13.9.2 集群箱图

集群箱图也叫集群框图、复式箱图,用以描述一个连续变量在两个分类变量上的分布状况。本例我们将通过集群箱图查看数学成绩在系别和性别两个分类变量上的分布情况。

1. 选择图形

打开数据文件"成绩统计.sav",打开"图形构建器"对话框。选择"库"选项卡"选择范围"的"箱图"对应的右侧方框的集群箱图图标并将其拖入空白画布。

2. 选择变量

将"变量"列表框中的变量"系别"和"数学"分别拖入 X 轴和 Y 轴两个虚框内，将"性别"拖入"X 轴上的聚类：设置颜色"虚框内(见图 13-68)。

3. 输出集群箱图

单击"确定"按钮，SPSS 输出本例集群箱图(见图 13-69)。从图上可以清楚地看出数学成绩在不同系别的男生和女生层面上的分布差异。

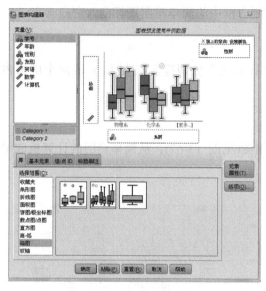
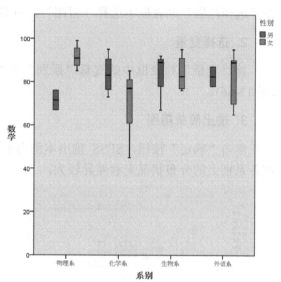

图 13-68　集群箱图的设置　　　　图 13-69　数学成绩分布集群箱图

13.9.3　1-D 箱图

1-D 箱图又称 1-D 框图，实质上就是简单箱图，用于描述一个连续变量的数据分布，只不过没有将该变量的数据分布进行分类比较，而是呈现所有个案的汇总。我们将用 1-D 箱图来呈现英语成绩的整体分布状况。

1. 选择图形

打开数据文件"成绩统计.sav"，打开"图形构建器"对话框。切换到"库"选项卡，在"选择范围"列表框中选择"箱图"，将右侧方框中的 1-D 箱图图标拖入空白画布。

2. 选择变量

将"变量"列表框中的变量"英语"拖入"是否为 X 轴"虚框内(图 13-70)。从图 13-70 可知，1-D 箱图没有分类变量。

3. 输出 1-D 箱图

单击"确定"按钮，SPSS 输出本例 1-D 箱图(见图 13-71)。1-D 箱图呈现的是应用成绩的整体分布状况，同时我们还发现该箱图中存在一个异常值，即序号为 24 的同学(注：24 不是学号，也不是英语成绩，而是在数据文件中的位置排序号)。

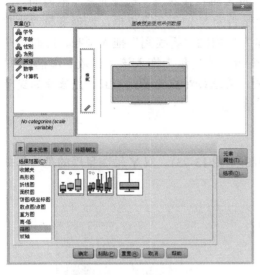

图 13-70 集群箱图的设置

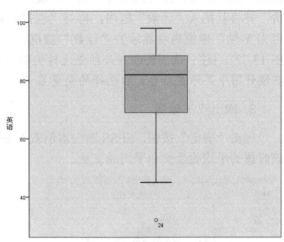

图 13-71 数学成绩分布集群箱图

13.10 双 Y 轴图

使用双 Y 轴图(或称双轴图)可以汇总或绘制两个具有不同域的 Y 轴变量。例如，可以在一个轴上绘制个案数，在另一个轴上绘制平均薪水。此外，双 Y 轴图还可以混合不同的图形元素，以便可以涵盖上述讨论的多种不同的图表类型。该图表可以将计数显示为一条线，将每个类别的平均值显示为一个条。这样，不同度量单位或不同数量级的数据就可以同时显示在一张统计图中。SPSS 22.0 的图形构建器提供了两种双轴图的制作方式：包含分类 X 轴的双 Y 轴图和包含刻度 X 轴的双 Y 轴图。最后我们通过"基本元素"选项卡演示这两种双 Y 轴图的制作步骤。

下面以"股票年交易记录.sav"文件为例来制作双轴线。

13.10.1 包含分类 X 轴的双 Y 轴图

包含分类 X 轴的双 Y 轴图是以分类变量为 X 轴的双轴图。本例将制作以"日期"为分类变量的双轴图。通过"基本元素"选项卡制作包含分类 X 轴的双 Y 轴图的步骤如下。

1. 选择图形

打开数据文件"股票年交易记录.sav"，打开"图形构建器"对话框。切换到"基本元素"选项卡，在"选择轴"列表框中选择"双 Y 坐标"并将其拖入画布，此时"选择元素"框内显示能够用于"双 Y 坐标"的构图元素，我们可以根据变量的类型选择相应元素来描述它的统计。本例将选择折线图和面积图分别用以描述"成交量"和"收盘价"。

2. 选择变量

选择变量"日期"并将其拖入"双 Y 坐标"的 X 轴；接着将"选择元素"框内的"面积图"拖入画布，此时画布将显示"计数"和"是否为 Y 轴"两个虚框，选择变量"收盘价"并将其拖入"计数"框内；再将"选择元素"框内的"折线图"拖入画布，此时"是否为 Y 轴"虚框也将显示为"计数"虚框，将变量"成交量"拖入该"计数"虚框内(见图 13-72)。**(注：该制图方法必须先选择构图元素，再选择对应变量。而且，先选择的变量在统计图中显示在后台，后选择的变量显示在前台。)**

3. 输出双 Y 轴图

单击"确定"按钮，SPSS 输出本例双 Y 轴图(见图 13-73)。双 Y 轴图呈现的是一年来该股票的平均收盘价和平均成交量。

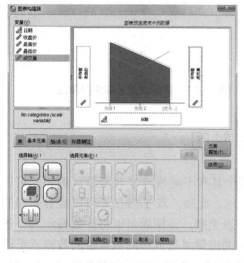 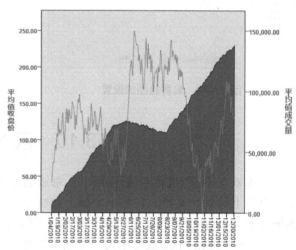

图 13-72　包含分类 X 轴的双 Y 轴图的设置　　　图 13-73　包含分类 X 轴的双 Y 轴图

13.10.2　包含刻度 X 轴的双 Y 轴图

包含刻度 X 轴的双 Y 轴图是以连续变量为 X 轴的双轴图。本例将制作以"成交量"为 X 轴变量的双 Y 轴图，呈现"成交量"、"收盘价"和"最高价"之间的数量关系。

1. 选择图形

同上。本例全部选择"点图"作为构图元素。

2. 选择变量

选择变量"成交量"并将其拖入"双 Y 坐标"的 X 轴；接着将"选择元素"框内的"点图"拖入画布，此时画布将显示"计数"和"是否为 Y 轴"两个虚框，选择变量"收盘价"并将其拖入"计数"框内；再此将"选择元素"框内的"点图"拖入画布，此时"是否为 Y 轴"虚框也将显示为"计数"虚框，将变量"最高价"拖入该"计数"虚框内(图 13-74)。

3. 输出双轴图

单击"确定"按钮，SPSS 输出本例双 Y 轴图(见图 13-75)。该双 Y 轴图呈现的是一年来该股票的成交量和收盘价及最高价的分布情况。(注：经过图表编辑器的颜色填充后，黄色圆点代表最高价，红色圆点代表收盘价。)

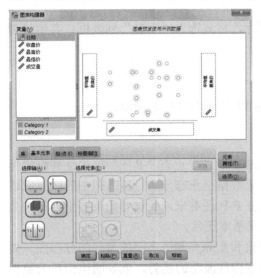

图 13-74　包含刻度 X 轴的双 Y 轴图的设置

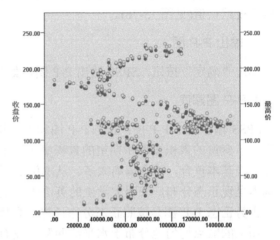

图 13-75　包含刻度 X 轴的双 Y 轴图

以上统计图是 SPSS 22.0 图形构建器所提供的统计图模型。另外，统计分析中还有几种常用的统计图包含在"分析"菜单的各种过程中，接下来将分别予以简单介绍。

13.11　P-P 图和 Q-Q 图

统计学中常常用 P-P 概率图和 Q-Q 概率图来直观地检验数据的分布是否呈正态性，以及与正态性的差异大小。二者的区别在于：P-P 概率图是以变量的实际累积概率和所考察的分布类型的理论累计概率的拟合程度为基础构建的散点统计图，如果变量服从正态分布，两种累积概率应该基本一致；而 Q-Q 概率图则是以变量的实际分位数和理论分布的分位数相比较为基础构建的散点统计图，如果变量服从正态分布，两种分位数应该基本一致。

13.11.1　P-P 概率图

P-P 概率图是以变量的实际累积概率和所考察的分布类型的理论累计概率的拟合程度为基础构建的散点统计图，如果变量服从正态分布，P-P 概率图的各点将近似构成一条直线。

本例将以作者曾经做过的"英语学习策略量表"调查所获得的数据为例，通过 P-P 概率图考察大学生学习策略量表总得分的分布状况。

1. 启动程序

打开数据文件"英语学习策略量表.sav",选择"分析"|"描述统计"|"P-P 图"命令,打开"P-P 图"对话框。

2. 选择变量

选择左侧变量列表中的"总分",单击 图标,将其选入"变量"列表框。其他设置保持系统默认值(见图 13-76)。

3. 输出 P-P 图

单击"确定"按钮,SPSS 输出 P-P 图,如图 13-77 和图 13-78 所示。

4. P-P 图解读

SPSS 输出两个 P-P 图:正态 P-P 图和去势正态 P-P 图。正态 P-P 图的横坐标和纵坐标分别表示变量的累积概率和期望的累积概率,如果数据呈正态分布,P-P 图中的散点应该和对角线基本重合,不会偏离太多。从本例的正态 P-P 图看来,受试者的英语学习策略总分基本呈现正态分布,表明大学生的英语学习状况基本正常。

去势正态 P-P 图是按照正态分布计算的期望值和实际观测值之间的差异的分布图。如果该图上的散点均匀地分布于水平线两侧,没有规律性波动的趋势,就表明该变量的数据基本服从正态分布。

综合两个 P-P 图的信息可以得出结论:所调查的大学生的英语学习策略的总得分基本呈现正态分布,表明所调查的受试者的英语学习状态基本正常。

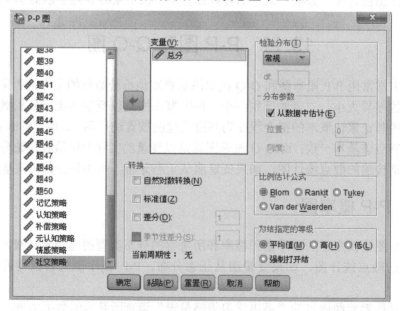

图 13-76 "P-P 图"对话框

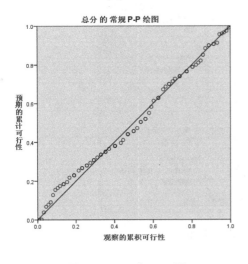

图 13-77　正态 P-P 图

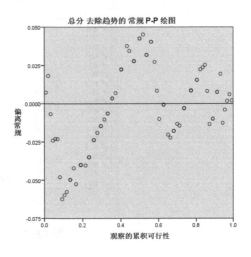

图 13-78　去势正态 P-P 图

13.11.2　Q-Q 概率图

Q-Q 概率图是以变量的实际分位数和理论分布的分位数相比较为基础构建的散点统计图，和 P-P 概率图一样，Q-Q 概率图也是用来验证数据分布的正态性。它也有两种表现形式：正态 Q-Q 概率图和去除趋势的正态 Q-Q 概率图。正态 Q-Q 概率图是以变量的观测值为 X 轴、以期望值的正态分布为 Y 轴组成的图形。

本例将以作者曾经做过的"外语学习焦虑调查"所获得的数据为例，通过 Q-Q 概率图考察大学生外语学习焦虑的分布状况。Q-Q 概率图的制作和 P-P 图的制作过程完全相同。

1. 启动程序

打开数据文件"外语学习焦虑调查.sav"，选择"分析"|"描述统计"|"Q-Q 图"命令，打开"Q-Q 图"对话框。

2. 选择变量

选择左侧变量列表中的"焦虑总分"，单击图标，将其选入"变量"列表框。其他设置保持系统默认值(见图 13-79)。

3. 输出 Q-Q 图

单击"确定"按钮，SPSS 输出正态 Q-Q 概率图和去势正态 Q-Q 概率图，如图 13-80 和图 13-81 所示。

4. P-P 图解读

Q-Q 概率图的解读和 P-P 图完全相同。综合两个 Q-Q 概率图可以得出结论：大学生外语学习焦虑呈现正态性分布。

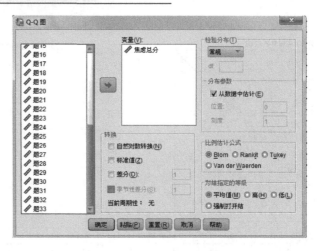

图 13-79 "Q-Q 图"对话框

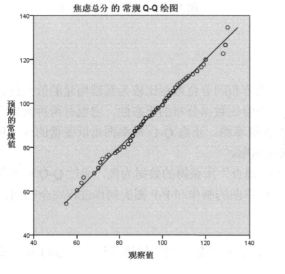

图 13-80 正态 Q-Q 图

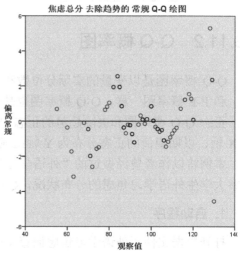

图 13-81 去势正态 Q-Q 图

13.12 时间序列图

时间序列图就是用来表现一个或几个观察值随时间的变化而变化的趋势或状态。本例将根据"北京 10 年气温变化统计"数据通过时间序列图来反映 10 年来北京的气温变化走向。

1. 启动程序

打开数据文件"北京 10 年气温变化统计.sav",选择"分析"|"预测"|"序列图"命令,打开"序列图"对话框。

2. 选择变量

选择左侧变量列表中的"一月"和"七月",单击 图标,将其选入"变量"列表框;选择"年",单击 图标,将其选入"时间轴标签"列表框(见图13-82)。其他设置保持系统默认。

3. 输出序列图

单击"确定"按钮,SPSS输出序列图(见图13-83)。

4. 序列图解读

根据序列图上一月份和七月份的气温走向,可以推测北京的气温在10年间处于缓慢上升的趋势。

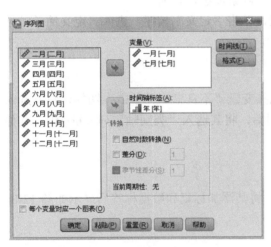

图 13-82 "序列图"对话框

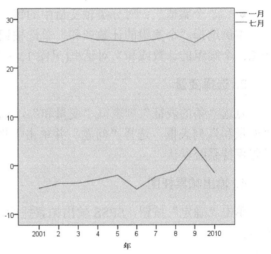

图 13-83 北京气温变化序列图

13.13 帕累托图

帕累托图(Pareto Graph)又称为排列图或主次因素图,是按照发生频率的大小顺序绘制的直方图,表示有多少结果是由已确认类型或范畴的原因造成的。它是将出现的质量问题和质量改进项目按照重要程度依次排列而采用的一种图表。该图可以用来分析质量问题,确定产生质量问题的主要因素。排列图用双直角坐标系表示,左边纵坐标表示频数,右边纵坐标表示频率。分析线表示累积频率,横坐标表示影响质量的各项因素,按影响程度的大小(即出现频数多少)从左到右排列,通过对排列图的观察分析可以抓住影响质量的主要因素。

SPSS中的帕累托图有简单帕累托图和堆积帕累托图两种类型。简单帕累托图对分类轴上的每一个类型的变量产生一个直条,并按照各种因素发生的次数的多少,从左到右顺序排列,帕累托曲线对分类轴的每个变量的百分比进行累积,这样可以直观地找出主次因素。堆积帕累托图就是堆积条形图和帕累托图的有机结合,可以参考关于堆积条形图的介绍。

本例将以"部件不良率.sav"文件为例，制作该设备的不良率的简单帕累托图。

1. 选择图形

打开数据文件"部件不良率.sav"，选择"分析"|"质量控制"|"帕累托图"命令，打开"帕累托图"对话框。该对话框包括两种帕累托图图标，单击选择"简单帕累托图"（见图13-84）。

2. 选择统计量模式

图13-84中的"图表中的数据为"选项组包括3个选项：

- "个案组的计数或和"：选择该项则帕累托图将统计分类轴上的不同个案的数量，或对分类轴上的个案进行累加。
- "单独变量的和"：累加分类轴上的每个变量。
- "个案值"：对分类轴变量中的每一个观察值进行累加。

本例选择"个案组的计数或和"单选按钮，单击"定义"按钮，进入"定义简单帕累托图：个案组的计数或和"对话框（见图13-85）。

3. 选择变量

点选"条的表征"列表框"变量和"，选择变量"不良率"并单击 图标，将其选入"变量和"列表框。选择"问题"并单击 图标，将其选入"类别轴"列表框(图)。其他设置保持系统默认。

4. 输出帕累托图

单击"确定"按钮，SPSS输出帕累托图，将其添加标记和数据标签后显示如图13-86所示。

5. 帕累托图解读

从图中可以看出该设备的质量问题主要集中于哪些项目上。

图13-84　"帕累托图"对话框　　　　图13-85　"定义简单帕累托图"对话框

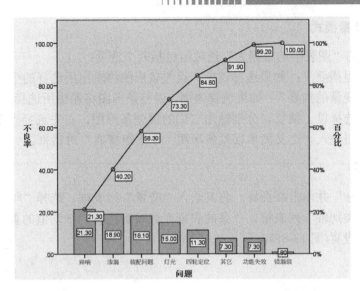

图 13-86　部件不良率的帕累托图

13.14　"旧对话框"统计图的制作

在 SPSS 中，制作统计图的另一个很重要的途径就是通过"旧对话框"选择需要制作的统计图类型，该对话框是对以前版本中的统计图制作功能的保留。在"旧对话框"中保留了 11 种图形类别，能够制作大部分常用统计图。

使用"旧对话框"制作统计图需要先选择合适的统计图类型和数据类型才能制作合适的统计图。所有统计图的制作都是通过两个对话框的设置来完成的，且设置过程都十分相似。本节将以制作误差条形图为例，来演示用"旧对话框"制作统计图的方法(**注**：在图表构建器中，误差条形图被集成于条形图类别中)。

误差条形图是条形图的一种特殊形式，在"旧对话框"中被单独列出。它是一种用于描述标准差、平均值的标准误差、平均值的置信区间等统计指标的图形。利用误差条形图可以直观地观察样本的离散程度。因此，它常常和条形图或折线图一块使用，以便于数据观察。"旧对话框"中的误差条形图分为简单误差条形图和集群条形图两种类型，每个类型又包括个案组和变量组两种模式。

本节仍以"学习心理调查.sav"文件为例，演示简单误差条形图和集群条形图的制作程序。

13.14.1　简单误差条形图

1. 选择图形

打开数据文件"学习心理调查.sav"，选择"图形"|"旧对话框"|"误差条形图"命令，打开"误差条形图"对话框。该框内包括两种误差条形图图标，单击选择简单误差条形图(图 13-87)。

2. 选择统计量模式

图 13-87 中的"图表中的数据为"选项组包括两个选项：

- "个案组摘要"：如果选择该项，误差条形图将输出所选择的个案的统计量。
- "各个变量的摘要"：如果选择该项，误差条形图将输出所选择的变量的统计量。

本例将依次选择以上摘要，分别输出它们的误差条形图，首先选择"个案组摘要"，单击"定义"按钮进入"定义简单误差条形图：个案组摘要"对话框。

3. 选择变量

选择"平均分"并单击图标，将其选入"变量"列表框。选择"年级"并单击图标，将其选入"类别轴"列表框。"条的表征"选项组选择"平均值的置信区间"，默认系统 95%置信度设置(图 13-88)。

图 13-87 "误差条形图"选项框

图 13-88 "定义简单误差条形图：个案组摘要"对话框

4. 标题设置

单击"标题"按钮，打开"标题"对话框。在"标题"选项组中的"第 1 行"文本框内输入简单误差条形图的标题"学习心理平均分简单误差条形图"，单击"继续"按钮(见图 13-89)。

5. 输出简单误差条形图

单击"确定"按钮，SPSS 输出简单误差条形图(图 13-90)。

6. 变量误差条形图制作

重复步骤 1～5。步骤 2 选择输出"各个变量的摘要"；步骤 3 选择"学习动机"到"创新思维"共 9 个变量进入"误差条形图"列表框(图 13-91)；步骤 4 定义标题为"学习心理各变量简单误差条形图"。SPSS 输出简单误差条形图(图 13-92)。

7. 简单误差条形图解读

简单误差条形图从形式来看，类似于箱图，图中竖线代表 95%置信区间内数据，上下两横线代表 95%置信区间的上下临界值，中间的小圆圈代表平均值。从图 13-90 中可以看出学习心理在不同年级的表现有明显的差异。从图 13-92 可以看出，学生在学习心理的各个层面上平均分的差异也很显著。

图 13-89　"标题"对话框

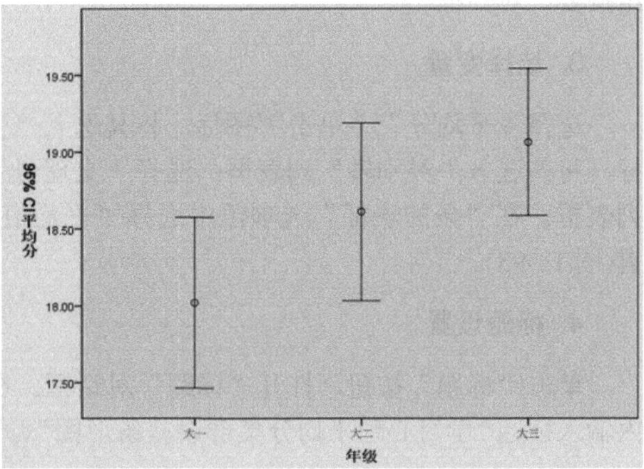

图 13-91　"定义简单误差条形图：
　　　　　各个变量的摘要"对话框

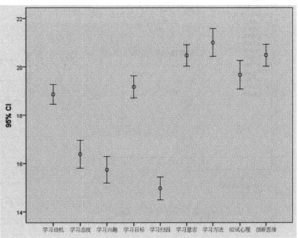

图 13-90　学习心理平均分简单误差条形图

图 13-92　学习心理各变量简单误差条形图

13.14.2　集群误差条形图

1. 选择图形

打开数据文件"学习心理调查.sav"，选择"图形"|"旧对话框"|"误差条形图"命令，打开"误差条形图"对话框。单击选择集群条形图。

SPSS 22.0 统计分析应用教程

2. 选择统计量模式

本例首先选择"个案组摘要",单击"定义"按钮进入"定义复式误差条形图:个案组摘要"对话框。

3. 选择变量

选择"平均分"并单击 图标,将其选入"变量"列表框;选择"年级"并单击 图标,将其选入"类别轴"列表框;选择"文理科"并单击 图标,将其选入"定义聚类"列表框。在"条的表征"选项组中选择"平均值的置信区间",默认系统 95%置信度设置(图 13-93)。

4. 标题设置

单击"标题"按钮,打开"标题"对话框。在"标题"选项组中的"第 1 行"文本框内输入标题"学习心理平均分集群误差条形图",单击"继续"按钮(操作图示参见图 13-89)。

5. 输出集群误差条形图

单击"确定"按钮,SPSS 输出集群误差条形图(图 13-94)。

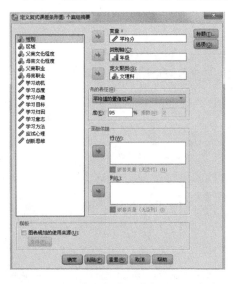
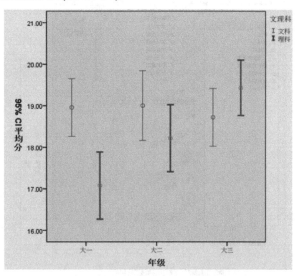

图 13-93 "定义复式误差条形图:个案组摘要"对话框

图 13-94 学习心理平均分集群误差条形图

误差条形图制作程序包含简单误差图和集群条形图(见图 13-87),但是点击集群条形图打开其对话框,都会显示图 13-93 所示的样式。即:对话框的标题显示为"定义复式误差条形图"而不是"定义群集误差条形图"。这是同一样东西的译名出现了不同表达,软件中文版没有做好此处的译名统一。

6. 变量集群误差条形图的制作

重复步骤 1~5。步骤 2 选择输出"各个变量的摘要";步骤 3 选择"学习动机"到"创新思维"共 9 个变量进入"变量"列表框，选择"性别"进入"类别轴"列表框(图 13-95)；步骤 4 定义标题为"学习心理各变量集群误差条形图"。单击"确定"按钮，SPSS 输出集群误差条形图(图 13-96)。

7. 集群误差条形图解读

集群误差条形图和简单误差条形图的形式一样，只是多添加了一个分组变量。从图 13-94 中可以看出学习心理平均分在不同年级的文科之间差异不大，但在不同年级的理科之间有明显的差异。从图 13-96 可以看出，学生在学习心理各个层面的平均分在性别之间差异不很明显。

图 13-95 "定义复式误差条形图：各个变量的摘要"对话框

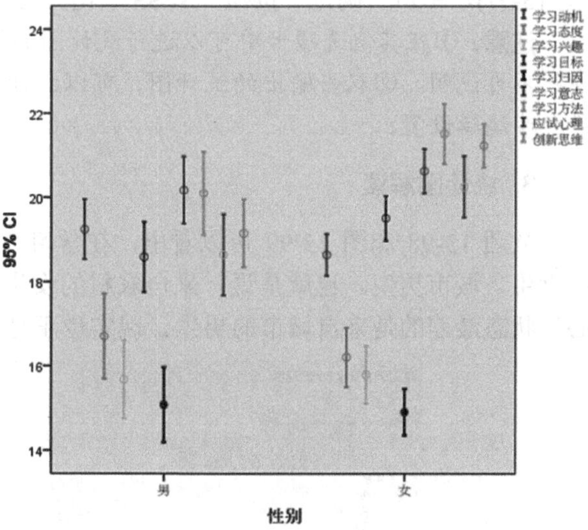

图 13-96 学习心理各变量集群误差条形图

"旧对话框"的其他统计图的制作程序和误差条形图的制作非常相似，不再一一介绍，读者可参看本节内容。

13.15 "图形画板模板选择程序"统计图的制作

图形画板模板选择程序的最大优势在于它能够自动根据需要制图的变量的个数和类型提供一些合适的图形模板供制图者选择。模板选择器的"基本"和"详细"两个选项卡用以选择可视化模板。这两个选项卡对应于从模板创建可视化统计图的两种不同方法。在创建图形时，可以在两个选项卡之间来回切换。自由选择便是图形画板模板选择程序的最大优势和特点。

我们还是以"学习心理调查.sav"文件为例，来演示"图形画板模板选择程序"的统计图制作方法。假定本例的统计图用于描述学习心理平均分在区域层面的男生和女生之间的差异。

1. 启动程序

打开数据文件"学习心理调查.sav",选择"图形"|"图形画板模板选择程序"命令,打开"图形画板模板选择程序"对话框。

2. 选择变量

在"基本"选项卡的变量列表中选中"性别"、"区域"和"平均分",此时,左侧将自动显示针对该类型案例的可用视觉化统计图类型。其中有 3 个是与地图相关的统计图,不适合该案例,因此可以从其他图形中任选其一。本例分别选择"三维面积图"和"热图"(图 13-97),单击"确定"按钮,SPSS 输出三维面积图(图 13-98)和热图(图 13-99)。

注意: ①在其他选项卡中可以进行统计图的详细设置,设置方法参见 13.1.2 节的介绍,在此不再说明。②双击输出的统计图,可以打开"图形画板编辑程序"对话框,对统计图进一步编辑设置。

3. 统计图解读

从图 13-98 和图 13-99 可以看出,在学习心理的平均分上,农村女生>农村男生>城市女生>城市男生。也就是说,来自农村的女生学习最认真刻苦,其次是农村男生,学习心理状态最差的是来自城市的男生。现实也正是如此。

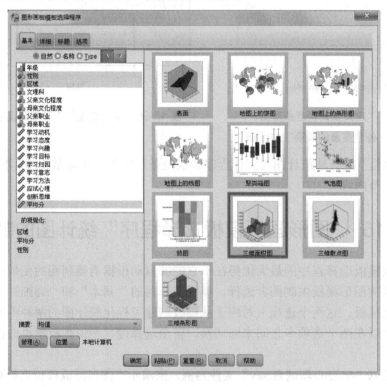

图 13-97 "图形画板模板选择程序"对话框

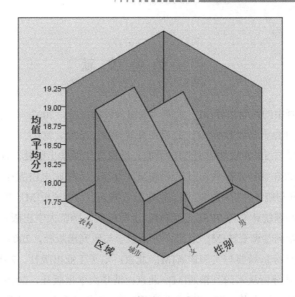

图 13-98　学习心理的平均分-区域-性别三维面积图

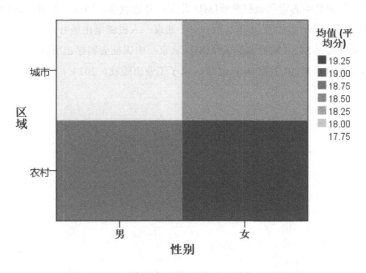

图 13-99　学习心理的平均分-区域-性别热图

13.16　思　考　题

1. SPSS 22.0 提供了哪三种不同的统计图制作程序？各自的基本制图步骤有哪些？
2. 本章介绍的常用统计图有哪些类型？它们又分别有哪些子类型？
3. 利用本章所提供的数据资料，分别通过三种不同的程序练习常用统计图的制作方法。
4. 根据题 3 中自己制作的统计图，练习不同统计图之间的转换。

参 考 文 献

1. 风笑天. 社会调查中的问卷设计[M]. 天津：天津人民出版社，2002.
2. 张文彤. SPSS 统计分析高级教程[M]. 北京：高等教育出版社，2007.
3. 王彤. 医学统计学与 SPSS 软件应用[M]. 北京：北京大学医学出版社，2008.
4. 杜强，贾丽艳. SPSS 统计分析从入门到精通[M]. 北京：人民邮电出版社，2009.
5. 邱皓政. 量化研究与统计分析：SPSS 中文视窗版数据分析范例解析[M]. 重庆：重庆大学出版社，2009.
6. 邓铸，朱晓红. 心理统计学与 SPSS 应用[M]. 上海：华东师范大学出版社，2009.
7. 秦晓晴. 外语教学问卷调查法[M]. 北京：外语教学与研究出版社，2009.
8. 夏怡凡. SPSS 统计分析精要与实例详解[M]. 北京：电子工业出版社，2010.
9. 陈胜可. SPSS 统计分析从入门到精通[M]. 北京：清华大学出版社，2010
10. 吴明隆. 问卷统计分析实务：SPSS 操作与应用[M]. 重庆：重庆大学出版社，2010.
11. 秦晓晴. 外语教学研究中的定量数据分析[M]. 北京：外语教学与研究出版社，2012.
12. 谢蕾蕾等. SPSS 统计分析实用教程(第 2 版)[M]. 北京：人民邮电出版社，2013.
13. 杨端和. 语言研究应用 SPSS 软件实例大全[M]. 北京：中国社会科学出版社，2004.
14. 宇传华. SPSS 与统计分析(第 2 版)[M]. 北京：电子工业出版社，2014.